전쟁과 국제정치

전쟁과 국제정치

이춘근 지음

오직 죽은 자만이 전쟁을 더 이상 경험하지 않을 수 있을 것이다 -George Santayana

북앤피플

저자 서문

2020년은 인간의 역사에 놀라운 일이 일어난 해였다. 최첨단 과학의 시대를 살고 있는 인간들이 중국 우한(武漢)에서 발병한 코로나바이러스에 의해 무더기로 목숨을 잃고 있을 뿐만 아니라 경제가 파탄 나고 있다. 세계에 살고 있는 인류 모두가 자유를 잃었다. 문자 그대로 집 밖으로 나가지 못하도록 강제당하고 있는 지역과 사람들도 많아지고 있다. 국가 간의 교류가 차단되고 있다. 국제 경제가 죽고 있으며 국제 경제가 죽으니 당연히 국내 경제들도 죽어가고 있다. 지구 전체를 뒤엎고 있는 전염성 질병으로 인해 그야말로 인간사회의 생활 패턴이 확 바뀌게 되었다. 문자 그대로 글로벌 팬데믹(Global Pandemic)은 지구인 전체를 구렁텅이로 몰아넣었다.

이 지구적 환란이 얼마나 더 지속될지는 모른다. 그러나 이 환란은 진짜 전쟁은 아닐지라도 세계대전급 전쟁을 치른 후에야 야기될 수 있을 정도의 엄청난 국제정치적 변화를 초래할 것이 분명하다. 지난 수십 년 동안 우리들에게 익숙했던 세계화의 시대는 종말을 고할 것이다. 중국에서 발원한 바이러스가 그토록 빠른 속도로 지구 방방곡곡에 전파된 이유가 바로 국경의 개방성 여부와 직결되어 있다는 사실이 너무나도 분명히 드러나고 있다. 중국에 대한 의존도가 높은 나라들의 피해가 상대적으로 더욱 심각하다.

미국은 중국에게 많은 것을 의존했던 나라다. 미국 국민들은 중국의 공장에서 생산되는 연필로부터 크리스마스 장식품에 이르기까지 일상적인 생활필수품 대부분을 의존했다. 미국 국기, 심지어는 올림픽 출전 미국선수단의 유니폼마저도 중국제이어야 하는가의 논란도 있었을 정도로 세계는 상호 의존적이었다. 그렇지 않아도 세계화가 서서히 문제점을 노출하고 그 결과 퇴조되는 기운을 보였던 시점에 나타난 글로벌 팬데믹은 세계화의 마지막 숨통을 끊을 수도 있을 것이다. 한 예로 미국 회사 3M은 중국에서 마스크를 생산하는데 중국 정부는 중국에서 만든 마스크의 수출을 금지하는 조치를 내렸고 이에 분노한 트럼프 대통령은 3M사를 강제로 미국으로 불러들이는 조치를 취할 예정이다.

필자는 지난 20년 동안, 필자가 직접 미국을 방문하는 달이 아닌 한 한 번도 거르지 않고 매달 6권 정도씩의 신간 학술 서적을 미국의 아마존 서점에서 주문했다. 2020년 3월에도 책을 주문하려고 했지만 아마존 본사의 홈 페이지에는 내가 거주하고 있는 주소(당연히 대한민국의 서울이다)로는 책을 보내줄 수 없다는 붉은 글자의 경고 문구가 떠 있었다. 언제까지 이 같은 일이 지속될 지 알 수 없지만 필자는 세계화의 시대가 갑자기 끝나가고 있음을 이 같은 모양으로 경험했다.

물론 우리는 이 난국에서 벗어날 것이다. 트럼프 대통령은 4월 12일인 이스터(부활절)를 정점으로 최악의 시기를 통과할 것이며 6월경에는 다시 정상으로 돌아갈 수 있을 것이라는 낙관적인 희망을 피력했다. 인류 모두가 그렇게 되기를 간절히 바라고 있을 것이다.

모든 강의가 다 중단되었기에 필자는 오랜만에 집필에 몰두 할 수 있는 기회를 가질 수 있었다. 이미 오랫동안 써둔 글을 순서를 맞추어 정리할 시간도 없이 쩔쩔매며 살았지만 정말 오래간만에 서재에서 하루 종일 앉아서 글을 쓰고 책을 읽을 수 있었다.

오래 전 출판사와 약속을 해놓고도 완성품을 만들지 못하고 있었는데 이제 엉성하나마 정리된 책을 내놓을 수 있게 되었다. 오랫동안 저자의 게으름을 참아주신 출판사 사장님께 감사드린다. 저자는 학술적인 책을 쓰겠다고 고집하던 중이었는데 사장님께서는 일반 시민들이 읽기 편한 책을 먼저 쓰라고 권유하셨다. 그동안 저자가 유튜브를 통해 강의했던 전쟁과 국제정치 특히 작년 가을, 오프라인을 통해 36시간에 걸쳐 행했던 전쟁과 국제정치라는 주제의 강의록을 먼저 책으로 내자고 제안하셨다. 바로 이 책이 그 결과물이다.

그래서 이 책은 학문적 엄밀성을 완벽하게 따르지 않았다. 이 책에 쓰여진 거의 대부분 글들은 그동안 필자가 읽은 논문과 책에서 유래한 것이지만 일일이 각주를 다 달지 않고 썼다는 말이다. 물론 독자들에게도 소개하고 싶은 중요한 자료들은 문장 사이 적당한 곳에 소개하였다. 앞으로 학문적으로 더욱 엄밀하고 정교한 전쟁과 평화의 국제정치 이론 관련 서적을 집필함으로써 보충할 계획이다.

이 책은 전쟁과 국제정치에 관심을 가진 누구라도 쉽게 읽을 수 있는 교양서이다. 그리고 이 책과 2019년 가을의 오프라인 강의를 기초로 해서 필자는 유튜브 강좌를 준비할 예정이다. 이 책은 앞으로 구상하고 있는 유튜브 강의의 노트라고 보아도 될 것이다.

책을 간행할 때마다 뭔가 부족하다는 생각이 들지 않는 적이 없었다. 언제라도 미완성품을 완성품인 것처럼 오만을 부리는 것 같다. 그때마다 저자는 미국 텍사스 대학에서 필자의 학위논문을 지도해 주신 교수님의 말씀을 생각하며 스스로 위안을 삼고는 한다. 겨우 초고 수준의 글 밖에 안 되는 학위논문이라고 말씀드렸을 때 지도교수님은 "우리는 누구라도 완성품을 만들 수는 없을 것이네"라고 말씀해 주셨다.

이 부족한 책을 위해 고생해 주신 분들이 많다. 북앤피플의 김진술 사장님과 편집진에게 심심한 감사를 드린다. 언제라도 저자가 쓴 책의 첫 번째 독자로서 모든 문장을 고쳐주고 출판사로 넘기기 전 원고의 스펠링 체크 작업을 전담해 온 아내에도 고맙다는 말 전한다. 무엇보다도 저자에게 학문에 대한 끊임없는 열정과 호기심 그리고 건강을 주신 하나님께 감사드립니다.

2020년 5월 20일
저자 이춘근

평화를 원하거든 전쟁에 대비하라

Si Vis Pacem, Para Bellum -Flavius Vegetius Renatus

차 례

책을 시작하며

이 책은 2019년 8월 초순부터 매주 토요일 오전 3시간씩 필자의 유튜브 방송(이춘근의 국제정치)을 시청하시는 분 중 60분을 초청, 서울 광화문에 있는 한 강의실에서 12주 동안 진행했던 「전쟁과 국제정치」라는 주제의 강좌를 글로 옮겨놓은 것이다. 강의를 청취해주신 분들은 연령층으로 그리고 직업별로도 대단히 다양했다. 연령층은 18세의 젊은 학생으로부터 70이 넘으신 여성분에 이르기까지, 직업은 대학교 교수님, 변호사님, 금융전문가들로부터 학부 학생들에 이르렀다. 이분들은 공부하신 분야도 다양하고 종사하시는 생업과 학문적 관심도 상당히 다양한 분들이었지만 이들의 공통점이 하나 있었다. 모두들 대한민국의 현재 국가안보 상황에 깊은 우려를 표하시며 한국이 처한 국제정치 상황에 대단히 큰 관심을 가지고 계신 '깨어있는 시민'들이었다.

이 강좌는 대한민국 국민들에게 국제정치학의 올바른 지식을 전달하는 것이 목표였기 때문에 학부 혹은 대학원 학생들을 상대로 한 정교한 학술적 강의를 지향하지는 않았다. 물론 그렇다고 학문적 엄밀성을 무시하지도 않았다. 학문적 엄밀성을 유지한 채 대중을 위한 강의를 하고자 노력했다. 대학교 3~4학년 학생들이 전공과목과 관계없이 편하게 들을 수 있는 수준의 전쟁과 평화에 관한 교양강좌를 지향했다. 강의를 준비하며 만든 파워포인트 자료가 총 659페이지에 이르렀다. 이 책은 바로 강의에 활용했던 ppt를 기본으로 집필한 것이다. 다만 실제 강의와 그 강의를 글로 기록하는 것은 차이가 있을 수밖에 없었다. 순서도 바뀌었고 강의에는 있었지만 뺀 부분도 있고 강의하지 않은 내용이 추가되기도 했다.

필자는 대학원 석사과정에 입학한 이후 오늘에 이르기까지 국가 간의 갈등과 전쟁을 학문의 주제로 삼고 공부하고 있는 연구자로서 오랫동안 전쟁과 평화에 관한 국제정치학 학술 서적을 준비하고 있었다. 본격적으로 집필을 시작한 것이 1991년 1월 17일 미국이 이라크의 수도 바그다드를 폭격함으로써 이라크 전쟁을 시작할 무렵이었는데 아직도 완성본을 내지 못하고 있으니 참으로 필자의 게으름을 탓해야 할지 혹은 책을 쓸 수도 없이 바쁜 한국에서의 학자라는 직업을 가진 사람들이 살고 있는 모습을 탓해야 할지 모르겠다. 비록 전쟁과 평화를 직접 다룬 책은 아닐지라도 필자는 이기간 동안 번역과 집필 등 20권의 책을 펴냈다는 사실로 '나는 게으르지 않았다'고 변명하고자 한다.

전쟁과 평화라는 강좌를 시작한 여러 목적 중 하나는 이 강좌를 준비하면서 집필을 마무리 하고 싶다는 개인적인 동기가 있었음을 말하지 않을 수 없다. 그러나 이번에도 원했던 책을 완성하지 못하고 있음을 고백할 수밖에 없다. 다만 필자의 국제정치학 강의를 좋아하시고 적극 지지해 주신, 그리고 지금 이 책을 출판해 주신 북앤피플의 김진술 사장님께서 다음에 학술 서적도 꼭 발간해 줄 터이니 일반적인 교양서부터 빨리 출간하자는 제안이 있으셨다. 그래서 이렇게 또 다시 만용을 부리기로 한 것이다. 좋은 학술 서적도 아주 빠른 시일 내에 완성하겠다고 약속하며 우선 관심 있는 분들이라면 전공에 관계없이 누구나 쉽게 읽을 수 있는 책을 펴내는 것이다.

2020년 초반인 지금 한국 사람들 중 한반도에 진정한 평화가 왔다고 믿는 사람들은-그들이 국제문제에 조금이라도 진지한 관심을 가지고 살고 있는 사람들이라면-아마도 별로 없을 것이다. 그렇지만 2018년 초반 북한 선수단과 응원단이 평창을 휩쓸고 다니고 그들이 평창 동계 올림픽의 주인공인 양 우리나라의 TV 화면을 온통 장악하고 있는 동안, 한국의 수많은 사람들은 이제 '정말 한국에 평화가 오는가 보다'라고 생각하고 있었다. 현 한국 정부를 적극 지지하는 사람들은 '대통령 하나 잘 뽑으니 한반도에 평화가 왔다'며 감동에 겨워했다. 한국 대통령이 북한 통치자와 악수하고 껴안은 모습을 보고 감동받았을지도 모른다.

그러나 양국 지도자가 만나서 악수하고 껴안고 하는 것만으로 평화가 올 수 있었다면 아마 세계의 역사에 그렇게 많은 전쟁이 발발하지는 않았을 것이다. 2018년의 한반도에도 평화가 왔다는 '공허한 꿈'

은 2019년 2월 28일 하노이에서의 트럼프-김정은 회담이 결렬된 후, 북한이 지속적으로 미사일을 발사해 대는 동안 급격히 붕괴되었고 결국 2019년 12월 3일 트럼프 대통령이 북한을 향해 핵 문제를 해결하기 위해 '군사력을 사용할 수 있다'고 언급한 이후 완전한 물거품이 되고 말았다.

현 정부(문재인 정부)의 정책에 반대하는 사람들은 남북한의 지도자가 1년 동안 몇 번씩이나 만나며 친분을 과시하는 동안 오히려 한반도 안보가 무너지고 있다며 장탄식을 했다. 안보장치가 붕괴되어 전쟁이 날지도 모르고 대한민국이 북한에 의해 접수될지도 모른다며, 즉 적화 통일이 될지도 모른다며 걱정이 태산 같았다. 똑같은 상황을 보고 왜 이렇게 다른 말들을 하고 있는 것일까? 대통령 하나 잘 뽑으니 평화가 왔다고 생각하는 사람들과 한국의 안보가 무너지고 있다고 생각하는 사람들이 함께 살자니 피곤한 일이었다. 그렇다면 세상을 어떻게 보아야 옳은 것일까? 진리는 하나 아닌가?

세상을 올바르게 보기 위해 학문을 한다. 나라와 나라 사이들의 관계, 그리고 그들 사이의 다툼인 국제분쟁과 전쟁에 대해 올바르게 알기 위해 전쟁과 국제정치를 공부하는 것이다. 이 책을 다 읽으신 분들이 한반도의 진정한 상황이 무엇이고 현재 국제정치의 진정한 상황이 무엇인가를 보다 정확하게 이해할 수 있게 될 것을 기대하며 글을 쓰기 시작한다.

물론 한반도의 냉전도 끝났고 북한 핵 문제도 잘 풀릴 것이라고 믿는 사람들은 지금 새삼스럽게 전쟁, 무기, 군사전략들에 관한 이야기를 할 필요가 있는지에 대해 의문을 제기할 것이다. 이상과 같은 의문에 대해 전쟁은 아직도 옛이야기가 아니라 우리 주변의 현실이며, 한반도의 평화는 아직 갈 길이 요원하다고 답하고 싶다. 세계와 한반도가 완전한 평화를 이룩한다는 것은 솔직히 "불가능한 일"이라고 말하는 것이 학자의 양심에 더욱 가까운 일일지도 모른다. 그래서 언제라도 우리는 평화를 유지하기 위해 애를 써야만 하며 그럼으로써 위태롭기는 하지만 평화의 시간을 계속 연장시켜 나갈 수 있는 것이다.

이 책에서 저자가 목표하는 바는 전쟁에 관해서 우리가 알고 있다고 생각하는 사실들은 실제와 다른 부분이 상당히 많다는 현실을 일반 독자들은 물론, 이 문제에 관심을 가지고 있는 많은 사람들과 함께 공부해 보자는 것이다. 전쟁과 무기, 군사 전략의 진실은 우리가 상식적으로 알 수 있을 정도로 단순한 것이 아니다. 공부를 통해서만 제대로 알 수 있는 것이다.

미국 예일대학의 유명한 국제정치학자인 브루스 러셋(Bruce Russett) 교수는 매 학기 국제정치학 강의의 첫 시간에 학생들에게 다음과 같은 말을 함으로써 한 학기 강의를 시작한다고 한다. "벤자민 스포크(Benjamin Spock) 박사는 육아(育兒)에 관한 저서에서 '엄마들은 육아에 관해 알고 있다고 생각하고 있는 것보다 훨씬 더 많은 것을 알고 있다'는 말로 책을 시작하고 있지만 나는 제군들에게 '제군들은 국제정치학에 대해 스스로 알고 있다고 생각하는 것보다 훨씬 조금 알고 있다'는 점을 강조하겠네."

우리들은 사실 국제정치 문제들에 대해 우리가 알고 있다고 생각하는 것보다 훨씬 조금 알고 있을 뿐만 아니라 많은 경우 거꾸로 알고 있기도 하다. 전쟁과 국제 정치 및 군사 전략 등 세부 분야로 들어갈 경우 우리의 상식은 맞지 않는 부분이 더욱 많아진다. 우리가 상식적으로 알고 있는 전쟁과 국제정치에 관한 제반 견해들은 현실과는 완전히 동떨어진 것일 경우도 많다. 전쟁과 전략은 상식의 영역이 아니며 국가의 삶과 죽음을 다루는 영역이기 때문에 '역설적'인 논리가 적용되는 영역이기 때문에 그러하다.

로마인 베제티우스는 "평화를 원하거든 전쟁에 대비하라"라는 유명한 금언을 남겼는데 원어로는 *Si Vis Pacem, Para Bellum*이며 영어로는 "If You Want Peace, Prepare for War"이다. 미국의 유명한 전략이론가 에드워드 럿왁(Edward N. Luttwak) 박사는 베제티우스의 논리를 '역설의 논리(Logic of Paradox)'라며 다음과 같이 해설했다. 베제티우스의 논리 구조는 그대가 A를 원한다면 B를 행하라(If you want A then do B)라는 것인데 A와 B는 정반대의 개념이다. 예를 한번 들어보자. "그대 날씬해지고 싶으면(A), 음식을 많이 먹어라(B)" "그대 높은 학점을 받고 싶으면(A), 공부를 조금 해라(B)"가 말이 되는가? 그런데 그대 평화(A)를 원하거든 전쟁(B)을 준비하라는 역설의 논리는 그럴듯한 말이 되지 않는가?

우리의 인생사 중에는 거꾸로 생각해야 타당한 영역들이 일부 있는데 주로 삶과 죽음을 다루는 영역에서의 일들이 그러하다. 삶이라는 최고의 가치를 위해서 다른 즐거운 일들을 포기해야할 때가 있는 것이다. 예로서 대한민국 젊은이들이 모두 군대에 가서 몇 년간 나라를 지키기 위해 병역의무를 수행해야 하는 일은 힘든 일이지만, 평화라는 고귀한 가치를 위해서 해야만 하는 일이다. 좋은 목적을 위해 괴로운(혹은 나쁜) 일을 해야 할 때가 있는 법이다.

이 책을 읽고 난 후 독자들이 "우리가 전쟁에 관해서 알고 있었던 것은 안다고 생각했던 것보다 훨씬 적은 것이었구나!" "우리는 오히려 거꾸로 알고 있었던 것이 많았구나"라고 깨닫게 된다면 그것은 저자의 보람이 될 것이다.

이 책에서 주장된 많은 관점들이 그렇지 않다고 생각하는 사람들로부터 논쟁을 불러일으키게 된다면 그것 역시 대단히 바람직한 일이다. 비록 이 책은 저술과정에서 학술적인 엄밀성을 따르지는 않았지만 보편타당한 진리처럼 믿고 있었던 여러 가지 기존의 관점들에 대한 체계적인 비판과 공격을 시도했다. 국제정치학은 신문만 열심히 읽어도 알 수 있는 영역은 결코 아니다. 상식에 의거해서 국제정치의 복잡한 진실을 알 수 없는 일이다. 전쟁과 평화의 문제도 깊은 연구를 통해서만 올바로 이해할 수 있는, 쉽지 않은 학문 중 하나다. 저자는 이 책에서 국제정치학자들이 그동안 연구해 놓았던 전쟁과 군사에 관한 '과학적' 연구 결과를 가능한 충실히 소개할 것이다.

저자는 또한 전쟁은 옛이야기가 결코 아니라는 사실을 이 책을 통해 독자들에게 보여주려고 노력하였다. 이 세상에는 전쟁이 생각보다 더 많았다는 사실을 여러 가지 자료들을 인용하여 보여주고자 했으며 과학적인 연구 결과들도 소개하고자 했다.

전쟁의 역사를 살펴본 다음 전쟁은 왜 일어나는가에 관한 문제들을 논하였다. 그리고 나서 국가들은 전쟁을 방지하기 위해 어떻게 대비하며, 만약 전쟁이 발발할 경우 어떻게 싸울 준비를 갖추고 있는가의 문제, 즉 전략의 문제도 논하고자 했다.

전쟁은 거의 어떤 이유 때문에라도 일어날 수 있는 일이다. 별의별 이유로 전쟁이 일어나고 있다. 즉 전쟁은 생각보다 훨씬 쉽게 일어나고 있다는 것이 세계 전쟁사의 교훈이다. 그러니까 언제라도 전쟁에 대비해야 하며 그래서 국가안보는 언제라도 제일 중요한 일이라고 말해야 하는 국가정책의 가장 중요한 분야다. 다만 국가안보 또는 평화란 마치 공기와 같아서 평소에 일반인들은 그 중요성을 잘 알기 어려운 것이기도 하다.

전쟁이 쉽게 발발한다는 사실에 대해서 비관적인 생각을 가질 필요는 없지만, 전쟁의 발발 여부에 대해 낙관적이었을 때, 즉 설마 전쟁이 발발하겠냐며 안심했을 때 오히려 전쟁은 더 자주 발발했다는 것이 역사적 진실이다. 멀리 갈 필요도 없다. 조선 시대 선조(宣祖) 임금은 전쟁에 대비해야 한다는 신하의 말보다 전쟁은 없으리라는 신하의 말을 따르다가 임진왜란이라는 민족사상 최대의 전쟁을 준비되지 못한 상태에서 치르며 곤욕을 당했다.

전쟁은 사전에 막는 것이 최선이지만 만약 전쟁이 발발하게 되었다면 반드시 이겨야 하는 것이다. 우리나라 대한민국이 이겨야 한다는 것이다. 그러나 이 세상 어느 나라도 자신이 전쟁에서 이기고자 한다. 미국도 그렇고 중국, 일본은 물론이며 북한도 그렇게 생각하고 있을 것이다. 그래서 모든 나라는 전쟁이 발발한 경우 그 전쟁에서 승리하기 위한 방안들을 골똘히 생각할 수밖에 없다. 세계의 모든 나라들이 값비싼 무기를 만들거나 구입해 쌓아놓고 있으며, 자기 나라의 가장 훌륭한 국가 노동력 중 일부를 군대에 묶어두고 있고, 군사 전략을 열심히 연구하며 실제와 유사한 전쟁 연습을 하고 있는 것이다.

당연히 전쟁과 군사 전략에 대한 생각과 연구는 전쟁이 닥쳐왔을 때 급하게 서두르기보다는 평화의 시대 동안에 더 많이, 더 느긋한 마음 자세로, 더 열심히 준비해 두는 것이 좋다. 그럼으로써 평화의 지속 시간을 더 길게 연장시킬 수 있는 것이다. 전쟁과 군사 전략에 관한 연구의 더욱 궁극적인 목표중 하나는 평화를 유지하기 위해서인 것이다.

필자는 전쟁의 원인을 국제정치학의 입장에서 연구하고 있는 학자다. 그러나 지난 수십 년 동안 필자는 학술적 탐구에 집중하기보다는 현실적인 문제를 생각하지 않을 수 없었다. 우리나라가 처한 절박한 국제정치 상황은 순수한 학문적 이론으로서의 전쟁의 원인을 밝히려는 노력을 어렵게 하였다. 매일 매일 남북한의 군사력, 주변 각국의 군사력 그리고 그들의 군사전략, 주변국의 무기체계 변동 등 현실적인 전략 문제에 접하며 살 수밖에 없었다. 전략론(혹은 군사 전략론)은, 우리나라의 경우는 그렇다고 생각되지는 않지만, 주요 선진국의 대학 및 대학원의 정치학과 및 역사학과에서 아주 중요한 분야로서 연구 및 강의가 이루어지고 있는 학술 분야 중 하나다.

필자는 한국인으로서 전략에 관한 연구가 같은 민족이 살고 있는 정치체제인 북한을 상대로 하는 것이라는 사실에 비통(悲痛)함을 느낀다. 이 세상 어느 전략가도 동족을 향해 전략 연구를 한 경우는 없었을 것이다. 전략이란 민족의 발전을 완수하고 국가건설을 완수한 건강한 민족국가가 자신의 나라와 국민의 안녕을 보존하기 위해서 군사력이란 수단을 여하히 사용할 것이냐에 관해 연구하는 분야이다. 속성상 국제정치적인 것이다. 그러나 우리나라는 분단을 극복하지 못하고 완전한 평화를 이루지 못했기 때문에 민족의 발전과 국가건설을 완성하지 못한 나라다. 그래서 우리의 전략 연구는 왜곡될 수밖에 없었다. 북한을 대상으로 하며, 북한을 쳐다보는 일이 우리가 행하는 전략 연구의 가장 큰 주제일 수밖에 없었다.

전쟁과 국제정치

01

전쟁을 공부하는 이유

전쟁을 공부하는 이유

　인간의 역사는 전쟁의 역사다. 독자들께서 이 책을 읽고 있는 바로 이 순간에도 세계 곳곳에서는 수많은 전쟁이 진행 중에 있으며 큰 전쟁에 가려져 진행 중인 사실조차 잊혀져버린 소규모의 국제분쟁들은 수천, 수만의 목숨을 앗아가고 있다. 그럼에도 불구하고 우리들은 상대적으로 전쟁에 대해 무관심하다. 전자통신 기술의 발달로 인해 전쟁의 현장을 직접 안방에 앉아서 TV를 통해 볼 수 있게 되었는데 일부 사람들은 그것을 마치 전자오락실에서 '게임'을 하는 것 같은 기분으로 보고 있거나 심지어는 이를 즐기기도 한다.

　영국이 세계 최강대국이었던 시절 영국의 시민들은 신문을 통해 저 멀리 열대지방에서 들려오는 영국군의 승전보(勝戰譜)를 즐겼다고 한다. 마치 올림픽 경기에 출전한 자국 선수들의 금메달 획득 소식을 즐기듯 말이다. 전쟁이 끝나면 흥분하고 즐길 일이 없어서 심심해질 것이기 때문에 전쟁이 더욱 오래 지속되기를 원했다는 말조차 있다.

이와는 반대로 전쟁의 잔인한 모습이 TV를 통해 안방에 그대로 전달되는 상황은 전쟁에 대한 일반 시민의 혐오감을 유발하여 전 세계적인 반전(反戰)무드의 기초가 되기도 한다. 거의 실시간, 생방송처럼 전달되는 전쟁터의 모습은 전쟁의 내면에 깔린 정치적인 원인과는 관계없이 전쟁의 참혹한 면만을 강조, 무조건적인 반전, 평화의 논리를 양산하기도 한다.

어쩌면 전쟁이란 좋고 나쁨을 평가해야 하는 윤리, 도덕의 문제는 아닐지도 모른다. 전쟁이란 인간과 국가의 역사가 시작된 이래, 아니 역사가 시작되기 전부터 즉 선사시대부터 인간들이 살았던 곳에서는 어디서나 나타났던 보편적 현상이다. 전쟁은 시간과 공간을 초월하여 인간이 살고 있는 그 어디에서도 발견되는 현상이었기 때문이다.

20세기는 인류 역사상 최악의 전쟁 시대(century of warfare)라고 불린다. 20세기 전반기 50년 동안 세계대전이 두 번이나 발발했고, 그 이후 핵전쟁으로 인해 인류가 절멸할지도 모른다는 극도의 긴장이 약 50년 간 지속되었다. 소련이 평화적으로 붕괴함으로써 냉전이 종식되었고(1990년) 그 이후 약 10년 간(1991년부터 2000년) 탈냉전 시대(post Cold War)라고 불리는 상대적으로 평화로운 시대가 있었다. 우리는 21세기야말로 진정 평화의 세기가 될 것이라는 낙관론과 더불어 새로운 밀레니엄을 맞이했다.

그런데 지금 우리가 살고 있는 21세기의 처음 몇 년 동안의 세계 정치 모습은 어떤 모습이었는가? 평화가 충만할 것이라는 기대 속에서 맞이한 20세기가 전쟁의 세기로 얼룩지고 말았었는데 아예 전쟁으로 시작하고 있는 21세기는 과연 어떤 세기가 될 것인가? 2001년 9월 11일 발발했던 황당한 테러공격은 평화의 시대가 오리라는 낙관적 전망을 여지없이 부셔버렸다.

21세기가 시작되고 몇 년이 지난 후, 저명한 국제전략 이론가인 영국의 콜린 그레이(Colin Gray) 교수는 21세기는 20세기 못지않은 전쟁의 시대가 될 것임을 예견하고 있다. 전쟁의 본질을 규정하는 '정치적 맥락'이 21세기에도 전혀 변하지 않고 있기 때문이라는 이유에서다. 그레이 교수는 일반 시민들이 도저히 그런 일이 있을 수 없다고 생각하는 '강대국 사이의 대전쟁(大戰爭) 발발 가능성'조차 있으며 이미 그럴 가능성이 나타나고 있다고 주장한다.[Colin S. Gray, *Another Bloody Century: Future Warfare* (Weidenfeld and Nicolson, London, 2005)]

많은 사람들이 입으로는 평화를 말하고 있지만, 인간들은 전쟁을 미워하지도 않았고, 전쟁을 두려워하지도 않았다. 사소한 개인적 명예심으로부터 영토, 민족, 국가, 이데올로기, 정의, 자유, 해방 등 거창한 이유에 이르기까지 별의별 다양한 이유 때문에 전쟁이 발발했고 정당화되었다. 적당한 수준의 분쟁 또는 전쟁이 존재하는 것이 인류문명의 발달에 보다 유용하며, 그렇기 때문에 전쟁 그 자체는 인류의 진보에 기여했다고 주장하는 사람들도 적지 않다. 많은 사람들이 현대무기의 정확한 살상력(殺傷力)을 보고 경악하거나 비통해하기 보다는 오히려 경탄하고 있으며, 마음에 들지 않는 적국 및 그 나라 지도자의 신속한 파멸을 기대하고 있다.

과연 인간은 싸움을 좋아하는 동물인가? 싸움을 한다면 언제, 왜,

그리고 그토록 처절하게 싸우는 것일까? 특히 인간이 이룩한 가장 강력하고 정교한 정치 조직인 민족국가(民族國家, Nation State) 또는 국민국가들이 끊임없이 전쟁에 빠져드는 원인은 무엇인가? 국가들은 과연 영원토록 평화롭게 지낼 수는 없을까? 오늘날과 같은 과학무기의 시대에서, 그리고 핵무기가 아직도 건재하고 있는 시대에서 전쟁은 인류문명의 존망 여부와도 직결되지 않을까? 그리고 2001년 9월 11일을 기점으로 시작된 완전히 다른 유형의 전쟁인 테러리즘과 이에 대항하는 반테러 전쟁(Anti Terror Warfare)은 오늘의 세상을 전쟁이 항상 존재할 수밖에 없는 시대로 바꾸어 놓지 않았는가? 테러리즘과의 전쟁은 시작도 끝도 없을 것이다. 과연 우리는 전쟁이 없는 세상을 만들 수 있을까? 진정한 평화의 세계는 가능할까?

이런 심각한 문제에 대답하기 위한 노력은 인간의 역사와 출발점을 같이한다. 전쟁이란 무엇인가에 관한 수천, 수만의 연구 결과가 나왔으며 전쟁을 방지하겠다는 원대한 목표를 세워놓고 전쟁의 원인을 연구하는 수많은 학자와 학설들이 존재하고 있다. 특히 전쟁은 그 이유가 아무리 고상하고 목적과 수단이 정당한 것이라 해도 반드시 재산과 인명의 대량 파괴를 수반하기 때문에 모든 사람들의 고통 거리인 동시에 큰 관심을 불러일으키는 주제가 아닐 수 없었다. 그 결과 거의 모든 학문이 전쟁을 주요한 연구대상의 하나로 다루고 있다. 정치학, 국제정치학은 물론이거니와 역사학, 경제학, 사회학, 법학, 심리학, 지리학, 인류학 등 제반 인문사회과학, 그리고 생물학, 수학 등 자연과학자들 및 공학도들에게도 전쟁은 대단히 중요한 연구주제의 하나가 되고 있다.

전쟁이란 인간 역사의 가장 중요한 사건이며, 우리 대한민국 국민들이 특히 우려해야 할 국가적 숙제가 전쟁을 방지하고 평화를 유지해야 한다는 일이다. 그러기 위해서는 전쟁을 이해해야 하고 전쟁을 공부해야 한다. 그래서 전쟁을 연구하는 그 누구라도 자신의 학문적 노력에 숭고한 의미를 부여한다. 전쟁에 관한 책을 쓴 저자들은 거의 예외 없이 책의 맨 앞부분에 '평화를 위하여'라는 거창한 헌사(獻辭)를 쓴다. 전쟁의 연구는 이처럼 대개 목적론적이며 도덕적이다. 학자들이 전쟁을 연구하는 가장 중요한 목표가 전쟁을 방지하고 평화를 위한 방안을 제공하려는 것이라는 사실을 의심할 필요는 없다.

그러나 전쟁 발발 원인에 관한 유명한 교과서의 저자인 지오프리 블레이니(Geoffrey Blainey) 교수는 그의 책 서문에서 '전쟁을 분석하려는 일은 국가들은 왜 전쟁에 빠져드는가에 관한 수많은 서로 다른 가설들로 인하여 이미 어지러워진 영역에 뛰어 들어가는 일과 같다'고 언급하고 있다. 또한 블레이니 교수는 '전쟁의 원인에 관해 서로 판이한 수많은 가설과 이론들이 다른 가설과 이론은 무시한 채 상호 독립적으로, 그리고 평화롭게 공존하고 있다'고 말한다.[Geoffrey Blainey, *The Causes of War* (3rd ed.; New York: The Free Press, 1988)]

정 반대되는 이론과 가설들이 혼란스럽게 존재하는 상황이니 전쟁을 연구하면 할수록 전쟁의 원인을 이해하기 더욱 어려워질지도 모를 일이다. 전쟁에 관해서는 이론도 다양하고 학자들의 견해도 다양하다. 이론적인 혼란 상황은 전쟁과 평화에 대한 개인들, 국가들이 서로 전혀 다른 견해를 발전시키게 하는 원인이 되기도 한다.

바로 이 같은 어려움은 전쟁을 연구하는 사람들로 하여금 그들의 연구 작업이 진정으로 평화를 위한 것이라고 자신 있게 말할 수 없게 한다. 어려움은 여기에서 끝나는 것이 아니다. 질병을 연구하는 의사들과 전쟁을 연구하는 국제정치학자들이 흔히 비슷한 일을 하고 있는 사람들처럼 비유되고 있는데 사실 전쟁 연구와 질병 연구 사이에는 본질적인 차이가 있다. 대부분 의사는 질병을 치유하기 위한 목적으로 연구를 진행하는데 반해 상당수의 전쟁 연구자들은 오로지 전쟁을 방지하기 위한 목적에서만 전쟁을 연구하는 것은 아니다. 물론 소수의 의사들 혹은 과학자들은 병균으로 상대방 적국을 효과적으로 죽이는 세균전(細菌戰)을 연구하고 있음도 다 아는 일이다. 2020년 초 중국 발 우한 폐렴 창궐 사태의 오리진(origin)이 우한(武漢)에 있는 중국 정부 산하 세균연구소라는 주장을 음모론일 뿐이라고 폄훼할 수는 없는 일이다.

사실 전쟁의 연구는 '어떻게 하면 다른 나라와 싸워 이길 수 있을 것인가?'라는 공격적 목적 아래 더욱 열심히, 그리고 더욱 많이 연구되어 왔다. 미국이나 유럽 국가들의 경우처럼 전쟁 연구의 오랜 역사적 전통을 가지고 있는 나라들의 경우에서도 효율적인 군사전략을 개발하기 위한 목적이 아니라 평화를 지키기 위한 전제 조건으로서, 혹은 전쟁을 이해해야 한다는 순수한 학술적 목적 아래 전쟁의 연구가 체계적, 과학적으로 이루어지기 시작한 것은 그다지 오래된 일이 아니다.

전쟁의 연구가 오직 평화만을 위한 것이어야 한다고 고집할 수도 없다. 전쟁에서 이기기 위한 방안을 강구하는 것 역시 전쟁을 공부하는 중요한 이유가 되어 왔다. 전쟁의 연구를 대표하는 저술들인 손자의 『병법, 孫子兵法』 혹은 클라우제비츠의 『전쟁론, Vom Krieg』이 오로지 평화를 지키겠다는 목적으로만 쓰여진 책은 아닌 것처럼 말이다.

'전쟁의 모습'을 있는 그대로 보다 객관적인 입장에서 이해하는 것이 전쟁을 막으려는 도덕적-규범적 행동에 선행되어야 한다. 전쟁을 일종의 질병으로 보는 비어(Francis Beer) 교수는 전쟁을 과학적으로 연구함으로서 전쟁을 더욱 용이하게 기술(記述), 설명, 예측할 수 있고, 그럼으로써 전쟁을 통제(control)할 수 있다고 주장했다.[Francis A. *Beer, Peace Against War: The Ecology of International* Violence (San Francisco: W. H. Freeman and Co, 1981)]

상식을 뛰어 넘는 전쟁 이야기

워털루 전투(1815) 당시 나폴레옹은 대포를 가지고 있었다. 그러나 알렉산더 대왕의 투석기(投石機: Catapults)는 나폴레옹의 대포와 비교할 때 사정거리 또는 파괴력이라는 측면에서 대등한 위력을 지니고 있었다.

나폴레옹은 당시 72,000명의 병력을 보유하고 있었고, 알렉산더 또한 인도로 향하는 카이버관문(Khyber Pass)을 통과할 당시 75,000명의 병력을 거느리고 있었다. 19세기 초반의 워털루의 전투는 실제로 기원전 4세기(B.C. 326

년 7월) 푼잡지방에서 벌어진 하이다스페스(Hydaspes) 전투와 비교할 때 지리적, 전술적인 면에서 오히려 더 작은 규모의 전투였다.

1815년 당시 나폴레옹이나 웰링턴은 자신의 병력을 알렉산더의 군대보다 더 빨리 더 멀리 보낼 수 있는 능력을 가지고 있지는 못했다. 나폴레옹은 "군대는 배로써 행군한다" 즉 배불리 먹여야 전투를 잘할 수 있다는 견해 때문에 유명했으나 알렉산더 또한 그 사실을 잘 알고 있었다. 비록 통조림을 넣을 수 있는 양철 깡통은 나폴레옹 전쟁 당시에 발명된 것이지만 당시 그다지 많이 사용되지는 않았다. 알렉산더의 병참체제(Logistical System)는 나폴레옹의 병참 시설만큼이나 순조롭게 또는 정교하게 운영되었다.

알렉산더의 대군은 2100년 후 나폴레옹의 대군보다 진격속도가 오히려 더 빨랐다. 아더 훼릴 교수는 알렉산더의 군대와 나폴레옹의 군대가 실제로 전투를 벌인다면 알렉산더가 승리할 것이라고 예상한다. 재미있는 조건이 하나 있다. 알렉산더의 코끼리들이 나폴레옹의 포소리에 놀라지 않는다는 가정을 한다면 말이다.

19세기 초의 구식 보병총(musket)에 해당하는 무기로 알렉산더 대왕은 궁수와 돌팔매를 보유했었다. 알렉산더의 활과 돌팔매의 침투력(penetrating power)은 나폴레옹 군대가 보유했던 구식 보병총보다 약했을지 모르지만 같은 시간 동안 더 여러 발을 발사할 수 있었으며(구식 보병총을 재 장전하는 데는 20초나 걸렸다) 유효 사정거리도 더 멀었다.

존 키간(John Keegan)이 나폴레옹의 사격술에 관해 말한 바처럼 "구식 보병총을 가진 병사들은 500야드(약 45m) 이내의 표적도 제대로 맞추지 못하는 경우가 허다하였다. 이 같은 사실은 많은 구식 보병 소총수들이 실제로는 겨냥도 하지 않은 채 총을 쏘아댄 것은 아닌가, 혹은 적어도 어떤 특정 상대방 병사를 표적으로 삼지는 않았던 것이 아닌가에 관한 의혹을 불러일으킨다."

이 이야기들은 이 책 무기와 전쟁을 다루는 장에서 다시 상세하게 논의 될 것이다.

상식과 진리

상식과 진리

앞에서 일반인들의 상식을 깨는 전쟁 이야기 하나를 소개했다. 나폴레옹은 19세기의 명장이었지만, 그의 프랑스군은 기원전 4세기의 명장이었던 알렉산더 대왕의 군대와 전투를 벌였을 때 아마도 패배했을 것이라는 유명한 고대 전쟁사학자 아더 훼릴(Arther Ferrill) 교수의 연구 결과를 소개한 것이다. 아더 훼릴 교수는 2,200년 동안 인간의 전쟁 수행 능력은 그다지 발전하지 못했다고 주장한다. 사실 나폴레옹도 말을 타고 행군했고 알렉산더도 말을 타고 행군했다. 누구의 말이 더 빨랐을까에 따라 진격 속도가 달라졌을 것이다. 나폴레옹은 근대 프랑스의 장군이기는 했지만 그는 기차도 없었고 지프 차, 탱크도 없었다. 나폴레옹의 운반수단은 알렉산더의 운반수단과 사실상 똑같은 것들이었다. 이처럼 우리는 다 알고 있는 사실임에도 불구하고 모르고 있거나 또는 오해하고 있는 것이다. '알렉산더의 군대와 나폴레옹의 군대 중 어떤 군대가 진격 속도가 더 빨랐을까?'라는 나의 질문을 받은 모든 학생들이 주저 없이 '나폴레옹 군'이라고 대답했다.

그래서 나는 학생들에게 자신들이 확신하고 있었던 것들이 실제로는 그렇지 않다고 알려주는 것으로 학기를 시작하곤 했다. 학생들에게 첨성대 사진을 보여주고 이것이 무엇이냐 물으면 모두 '첨성대'라고 대답한다. 이 건물이 무슨 용도의 건물이냐고 물으면 대부분 '세계 최초의 천문대'라고 답한다. 이 건물에서 어떻게 별을 관찰했을 것 같으냐고 물으면 그때부터 학생들은 '멘붕' 상태에 빠진다. 나도 어떻게 이 구조물에서 별을 관찰했는지에 대해 잘 모른다. 다만 오늘날 같은 초과학 시대에도 천문대는 마을(도시) 한복판이 아니라 산꼭대기에 만드는 것이 일반적인 일이라고 알고 있다. 첨성대는 산꼭대기에 있지 않은, 경주 시가지 한복판에 있는 구조물이다. 첨성대에 대한 최근의 연구 중에는 첨성대가 기우제와 같은 제사를 지내던 곳, 혹은 여왕의 치적을 나타내기 위한 공적비라고 보는 것이 보다 타당하며 천문대는 아니었다는 주장도 여럿 있지만 이곳에서는 우리가 확신하고 있는 것들이 사실은 그렇지 않을 수도 있다는 점만 지적하고 넘어가자.

나는 또 광화문에 있는 이순신 장군의 동상 사진을 학생들에게 보여주고 무엇이냐고 묻는다. 학생들 중 이 동상이 이순신 장군임을 모르는 사람은 없다. 나는 학생들에게 이순신은 키가 얼마나 컸을까? 라고 물어보면 상당히 많은 학생들이 '180cm 정도 아닐까요?'였다. 위대한 장군이며, 동상도 위풍당당하니 당연히 이순신은 180cm 정도의 거구였을 것이라고 상상하는 것이다. 그렇게 생각하고 말하는 것이 당연하다. 나는 이순신 장군의 키가 145cm라고 쓰여 있는 책을 읽으며 순간적으로 분노한 적이 있었다. 이순신 장군을 폄훼하는 사람이 쓴 글이라고 생각하고 글쓴이를 비난했다. 그래서 해군사관학교 역사학과 교수를 역임하신 한국사 전공 학자님께 물었다. 그 교수님은 정확한 것은 알 수 없고 다만 보통 사람보다 키가 작았다고 말씀해 주셨다. 참고로 조선 시대 중엽 조선 남자들의 평균 키는 대략 150cm 정도였다고 하니 145cm라는 기록은 근거 없이 쓴 것은 아니라는 생각도 들었다. 말하려 하는 바는 우리는 우리 민족사 최대의 영웅인 이순신 장군에 대해서도 그 자세한 것들을 대부분 잘 모르고 있다는 것이다.

내친김에 그 교수님께 이순신 장군은 왼손잡이였냐고 물었다. 광화문의 이순신 장군 동상은 칼을 오른손으로 잡고 있다. 그렇다면 칼을 뽑는 손, 즉 칼을 들고 휘두르는 손은 왼손이 될 것이다. 그런가? 아닌가? 아니라면 광화문의 동상은 제대로 고증(考證)하고 만든 것이 아닌 것이 된다. 광화문에 우뚝 서 있는 이순신 동상의 칼, 갑옷 등에 대해 역사적 고증을 거친 것인지에 대해 의문을 제시하는 전문가들이 있다고 들었다. 필자도 그중 하나다. 우리가 알고 있는 것들, 특히 우리가 확실히 알고 있다고 생각하는 것들도 허점투성이라는 것을 말하기 위해 위 같은 사례를 들어보았다.

앞에서 군사, 안보, 전쟁, 전략의 영역은 역설의 영역이라고 말했다. 그래서 전쟁의 연구도 상식적으로 말이 되지 않는 것들이 대단히 많이 나타나는 영역이라고 먼저 말해야겠다.

다음의 사진들은 대한민국 국군이 장비하고 있는 최신형, 고가의 무기들이다. 현대 자동차 회사가 만드는 K-2 혹은 흑표(黑豹, 검은 표범)

라는 이름의 탱크는 한 대 가격이 대략 80억 원에 이른다. 현대 자동차가 만드는 소나타 세단 약 300대 값이다. 현대 선진국 대부분이 자국 고유의 국산 탱크를 만드는데 재미있는 통계가 있다. 탱크를 만드는 회사가 따로 있는 것이 아니라 각국의 대표적인 자동차 회사들이 그 나라의 탱크를 만드는데, 탱크 한 대 가격이 그 회사의 대표적인 자동차 한 대 가격의 약 300배 정도라는 것이다.

탱크 아래에 있는 비행기는 F-15K라는 이름의 전투기로 미국산을 수입한 것이다. 미국 보잉사는 한국형을 특별히 만들어서 팔았고 그래서 뒤에 K를 붙쳤다. 일본에 판매한 F-15 이글(Eagle)기는 그 모델명이 F-15J로 되어 있다. 이 비행기는 구입 당시 기준, 한대 가격이 대략 1,000억 원 정도였다. 그 아래의 군함은 바다의 전자군단이라고도 불리는 최신예 이지스함인데 이 배는 한 대 가격이 무려 1조 원에 이른다.

그렇다면 이 무지막지하게 비싼 무기들은 왜 사오고 있는 것일까? 이 무기들은 대략 그 수명을 40년 정도로 잡고 있는데 만약 40년 동안 전쟁이 일어나지 않아서 이 무기들을 한 번도 실제 전투에 써보지 못한 채 내다 버리고 새것을 다시 사와야 한다면 얼마나 억울한 일인가? 이 같은 질문이 말이 되는 질문이라 생각하는 사람들은 무기는 전쟁을 하기 위해 사오는 것이라고 믿는 사람들일 것이다. 무기를 사오는 이유는 '전쟁을 하지 않기 위해서'라고 믿는 사람들은 40년 동안 전쟁이 발생하지 않아서 이런 무기들을 한 번도 실제로 쓰지 않는 채 버리게 되는 것이 가장 바람직한 일이라고 생각할 것이다.

고급 승용차 300대 가격의 K-1 전차
신형 K-2 전차는 80억 원이 넘는다

1,000억 원 짜리 F15-K

1조원이 넘는 세종대왕 함

이 터무니없이 비싼 무기들을 사다 재워놓는 첫 번째 목표는 '전쟁을 하지 않기 위해서' 또는 '평화를 지키기 위해서'인 것이지 '전쟁을 하기 위해서'가 아닌 것이다. 전쟁과 평화의 영역을 역설의 영역이라고 말할 수밖에 없는 것이다. 그래서 국제정치학, 정치학 공부는 대단히 어려운 영역에 대한 공부인 것이다. 많은 사람들이 신문의 뉴스,

TV뉴스를 열심히 보면 세상 돌아가는 것을 알 수 있다고 말하지만 그렇지 않다. 정치학, 특히 국제정치학은 학술적으로 연구를 해야 현상을 올바로 이해할 수 있는 것이다.

아인슈타인 박사가 친구로부터 질문을 받았다. '인간들은 (어려운) 핵폭탄도 만들 수 있는 능력을 가지고 있으면서 왜 그것을 사용하는 방법에 대해서는 잘 모르고 있는 걸까요?' 이 질문을 받은 아인슈타인 박사의 대답이 흥미롭다. '친구여 그것은 쉬운 질문이네. 왜냐하면 그것은 정치학이 물리학보다 더 어렵기 때문이지.'[John N Herz, *International Politics in the Atomic Age* (New York: Columbia University Press, 1962)] 국제정치는 상식으로 분석할 수 있는 쉬운 영역은 아니다. 정치학은 물리학보다 훨씬 어렵다. 그렇다고 겁먹을 필요는 없다. 국제정치학에도 기본 논리들이 있고 그것들을 잘 이해하면 웬만한 국제정치 상황을 보고 읽을 수 있는 눈을 가질 수 있게 될 것이다. 상식만 가지고 세상을 바라볼 수 있다고 생각하는 것은 만용이다.

국가는 전쟁을 잘하기 위한 조직

국가는 전쟁을 잘하기 위한 조직

(1) 무정부 상태(Anarchy)란?

국제정치는 말 그대로 국가들 사이의 정치를 의미한다(Inter-National Politics, or Politics among Nations). 그런데 국가들이란 속성상 대내적으로 최고, 대외적으로 독립적인 존재이다. 이런 속성을 가진 나라들은 다른 나라를 자신보다 결코 우위에 있는 실체라고 보지 않는다. 이처럼 서로 상대방의 권위를 인정하지 않는 국가들이 모여 이룩한 국제사회에는 국가들 사이에 문제가 생겼을 때 이를 권위(authority)를 가지고 해결할 수 있는 상부의 조직이 존재할 수 없다. 이런 사회를 표현하는 영어 단어 'Anarchy' 즉 무정부 상태라는 용어는 그 본뜻이 '왕이 없다(a archy)' 라는 것이다. 영어의 a는 무엇이 없음을 의미하는 단어이며 archy는 왕이라는 의미의 글자다. a archy는 No Archy(왕이 없다) 라는 뜻이며 무정부 상태(無政府 狀態)라는 의미다. 왕이 하나 있는 경우는 mono-archy 즉 Monarchy(군주국가)가 되며 왕이 여럿 있는 경우를 poly(여러 명의) archy(왕)이라고 말하며 이는 영어단어로 Polyarchy, 즉 민주주의를 의미한다.

국제체제는 국가 간의 문제를 권위 있게 해결해 줄 수 있는 왕(혹은 정부)이 없는 체제다. 그래서 무정부 상태라고 부르는데 무정부 상태가 무질서 혹은 혼란, 혼동의 상태를 의미하는 것은 아니다. 무정부 상태에도 질서가 존재하는데 그 질서는 힘에 의해 유지되는 질서인 것이다. 막강한 힘을 가진 국가에 의해 유지되는 질서가 국제질서인 것이다.

오늘날의 국제정치는 마치 미국 역사 초기의 서부 개척시대의 미국 사회와 비교할 수 있을 것 같다. 서부 개척 당시 용감한 개척자들이 부와 명예를 거머쥐기 위해 서부로 달려갔는데 그곳은 아직 동부의 미국 정부가 법과 질서를 집행하기 이전의 영역이었다. 서부의 사나이들은 자신의 재산과 생명을 스스로의 힘으로 지킬 수밖에 없었다. 그래서 스스로 총을 차고 다녀야 했다. 경찰서와 법원이 아직 생기기 이전의 사회였으니 말이다. 오늘의 국제사회와 미국 개척시대 초기 서부사회는 비슷한 수준의 질서를 가지고 있었다고 비유할 수 있을 것이다.

그래서 국제정치에는 언제라도 폭력이 난무하기 마련이다. 미국의 젊은 여성 국제정치학자인 타니샤 파잘(Tanisha Fazal)은 국가의 죽음(State Death)에 대해 연구했는데 그녀의 연구 결과에 의하면 1816년 근대 민족 국가 체제가 시작된 이래 2000년에 이를 때까지 존재했던 나라는 207개국이었다. 그녀는 또한 184년의 기간 중에 존재했다가 멸망해서 없어져 버린 나라가 66개국이라는 사실을 발견했다. 전체 국가 숫자의 32%, 즉 약 1/3이 없어져 버린 것이다. 없어진 나라 66개국이 파잘 교수의 직접적인 연구 대상이었는데 죽어버린 66개의 나라 중에서 75%, 즉 3/4에 해당하는 50개 국가의 멸망 이유가 이웃 나라에게 맞아 죽은 것이라는 놀라운 사실이 발견되었다. 즉 멸망한 나라의 75%가 폭력적인 죽음을 당했던 것이다.

국가들이 죽을 확률도 보통사람들의 예상을 훨씬 상회하는 것인데 죽음의 이유 중 75%가 폭력에 의한 것이라는 사실은 국제사회가 얼마나 험악한 곳인지를 적나라하게 말해 주고 있는 것이다.[Tanisha M. Fazal, *State Death: The Politics and Geography of Conquest, Occupation, and Annexation* (Princeton: Princeton University Press, 2007)]

1945년 이후 국가의 소멸 사례가 상대적으로 희귀하게 되었다는 사실은 일반인은 물론 학자들조차 국가의 생존, 즉 국가안보가 그다지 어려운 일이 아닌 것처럼 생각하는 분위기를 만드는데 기여했다. 국제사회에서 국가의 죽음이란 예상보다 훨씬 흔한 일이며 그래서 모든 국가들은 국가의 존속(survival)을 가장 중요한 가치로 여긴다. 이 분야를 연구하는 것이 넓게는 국제정치 연구, 좁게는 전쟁연구, 통칭해서 '국가안보' 연구라고 말할 수 있을 것이다.

나라(국가)들은 이처럼 힘든 곳에서 살아가야 하기 때문에 저마다 이 같은 상황에서 살아남기 위한 정책을 택하지 않을 수 없다. 그래서 국가라는 조직은 인간이 만든 다른 모든 조직과 유난히 다른 특징을 하나 가지고 있다. 이 부분에 대해 논의해 보자.

(2) 국가는 전쟁을 잘하기 위해 발달된 조직

국가는 전쟁을 할 수 있는 조직이라는 점에서 다른 모든 조직과 근본적으로 다르다. 국가는 물리적 폭력의 정당한 행사를 위임받은 유일한 조직이다. 경기도의 인구가 1,200만이라도, 서울 인구가 1,000만일지라도 경기도와 서울시는 전쟁하는 조직은 아니다. 그러나 유럽에 있는 인구 1,000만의 작은 나라라고 할지라도 그 나라는 전쟁을 할 수 있는 능력을 갖추기 위해 애쓴다. 도지사와 시장은 결코 전쟁을 지휘할 일이 없다. 오로지 국가의 지도자만이 전쟁에 대비하고 만약의 경우 전쟁을 지휘해야 할 유일한 사람이다.

국제정치가 무정부로 남아 있는 한 국가가 무장하는 것은 필연(必然)적인 일이다. 국가들은 무장을 하지 않고 있으면 이웃에게 언제라도 죽음을 당할 수 있는 곳, 즉 무정부 상태의 국제 정치의 영역에서 살아가고 있기 때문이다. 그래서 모든 나라들은 심지어 강대국들일지라도 자신의 국가안보에 노심초사하기 마련이다. 당대 세계 최고의 강대국들은 모두 막강한 군사력을 보유했던 나라였다. 그들 강대국은 당대에 가장 전쟁을 잘할 수 있는 조직이었다.

강대국은 전쟁을 잘할 수 있었기에 더욱더 강한 조직으로 발전하였고 그렇지 못한 조직들은 강한 조직에 흡수되고 말았다. 오늘날 국제정치에 약 200여개의 국가들이 있는데 이들은 모두 다른 조직들에 비해 더 전쟁을 잘할 수 있었기에 살아남았으며, 더욱 전쟁 수행능력이 확대된 정치 조직들이라고 말할 수 있다.

수많은 나라들 중에서도 강대국이라고 불리는 조직들은 무엇보다도 전쟁을 잘하는 나라라는 특징을 갖는다. 경제력, 군사력, 인구 등 눈에 보이는 국력 요소는 물론 정신적인 요소, 즉 상무정신(尙武精神)은 강대국이 되기 위한 기본적인 조건들이다. 우리도 한때 중국과 겨루었던 강대국이자 상무의 나라인 적이 있었다. 고구려가 우리나라였다면 말이다. 이렇게 가정법을 쓴 이유는 지금 중국은 고구려를 중국 지방 정부의 하나라고 주장하고 있기 때문이다. 당연히 중국과의 역사 전쟁을 벌여 고구려를 우리 민족의 선조국가로 되찾아 와야 한다.

강대국이든 그렇지 않은 나라이든 국가는 본질적으로 '전쟁'을 하기 위한 조직이다. 이것을 못하는 나라는 나라가 아니다. 현대 국가는 그래서 모두 일정 연령에 다다른 국민을 징집해서 군대를 조직하고 국민으로부터 세금을 거두어 무기를 장비할 수 있는 능력을 가지고 있다. 징병(徵兵)과 조세(租稅)는 현대 국가의 필수적인 기능이다. 이 두 가지 능력이 없는 나라는 정상적인 나라의 구실을 할 수 없다.

오늘 대한민국은 잘못된 정치가들과 지식인 그리고 언론의 영향으로 전쟁을 '극도로' 두려워하는 인간들의 나라가 되어 버렸지만 우리 국민들의 마음 저 구석에는 아직도 강대국 국민의 피가 흐르고 있다. 우리 국민들은 전쟁을 준비하자고 역설했던 이율곡을 존경하고 나라를 위해 목숨 바친 이순신을 존경한다. 아직도 희망은 있다고 말할 수 있는 근거다.

중국인들이 글자로 사용하고 있는 한자는 그 의미가 오묘한 것들이 많이 있는데 나라를 상징하는 국(國)이라는 글자가 특히 그러하다. 나라 國은 다음과 같은 4개의 글자로 구성된다. 一+口+戈+口. 여기서 一은 땅을 의미한다. 가운데의 작은 네모 口는 입 구라고 읽는 글자로서 사람을 의미한다. 먹을 것이 부족하던 시절 사람은 입을 상징하는 글자로 표현했다. 오늘날에도 마찬가지다. 저 나라는 인구가 몇 명이야 라고 묻는데 '인구(人口)'란 말은 사람의 입이란 뜻 아닌가. 세 번째 글자인 戈는 과라고 읽는 글자로 창을 의미한다. 옛날의 창은 찌르는 기능뿐 아니라 옆에 도끼날 같은 것이 붙어서 베는 기능도 했다. 그래서 창을 상징하는 과(戈)라는 글자가 약간 복잡해졌다. 둘러싸고 있는 큰 네모 口는 넓은 땅, 큰 영역을 상징한다. 나라 국(國) 자를 종합해서 풀이한다면 '땅(一)위에 사람(口)이 창(戈)을 들고 서서 지키고 있는 큰 땅(口)'을 말한다. 현대 국가의 3요소인 주권(戈) 국민(口), 영토(口)가 다 포함되어있는 글자다. 주권을 창(戈)으로 표현했다는 사실은 고대 중국인들의 지혜를 보여준다.

또 하나 의미심장한 한문 글자 중 하나가 무(武)라는 글자다. 군인을 상징하는 글자인데 중지한다는 의미의 지(止) 자와 창(戈) 자가 합쳐져서 만들어진 글자다. 즉 군인이란 '창 쓰는 일을 중지하기 위해 존재하는 사람'이라는 의미다. 군사력과 군인의 존재는 전쟁을 하기 위해서가 아니라 평화를 지키기 위해서라는 역설을 잘 알아야 한다. 미국군 중에서도 화력이 가장 막강한 부대인 전략 공군 사령부(Strategic Air Command)의 정문 부근에는 "평화는 우리의 직업(Peace is Our

Profession)"이라는 간판이 세워져 있다.

주로 유럽의 역사에 기초해서 국가의 성장, 발전을 연구했던 미국의 유명한 사회학자 찰스 틸리(Charles Tilly) 교수는 국가는 전쟁의 산물이며 전쟁의 산물인 국가를 극적으로 상징하는 'War Made the State and the State Made War' 즉 '전쟁은 국가를 만들고 국가는 전쟁을 한다'는 명제를 만들었다.[Charles Tilly, *Coercion, Capital, and European States AD 990-1992* (London: Blackwell, 1975)]

이 세상의 모든 국가들은 전쟁을 잘하는 조직으로 성장하지 않을 수 없었다. 그렇지 않을 경우 이웃 나라의 침략 대상이 되고 패배하면 나라의 목숨조차 없어지곤 했기 때문이다. 결국 전쟁을 잘하는 나라들만이 살아남을 수 있었다는 말이기도 하다. 이미 언급한 바처럼 조세와 징집은 근대 국가의 필수적인 능력이었다. 이런 능력을 갖추지 못한 나라들은 왕왕 국제사회에서 퇴출되고 말았다. 오늘의 대한민국 역시 전쟁의 산물이 아닐 수 없다. 제2차 세계대전에서 미국이 승리한 결과 대한민국이 건국될 수 있었고 6·25 한국전쟁(1950~1953)의 결과 대한민국은 오늘과 같은 모습의 기초를 다질 수 있게 되었다.

그래서 전쟁은 국가가 존재하는 한, 국제사회가 존재하는 한 회피할 수 없는 가장 중요한 국가의 일이다. 세계적인 전쟁, 전략 이론가인 영국의 마이클 하워드(Michael Howard) 경은 『전쟁과 평화의 연구(*Studies of War and Peace*)』라는 저서에서 '그렇기 때문에 전쟁이란 도저히 피할 수 없는 악이다. 그러나 군사력의 사용을 포기한 자는 곧 자신의 운명이 군사력을 포기하지 않은 자의 손아귀 속에 들어가 있음을 알게 될 것이다(War thus in itself inescapably is an evil. But those who renounce the use of force find themselves at the mercy of those who do not.)'[Michael Howard, *Studies of War and Peace*, (New York: Viking, 1970)]라고 기술했다.

(3) 아무리 나쁜 평화라도 전쟁보다는 낫다는 우리나라의 정치가들

'국가는 전쟁을 잘하기 위한 조직'이라고 말하면 많은 한국 사람들은, 배움이 많은 사람인 경우조차도 그 말을 믿지 못하겠다는 표정을 짓는다. 한국의 정치가들이 아무렇지도 않게 '아무리 나쁜 평화라도 전쟁보다는 낫다'고 말하고 있으니 그럴 만도 하다. 아무리 나쁜 평화가 '다시 중국이나 일본 아래서 살게 되는 것' 혹은 '북한이 한반도 전체를 장악하고 북한이 원하는 바대로 통일을 이룩해서 우리나라의 이름이 조선민주주의인민공화국으로 바뀌는 것'일 경우에도 전쟁을 하지 않을 것인가? 아무리 나쁜 평화에 이런 것들이 포함될 수 있지 않겠나?

나는 중국 일본이 다시 우리를 과거처럼 지배하고자 한다면 총을 들고 이에 저항하자고 강력하게 주장하겠다. 중국이 제주도를 점령하겠다고 덤벼들면, 혹은 일본이 독도를 점령하겠다고 덤벼들면 그때 우리는 평화를 위해 그 섬들을 양보할 것인가? 그런 일은 전혀 가능성이 없는 것이라고? 나는 한미동맹이 종료되고 미군이 철수하는 날, 이 같은 위협은 즉각적인 현실이 될 것이라고 생각하고 있다. 그런 날이 오면 총·칼 들고 싸우러 나가야 한다. 즉 전쟁을 해야 한다. 북한이 한국을 점령해서 한반도 전체를 조선민주주의인민공화국으로 만들려 한다면 나는 차라리 총 들고 나가서 저들을 막아야 한다고 소리치겠다. 나는 그런 상황이 평화적으로 도래하는 것을 지켜보기보다는 차라리 전쟁을 치르는 것이 나은 일이라고 주장하겠다.

'아무리 나쁜 평화라도 전쟁보다는 낫다?'라는 말을 진정 진리라고 믿는 사람들에게 제안하겠다. 그대들이 원하는 평화를 유지하는 좋은 방법이 하나 있다. 대한민국 군대를 해체하면 된다. 군대가 없으면 원천적으로 전쟁 불능의 상황이 될 터이니 말이다. 그대들의 논법이라면 이완용은 정말 평화주의자였다. 일본과 전쟁을 했다면 수많은 조선인들이 죽었을 터인데 나라를 '평화적'으로 일본에게 넘기는 바람에 우리는 피 흘리지 않고 일본의 식민지가 되었다. 그래서 아무리 나쁜 것일지라도 평화를 유지했다. 그런데 이게 도대체 말이 되는 소리인가? 아무리 나쁜 평화라도 전쟁보다는 낫다고 주장하는 사람들은 전쟁과 총을 택한 이순신과 안중근을 존경하는가?

(4) 우리나라도 강대국으로 나아가자

대한민국은 종합국력 세계 5강이 될 수 있는 잠재력이 있는 나라다. 현재 대한민국은 경제력 11위, 군사력은 9위의 나라다. 약소국이 아니란 말이다. 2020년 현재 세계 7대 강국은 미국, 중국, 일본, 러시아, 프랑스, 영국, 독일이며 이탈리아, 인도, 브라질, 스페인 등이 그

뒤를 잇고 있다. 우리나라가 자유 통일을 이룩할 경우 우리의 인구는 당장 독일 수준이 되며, 우리의 군사력은 당장 프랑스 수준이 된다. 경제력의 경우 북한의 경제가 너무나 보잘 것 없는 탓에 통일을 이룩해도 우리의 경제력 순위는 상승되지 않는다. 그러나 자유 민주주의로 통일을 이룩한 북한은 경제 발전의 잠재력이 대단히 높기 때문에 통일한 후 10년 이내에 통일 한국은 영국의 경제력을 능가할 수 있다. 영국의 경제력, 프랑스의 군사력, 독일의 인구를 가진 대한민국은 능히 세계 5강의 반열에 들어갈 수 있다. 통일을 이룩한 후에도 미국과 동맹을 유지한다면 우리는 중국, 일본, 러시아로부터 야기되는 위협에 별로 걱정을 하지 않아도 된다.

미국의 저명한 국제정치학자이자 미래학자인 조지 프리드먼(George Friedman) 박사는 통일한국은 동북아시아의 강대국이 될 것이며 2040년경이 되면 만주가 한국의 지배하에 놓일 수 있을 것이라는 예측을 한 바 있었다. 논리적으로, 현실적으로 모두 가능한 일이다. 그는 2020년의 중국을 '종이호랑이'라고 보았으며 2040년의 중국은 자신의 앞가림을 하기에도 어려운 나라가 될 것이라고 예측한 바 있다.

(5) 전쟁과 평화에 대한 혼동

전쟁은 수단이지 목표가 아니다. 그러나 평화는 목표다. 두 개념은 같은 차원의 용어가 아니다. 그래서 '전쟁이냐 평화냐?'라는 질문은 원천적으로 잘못된 질문이다. 국가들은 자신에게 '더 좋은 평화(Better Peace)'를 위해 때로 전쟁조차 할 수 있는 것이다. 노예 상태, 항복한 상태, 굴복과 굴종의 상태를 평화 상태라고 혼동하면 안 된다. 노예상 태에서 굴종적으로 평온 혹은 평화를 유지하고 있던 사람들이 각성하여 무장 독립운동, 즉 전쟁을 일으킨 상황을 생각해 보자. 이 경우 평화와 전쟁 중 어떤 것이 더 가치 있고 소중한 개념이 되는 것인가? 우리는 일본과 전쟁을 벌이지도 못한 채, 혹은 않은 채로 일본의 식민지로 전락했던 적이 있었는데(1905~1910) 그 시대를 평화의 시대라고 부를 수 있는가? 일본의 식민 통치 시절이 평온한 평화의 시대였는가? 앞에서 인용한 타니샤 파잘 교수의 책 『국가의 죽음』은 조선이 일본에 의해 합병된 과정을 폭력적 수단에 의해 국가가 멸망한 사례로 간주하고 있다. 나는 파잘 교수의 분석에 동의한다. 그러나 일본 학자들은 자신들이 폭력으로 조선을 접수한 것은 아니라고 항의할지도 모를 일이다.

(6) 국가안보 혹은 전쟁과 평화의 기본원리

국가안보란 '무서운 나라'로부터 야기되는 위협을 감소시키기 위한 제반 노력을 의미한다. 여기서 무서운 나라와 '미운 나라'를 구분하는 지혜가 필요하고 국제정치는 감정보다는 냉혹한 이성과 국가이익이 지배하는 영역이 되는 것이다. 우리나라는 일본을 무조건적인 적처럼 대하는데 일본은 과거의 '미운 나라'일지는 몰라도 우리의 국가안보 정책이 초점을 맞추어야 할 만한 무서운 국가는 아니다. 현재 우리가 국가안보 정책상 초점을 맞추어야 할 무서운 나라는 중국과 북한이다. 국제정치의 영역에는 영원한 적과 영원한 친구는 없다. 다만 영원한 국가이익이 있을 뿐이다.

우리나라가 무서워해야 할 나라는 우리보다 힘이 강한 이웃 나라들이다. 물론 북한은 우리보다 힘이 강하지는 않지만 노골적인 군사 위협을 가하고 있다는 점에서 당연히 우리나라 국가안보 정책의 핵심이 되어야 한다. 우리 주변에 우리보다 강한 나라는 중국과 일본인데 두 나라 모두를 적으로 하고 사는 것은 전략적 파탄 상황을 초래한다. 한국이 일본, 중국 두 나라를 한꺼번에 감당할 능력이 없기 때문이다. 이 같은 경우, 즉 무서운 중국과 일본 두 나라 모두를 적국으로 상정할 수는 없고 그중 힘이 더 강한 나라를 적으로 삼고 힘이 상대적으로 약한 나라를 안보 협력국으로 택하라는 것이 국제정치학의 고전적 이론이 가르쳐 주는 바이다. 중국이 일본보다 막강한 것이 현 상황이니 지금 우리는 일본과 힘을 합쳐 중국에 대항하는 것이 이론적으로 올바른 일인 것이다.

이처럼 지시해 주는 이론은 국제정치학 최고, 최대의 이론인 세력 균형이론(Balance of Power Theory)이다. 국제정치학 이론에 감정이 개입될 여지는 없다. 일본은 미국으로부터 핵폭탄 세례를 받았던 세계 최초, 그리고 세계 유일의 나라이다. 그러나 일본과 미국은 지금 세계에서 가장 양호한 동맹 관계를 유지하고 있는 나라다. 미국과 30년 전쟁을 치른 베트남 또한 미국과 양호한 관계를 가짐으로써 운명적인 숙적, 중국으로부터 가해지는 국가안보 위협에 효과적으로 대응하고 있는 중이다.

대한민국 국민은 감정적, 정서적 성향이 너무 강해 적과 친구를 제대로 구분하지 못한다는 문제점이 있다. 일본과 중국 관계에서 특히 그러하다. 지정학적으로 일본과 중국 두 나라 모두는 한반도에 대한 위협이지만 현재 우리가 대처해야 할 가장 시급한 국가안보상의 위협은 중국 그리고 북한이 가해오는 위협이다.

상식을 뛰어 넘는 전쟁 이야기: 독도가 우리 땅인 가장 중요한 이유는?

우리나라 사람들이 일본에 대해 가장 발끈하는 주제는 독도다. 나는 내 강의를 청강하는 사람들에게 독도가 왜 우리 땅이냐?라는 질문을 자주 하는 편이다. 가장 많이 나오는 답은 "역사적"으로 우리 땅이라는 답이다. 나는 이런 대답을 하는 사람들을 향해 그럼 만주는 역사적으로 누구 땅이냐?라고 질문한 후 지금 만주는 누구 땅이냐 라고 되묻는다. 그때 내 강의를 듣는 상당수의 사람들은 '멘붕' 상황에 처하곤 한다. 아르헨티나의 앞바다에 포클랜드라는 섬이 있다. 그 섬은 포클랜드로부터 수천 킬로미터 이상 떨어져 있는 영국령이다. 그 섬이 영국령인 이유는 영국이 이 섬을 군사적으로 통제(military control)하고 있기 때문이다.

독도가 한국의 영토임을 밝히기 위한 수많은 역사적인 탐구와 국제법적인 탐구를 폄훼하려는 것은 아니지만 어떤 특정 땅 덩어리가 어느 나라의 영토인가를 결정하는 가장 현실적인 기준은 현재 그 땅덩어리에 대한 군사적 통제권을 어느 나라가 가지고 있는가의 여부다. 만주는 역사적인 어떤 시점에서 우리의 땅이었다. 고구려는 우리 선조국가이니까. 그러나 지금은 중국의 땅이다. 중국이 만주에 대한 군사적 통제권을 행사하고 있기 때문이다. 중국은 고구려를 중국의 지방정부 중 하나였다고 우기고 있다.

독도를 일본에게 또는 다른 제3국에게 빼앗기지 않으려면 무엇보다도 중요한 것은 독도를 지킬 수 있는 막강한 군사력을 갖추는 일이다. 국제법과 역사는 어떤 특정 국가의 영토를 보장해 주는 막강한 근거는 아니다. 최근 야기되었던 예를 하나 들어본다. 필리핀 서해(물론 중국은 그리고 국제사회는 이 바다를 남중국해라고 부른다)에 대한 영유권을 중국이 거의 완벽하게 확보한 상황에서 별다른 대책이 없는 필리핀은 이 문제를 국제기구에 제소했다. 국제상설중재재판소는 몇 년간의 심의 끝에 만장일치로 2016년 7월 12일 동중국해에서의 중국의 영유권 주장은 역사적으로 근거가 없고 국제법적으로 불법이라고 판결했다. 그러나 중국의 시진핑 주석은 재판 결과를 따르는 대신 중국 인민해방군 해군에게 '전투태세준비 명령'을 발하는 것으로 대응했다. 어떤 국제법도 필리핀과 다른 약소국들의 억울함을 해소해 줄 수 없었다.

냉전이 종식된 직후 필리핀은 수빅만에 주둔해 있던 미국 해군과 공군기지의 철수를 요구했다. 미국이 거부하는 뜻을 밝히자 필리핀 국민들은 의회의 결의를 통해 미국군의 철수를 요구했다. 결국 1992년 11월 24일 미군은 필리핀으로부터 완전히 철수하고 말았다. 필리핀에 인접한 필리핀 서해(남중국해)에 스카보로(Scaborough)라는 섬이 있는데 이 섬은 중국과 대만도 각자 자신의 것이라고 주장하는 분쟁 중인 섬이었다. 결국 2012년 중국은 필리핀의 스카보로 군도를 군사력으로 점령해 버렸다. 미국은 필리핀을 군사적으로 도와주지 않았다. 비록 필리핀과 미국이 서류상의 동맹 관계마저 폐기한 것은 아니었지만 당시 미국은 중국을 비난하는 성명을 내주는데 그쳤다. 수년 전 들었던 한국 육군 사관학교에 유학 온 필리핀 생도가 한 말이 생각난다. "미군이 철수한 후 필리핀 서해는 중국의 앞바다가 되고 말았어요." 그래서 나는 한미 관계가 종식된다면 우리는 이어도, 제주도, 독도를 놓고 중국, 일본과 무력 갈등을 벌이게 될지도 모른다고 생각하는 것이다.

1815년부터 1965년에 이르는 150년 동안 세계정치에서 영토변경 사례는 무려 770회에 이른다. 필리핀과 중국의 사례는 770회의 영토변경 사례에 포함되지 않는다. 더욱 최근 일이니까. 어느 나라의 영토도 영원불변한 것이 아니다. 영토를 지키는 최후의 수단은 역사나 국제법이 아니라 힘이라고 말하면 너무 잔인한가? 캘리포니아는 역사적으로 멕시코 땅이었다. 그래서 지금 돌려주어야 하나? 그럼 멕시코는 누구 땅이었는데? 아메리칸 인디언? 그런데 아메리칸 인디언들이 멕시코를 자기 영토라고 생각했었나?

전쟁과 국제정치를
연구하기 위한 방법

전쟁과 국제정치를 연구하기 위한 방법

　우리들은 여름날 수박을 사다가 어떻게 먹을까를 생각한다. 요즘은 수박을 정육면체 혹은 직육면체로 잘라서 플라스틱 상자에 차곡차곡 쌓아 넣은 후 냉장고에 보관하고 먹고 싶을 때 꺼내서 포크로 찍어 먹는 사람들이 많다. 만드는 사람은 고생이지만 먹는 사람은 참 편하고 손에 끈적거리는 것이 묻지 않아서 좋다. 수박을 먹는 데에도 여러 가지 방법이 있듯이 공부를 효과적으로 하기 위해서도 공부의 방법을 아는 것이 중요하다.

　물론 대학원에서 공부를 하고, 평생 학문을 업으로 하기 위해 대학원 그 이상 과정을 공부할 사람이 아니라면 방법론이라는 어려운 분야에 기죽을 필요는 없다. 다만 전쟁과 국제정치를 교양으로 공부하는 사람들에게도 필요한 정의, 방법, 관점 등에 대해 설명하기로 한다.

(1) 전쟁의 정의

어떤 주제를 연구하려 할 때 자기가 연구할 대상이 구체적으로 무엇인지를 한정하는 일이 중요하다. 자기가 연구할 대상이 무엇인지를 알게 해 주는 것을 정의(定義, definition)라고 말한다. 연구의 대상이 선정되어야 체계적인 연구를 할 수 있고, 연구의 대상을 선정하기 위해서는 상대적으로 엄밀한 정의가 필요하다. 전쟁을 연구하는 경우에도 마찬가지다. 역사에 나타났던 수많은 무력 충돌 사건들이 존재하지만 이 모든 것들을 다 전쟁이라고 말하지는 않으며 말할 수도 없다. 예로서 1996년 가을 잠수함을 타고 동해안에 침투한 북한의 무장공비를 추적·사살하기 위해 1달 반의 전투가 강원도 일대에서 벌어졌었는데 그것을 보고 남북한이 '전쟁'을 했다고 말할 수 있는 것일까? 또한 1999년 6월, 그리고 2002년 6월 서해 해상에서 야기된 남·북 해군간의 교전을 보고 남·북한이 '전쟁'을 했다고 말할 수 있는가?

자연과학의 경우 정의는 과학적이고 정확하다. 예로서 곤충이라 함은 머리, 가슴, 배로 이루어진, 가슴에 6개의 다리가 있는 동물이라고 정의된다. 이 정의에 따르면 거미는 곤충에 속하지 않는다. 우선 다리가 8개니까. 그러나 사회과학의 경우 분명한 정의가 불가능한 개념들이 너무나 많다. 혁명, 전쟁, 민주주의, 정의(justice), 자본주의, 민족주의 등등의 개념들은 분명한 정의를 내릴 수 없다. 학자들마다 다른 정의를 내리다 보니 다양한 이론과 학설이 난무하는 원인이 되기도 한다.

이 세상에는 전쟁이라고 불리는 사건들이 정말로 많다. 나라들이 싸우는 것을 전쟁이라고 부르는 데 무리가 없지만 전쟁이라는 용어는 '국가들 사이의 폭력적 갈등'이라는 한정된 의미 이외에 너무도 광범하게 쓰이고 있다. 전쟁이란 용어가 이토록 널리 쓰이다 보니 전쟁을 연구한 학술 서적에서도 '전쟁이란 무엇이다'라고 명확한 정의를 내리지 않는 경우가 많다.

전쟁이란 그 결과를 중심으로 말한다면, 사람이 죽는, 그것도 수만, 수십만 혹은 백만 단위의 인명이 죽거나 부상당할 뿐만 아니라 재산 및 사회조직의 급격한 붕괴를 수반하는 인간이 만든 대재앙(大災殃) 중 하나다. 물론 인명 피해가 대규모로 발생하는 정치적인 사건들이 모두 전쟁은 아니다. 인명 피해라는 측면에서 보면 국가 간의 전쟁보다 더 무서운 것은 혁명이나 내란(civil war)이다. 또 많은 사람들은 '전쟁'이란 용어는 너무나 자명하기 때문에 정의할 필요조차 없다고 생각하기도 한다. 사실 전쟁이란 너무 자명(自明)한 일이라서 따로 정의를 내릴 필요가 없을지도 모를 일이다.

그러나 만약 '1995년 한 해 동안 세계 도처에서 57개의 전쟁이 발생했다'고 말한다면 무엇이 전쟁인지? 어떤 기준으로 그렇게 계산했는지를 밝혀야 한다. 학술 서적, 신문 등에서 전쟁의 통계자료를 자주 발표하는데 전쟁에 대한 정확한 정의 없이 자료만을 예시하는 경우가 대부분이다. 전쟁에 대한 정의를 어떻게 하느냐에 따라 전쟁의 발발 횟수가 완전히 달라질 수도 있을 것이다. 그래서 전쟁을 정의해야 할 필요가 생기는 것이다.

우선 전쟁을 연구한 학자들은 전쟁을 어떻게 정의 내리고 있는지 살펴보기로 하자. 미국 워싱턴 대학교에서 고대 전쟁사를 가르치는 아더 훼릴(Arther Ferrill) 교수는 '전쟁은 지옥이다'라는 문장 하나면 전쟁의 정의로서 충분하다고 말한다. 전쟁은 비참한 것이기 때문에 무슨 고상한 정의 따위가 필요 없다는 이야기다. 그러나 그는 전쟁을 체계적, 과학적으로 연구하기 위해 전쟁에 관한 분석적 정의가 필요하다고 말하며 다음과 같이 전쟁을 정의하였다.

고대(古代)의 전쟁을 연구하는 학자들에 있어서 보통의 '싸움질'과 '전쟁'을 구분하는 기본적인 기준은 대오(隊伍)를 맞추어 행군하는 군대의 조직이 존재했는가의 여부와 원초적인 전략, 전술이라는 개념이 도입되었는가의 여부다. 줄을 지어 명령에 따라 행군하는 병사들이 있었는가? 이들은 명령에 따라, 전쟁의 기초적인 원칙에 따라 전투를 벌였는가? 등이 전쟁과 패싸움을 구별하는 기준이라는 것이다. 즉 전쟁은 제도화된 정치조직들 사이에 야기되는 싸움인 것이다. 특히 군대라는 조직의 존재와 전략, 전술이 존재했다는 사실은 전쟁은 개인적 행위가 아니라 사회적 정치적 행위라는 사실을 의미하는 것이다.

보다 현대적 의미에서의 전쟁이란 단순한 군대의 조직, 전략, 전술이 존재했느냐의 여부를 훨씬 뛰어넘는 것이다. 현대적 의미에서 전쟁을 정의하는 데는 우선 다음의 두 가지 기준이 필수적으로 이야기되어야 한다.

첫째는 전쟁이라는 행위에 참여하는 행위자(actor)의 성격에 관한 것이다. 즉 싸움의 주체가 누구인가에 관한 것이다.

둘째는 전쟁이라고 불려질 수 있는 행위의 전개 과정 및 결과에 관한 기준이다. 즉 폭력의 규모가 어느 정도는 되어야 그것을 전쟁이라고 말할 수 있는 것이다.

전쟁에 대한 거의 모든 정의가 이 두 가지 요소에 관한 언급을 포함하고 있다. 전쟁에 참가하는 행위자의 정치적 지위에 관해 거의 모든 학자들은, '전쟁이란 개인에 의한 것이 아니라 집단에 의한 것'이라는데 의견의 일치를 보이고 있다. 전쟁이란 '정치적인 집단(political group)'들이 벌이는 '폭력적 갈등'인 것이다. 어떠한 조직이 정치적 집단인가? 폭력적 갈등은 구체적으로 무엇을 의미하는가에 따라 전쟁의 정의가 내려질 수 있을 것이다.

그렇다면 정치적인 집단은 구체적으로 어떤 것들을 의미하는가? 오늘날 국제정치에서 정치적인 집단을 하나 예로 들어보라면 누구든지 국민국가 혹은 민족국가(Nation State)를 이야기할 것이다. 대한민국, 미국, 일본, 중국 등 유엔 회원국 대부분을 대표적인 국민국가 혹은 민족국가라고 말할 수 있다. 이들 민족국가들 사이의 싸움이 전쟁임에 틀림없다.

그런데 민족국가라고 말하기 어려운 팔레스타인 해방기구(PLO)와 민족국가인 이스라엘이 벌이는 싸움은 전쟁인가 아닌가? 베트콩과 미군의 싸움은 전쟁이었는가? 또한 아프가니스탄의 무자히딘 반군과 소련군의 싸움은 전쟁이라고 불러야 했을까? '독립적 정치단위'가 무엇을 의미하는지 불분명하기에 야기되는 문제들이다. 특히 '독립적인 정치 단위'가 하나의 민족국가 속에 여러 개 존재하는 것일 경우 문제는 더욱 복잡해 질 수 있다.

1940년대 중국에서의 국민당 정부군과 모택동의 공산군 사이의 싸움은 전쟁이라고 할 수 있는 것인가? 만약 싸움의 한 당사자가 정권을 명확하게 장악하고 있는 경우라면 그것은 내란(Civil War)이라고 부를 수 있을 것이다. 그러나 누가 정권을 장악하고 있는지 알기 어려운 상황에서 전쟁을 정의하기는 더욱 어렵다.

1860년대 미국의 남북전쟁은 영어로는 American Civil War(미국 내란)라고 부르는데 당시 남부는 대통령, 의회, 군대 등 독립 국가가 필요로 하는 거의 모든 조건을 완비하고 있었다. 그런데 왜 Civil War인가? 이 문제는 사실상 대답이 불가능하다. 미국이 두 쪽으로 갈라지는 것을 원치 않는 링컨 대통령이 지휘하는 북군이 승리했으니까 역사책에 내란으로 기록된 것이다. 한 학자는 미국의 남북전쟁은 내란이 아니라 국제 전쟁이라고 기록되어야 한다고 주장하기도 했다.

이 같은 복잡한 문제가 있지만 학자들은 전쟁의 한 쪽 편이 국제적으로 인정받는 독립국가일 경우, 그 나라가 벌이는 무력 분쟁을 전쟁이라고 간주한다. 팔레스타인이 나라로 인정받지 못한 상태에 있지만 이스라엘과 팔레스타인의 무력 충돌을 '전쟁'이라고 보는 것이다.

다만 어떤 특정 독립 국가의 정부에 대항하는 무장 단체가 그 국가 내에서 조직되고 활동된 단체일 경우 그 둘 사이의 무력충돌을 '전쟁'이라 간주해야 할 것이냐의 문제는 더욱 복잡해진다. 예로서 체첸과 러시아의 무력 충돌은 전쟁인가 아닌가? 러시아는 체첸을 러시아의 일부로 생각하고 있으니 이를 전쟁이라고 인정하지 않고 내란 혹은 반란으로 간주하고 있다. 그러나 독립을 염원하는 체첸 사람들에게 이 전쟁은 민족의 독립을 추구하려는 성스러운 '전쟁'일 수밖에 없는 것이다.

누구와 누구의 싸움을 전쟁이라 하는가의 문제가 해결된 다음에도 전쟁을 정의하는데 해소되어야 할 문제가 하나 더 있다. 전쟁의 규모에 관한 문제다. 만약 두 나라의 군사력이 충돌하여 패배한 측에서 30명 정도 전사자가 발생했다고 하자(1999년 6월 15일 연평 해전의 경우). 이 경우 두 나라가 '전쟁'을 했다고 말할 수 있는가? 전쟁이라고 부르기에는 인명 피해 규모가 좀 작다는 느낌이 들지 않는가? 학자들이 전쟁을 정의할 때 사용하는 기준 중 하나가 바로 인명 피해라는 기준이다.

가장 흔히 사용되는 기준은 '전투 전사자(battle death)' '1,000명 이상'이라는 기준이다. 전쟁을 연구하는 학자들이 표준 자료로 인정하는 미시간 대학이 수집한 전쟁 자료, 잭 리비(Jack Levy) 교수의 강대국 간 전쟁 자료들이 모두 이 기준을 따르는 것이며 일반적인 신문에 나오는 전쟁의 횟수에 관한 자료들도 거의 대부분이 바로 전투 전사자 1,000명(1,000 battle death)의 기준을 따르고 있는 것이다. 영국 전략문제 연구소(IISS, International Institute for Strategic Studies), 스톡홀름 국제평화 연구소(SIPRI, Stockholm International Peace Research Institute) 등 국제적 권위를 인정받는 연구소의 전쟁 자료들도 이 기준을 따르고 있다.

혹자는 '그럼 999명의 인명 피해를 낸 무력 분쟁 사건은 전쟁이 아니냐?'고 질문할 수 있을 것이다. 또 '무력 충돌의 정치적 의미가 중요하지 전쟁에서의 인명 피해의 규모가 더 중요한 것인가?'라며 반문할 수 있을 것이다. 맞는 말이다. 그러나 1,000명이란 기준은 하늘에서 뚝 떨어진 것은 아니다. 역사를 샅샅이 뒤지며 전쟁이란 사건의 리스트 작성을 위해 노력한 사람들이 국가 및 정치 집단들 사이에서 야기된 모든 무력 충돌들을 다 정리해 놓은 후, 1,000명의 인명 피해를 낸 무력 충돌 기준을 적용했을 때 가장 무리가 없다고 판단해서 설정한 기준인 것이다.

미국 미시건 대학교 정치학과의 싱거(J. David Singer) 교수와 미시건 대학의 이웃에 있는 대학 역사학과의 스몰(Melvin Small) 교수는 함께 '전쟁 관련 변수 연구계획(Correlates of War Project)'을 만들고 이를 위해서는 우선 전쟁에 관한 자료가 수집되어야 한다고 생각했다. 두 교수는 각각 자신이 속한 대학, 학과의 대학원생들에게 1815년 이후 1965년에 이르기까지 나타났던 모든 국제분쟁 자료들을 샅샅이 찾아내어 기록하라는 과제를 주었다. 1815년 이후의 시기는 유럽과 미국의 신문들이 세상 사건들을 비교적 소상하게 기록해 놓은 시대다. 미시건 대학 대학원 정치학과 학생들과 웨인(Wayne)대학 대학원 역사학과 학생들은 열심히 자료를 수집·정리했다.

이 자료들을 면밀히 조사한 후 두 교수와 연구진은 전투 현장에서 1,000명 이상이 전사한 사건들을 전쟁으로 분류하면 문제가 없을 것이라고 판단했다. 즉 귀납적 과정을 거쳐 1,000명의 전투 사망자라는 기준이 나오게 된 것이다. 그래서 정치적으로 대단히 중요했음에도 불구하고 1,000명 미만이 전사했기 때문에 전쟁이라고 기록되지 못한 사건은 없다.

어떤 사람들은 세계의 인구가 늘어났는데도 계속 1,000명이라는 기준을 사용하는 것은 문제가 있다고 주장할 수 있다. 이 문제 역시 수집된 자료들을 면밀히 검토한 후에 1,000명이란 기준을 과거나 현재에 같이 적용해도 무리가 없다고 판단해서 나오게 된 결과다. 전쟁에서의 인명 피해 규모는 인구의 전체 숫자와 별로 관계가 없다는 사실이 발견되었고 그래서 150년 전의 전쟁이나 오늘의 전쟁이나 모두 '1,000명의 전사자'라는 동일 기준을 적용해도 무리가 없다고 생각한 것이다.

과거에는 군사력을 동원하는 데 몇 달이 걸렸고, 또 전쟁터(戰場)까지 이동하는 데도 몇 달씩 걸렸는데 그처럼 군사력을 동원하고도 전투가 발생하지 않은 경우가 있을 수 있었다. 사건의 정치적 비중을 감안할 때, 이 같은 경우도 전쟁이라고 불러야 할 때가 있지 않겠는가? 그래서 퀸시 라이트[Quincy Wright, *A Study of War* (2nd ed.; Chicago: The University of Chicago Press, 1965)] 교수는 비록 전투와 인명 피해가 발생하지 않았더라도 5만 명 이상의 병력이 전장에 배치된 사건을 전쟁으로 간주하고 있다. 라이트의 전쟁 정의를 따른다면 국경 바로 앞에 진을 치고 있었던 요(遼)나라의 80만 대군을 세 치 혀로 물리친 서희의 외교 담판(서기 993년)도 '전쟁'이라고 기록될 수 있을 것이다.

어떤 연구자들은 전쟁의 지속 기간을 전쟁을 정의하는데 필요한 요인으로 간주하지만 요즈음 전쟁은 아주 짧아지는 경향이 있기 때문에 무력 충돌이 지속된 기간은 전쟁의 정의에 타당한 조건이라 생각되지 않는다. 1967년의 이스라엘과 이집트의 전쟁은 '6일 전쟁'이라고 불릴 정도였다. 100년 전쟁과 비교하면 전쟁 지속 기간이 정말 짧았지만 세계정치에 미친 영향을 기준으로 평가할 때 6일 전쟁은 100년 전쟁 못지않게 큰 영향을 미친 전쟁이었다.

학자들이 자주 인용하는 댄 스미스(Dan Smith)의 전쟁 자료집 『세계의 전쟁과 평화 지도』 1997년 판에 의하면 1993년 한 해 동안 세계 도처에서 57개의 전쟁이 발생한 것으로 되어있다. 그러나 이 경우 어떤 사건을 전쟁으로 간주했는지, 어떤 기준으로 57개의 전쟁을 찾아냈는지를 알 수가 없다.

학술서적, 신문 등에서 전쟁의 통계자료를 발표하곤 하는데 전쟁에 대한 정확한 정의 없이 통계수치만을 제시하는 경우가 대부분이다. 전쟁에 대한 정의를 어떻게 하느냐에 따라 똑같은 상황을 분석한 경우라도 완전히 다른 데이터가 나오게 되며 상이한 데이터는 상이한 분석과 해석을 산출한다. 같은 시기를 연구한 학자들이 같은 시기의 전쟁과 평화에 대해 상이한 연구결과를 내놓을 수 있다는 말이다. 바로 이런 점에서 전쟁을 '정의'해야 할 필요가 생기는 것이다.

그러나 전쟁에 관해 특별한 정의를 내리지 않는 경우 학자들이 참고하는 기준이 바로 앞에서 논의한 1,000명의 전사자라는 기준이다. 댄 스미스의 자료도 역시 구체적으로 전쟁을 정의하지는 않았지만, 가장 유명한 기준 즉 1,000명의 전투 전사자 기준에 따라 전쟁의 숫자를 세어보았을 것이다. 전쟁이란 당사자 중 한편이 국가인 정치집단 사이에서 야기된 무력 충돌로 전투 사망자 1,000명을 발생시킨 사건이라고 정의 내릴 수 있겠다. 신문에 금년도에 전쟁이 몇 회 발발했다고 쓰여 있는 경우 대개 이 같은 전쟁 정의에 입각해서 만들어진 자료라고 보면 큰 무리가 없겠다.

(2) 전쟁과 평화 그리고 국제정치를 보는 관점

똑같은 사물을 관찰하고도 다른 말을 할 수 있다. 서울 한복판에 있는 남산은 어디에서 보느냐에 따라 모양이 달라진다. 인간의 활동도 마찬가지다. 6·25 한국전쟁에 대해 북한이 하는 말, 중국이 하는 말, 소련(현재는 러시아)이 하는 말 그리고 한국과 미국이 하는 말이 다 다르다. 같은 전쟁이지만 보는 관점이 국가들마다 서로 다르기 때문이다. 국가들마다 다를 뿐 아니라 같은 국가에 사는 사람들일지라도 서로 관점이 다른 경우가 많다. 대한민국 국민들 중에도 6·25 한국전쟁을 북한의 남침으로 야기된 전쟁이라고 말하지 못하는 사람도 한둘이 아니다.

1) 이상주의와 현실주의

국제정치를 보는 관점이 여럿 있는데 가장 대표적인 관점은 현실주의와 이상주의라고 말할 수 있다. 앞에서 국가들이 모여 사는 곳은 무정부 상태의 특징을 가지며 하시라도 전쟁이 일어날 수 있기 때문에 국가들은 전쟁을 잘하기 위한 조직으로 발전했다고 말했는데 이 같은 관점을 바로 현실주의 국제정치학의 관점이라고 말한다. 이 책은 순수 학술 서적을 지향하지 않기 때문에 이론을 자세히 설명하지는 않을 것이지만 국제정치학의 쌍벽을 이루는 두 개의 관점인 현실주의와 이상주의 기초를 간략하게 소개하기로 한다. 먼저 역사가 더 오랜 이상주의부터 설명하기로 하자.

A. 이상주의(Utopianism, Idealism)

국제정치학의 학문적 기원은 이상주의였다. 1차 대전의 처절함을 목격한 세계의 지식인들은 국제정치를 공부함으로써 처참한 전쟁의 재발을 막을 수 있을 것이라고 생각하고 하나의 학문 분야를 새로 시작했다. 역사학, 국제법, 정치학 등을 종합, 국제정치학이라는 새로운 학문 분야가 나타난 것이다. 그래서 1차 세계대전이 끝난 1919년을 국제정치학의 학문적 원년으로 간주하며 국제정치학을 발전시킨 학자들은 대체로 이상주의적인 세계관을 가지고 있었다.

특히 이상주의의 대표적 창시자인 미국의 윌슨 대통령은 본시 저명한 정치학자요 프린스턴 대학 총장 출신이었다. 그는 1차 세계대전의 원인이 좋은 국제법이 없었고, 좋은 외교 제도가 없었고, 밀실 외교가 횡행했고, 민족자결주의가 결여되었었기 때문이라고 보았다. 좋은 국제법과 제도, 민족주의가 확립되면 세상은 전쟁 없는 평화로운 곳이 될 수 있다고 생각했다. 이 같은 낙관적 관점을 가진 윌슨 대통령과 또 유사한 생각을 했던 지식인들은 세상을 능히 평화적인 곳으로 바꾸어 놓을 수 있다는 믿음을 가지고 있었고 이를 위해 국제정치학을 열심히 공부하면 될 것이라 믿었다.

이들은 국가들이 모두 민주주의가 되면 평화가 올 것이다. 국가들이 서로 열심히 무역을 하게 될 경우, 경제적인 의존도가 높아지고 경제적 의존도가 높은 나라들은 전쟁을 하지 않게 될 것이다. 좋은 국제기구(윌슨 대통령이 제안했던 국제연맹)는 평화를 보장하는 수단이 되며 좋은 국제법, 좋은 외교 제도를 확립하면 갈등이 평화적으로 해소될 수 있을 것이라 믿었다. 각국의 지도자들이 만나서 악수하고, 회의하고, 평화 협정을 체결할 경우 전쟁은 회피될 수 있다고 믿었다. 이들은 국가들을 도덕적일 수 있는 실체라고 믿는다. 이상주의의 영어 표현으로 Utopianism이란 영어가 사용되는데 토마스 모어(Thomas More)의 책에서 따온 이름이다. 유토피아의 원래 뜻은 '세상에 없는 곳(Nowhere, No Place)'을 의미한다.

문자 그대로 이상주의적 혹은 낙관적인 세계관을 가진 사람들에 의해 만들어진 이상주의 국제정치 이론은 인간성을 본질적으로 선하다고 가정하고 그런 인간들로 구성된 국가도 도덕적이고 선할 수 있다고 믿는 것이다. 이상주의자들이 만들었던 대표적인 국제적인 약속이 1928년 체결된 켈로그 브리앙 조약(Kellog-Briand Pact)인데 이는 1928년 8월 27일 미국의 국방 장관 프랭크 켈로그와 프랑스 외무부 장관 아리스티드 브리앙의 발의에 의하여 파리에서 15개국이 체결한 전쟁 규탄 조약이다. 조약의 영문 원명은 General Treaty for

Renunciation of War as an Instrument of National Policy, 즉 국가정책으로서의 전쟁을 부인하는 일반조약으로 되어 있다. 1929년 7월 24일 발효되기 시작한 조약이며 이 조약이 공식적으로 폐기된 바 없으니 1929년 이후 발생한 세상의 모든 전쟁들은 다 불법적인 일이라 하겠다. 세계 역사상 이처럼 공허하고 허무한 조약은 없을 것이다. 독일 역시 이 조약에 가입한 나라였다.

이상주의의 사상적 계열에 속하는 저명한 학자들은 칸트, 스피노자, 루소, 동양의 맹자(孟子) 등이다. 이들은 '인간 세상에서 전쟁의 소멸과 영구적인 평화는 가능하다'라고 믿었다. 이들은 국제법, 외교, 국제기구의 역할을 강조하며 인간성의 선함을 믿는다. 1919년 국제정치학이 처음 시작될 무렵 지배적인 이념이었던 이상주의는 현대 국제정치학에서는 자유주의(Liberalism) 혹은 국제 제도주의(Institutionalism) 등으로 나타나고 있다. 현대판 이상주의자들 역시 모든 국가들이 민주주의가 된다면 세계의 평화는 가능하다고 본다. 칸트는 그의 짧은 저서 『영구평화론(永久平和論)』에서 모든 나라가 공화국(Republic, 즉 다수가 통치하는 나라)이 될 경우 국가들 사이에는 영구적인 평화가 올 것이라고 낙관하였다. 칸트의 생각을 잘 따른 사람 중의 하나가 미국의 43대 부시 대통령이었다. 그는 이란, 이라크, 북한 같은 악의 축을 제거하고 이들 나라를 민주주의 공화국으로 바꾸어 놓으면 세계는 훨씬 더 평화로운 곳이 될 것이라고 믿고 이들 세 나라의 독재정권을 붕괴시키겠다는 계획을 세우고 실행했던 것이다. 모든 나라들이 자유무역을 한다면 국제평화는 가능하다. 훌륭한 국제기구는 평화의 조건이다. 전쟁은 무엇인가 잘못된 일이다. 군비축소, 외교 협상, 평화 선언 등을 통해 평화는 가능하다고 믿는 사람들이 이상주의자들이다.

B. 현실주의(Realism, Real Politik)

세계평화를 위한 학문이라는 자부심을 가지고 태어난 국제정치학의 이상주의적 관점이 파탄나기 시작한 것은 그다지 오랜 시간이 지난 후의 일이 아니었다. 우선 역사학자 카(E. H. Carr)와 신학자 니버(Reinhold Niebuhr)가 이상주의를 비판하고 현실주의 국제정치학의 사상적 기반이 될 수 있는 유명한 저술을 집필했다. 특히 1차 세계대전이 끝나고 또 다른 세계대전이 야기되기 직전 카 교수는 『20년 간의 위기』[E. H. Carr, *The Twenty Years Crisis 1919-1939* (New York: Harper, 초판 1939): 김태현 교수의 한글 번역판이 있다]라는 책을 저술했고 이 책은 이상주의적인 관점으로 국제평화를 유지할 수 없으며 새로운 관점 즉 현실주의로 세상을 보아야 할 것이라고 주장했다. 이 책은 현실주의 국제정치학 최초의 저술이라고 말해지고 있다.

카의 『20년 간의 위기』보다 7년 전인 1932년 미국의 목사님이자 신학자인 니버는 『도적적 인간과 비도덕적 사회』라는 책을 간행했다.[Reinhold Niebhur, *Moral Man and Immoral Society: A Study in Ethics and Politics* (New York: Scribners, 1932), 이 책은 여러 종의 한국어 번역판이 있다]. 니버의 책은 문자 그대로 개인과 사회의 도덕적 기준이 다르다는 사실을 역설했다. 개인은 도덕적일 수 있지만 그 개인이 집단의 구성원으로 행동할 경우 그의 도덕적 기준이 매우 달라질 수 있다는 일을 우리는 매일 경험하며 산다. 한 개인이 다른 나라 사람을 죽이면 그것은 살인이 되지만 전쟁터의 병사는 적의 병사를 많이 죽일수록 영웅이 된다. 도덕의 적용 차원이 달라지기 때문이다. 국가의 도덕과 개인의 도덕은 같을 수 없다. 그래서 현실주의 국제정치 학자들은 어떤 국가를 좋은 나라, 미운 나라 등으로 판단하는 대신 모든 나라는 생존을 위해 전전긍긍하는 정치적 단위로 본다. 살아남는 것이 국가이익의 최선이며 국가들은 그 목적을 위해 분투한다고 본다. 살아남기 위해서는 힘을 길러야 하며 힘을 기르기 위해 이웃 나라를 정복하기도 하고, 전쟁도 발발한다는 것이다. 현실주의 국제정치학의 가장 중요한 개념은 그래서 국가이익(National Interest)과 힘(Power)인 것이다. 필자는 현실주의자이며 이 책은 당연히 현실주의적 국제정치학의 관점에서 집필된 책이다. 여기서 한 가지 주의할 점이 있는데 국제정치학의 현실주의 이론, 혹은 누구는 현실주의 국제정치 학자라고 말할 때 현실이라는 용어는 형용사가 아니라는 점이다. 예로서 '누구 누구는 참 현실적인 사람이야'라고 말할 때 사용되는 '현실'과는 다른 의미라는 것이다. 즉 현실주의란 '국가들은 저마다 국가이익을 추구하기 위해서 애쓰며 국가이익 중에서 최고의 것이 국가의 생존이며 국가들은 이를 위해 전쟁도 불사한다고 믿는 학설과 학자들을 지칭하는 명사(名詞)인 것이다. 현실주의 국제정치학이라는 학술 용어는 영어 Real Politics보다는 독일어인 Real Politik로 흔히 쓰인다.

현실주의자들은 다음과 같은 몇 가지 관점에 충실한 사람들이다. 우선 이들은 인간성의 선함을 믿지 않는다. 인간은 권력 욕구를 가지고 있는데 그 욕구는 거의 본능적이다. 국가들로 이루어진 국제사회는 무정부적(anarchy) 속성을 가지며 비도덕적(immoral) 속성을 가진다. 그런 국제사회 속에서 국가들은 저마다 자신의 생존(survival)에 급급할 수밖에 없다. 생존은 최고의 국가이익이 되며 이 같은 기준으로 국가들이 행동하기 때문에 국제정치는 권력정치(Power Politics)의 영역이 된다. 국가들은 모두 국가이익(national interest)을 추구한다. 국가이익이란 국가의 생존, 경제발전, 권력확보, 자존심의 확보 등으로 구성된다. 필자는 학생들에게 국가이익을 SPPP라고 외우라고 알려준다. SPPP는 Security(국가안보 및 생존), Power(힘의 획득), Prosperity(부의 획득), Prestige(명예의 획득) 등으로 구성되는 것이다.

현실주의 국제정치적 관점 역시 탄탄한 정치 사상적 배경을 가지고 있다. 사회를 만인의 만인에 대한 투쟁으로 본 토마스 홉스(Thomas Hobbes)는 현실주의 국제정치학의 기본적인 관점을 제시했다. 고대로 올라가면 펠로폰네소스 전쟁사를 집필한 투키디데스까지 거슬러 올라간다. 투키디데스는 펠로폰네소스 전쟁의 원인을 '아테네의 힘이 무럭무럭 성장하는 것을 보고만 있을 수는 없었던 스파르타'라는 말로 설명한다. 오늘 '중국이 무럭무럭 성장하는 것을 두고만 볼 수 없는 미국'이라는 현상을 설명하기 위해 '투키디데스의 함정'이라는 용어들이 쓰이는데 국제정치를 힘의 관점에서 설명하는 것이 2,400년 전이나 지금이나 함께 적용될 수 있다는 사실이 놀랍다.

2차 대전 이후 국제정치학이 학문적으로 가장 발전하고 꽃피운 곳은 미국이다. 세계의 지배국가가 된 미국은 세계를 경영하기 위한 학문으로 국제정치학을 열심히 공부했다. 그리고 2차 대전 이후 미국의 국제정치학을 지배한 관념은 현실주의였다. 현실주의의 계보는 3세대로 나뉘어지는데 각 시대를 대표하는 저술들은 다음과 같다.

제1세대 현실주의: Hans J. Morgenthau, *Politics Among Nations*(1948 초판-현재 7판); 이호재 역, 『현대국제정치론』 (법문사, 1987).
제2세대 현실주의: Kenneth N. Waltz, *Theory and International Politics*(1979): 박건영 역, 『국제정치이론』(사회평론, 2000).
제3세대 현실주의: John J. Mearsheimer, *The Tragedy of Great Power Politics*(2001, 2014): 이춘근 역, 『강대국 국제정치의 비극』(나남출판, 2004, 김앤김북스, 2018).

2차 세계대전 이후 오늘에 이르기까지 국제정치학의 지배적 관점인 현실주의 3세대의 책들이 한국어로 다 번역되어 있기에 관심 있는 독자들은 쉽게 이 저술들에 접할 수 있다. 그렇다면 이 3가지 현실주의는 무엇이 어떻게 다른 것일까? 이 세 가지 학설의 유사점과 차이점은 아래의 도표로 간략하게 정리되어질 수 있다.

	고전적 현실주의 (제1세대 현실주의) Classical Realism	구조적 현실주의 (제2세대 현실주의) Structural Realism 혹은 Defensive Realism	공격적 현실주의 (제3세대 현실주의) Offensive Realism
국가들이 왜 권력을 위해 경쟁을 벌이는가? What Causes States to Compete for Power?	국가 속에 내재한 권력을 향한 본능 때문에	국제체제의 구조 때문에	국제체제의 구조 때문에
국가들은 얼마나 많은 힘을 가지기 원하는가? How Much Power Do States Want?	가능한 최대한, 국가의 상대적 힘의 비중의 극대화. 패권장악이 궁극적 목표	현재보다 더 강한 국력, 이웃나라들과 균형을 이룩할 수 있을 정도의 국력	가능한 한 막강한 국력, 국력의 상대적 비중을 극대화, 패권 국이 되는 것이 목표
대표적 학자	Hans J. Morgenthau	Kenneth N. Waltz	John J. Mearsheimer

위의 표는 학문의 발달이 어떻게 이루어지는지를 잘 보여주고 있다. 2차 대전 직후 미국의 국제정치학을 지배했었던 한스 모겐소 교수는 국가들의 권력 추구 욕구는 본능적인 것이기 때문에 권력추구의 욕망은 끝이 없다고 보았다. 모겐소 교수의 현실주의를 고전적 현실주의라고 부른다. 약 30년이 지난 1970년대 말엽 케네스 월츠 교수는 국가들의 권력 추구 욕구는 본능적이기 보다는 무정부적인 국제구조에서 유래하는 것이라고 보았다. 그래서 국가들은 상대방 적대국가와 균형을 이룰 정도가 되면 권력의 증강을 더 이상 추구하지 않는다고 주장했다. 월츠 교수의 현실주의는 구조적 현실주의 또는 방어적 현실주의라고 부른다. 미어샤이머 교수는 2000년에 간행된 『강대국 국제정치의 비극』이란 책에서 국가들이 힘을 증대시키려는 이유의 원천은 월츠의 주장과 마찬가지로 험악한 국제체제라고 보았다. 그러

나 미어샤이머 교수는 국가들은 상대방과 균형을 이룰 수 있는 힘에 만족하지 않고 가능한 한 최대한의 국력을 보유하려고 하며 궁극적으로 패권국이 되고자 한다고 보았다. 이처럼 국가들이 힘을 추구하는 원인은 무엇인가?, 국가들은 어느 정도의 힘을 가지기 원하는가?라는 두 가지 변수에 대한 입장차이로부터 3가지 이론이 나온 것이다. 세 가지 현실주의를 관통하는 핵심적인 개념은 모든 국가들은 권력(힘)을 추구하고, 국제정치는 권력정치(Power Politics) 혹은 힘의 정치라는 사실일 것이다.

2) 자유주의와 마르크스주의 국제정치관

이상주의 대 현실주의라는 분류 외에도 국제정치를 보는 또 다른 관점들 중 대표적인 것이 자유주의와 마르크스주의인데 이 관점들은 국제정치의 경제적인 측면을 보다 강조한다는 특색이 있다. 자유주의자들은 국가들의 자유로운 무역 거래, 국가들의 민주화가 세계평화의 조건이라고 믿는다. 반면 마르크스주의자들은 자유주의자들이 주장하는 자유무역, 국가들 간의 경제적 상호의존을 전혀 평화의 조건이라고 간주하지 않는다. 마르크스주의자들은 자본주의 강대국들이 존재하는 곳에서 제국주의는 필연적으로 나타나는 현상이며, 제국주의야말로 전쟁의 가장 큰 원인이라고 본다.

마르크스주의는 사회과학의 거의 전 분야에 막강한 영향을 미친 관점이지만 국제정치와 전쟁 연구에서는 그다지 위력을 발휘하지 못했다. 왜냐하면 마르크스주의는 국제관계보다는 국내정치에 더 큰 초점을 맞추었고 국가 간의 전쟁보다는 국내의 혁명에 더 큰 관심을 가졌었기 때문이다. 그래서 마르크스주의 중에서 국제정치에 기여한 거의 유일한 학문적인 기여는 레닌이 저술한 『제국주의론』 뿐이라고 말하기도 하는 것이다.

(3) 전쟁과 국제정치를 분석하는 3차원

국제정치와 전쟁을 분석하는 유명한 방법이 '3차원 분석(Three Levels of Analysis)'이라는 것이다. 현실주의 국제정치학의 제2세대, 즉 방어적 현실주의 혹은 구조적 현실주의를 대표하는 학자인 케네츠 월츠(Kenneth N. Waltz) 교수는 『인간, 국가, 전쟁』이라는 그의 유명한 저서에서 전쟁은 인간 개인의 수준, 국가의 수준, 국제체제의 수준에서 연구될 수 있다고 설명했다. 실제로 대부분 학자들이 이 방법을 개별적으로, 혹은 혼합적으로 사용하여 하나의 전쟁 혹은 수많은 전쟁을 복합적으로 분석하고 있다. 역사학자들은 주로 하나의 특정 전쟁을 택하여 깊이 있는 연구를 하는데 반해 정치학자들은 여러 개의 전쟁을 동시에 연구함으로써 여러 가지 전쟁들에서 일반적으로 나타나는 공통적인 전쟁 원인을 찾아내고자 노력한다.

우선 개인 혹은 인간에게 초점을 맞추어 전쟁을 연구하는 경우를 말해 보자. 우리는 이라크 전쟁하면 '후세인'과 '부시'를 연상하게 된다. 전쟁을 개인의 행위 결과로서 보는 전통적인 분석 방법에 의해 영향을 받았기 때문이다. 전쟁을 인간적인 차원에서 보는 것은 그 나름 대로 타당한 일이다. 히틀러, 김일성, 후세인이 없었더라면 2차 대전, 한국전쟁, 걸프 전쟁은 발발하지 않았을 것이기 때문이다.

개인 혹은 인간에 초점을 맞추는 전쟁 연구 방법은 인간의 생물학적 속성, 심리학적 속성, 사회의 일원으로서의 인간 등 여러 가지 측면에도 관심을 갖는다. 과연 인간은 공격적(싸움하려는) 본능을 가진 동물인가? 인간은 스트레스가 쌓일 때 더욱 호전적이 되는가? 군인 출신 정치가들은 민간인 출신 정치가들과 비교할 때 더 호전적인가 아니면 그 반대인가? 등은 모두 전쟁을 개인적 차원에서 이해하려는 질문들이다.

두 번째로 전쟁의 원인을 국가, 사회의 차원에서 추적하는 학자들도 대단히 많다. 아마도 3가지 차원 분석 중에서 국가, 사회에 초점을 맞춘 연구가 가장 많다고 보아도 될 것이다. 국가의 수준에 초점을 맞춘 전쟁 연구는 전쟁의 원인에 대해 다음과 같은 주장들을 한다. '전쟁은 자본주의 국가들이 일으키는 것이다(레닌 및 수많은 마르크스주의자들)' '전쟁은 독재국가가 일으키는 것이다' '민주주의 국가들은 서로 전쟁하지 않는다' '나치스의 독일은 2차 대전의 원인이다' '일본의 급격한 산업화는 중일전쟁의 원인이 되었다' '미국은 사회의 성격상 호전적인 국가가 되었다' '이슬람국가는 종교적으로 호전적이다' 등등 주장들은 모두 전쟁의 원인을 국가, 사회의 수준에서 추론한 것이다.

세 번째로 전쟁을 연구하는 많은 학자들은 국제체제의 수준에 분석의 초점을 맞추고 있다. 국제정치학은 전통적으로 바로 이 수준에서의 분석을 가장 중요한 것으로 생각한다. '두 나라 사이에 힘의 균형이 깨지는 경우 전쟁이 쉽게 발생한다'라고 말한다면 바로 국제체제 수준의 분석이라고 말할 수 있다. 그 유명한 '세력균형이론'이 말해 주는 전쟁의 원인이 바로 이것이다. 그동안 우리나라는 물론 세계의 수많은 국가들이 채택했던 일반적인 국방, 외교정책은 세력균형이론에 입각한 것이라 해도 과언이 아니다.

'양극체제가 평화를 위해서 더 좋은 체제인가? 다극 체제가 더 좋은 체제인가? 아니면 하나의 강대국이 세계 모든 국가들을 지배할 때가 가장 평화로울 때일까?' 이러한 질문들은 모두 국제 체제적 수준에서 전쟁을 연구하는 학자들이 묻는 질문이다.

물론 전쟁의 연구방법이 이 3가지 차원 분석 방법만으로 한정되는 것은 아니다. 전쟁은 거의 모든 학문에서 연구된다. 정치학, 역사학들은 물론이거니와 심리학, 생물학, 수학, 철학, 문학 등 전쟁은 거의 모든 학문의 중요한 연구 대상이 된다. 그러니까 전쟁 연구의 방법론이 어느 한 학문의 방법으로 한정되지도 않는다. 다만 전쟁은 국제정치 학자와 역사학자들에 의해서 가장 많이 그리고 체계적으로 연구되어 오고 있다는 사실은 분명하다.

이 세상에는 너무나 많은 전쟁이 일어났고 앞으로도 수많은 전쟁이 지속적으로 일어날 것이다. 내일 모레 다시 중동에서 전쟁이 발발할지 모르며 또 얼마 후 한반도에도 아주 심각한 안보 위기 상황이 닥쳐올지 모른다. 마이클 하워드(Michael Howard) 경이 최근 저서에서 주장한 바처럼 전쟁은 쉽게, 저절로 일어나는 일일지 모르지만 평화는 애써서 만들어져야 하는 일이며 유지되기 어려운 일일 것이다.[Michael Howard, *The Invention of Peace*, (New Haven: Yale University, 2001)]

전쟁 연구의 현황

전쟁 연구의 현황

(1) 전쟁 연구의 선구자들

전쟁은 인류의 역사가 시작되기 훨씬 전부터 있어 온 정치적 사건
이다. 그렇기 때문에 전쟁은 지난 수 천년동안 모든 학자들의 중요한
연구 대상이 되어 왔으며, 전쟁의 연구에 관한 문헌은 수를 헤아릴 수
없을 정도로 많다. 세계 최대의 전자 서점 아마존(Amazon.com)에 들
어가서 전쟁(War)에 관한 책을 탐색해 보면 전쟁이란 단어가 포함된
책이 무려 10만 권이 넘는다. 그러나 이 중에는 범죄와의 '전쟁'도 포
함되고, '전쟁과 사랑'이라는 문학 작품도 포함된다. 그럼에도 불구하
고 전쟁이란 단어가 책의 제목에 포함된 책 중에 현재 팔리고 있는 책
이 10만 권도 넘는다는 사실은 전쟁 연구, 혹은 전쟁에 대한 관심의
광범함을 나타내주는 증거가 된다.

그러나 전쟁에 관한 학술적 연구의 주류는 국제정치학, 역사학 그

리고 군사학적인 전통에서 찾을 수 있다. 전쟁 연구의 가장 큰 목표는 '전쟁은 왜 일어나는가?' 즉 Why War?의 문제다. Why War?의 문제에 답하는 일은 결국 '어떻게 전쟁을 방지할 수 있을까?'라는 문제에 대답하는 일과 마찬가지다.

전쟁의 원인을 이해하고 그럼으로써 전쟁을 방지하고 평화를 유지하고자 하는 목적에서 과학적, 그리고 체계적인 전쟁연구가 시작된 것은 그다지 역사가 길지 않다. 즉 평화학으로서의 전쟁 연구의 역사는 그 역사가 아주 짧다. 제2차 세계대전 이후 비로소 평화를 위한 학문으로서의 전쟁연구가 시작되었다고 말할 수 있을 것이다.

전쟁의 원인을 체계적으로 분석한 최초의 저서는 투키디데스(Thucydides, 기원전 460~400 무렵)의 『펠로폰네소스 전쟁사(The Peloponnesian War)』라고 말할 수 있다. 이 책은 여러 가지 영어 번역본이 있으며 한국어 번역본도 몇 가지가 있다. 이 책은 기원전 5세기에 쓰여진 책이지만 오늘날의 전쟁을 연구하는 저명한 학자들이 '전쟁 원인에 관한 우리의 지식은 투키디데스보다 별로 나을 바 없다'고 고백할 정도의 역작이다. [필자의 지도교수였던 Jack S. Levy 교수의 언급]

투키디데스와 거의 동시대에 중국에서는 『손자병법(孫子兵法)』이 저술되었다. 손자병법은 동양인이 저술한 전쟁 연구의 금자탑이 되었음은 물론 서구의 전쟁 사상에도 큰 영향을 미쳤다. 손자병법은 세계 각국 언어로 번역되어 나폴레옹도 애독하였고 이라크의 후세인도 읽었다고 하며 트럼프 대통령이 추천하는 독서 목록 1위의 책이기도 하다.

현재 영문본 중에는 Samuel B. Griffiths 장군이 번역한 Sun Tzu,

The Art of War (Oxford: Oxford University Press, 1971)가 정평 있는 번역판으로 알려져 있다. 소설가인 제임스 클라벨에 의해 편집된 읽기 평이한 영문 손자병법도 발간되었고, 특히 최근 중국 은작산(銀雀山)에서 발견된 손자병법의 원전 5권을 기존의 13권과 더불어 번역, 수록한 Roger Ames, *Sun Tzu: The Art of Warfare* (New York: Ballantine Books, 1993)도 발간되었다. 그러나 은작산에서 새로이 발견된 부분은 전통적인 손자의 저술로 인정되지 못하고 있다. 중국에서는 무경칠서(武經七書, 손자병법을 포함, 육도삼략, 오자, 위료자. 사마법, 제갈량, 손빈병법) 외 수많은 병법 및 전략서들이 출현하였다. 중국에서 간행된 손자병법의 서문에는 중국은 병법(兵法)의 나라라고 할 수 있을 정도로 무려 2,600종에 이르는 전략 관련 저술이 전해져 내려오고 있다고 한다.

서양에서도 전쟁의 연구는 계속되어 마키아벨리의 『군주론』 및 『전략론』은 대표적인 전쟁 연구로 알려져 있고 그 외에도 군사전략에 관한 다수의 저서가 출판되었다. 서양에서 저술된 수많은 전쟁 연구 중 단순히 전쟁의 승리를 목적으로 한 전술론적 연구 수준을 넘어 전쟁 철학(Philosophy of War)이라고까지 칭송되는 전쟁 연구사상 불멸의 대작은 1831년 저자가 죽은 후 부인에 의해 출판된 칼 폰 클라우제비츠(Carl Von Clausewitz) 장군의 『전쟁론(Vom Krieg)』이라고 말할 수 있을 것이다. 독일어 원문인 전쟁론 역시 전 세계 각국 언어로 번역되었다. 현재 가장 훌륭한 번역으로 평가되고 있는 영문판은 Michael Howard 교수와 Peter Paret 교수에 의해 번역, 편집된 Carl Von Clausewitz, *On War* (Princeton: Princeton University Press, 1976)이다.

우리말로 된 번역본도 다수 간행되었다.

그러나 전통적인 전쟁연구는 보다 목적론적이고 철학적이긴 했으나 과학적이지는 못하였다. 전쟁이 전쟁을 진행하는 양측 나라의 시민들 모두에게 직접적인 영향을 미치기 시작한 것은 19세기 이후의 일이었고 그 이전의 전쟁은 주로 군주, 왕(prince) 또는 전문 직업군(professional soldiers)들의 고유 영역이었다. 이때까지 전쟁은 군주들의 스포츠 정도로 생각되기도 했다. 그러나 전쟁이 국민 모두가 참여하는 것으로 바뀐 프랑스혁명(1789) 이후 시대에는 국민이 전쟁을 담당하는 주체가 되었고 피해의 대표적인 주체도 역시 일반 시민들이었다.

전쟁의 참혹함을 고발하고 그것을 회피하기 위한 동기에서 전쟁을 이해하려는 노력은 두 차례의 참혹한 전쟁을 겪은 20세기 중엽 비로소 시작되었다. 마이클 하워드(Michael Howard) 교수는 유럽의 전쟁사를 전쟁을 직접 담당했던 사회 계급을 기준으로 전쟁의 역사를 서술한 서적을 집필한 바 있는데, 중세 이래 현대에 이르기까지 전쟁은 기사들, 용병들, 상인들, 전문 직업군들에 의해서 수행되어 오다가, 프랑스 혁명기를 거쳐 비로소 전쟁은 '민족(국민) 간의 싸움(Wars of the Nations)'으로 발달하게 되었다고 설명하고 있다.[Michael Howard, *War in European History*, (Oxford: Oxford University Press, Updated ed., 2009): 안두환(역) 『유럽 역사속의 전쟁』, 서울: 글항아리, 2015)]

전쟁의 성격이 민족국가 간의 전쟁이 된 시점을 중심으로 전쟁의 원인에 관한 연구가 보다 광범하고 체계적으로 진행되기 시작했으며 나폴레옹의 전쟁 수행 및 프랑스의 국민군의 '폭발적인 힘'에 감명을 받은 클라우제비츠의 『전쟁론』은 현대 전쟁의 진면목에 관한 최고의 분석이었다.

전쟁에 관한 보다 체계적이고 '과학적'인 연구는 20세기 초반부터 시작되었다. 19세기 동안 정치학이 상당한 학문적 발전을 이룩했으나 체계적인 전쟁 연구는 별로 없었다. 유럽의 역사상 19세기는 가장 평화스러운 시대 중 하나였기 때문에 전쟁은 학자들의 관심에서 밀려나 있었다. 19세기는 전쟁이기보다는 혁명의 시대였다. 18세기 프랑스 시민혁명, 미국의 독립 혁명 등 대혁명들이 정치학자들의 더 큰 관심사였다. 인간사의 거의 모든 부분을 연구 대상으로 삼은 마르크스주의가 전쟁에 관해서는 훌륭한 연구 결과를 내지 못했다는 사실도 특이하다. 마르크스가 살았던 시대는 유럽 국제정치의 역사상 가장 평화로운 시대(1815년의 비엔나 회의부터~1914년 1차 대전 전야까지)였기 때문이라는 점도 마르크스주의가 전쟁연구에 비교적 소홀했던 이유가 될 것이다.

19세기와는 전혀 달리 20세기는 참혹한 전쟁과 함께 시작되었고 전반기 50년은 인류 역사상 최악의 전쟁 시대였다. 당연히 학자들의 관심은 전쟁의 연구에 집중되었다. 전쟁 연구의 목적 역시 '평화를 위하여'라는 도덕적인 것으로 바뀌게 되었다. 전쟁을 연구하기 위한 대규모 프로젝트들이 2차 대전을 전후하여 미국의 각 대학에서 진행되기 시작했다. 대표적인 전쟁연구 세 가지를 설명해 보자.

시카고 대학의 퀸시 라이트(Quincy Wright) 교수는 본시 국제법을 전공한 학자로서 평생 동안 1,100편의 논문을 비롯, 수많은 저서를 출간한 다작의 학자였다. 그러나 그의 저작 중에서 가장 유명한 것은 1942년에 초판이 발간되었고 1965년 제2판이 발행된 『전쟁의 연구(A Study of War)』라 하지 않을 수 없다. 『전쟁의 연구』를 저술하기 위한 작업은 1926년에 시작되었고 1942년까지 16년 동안 진행되었다. 라이트 교수는 물론 수많은 그의 제자들이 동참한 작업의 결과였다.

이 연구는 전쟁처럼 아무리 어려운 문제라도 해결책이 강구되어질 수 있다는 확신에서 출발했고 라이트 교수는 이러한 작업은 과학적인 방법을 통해서 가능할 것이라고 믿었다. 『전쟁의 연구』는 '근대 문명 속의 전쟁'이라고 명명된 1480년부터 1940년에 이르기까지 발발했던 278회의 전쟁 전체에 관한 귀납적 연구였다. 경험적, 계량적 연구인 동시에 규범적 기반을 가지고 있는 시카고 대학교의 전쟁 연구는 현대의 평화 연구 운동(Peace Research Movement)의 선구자라고 불리기에 족하다.

루이스 리차드슨(Lewis Fry Richardson)의 전쟁 연구는 개인적인 업적임에도 불구하고 전쟁의 과학적 연구에 중추가 된 역작들이었다. 리차드슨은 물리학, 기상학 등을 전공하였고 젊은 시절 자연 과학 업무에 종사한 사람으로 물리학, 기상학 연구에 관한 그의 업적은 학계에서도 퍽 잘 알려졌다. 과학자인 리차드슨은 1차 대전 당시 프랑스 보병 제16사단의 앰뷸런스 부대에서 근무했고, 특히 그의 처남 두 명이 전쟁에서 목숨을 잃었다는 사실은 그로 하여금 '전쟁이란 인간사회 내의 불쾌한 질병'이란 신념을 갖게 했고 전쟁연구에 몰두하도록 하는 계기를 제공하였다.

젊은 시절 과학에 종사했던 리차드슨은 1920년대에는 심리학 연구에 정열을 바쳤고 심리학 분야의 연구로 박사학위를 취득하였다. 1940년 그는 오로지 전쟁만을 연구하기 위하여 사회생활로부터 은퇴하였는데 이 무렵은 바로 퀸시 라이트의 전쟁연구가 마무리 단계에 있던 때였다. 리차드슨의 연구 결과는 그의 사후 두 권의 책으로 출판되었다. 한 권은 제목이 특이한 『치명적 싸움들의 통계학(Statistics of Deadly Quarrels)』이란 책으로 퀸시 라이트가 편집해서 출판하였고 다른 한권은 군비경쟁에 관한 책으로서 『무기와 불안정(Arms and Insecurity)』이라는 제목으로 출간되었다.

세 번째 과학적 전쟁 연구의 최대규모 프로젝트는 미국 미시건 주립대학의 전쟁 관련 요인 연구계획(The Correlates of War Project)이다. 미시간 대학교 정치학과의 싱거(J. David Singer) 교수와 웨인 주립대학 역사학과의 스몰(Melvin Small) 교수의 주도에 의해 이룩된 미국 최대의 전쟁 연구 프로젝트로서 전쟁에 관한 연구 업적은 물론 전쟁 연구를 전문으로 하는 학자들도 가장 많이 배출한 과학적 전쟁 연구의 메카가 되었다.

이 전쟁 연구 프로젝트는 연구의 공간적 범위를 어떤 특정 국제정치 체제가 아닌 1815년 이후의 세계체제 모두를 연구의 대상으로 삼았다. 싱거 교수는 사회과학에서 인과관계를 도출하는 데 방법론적 문제점이 많다는 사실에 유념하여 인과관계(causal)의 관점에서보다는 상관관계(correlational)의 관점에서 연구를 시작하였다. 제일 먼저 시작한 작업은 전쟁에 관한 모든 데이터를 작성하는 일이었는데

이 작업을 위하여 당시 역사학 박사학위 과정에 있던 멜빈 스몰이 싱거의 전쟁연구계획에 참여하게 되었다. 스몰과 두 명의 대학원생은 1816년 이래 1965년에 이르는 전 기간 동안의 국제 전쟁과 외교 사절, 군사동맹, 각 국가들의 군사·산업·인구학적 능력에 관한 데이터를 모두 수집하였다.

싱거와 스몰 두 교수는 '전쟁이 체계적으로 기술되기 이전에, 전쟁은 올바르게 이해되어질 수 없다'라는 입장에서 데이터 수집이 전쟁연구에서 차지하는 비중을 강조하였다. 단순히 전쟁이 발발했다는 사실로서의 전쟁 자료가 아니라 전쟁이 언제 시작되었고 또 끝나게 되었는가? 그 전쟁에는 몇 개국이 참전했는가? 전쟁에서 인명의 피해 정도는 얼마만큼 인가? 등에 관한 정교한 자료들이 수집되었다. 이 전쟁연구 프로젝트를 전쟁 관련 요인 프로젝트(Correlates of War Project)라고 불리우며 흔히들 COW Project라고 요약해서 부른다. COW Project가 수집해 놓은 전쟁 자료(War Data)들은 미국의 유수 대학들에서 작성된 수많은 전쟁 관련 박사 학위 논문의 기초 자료가 되었다.

전쟁과 동맹의 관계, 국력과 전쟁의 관계, 국가의 성격과 전쟁의 관계 등을 연구한 수많은 박사학위 논문들이 COW Project의 자료들을 사용하여 작성되었던 것이다. COW Project는 지금도 전쟁 자료에 관한 수집 작업을 지속하고 있으며 인터넷과 출판물을 통해 새로운 자료들을 공개하고 있다.

이상 현대의 과학적 전쟁 연구의 선구자적인 업적 중 단 세 가지만을 소개했지만 전쟁연구와 전쟁에 관한 이론들은 정말로 전쟁의 숫자만큼이나 많다고 말해도 과언이 아니다. 지금도 수많은 학자와 군인, 전문가들이 전쟁을 연구하고 있다. 전쟁을 막고, 평화를 유지하기 위한 숭고한 목적의 연구를 하는 사람들도 있고, 전쟁에서 이길 수 있는 방법을 골똘히 고안하는 사람들도 있다. 또 다른 이들은 전쟁을 우선 객관적으로 이해한다는데 초점을 맞추어 전쟁을 연구하고 있을 것이다. 이 책은 이제껏 연구된 수많은 전쟁 연구의 결과 중 중요하다고 생각되는 일부를 알기 쉬운 언어로 해설하여 독자들에 소개함이 목적이다.

학문에는 국적이 없지만 학자는 국적이 있다. 우리나라처럼 외국의 침입을 많이 받았고, 우리나라처럼 전쟁 때문에 고생을 한 나라도 지구상에 별로 없을 것이다. 주변에 있는 나라들이 모두 강대국이었고 우리는 이들과 힘겨운 전쟁을 통해 민족과 국가를 보존해 왔다. 한국의 역사가 시작된 이래 비로소 오늘날에 이르러서야 우리는 군사력다운 군사력을 보유한 국가가 되었다. 그럼에도 불구하고 우리는 아직도 우리 힘으로 평화를 보장하기에 역부족인 상황에 있다. 물리적인 힘이 부족하고, 평화를 유지하기 위한 전략과 외교도 현저히 부족하다. 한국에서의 전쟁 연구는 한국의 평화를 유지할 수 있는 방법에 관한 연구가 되어야 할 것이다. 이 주제에 관해 아직도 충분한 연구가 이루어지지 않은 상태다. 전쟁을 연구하는 학자도 별로 없고 전쟁을 가르치는 대학과 학과도 거의 없는 실정이기 때문이다.

(2) 전쟁의 실제 현상과 기원

전쟁의 실질적인 모습에 대해 알아보기로 하자. 이 세상에 '수많은' 전쟁이 일어났다고 말들 하지만 얼마나 많은 전쟁이 언제, 어디서 일어났는지에 관한 정확한 역사적 자료가 뒷받침될 때 '수많은 전쟁'이란 의미가 분명해 질 것이다.

또한 전쟁이 무서운 것이라고 하고 잔인한 것이라고들 말하지만 얼마나 무섭고 잔인한 것인지는 전쟁의 피해에 관한 실질적인 자료를 보아야 그 전모를 정확히 파악할 수 있을 것이다. 인간은 아주 오랜 옛날부터 전쟁을 했다는 사실을 알고 있지만 이 주장 역시 체계적인 연구에 의해 뒷받침되어야 할 것이다. 인간들은 본질적으로 전쟁을 즐기는 동물인가?라는 일면 비관적인 질문에 대해서도 근거를 제시하며 논리적인 설득이 제공되어야 할 것이다.

이곳에서 필자는 전쟁은 과연 언제부터 있었던 것인가? 전쟁은 얼마나 비참했는가? 우리의 선조들은 어떻게 전쟁을 했는가? 전쟁은 얼마나 오랫동안 지속되었는가? 역사상 발생했던 모든 전쟁의 리스트를 만들 수 있을까? 전쟁은 인간의 역사에 어떤 영향을 미쳤을까? 등등 전쟁의 실제적 모습에 관한 기본적인 자료를 소개하고자 한다.

이미 서구, 특히 미국의 학자들은 방대한 전쟁 연구 프로젝트들을 통해 전쟁에 관한 자료들을 많이 축적해 놓았고 이러한 자료들을 기초로 하여 과학적이며 체계적인 전쟁 연구를 수행하고 있다. 이곳에서는 전쟁에 관한 기존의 연구 결과들을 인용하여 전쟁의 평균적인 모습에 관한 연구 결과들을 소개하고자 한다. 먼저 전쟁의 기원을 알아보자.

전쟁은 언제부터 시작되었을까? 인류의 역사를 전쟁의 역사라고 한다면 전쟁의 기원은 아마도 기원전 4~5천 년까지 거슬러 올라갈 수 있다. 인간의 역사, 즉 인간의 발자취가 기록된 문서로서 알려지기 시작한 것이 바로 그 무렵부터라고 간주되기 때문이다. 그러나 학자들의 연구에 의하면 전쟁은 인간의 역사가 시작되기 훨씬 이전, 즉 선사시대부터 이미 존재해 온 것이라는 사실이 밝혀지고 있다.

앞에서 전쟁의 정의를 논할 때도 인용했지만, 미국 워싱턴 대학의 고대 전쟁사 교수인 아더 훼릴(Arther Ferill)은 선사시대의 전쟁을 정의하기 위하여 몇 가지 인류학적 개념을 도입하였다. 훼릴 교수는 원초적인 군사조직의 존재 여부 및 원초적인 전술, 전략개념이 존재하고 있었느냐의 여부에 따라 선사시대의 전쟁을 설명하고자 했다. 그는 지휘자의 명령을 받는 군사 조직의 존재, 열(列)과 오(伍)를 이루어 행군하는 군대의 존재, 포위 공격 등 원초적인 전술을 이해하는 군인들이 존재할 때 인류사회에 비로소 '전쟁'이라고 부를 수 있는 싸움이 시작되었을 것이라고 생각한다. 이와 같은 관점에 따르면 조직되지 않는 무리들의 싸움은 전쟁이라고 말하기 곤란할 것이다.

훼릴 교수가 제시한 전쟁의 조건을 충족시키는 역사적 사례들은 이미 수만 년 전으로 거슬러 올라갈 수 있다. 즉 전쟁의 기원은 수만 년 전인 '구석기 시대'로 거슬러 올라갈 수 있다는 것이다. 이 같은 결론은 고고학적 발굴들에 의해서도 증명되는 것이다.

구석기 시대에 살았던 것으로 추정되는 인간의 두개골들이 고고학자들에 의해 많이 발굴 되었고, 이들을 조사한 결과 그 죽음이 폭력에 의한 것임을 암시하는 경우가 여럿 발견되었다. 단정하기 어려운 경우도 있지만 여러 가지 증거에 의해 학자들은 적어도 구석기 시대 끝 무렵에 조직화된 전쟁의 양상이 나타난 것으로 판단한다. 1924년 인류학자 레이몬드 다트(Raymond Dart)는 오스트랄로피테쿠스(Australopithecus: 남쪽의 원숭이라는 뜻)라 명명된 원시인류의 해골을 발견했고 그 원시인류의 삶을 분석한 바 있었다. 레이몬드 다트의 주장에 의하면 오스트랄로피테쿠스는 육식가였고, 식인종이었으며, 무기를 가진 사냥꾼이었다. 그들이 사용했던 무기는 사슴의 뒷다리 또는 앞다리 뼈로 만든 것이었다. 이처럼 원시 인류가 폭력적이었다는 주장은 다트의 제자이며 차후 더욱 유명한 학자가 된 로버트 아드리(Robert Ardery)에 의해서 재확인되었다.

물론 오스트랄로피테쿠스인들이 처절한 삶을 살았다는 다트의 주장에는 만만치 않은 반론이 존재하고 있다. 리차드 리키(Richard Leaky) 등 고고인류학자들은 초기의 인간들은 일반적으로 보아 평화스럽게 살고 있었다고 주장한다. 현재까지 발굴된 자료만 가지고는 이 두 가지 주장 중 어느 주장이 더욱 타당한가를 판정 내릴 수는 없다고 한다. 그럼에도 불구하고 기존의 연구 결과에 의거할 때 인간의 인간을 향한 폭력적 살상 행위는 정말로 오래 전 나타난 일이라는 사실에 의문을 제기할 필요는 없을 것이다.

동물행동학자 콘라드 로렌츠(Konrad Lorenz)에 의하면 지금으로부터 40만 년~60만 년 전에 살았던 북경원인(시난드로프스)들은 불을 보관하는 법을 알고 있었고 그 불로서 자기 형제들을 구워 먹을 줄도 알았다고 한다. 불을 사용한 최초의 흔적 옆에는 사지가 절단되고 불에 태워진 북경 원인의 그슬린 뼈가 놓여 있었다. 보다 현재의 인류에 근접한 약 7만 년 전에 거주했던 네안데르탈인들은 창을 발명하였다. 그들이 창을 가지고 전쟁을 했는지는 알 수 없으나 골반 부분에 창에 의한 것으로 보이는 구멍이 뚫어져 있는 네안데르탈인의 뼈가 발견된 적이 있었다.

현생 인류의 직접적 조상이라고 일컬어지는 크로마뇽인들은 구석기의 끝 무렵인 기원전 35,000년 내지 기원전 12,000년 무렵에 생존하였는데 크로마뇽인들은 많은 동굴벽화를 남겨 놓은 예술적인 인간들이기도 했다. 크로마뇽인들의 동굴벽화는 그들이 촉이 달린 창으로 동물을 사냥하는 사냥꾼들이었다는 사실을 보여준다. 그러나 크로마뇽인들이 이처럼 발달된 창을 가지고 전쟁을 벌였는지는 불분명하다. 그들은 주로 동물의 그림을 많이 남겨 놓았고 사람의 그림은 별로 없는데 사람의 그림은 대부분이 평화롭게 지내는 모습을 묘사하고 있다.

기원전 12,000년에서 기원전 8,000년에 이르는 중석기 시대 및 초기의 신석기 시대에 무기 기술상 혁명적 발전이 이루어졌다. 당시 새로 발명된 무기들은 활, 돌팔매, 단검, 손도끼 등이었는데 이러한 무기의 진보는 군사기술의 발명과 결합되어 이 무렵부터 진정한 의미의 전쟁이 시작되었음을 시사하고 있다. 특히 신석기 시대가 시작될 무렵 전략과 전술, 즉 계획에 따라 조직화된 군대를 사용해서 싸움이 전개되었다는 사실을 보여주는 증거들이 많이 발견되었다.

신석기 시대는 인간의 선조들이 수렵 어로 시대를 지나 농경시대로 돌입한 무렵이다. 농업의 시작은 영토, 재산의 개념을 낳았고, 당시 철기의 발명은 무기의 비약적 발달을 가져옴으로써 본격적인 전쟁의 시대를 열었다. 문명과 전쟁은 약 1만 년 전 거의 동시에 시작된 것이다.

스페인의 르방에 있는 신석기 시대의 동굴벽화는 병사들이 창과 활을 들고 행군하는 모습을 보여주고 있으며 병사들이 집단으로 상대방 병사와 싸움하고 있는 그림도 보여주고 있다. 특히 고대 누비아의 나일강변 묘지에 대한 발굴 조사에서는 원시 시대 전쟁의 존재에 관한 상당히 신빙성 있는 결과가 도출되기도 하였다. 1960년 현재의 이집트와 수단 국경선 부근의 한 묘지에서 원시인들의 시체 59구가 발견되었는데 여기서 발굴된 해골의 약 40% 정도는 머리에 조그만 구멍이 뚫려 있었다. 해골의 작은 구멍들은 화살에 의한 것이 아닌가 추정되었다. 남녀 시체 4구에는 실제로 뼛속에 화살촉의 자국도 남아 있었다. 나머지 시체 모두도 부상을 당한 결과 사망한 것이라 생각되며 팔뼈가 부러진 몇 구의 시체는 아마도 공격을 팔로서 막으려 했었기 때문인 것 같아 보인다.

이러한 묘지의 존재는 고대 누비아에 조직적인 전쟁이 존재했다는 사실을 말해 주는 근거가 되는 것 같다. 이처럼 신석기 시대에 이미 조직화된 집단적 전투가 존재했으며 적의 공격으로부터 무리를 방어하기 위한 요새들도 많이 건설되었다. 군사적 요새들이 기원전 8,000

년에서 기원전 4,000년에 이르는 신석기시대 동안 지중해 연안 전체에서 발견되어 진다는 사실은 이 시대에 이르러 전쟁은 이미 일상화되었음을 말해주는 근거가 된다.

　종합하건대 오늘날의 전쟁에 버금갈 수 있는 집단 간의 조직적인 폭력 행사는 적어도 신석기 시대에 널리 나타나고 있었던 정치·사회적 현상이라고 결론 내릴 수 있을 것이다. 이 부분의 설명에 관한 보다 자세한 분석은 『전쟁의 기원』[아더 훼릴(Arther Ferrill) 지음, 이춘근 번역, 서울: 북앤피플, 2019]을 참조하면 된다.

(3) 인간의 자연상태는 전쟁상태였을까? 평화상태였을까?

1) 원시사회의 전쟁

　전쟁은 문명이 시작되기도 전부터 있었다고 말해지지만 정말 우리 인류의 선조들은 전쟁을 많이 치렀고 또 싸움하기를 좋아했던 것일까? 문명이 시작되기 전이라면 그것은 바로 사회과학자들이 말하는 자연상태에 보다 가까운 시대였을 것이다. 국가라는 정치 조직이 생기기 이전이며 민족주의라는 것도 없을 때고, 이데올로기를 가지고 싸울 일도 없었을 것이며 환경 문제로 다툴 일은 더더욱 없는 시대였을 것이다. 그 시대는 글자도 없었고 그래서 역사의 기록도 없는 시대다. 이런 시대를 선사시대 즉 역사 이전의 시대라고 한다. 그러나 우리는 인류학과 고고학의 덕택으로 그 시대의 모습을 상당히 과학적으로 짐작할 수 있게 되었다.

원시인들이 살았던 역사 이전의 선사(pre-historic) 시대는 인류가 지구에 출현한 후 지금까지 살아온 기간 전체에서 차지하는 비율이 99%도 훨씬 더 넘는 시간이었다. 겨우 지난 10,000년 정도를 문명의 역사, 기록된(그것도 간신히 애매한 해석을 할 수 있을 뿐인) 역사라고 말할 수 있을 뿐이다. 즉 우리가 글자에 의한 기록을 가지고 연구할 수 있는 인류의 역사는 인류 전체 역사의 마지막 1%에도 채 미치지 못하는 기간이라는 것이다. 그래서 역사 이전의 전쟁에 대해 확실하게 알 수 없는 일이다.

그러나 고대 원시인들도 싸울 일이 없지 않았을 것이다. 사람들이 함께 모여 사는 한, 여러 가지 이유에서 연유한 갈등이 존재하지 않을 수 없기 때문이다. 우리 선조들이 모여 살게 된 계기는 아마도 큰 동물을 함께 사냥하기 위해서였을 것이며 이때 모인 수십·수백 명 정도의 떼거리(small band)들이 인류 최초의 조직이었을 것이다. 고고 인류학자들의 연구에 의하면 약 700명 내지 1,500명 정도가 무리를 이루어 살기 시작함으로서 최초의 인간 공동체가 시작되었다고 한다.

이 무렵 이들 떼거리의 두목은 그다지 강력한 권위를 가지고 있지는 않았다. 그들은 외부의 적과 싸움을 했을 가능성이 있었다. 내부에서 서로 싸움하기에는 숫자가 너무 적었을 것이다. 엠버(Ember) 교수는 인간의 정치 조직이 내란(자기네들끼리 서로 싸우기)을 벌이려면 적어도 무리의 숫자가 21,000명 정도는 되어야 했다고 주장했다.[Carol R. Ember, 1978. "Men's Fear of Sex with Woman." William Eckhardt,

Civilizations, Empires and Wars: A Quantitative History of War (Jefferson, NC., McFarland & Company, Inc, 1992)]

작은 떼거리보다 좀 더 확대 발전된 조직이 부족(部族, tribe)이었다. 몇 개의 떼거리가 합쳐져 구성된 부족은 같은 언어를 쓰는 조직이었다. 부족에는 몇 개의 떼거리를 통괄할 수 있는 중앙적 권위도 나타나기 시작했다. 부족들은 외부와의 싸움, 내부인끼리의 싸움을 벌이기 시작했다.

부족보다 더 확대된 조직은 종족(宗族, chiefdom)이다. 종족의 지도자는 잉여 가치를 분배해 주는 권위를 가지고 있었다. 그러나 아직 무력을 사용할 수 있을 정도의 권위는 가지고 있지 못했다.

종족을 넘어서는 조직을 국가(state)라 부르는데 국가라는 정치 조직의 수장(首長)은 법이 정한 한도 내에서 무력을 사용할 수 있는 권위를 가지고 있었다. 군사조직, 군사력의 사용이 일사불란하게 이루어질 수 있는 조직이 바로 국가인 것이다.

그렇다면 이 원시적인 조직들이 벌인 싸움은 어떤 모습이었을까? 원시 시대의 전쟁을 연구한 학자들은 별로 많지 않다. 순수하게 역사 이전 시대, 즉 선사 시대의 전쟁만을 연구한 저서는 1990년대에 이를 때까지 겨우 3권밖에 출판되지 않았을 정도로 연구의 축적도 미약했다. 물론 역사 이전의 전쟁을 다룬 고고학, 인류학의 연구 논문들은 여러 곳에 산재해 있기는 했다.

역사 이전의 전쟁에 관한 연구들은 대체로 원시인들 사이에는 전쟁이 그렇게 흔하지 않았다고 주장했다. 그냥 싸움(Feud)이라고 부를 수 있는 사건들은 자주 야기되었을지라도 '정치집단' 사이의 조직적인 폭력이라고 정의될 수 있는 '전쟁'이 발발하기 위해서는 문명 및 경제의 발달 수준이 어느 정도 이상으로 높아지지 않으면 안 된다는 것이다. 전쟁은 문명의 산물이니 문명이 시작되기 전에는 전쟁도 일어나지 않았을 것이라는 주장이다. 퀸시 라이트(Quincy Wright) 교수는 고대 전쟁에 대해서 관심을 가졌는데 그의 결론에 의하면 '원시적이면 원시적일수록 시대를 거슬러 올라갈수록 전쟁의 빈도는 낮았다.' 그래서 평화적인 야만인(peaceful savage)이라는 이미지가 형성되었다. 다음에서 다시 다룰 개념이다.

2) 원시사회의 싸움의 특징

고대 전쟁을 연구한 학자들은 문명의 발달, 경제의 발달은 전쟁의 발달과도 대단히 밀접한 관계가 있다는 사실을 발견했다. 이들이 발견한 사실 중 가장 중요한 것은 역시 전쟁은 '영토'의 변경 문제와 가장 밀접한 관계가 있었다는 점이다. 영토문제는 예나 지금이나 불변의 전쟁 원인이라 말할 수 있다. 현대이건 과거이건 모든 전쟁의 배후에는 영토문제가 깔려 있다고 말해도 과언이 아니다.

고대 전쟁 연구를 통해 밝혀진 또 다른 사실의 하나는 고대 부족, 종족 사이의 문화 교류는 그들 상이한 종족 간의 전쟁을 방지하는데 별로 기여한 바가 없다는 점이다. 우리들은 상호 이해가 증진되고 교류가 빈번한 집단들 사이에서 전쟁의 가능성은 줄어들게 될 것이라고 생각하는 경향이 있다. 현대 국제정치학은 이 같은 상식이 진실이 아님을 이미 판명했으며 고대 종족들의 경우에도 마찬가지였다. 거래와 교류의 확대와 전쟁의 빈도 사이에는 별 관계가 없는 것이다. 햇볕 정책은 남북 간 교류가 활성화되면 전쟁의 가능성은 줄어들고 평화의 가능성은 높아질 것이라고 가정했다. 국제정치학의 이론이나, 고대의 전쟁 연구 결과를 본다면 근거가 불충분한 주장이었다.

원시 전쟁의 경우 종족 간의 적대감(hostility) 역시 그들 사이의 싸움과 별 관계가 없는 것으로 나온다. 즉 원시 부족들의 전쟁이 적대적 감정 때문에 유발된 것은 아니라는 것이다. 사실 고대 사회의 경우 서로 전쟁을 하는 집단 또는 족속들은 오히려 족보상으로는 가장 가까운 족속들이었다. 거리상으로 가까운 족속들이 주로 싸웠음은 물론, 같은 종류의 문화를 공유한 족속들 간의 싸움이 가장 흔히 나타났다. 더 구체적으로 말하면 옛날 원시 종족들은 아내가 시집오기 전에 속했던 종족과 가장 빈번하게 싸움을 했던 것이다. 다른 종족으로 시집 온 한 여인의 남편 혹은 아들들이 가장 빈번하게 싸웠던 상대는 그 여인의 아빠와 오빠 혹은 남동생들이었던 것이다.

이런 사실을 밝혀낸 학자는 내롤(Raoul Naroll)인데 이 주장을 받아들이기 위해서는 체계적인 연구가 더 필요하다고 생각된다. 그럼에도 불구하고 이 주장은 현대 전쟁의 원인에 대해서도 중요한 시사점을 주고 있다. 결국 전쟁이란 서로 잘 아는 집단, 서로 가까운 집단 간에 가장 흔히 나타나는 것이라는 사실이다. 살인 사건이 발생할 경우 경찰들은 사망자와 가장 가까운 곳에 있는 사람들부터 조사한다. 잘 아는 사람이 살인자일 경우가 압도적으로 많기 때문이다.

내롤은 선사 시대 전쟁의 중요한 원인은 영토문제였는데 당시 전쟁은 그다지 처절한 것은 아니었다고 주장한다. 두 족속간의 전쟁은 의식적인 측면도 있어 사전에 서로 조율되었으며 미사일(활과 창) 발사를 주고받은 뒤 첫 번째 전사자가 발생하면 전쟁은 종료되었다는 사실도 밝혀졌다. 전쟁은 하나의 의식이기도 했던 것이다.

3) 평화로운 야만인(Peaceful Savage)

학자들 사이에서 과연 원시인들은 잔인한 전쟁을 치르며 살았는지 혹은 평화롭게 살고 있었는지에 대해 견해의 일치가 이루어지지 못하고 있다는 사실을 이미 기술했다. 이는 마치 자연 상태(State of Nature)의 모습에 대해 정치 철학자들이 전혀 다른 그림을 제시하는 것과 유사하다. 자연 상태, 즉 문명 이전 상태의 해석에 대해서는 두 가지 상반되는 철학적 전통이 존재한다. 하나는 문명 이전의 상태를 꿈같은 황금시대(Golden Age)로 보는 견해이며 다른 견해는 소위 진보(Progress)의 견해로서 인간의 세상은 시대가 지날수록 더 살기 좋고 편한 세상으로 변해 왔다는 관점이다.

인간이 문명이 발달하기 이전의 사회, 또는 인공적인 요소들이 가미되기 이전의 세상에서 살고 있을 때, 사람들은 더욱 행복했으리라고 보는 견해는 18세기 사상가 장 자크 루소(Jean Jacque Rousseau, 1712~1778)에 의해 대표된다. 반대 견해, 즉 인간의 자연상태를 비참한 상태로 보는 정치 철학은 토마스 홉스(Thomas Hobbes, 1588~1679)로 대표된다.

홉스는 자연 상태를 전쟁 상태, 잔인한 상태, 살기 힘들고 빨리 죽는 상태로 묘사한다. 홉스는 거대한 괴물인 리바이어던(Leviathan), 즉 군사력을 독점적으로 장악하고 관할할 수 있는 국가라는 조직이 존재할 경우에만 비로소 인간은 자연상태의 고통에서 벗어날 수 있다고 보았다. 홉스는 인간의 자연 상태는 전쟁상태이지 평화상태는 아니라고 주장했다. 물론 홉스는 인간이 생물학적으로 공격적인 동물이라고 주장하지는 않았다. 그는 인간들이 모여 살게 된 이후부터 전쟁이 있게 되었다고 말한다. 인간 그 자체가 아니라 인간이 이룩한 사회의 속성이 전쟁상태를 야기하는 본질적 원인이라고 주장하는 것이다. 홉스의 주장은 논리적인 것이기는 했지만 경험적인 증거를 제시하기 위한 학문적 노력은 시도하지 않았다. 다만 홉스는 그 자신이 살았던 시절 아메리칸 인디언의 생활을 비(非) 문명적 자연 상태의 대표적인 모습으로 보았다. 그는 인간의 자연상태를 '고독하고, 가난하고, 더럽고, 잔인하고, 오래 살 수 없는(solitary, poor, nasty, brutish, short)' 상태라고 묘사하였다.

홉스와는 정 반대로 인간의 자연상태를 평화 상태로 묘사한 루소는 자신의 주장의 진실성에 대한 구체적인 경험적 증거를 획득하고자 노력했다. 루소는 당시 식민지 개척 전쟁을 수행 중이던 프랑스군의 원정부대에 자기 제자들을 함께 보내 원시인들의 생활 상태에 대한 정보를 수집하게 하였다. 프랑스군이 점령한 원시 부족의 생활상에 관해 루소의 제자들이 획득한 자료들은 복합적인 것이었다. 루소의 예상과는 달리 대단히 호전적인 부족도 발견되었고 비교적 평화로운 (비록 계급 제도는 엄격하고 추장은 오만했다 하더라도) 부족도 존재했다. 원시 부족의 호전성(好戰性)에 관한 보고를 받고 충격을 받은 루소는 '어찌 자연의 선한 아들들이 그토록 사악할 수 있었단 말인가?'하고 탄식하기도 했다. 그럼에도 불구하고 루소의 신념은 바뀌지 않았다. 그들은 원시 부족의 호전성을 다른 이유로 변호하였다. 루소는 원시인들이 서양의 문명화된 침략자들을 경계하기 위해 어쩔 수 없이 호전적인 사람들이 되었을 거라고 '이해'하고자 했다.

루소와 마찬가지로 역사 이전의 전쟁에 관한 연구자들의 다수는 '원시인들은 평화적'이라는 주장을 신봉하였다. 2차 대전이라는 처참한 전쟁과 함께 발전하기 시작한 인류학, 고고학은 전쟁을 문명 발달의 결과물로 보고자 했다. 그 결과 '평화를 사랑하는 점잖은 야만인(Peace Loving Noble Savage)'이란 개념은 신화 수준에 도달한 고정 관념이 되었다.

1940년대부터 본격적인 인류학, 고고학적 연구가 시작된 이래 원시인들은 평화스럽게 살았다는 견해는 1990년대에 이르기까지 반세기 동안 지속적인 다수설(多數說)이었다. 이 학설은 역사가 시작되기 이전에 전쟁은 희귀했고, 전쟁이 발발한다 해도 그것은 그다지 해악(害惡)이 심각한 일도 아니었으며, 중요한 사건도 아니었다고 주장했다. 이 견해를 추종하는 학자들은 원시 사회의 전쟁은 의례(儀禮)적 성격이 강했으며, 인명 피해도 그다지 큰 것이 아니었고, 공격의 효과도 심각한 것은 아니었다고 보았다.

원시 전쟁에 관한 유명한 연구자들인 터니 하이[Harry H. Turney-High, *Primitive War: Its Practice and Concepts* (2nd ed.; Columbia: University of South Carolina Press, 1971)] 교수와 퀸시 라이트 교수는 원시 시대의 전쟁(primitive warfare)을 개념화시킨 학자들이다. 이들은 거의 같은 시기에 활동한 학자들이었지만 서로 상대방의 연구 결과를 전혀 인용하지는 않았다. 그러나 두 사람은 원시 전쟁에 대해 대단히 유사한 결론을 도출해 내었다. 이들은 원시 전쟁은 문명 시대의 전쟁처럼 경제적, 정치적 이유 때문에 발생하는 것이 아니라, 개인적, 심리적인 이유 때문에 주로 발생하는 것이며 그 당시의 사회 발달 수준으로 보아 전투를 수행하는 군사적 능력은 보잘것없었다고 말한다.

전쟁의 목적이 심리적인 것이니 전투 후에 살아 있다는 사실만으로도 전쟁의 목적은 달성된다. 전쟁은 원시인들의 짜증, 스트레스 그리고 집단의 단결력을 과시하기 위해 행해지는 것이며 그런 측면에서 오늘날의 스포츠와 마찬가지 기능도 담당했을 것이다. 원시 전쟁의 이러한 측면이 원시 전쟁은 오늘날의 전쟁과 비교할 때 아주 점잖고, 그다지 처절한 것이 아니었다고 인식하게 되는 계기가 되었다.

인류학자 마가렛 미드(Margaret Mead) 여사는 '전쟁이란 인간이 발명한 것일 뿐 인간성에 내재하는 것은 아니다(Warfare is Only an Invention - Not a Biological Necessity)'라는 제목의 유명한 논문을 발표하기도 했다. 이 논문에서 미드 여사는 아프리카의 피그미와 북극권의 에스키모들은 아예 전쟁이란 개념을 인식하지 못하고 살고 있었다고 주장한다. 이들에게는 전쟁이란 개념 자체가 없었다는 말이다. 이들은 전쟁을 발명하지 못했던 것이다.

이처럼 원시인들은 평화롭게 살았을 것이고, 원시인들 사이에 전쟁이 없지는 않았지만 전쟁이 발발할지라도 그 전쟁은 잔인하지도 않고, 오늘날의 전쟁처럼 체계적이지도 않았다는 것이 원시인과 전쟁에 관한 기존의 다수설(多數說)이었다.

4) 원시인들은 전혀 평화롭게 살지 않았다는 최근의 학설

2차 대전 이후 평화로운 야만인(Peaceful Savage)이라는 관점이 주류를 이루고 있었지만 최근의 연구 결과들은 '자연상태=전쟁상태'라는 홉스의 견해가 오히려 더욱 타당함을 증거해 주고 있는 것 같다. 사실 1950년대의 인류학자들은 원시인들 사이의 전쟁 연구에 그다지 큰 비중을 두지 않았었다. 평화로운 야만인이라는 개념은 전쟁을 문명의 발달 결과로 보는 비관적 견해와 개념적으로 일치하는 관점이었을 것이다. 그러나 1960년대 이후 전쟁에 관한 관심이 되살아났고 많은 인류학자들이 고대 사회의 전쟁을 연구하기 시작했다. 60년대 말엽 원시인들의 전쟁에 관한 놀라운 연구 결과가 발표되었다. 나폴레옹 샤농(Napoleon Shagnon)에 의해 주도된 베네주엘라의 야노마노(Yanomano) 종족에 관한 이 연구는 야노마노라는 원시적인 종족이 끊임없는 전쟁으로 날을 지새우고 있다는 놀라운 사실을 발견했다. 야노마노족은 영토도 풍부하고 경제적으로 별로 부족함이 없는 종족이 없음에도 불구하고, 복수(復讐) 혹은 여자들을 납치해 오기 위한 목적으로 끊임없이 전쟁을 감행했던 것이다.

1960년대 후반 이후 원시종족들에 대한 인류학자들의 광범한 연구가 진행되었는데 이들의 연구 결과 역시 기존의 '평화로운 야만인'이라는 고정 관념을 거의 완벽하게 붕괴시키는 것이었다. 연구 결과들은 거의 대부분의 원시 종족들이 전쟁을 이해하고 있었을 뿐 아니라 전쟁을 빈번히 치르고 있다는 사실을 주장하였다. 연구 대상이 된 수십, 또는 수백이 넘는 종족 중 거의 90~95%에 이르는 원시 집단에서 전쟁이 빈번히 발생하고 있다는 사실이 발견되었다. 전쟁을 잘하지 않는 부족들의 경우라 할지라도 그들 대부분은 전쟁을 알고 있었다. 전쟁을 잘 하지 않는 종족의 경우, 그들은 너무나 숫자가 적어서 전쟁을 할 수 없었거나 혹은 다른 종족에 밀려나서 고립되어 살았기 때문이었다. 그들은 평화를 사랑해서라기보다는 전쟁을 할 수 없는 그런 상황에 처해 있었기 때문이었다.

다른 종족과 전쟁을 거의 벌이지 않는 종족들은 엉뚱하게도 자신들 내부에서 살인 사건이 대단히 빈번하게 발생하고 있었다는 사실도 발견되었다. 예로서 전쟁을 거의 벌이지 않는 종족인 칼라하리 사막의 부시맨(Bushman)종족의 경우 종족 내 살인 사건 발생비율은 1920년부터 1955년간 미국의 살인 사건 발생률의 4배, 그리고 유럽 주요 산업 국가들의 살인 사건 발생률의 20~80배에 이르는 것이었다. 역시 대단히 평화적인 에스키모 종족의 한 부분인 카퍼 에스키모족 15가구와 초대면을 한 학자들은 그곳의 성인 남자는 모두가 살인을 저지른 적이 있다는 사실을 발견하고 경악하지 않을 수 없었다. 종족 간에 전쟁을 하지 않았다고 그들을 '평화적인 야만인'이라고 말할 수 없다는 것이다. 전쟁은 원시 사회의 경우에도 거의 보편적(universal)으로 나타났던 현상이라고 밝혀졌다.

1996년 평화로운 야만인이란 신화를 전면적, 체계적으로 뒤엎어 버릴 수 있는 연구 결과가 또 출판되었다. 일리노이 주립대학 시카고 분교의 인류학자인 로렌스 킬리(Lawrence H. Keeley)는 기존의 연구 결과들을 전면 부정하는 자료를 발굴, 원시인들이 얼마나 처절한 삶을 살았는가를 밝혀내었다. 원시인의 삶의 처절함은 물론 빈번한 전쟁에서 연유하는 것이었다. 킬리 교수는 역사 이전(prehistoric) 시대의 전쟁은 실제로는 더욱 잔인하고, 번번했으며, 현대 전쟁보다도 오히려 더 무자비했다는 사실을 고고학적인 자료들을 동원하여 설명하였다. 킬리 교수가 주장한 사실을 요약하고 부연 설명을 하도록 하자.[Lawrence H. Keeley, *War Before Civilization: The Myth of the Peaceful Savage* (Reprint ed.; New York: Oxford University Press, 1997)]

첫째, 역사가 시작되기 이전의 전쟁에도 상당히 공격적인 전술이 채택되고 있었다. 전쟁을 위한 작전술(作戰術)로서 공격(Raid)과 매복(Ambush)이 선호되었다. 그 결과 공식적인 전투에서보다 비공식적인 전투에서의 사망률이 더 높았다.

둘째, 적의 수중에 놓이게 된 성인 남자는 거의 대부분 목숨을 잃었다. 즉 전투에서 승리한 편은 패배한 상대방의 성인 남자들을 모조리 죽여 버리는 조치를 취했다. 기습공격(Raid)의 경우는 상대방의 여자나 아이들까지 대부분 살해했다.

셋째, 역사가 시작되기 이전에도 약탈, 파괴, 전쟁을 통한 영광의 추구 등 현대를 사는 우리들이 이해하고 있는 모든 종류의 전쟁 목적이 존재했고, 전쟁의 도덕적인 측면을 비교해 볼 경우 원시 부족의 전사들은 현대의 문명화된 군사력보다 오히려 더욱 비도덕적이었다는 사실이 판명되었다.

넷째, 킬리 교수는 역사시대 이전 일부 종족 사이에는 식인의 풍습이 상당히 널리 퍼져 있었다는 사실도 밝혀내었다.

킬리 교수의 연구는 기존의 '평화로운 야만인'에 대한 가설과 이론을 거의 대부분 부정했을 뿐 아니라 전쟁의 진보에 관한 가설도 부정하였다. 보다 발달한 사회에서 전쟁이 더욱 자주 일어난다고 보는 학설인, 즉 농업이 발달한 이후부터 본격적인 전쟁이 시작되었다는 일반적인 견해에 대해서, 문명 발달의 수준과 호전성 사이에는 별 관계가 없다는 사례를 찾아냄으로서 이를 반박하고 있다. 농업 문명이지만 말레이시아의 세마이족처럼 수렵 어로 채취의 문명보다 훨씬 더 평화적인 곳도 존재하기 때문이다.

또한 장 자크 루소(Jean Jacque Rousseau)가 주장했듯이 원시종족들이 서구인들과 접촉하기 시작한 후부터 호전적인 종족으로 변질되었다는 전통적인 학설도 부정되었다. 그린랜드의 에스키모인들은 유럽인과 접촉한 이후에도 지속적으로 평화로움을 유지한 좋은 사례였다.

재미있기는 하지만 전쟁에 관한 인간성의 본능에 대해 비관적인 느낌을 주는 일화가 있다. 농업 문명을 유지했으면서도 전쟁을 알지 못했던 말레이시아의 세마이족 이야기다. 영국 정부는 1950년대에 공산게릴라에 대응하기 위해 세마이족 젊은이들을 군인으로 스카우트했다. 군인이 된 세마이족 청년들은 군인으로서 그들의 임무가 적의 병사를 죽이는 것이라는데 대해 경악했다. 그러나 공산 게릴라들이 자기 종족의 젊은이들을 죽인 후, 그들은 돌변하여 정말로 무서운 전사(戰士)들이 되었다. 세마이족의 한 베테랑은 '우리는 죽이고, 죽이고, 또 죽였다. 말레이 병사들은 적을 죽이면 그들의 지갑을 뒤지고 시계를 뺏어 착용했다. 우리는 시계와 돈은 생각하지 않았다. 우리는 오직 죽이는 일만을 생각했다. 와! 우리는 정말 피에 굶주렸었다'고 말했다.

이처럼 대부분의 원시 사회가 전쟁을 알고, 전쟁을 행했다고 한다면 그들은 얼마나 자주, 그리고 얼마나 많은 전쟁을 치렀을까? 오터바인(Keith F. Otterbein) 교수가 주도한 50개의 원시 부족에 관한 연구 결과에 의하면 원시부족들 중 66%는 거의 끊임없이 전쟁을 하며 살았다.[Keith F. Otterbein, *The Evolution of War: A Cross-cultural Study* (New Haven: Human Relations Area Files Press, 1970)]

원시인들의 전쟁 빈도

정치조직유형	끊임없음	자주	드물게	전체숫자
국가	4	6	0	10
종족(chiefdom)	3	2	1	6
부족(tribe)	20	2	3	25
떼거리(band)	3	5	1	9
합계	30	15	5	50

오터바인 교수의 연구 결과를 보여주는 위의 표에 의하면 연구 대상이 된 50개의 원시사회(4개의 발달수준) 중 60%의 원시사회에는 전쟁이 '거의 끊임없이' 발생했고, 30%의 사회에서 전쟁이 '자주' 발생했으며, 전쟁이 '드물게' 발생한 경우는 50개 원시 사회 중 5개 즉 10%에 불과했다.

위의 자료보다 약간 더 확대된 연구에서도 마찬가지 결과가 나왔다. 90개의 원시사회를 연구한 결과 국가의 경우는 77%, 그리고 국가보다 발달 수준이 낮은 원시적 집단의 경우 62%가 매년 최소 1개 이상의 전쟁을 치렀다. 5년을 기준으로 삼을 경우 90% 이상의 부족, 종족들이 최소한 1회 이상의 전쟁을 경험했고, 국가들의 86%도 5년에 1회 이상의 전쟁에 빠져들었다. 원시 사회의 75%는 하나의 전쟁이 끝난 후 2년 이내에 또 다른 전쟁을 시작했다. 남미의 호전적인 종족 야노마노 족속의 마을은 15개월 동안 25회의 공격을 당했다는 기록도 있다. 원시 사회는 전쟁을 밥 먹듯이 한 사회였다고 말해도 과언이 아니라는 사실이 밝혀진 것이다. 다른 곳에서 설명할 것이지만 원시 시대의 전쟁 빈도는 현대의 전쟁 빈도보다 오히려 훨씬 더 높았던 것이다.

원시 사회의 전쟁은 그 동원의 측면에서도 만만치 않았다. 현대의 전쟁이란 국가의 역량이 총동원되는 국가의 중대사임에 틀림없다. 1차 대전 당시 프랑스 남자의 43%가 전쟁에 동원되었고, 2차 대전 당시 독일 남자의 32%, 소련 남자의 22%가 전쟁에 동원되었다. 원시 사회의 경우 전쟁에 동원되는 남자의 비율은 웬만하면 40% 수준에 이르렀다. 현대의 세계 대전 수준의 전쟁보다 원시 시대의 보통 전쟁에 동원되는 병력 비율이 훨씬 높았던 것이다.

원시 전쟁의 처절성(인명피해로 측정한 참혹성, severity) 역시 우리의 예상을 뒤엎는다. 프레드 웬도르프(Fred Wendorf) 교수는 이집트 누비아 지역의 게벨샤바에 있는 신석기시대(약 12,000~14,000년 전)의 묘지를 발굴했는데 117번 사이트라고 명명된 이 묘지에는 59구의 남자, 여자, 어린이의 시체가 매장되어 있었다. 이 중 40%의 경우 해골에 돌화살 혹은 돌창으로 보이는 예리한 돌이 박혀 있었고 어떤 해골에는 이런 예리한 돌촉이 무려 20개나 박혀있는 경우도 있었다. 어린이들의 경우에도 머리와 목 부분에 돌화살촉이 박혀 있었다.

독일의 오프넷 동굴은 더욱 처참한 모습을 보여준다. 34명의 남자, 여자, 어린이 해골이 절단된 채 마치 바구니에 달걀을 올려놓은 것처럼 트로피처럼 만들어져 있었다. 모든 해골은 돌도끼 자국임이 분명한 여러 개의 구멍이 뚫려 있었다. 또 다른 지역의 해골들도 적어도 돌도끼로 6회 이상 찍힌 처참한 모습이었다.

고대의 전쟁, 역사 이전의 전쟁을 보다 최근의 연구 결과를 종합 평가해 본다면, 고대의 전쟁은 문명 시대의 전쟁보다 오히려 더 흔히 발발했으며, 더욱 비참했다고 말할 수 있을 것 같다. 연구 결과가 이처럼 나왔다는 사실은 전쟁을 연구하고 전쟁의 원인을 밝힘으로써 평화에 기여하고자 하는 전쟁 연구자들에게 결코 유쾌한 일은 아니다. 인간성의 본질에 대해 회의(懷疑)에 빠지게 만들기 때문이다.

(4) 전쟁의 평균 길이: 긴 전쟁, 짧은 전쟁

전쟁의 일반적인 모습을 묘사하기 위하여 학자들이 자주 이용하는 몇 가지 개념들이 있다. 우선 전쟁의 지속기간(duration)이다. 전쟁의 길이는 전쟁의 특징을 나타내주는 중요한 기준이다. 둘째는 전쟁의 규모에 관한 것인데 전쟁에의 참전국 숫자(학자들은 이를 전쟁의 범위 extent라고 표시한다), 전쟁에서의 인명피해(전쟁의 가혹성: severity) 등의 변수로 표시된다. 물론 이 변수들을 쉽게 계량화시키기는 어렵다. 사실 우리들은 수많은 전쟁을 접하지만 상당수의 전쟁들이 언제 시작되었고 또 언제 끝났는지, 혹은 얼마나 많은 인명 피해가 발생했는지 정확한 사실을 잘 모르고 있다. 이런 변수들을 제대로 측정할 수 없는 전쟁이 오히려 더 많다고 해도 과언이 아니다. 왜냐하면 국가들은 전쟁에서 자신들의 피해는 줄여서 발표하려 하고 전과는 부풀리는 경향이 있기 때문이다. 그리고 전쟁이 어느 날 어떤 시각에 일어났다는 사실을 정확히 알기 어려운 때도 많다. 물론 전쟁이 끝난 날도 정확하지 않을 수 있다.

예로서 가장 최근의 전쟁, 가장 잘 알려진 전쟁인 1990~1991년의 이라크와 다국적군 사이의 걸프 전쟁(Gulf War)을 보자. 우리는 그 전쟁이 언제 개시되었다고 말할 수 있을까? 당시 미국 대통령 부시(George H. Bush) 1세는 한국 시간으로 1991년 1월 17일 공중폭격명령을 내린 후 '다국적군은 사담 후세인이 작년 8월에 개시한 전쟁에 참전(join)하였다'고 발표하였다. 그렇다면 이 전쟁은 1991년 1월에 시작된 전쟁으로 보아야 할까 혹은 1990년 8월에 시작된 전쟁으로 보아야 할까?

이 문제는 사소한 것 같지만 전쟁의 발발 기점을 어디로 삼느냐에 따라 전쟁을 먼저 일으킨 국가가 달라질 수 있는 대단히 중요한 문제가 된다. 걸프전쟁의 경우 만약 이 전쟁이 90년 8월 시작된 전쟁이라면 이라크가 전쟁을 개시한 나라가 될 것이며 1991년 1월을 기점으로 잡으면 다국적군과 미국이 전쟁을 개시한 편이 될 것이다.

한국전쟁의 원인에 관해서도 수정주의 학자들은 1950년 6월 25일이라는 특정 날짜를 한국전쟁의 시발점으로 보는데 반대하고 있다. 주로 북한 측의 입장을 옹호하는 좌파 수정주의 시각은 1950년 6월 25일 이전에 이미 남북한 간에 수많은 분쟁이 있었으며, 그렇기 때문에 한국전쟁의 기원은 해방 이후 국토가 분단된 직후의 시점까지 거슬러 올라가야 한다고 주장한다. 전쟁의 종료에 대해서도 마찬가지이다. 법적인 측면을 강조하는 라이트 교수는 평화조약 또는 강화조약의 체결일을 전쟁 종료일로 삼고 있지만 직접 전투행위가 끝나고 한참 후에야 강화조약이 맺어질 수도 있으며 강화조약이 체결된 이후에도 전투가 지속되는 경우도 많았다.

참전국의 숫자에 대해서도 마찬가지 어려움이 있다. 한국전쟁의 경우 소련은 참전국인가 아닌가? 최근의 증언에 의하면 소련의 조종사들은 한국전쟁 당시 미군 조종사들과 공중전을 벌이기도 했다는데 그렇다면 소련은 참전국이라고 간주되어야 하지 않겠는가? 1990~1991년의 걸프전쟁에 군함 몇 척만을 파견한 호주, 수백 명의 병력을 파견한 방글라데시를 걸프전쟁 참전국이라고 볼 수 있는 것일까?

이러한 문제점들에도 불구하고 학자들은 전쟁에 관한 가능한 가장 객관적이고 정확한 자료를 수집하고자 노력하였고 몇 가지 훌륭한 전쟁 관련 자료집들이 만들어졌다. 이들 자료들 중 몇 가지 중요한 것들을 종합하여 지난 500년 동안 발발한 소위 근대 국제 체제의 전쟁의 모습과 그 원인들에 대해 살펴보자.

1) 짧은 전쟁에 대한 환상

전쟁이 시작되기 직전, 그리고 전쟁이 진행 중인 동안 많은 사람들의 관심은 이 전쟁이 얼마나 오래 지속되어질 것이냐의 문제에 집중되기 마련이다. 전쟁이 빨리 끝날 것이라고 기대되어질 때, 전쟁에 빠져들 가능성은 높아지게 되고, 전쟁이 오래 지속되어질 것 같을 경우 전쟁을 할 것이냐 말 것이냐에 대해 주저하게 된다. 이와 같은 사실은 1991년 이라크와 미국과의 전쟁에서도 분명하게 나타난 현상이었고 2002년 미국이 다시 이라크를 공격해야 하느냐 마느냐의 결정에도 중요한 변수가 되었다. 혹시 전쟁이 장기전이 되지 않을까 하는 점이 1990년 아버지 부시 대통령(41대), 그리고 2002년 아들 부시 대통령(43대)과 미국 행정부 관리들이 제일 우려하는 요소였던 것이다. 부시 대통령은 2003년 3월 20일 이라크를 공격함으로써 전쟁을 개시했고, 이라크의 수도 바그다드를 점령하기까지 불과 3주일밖에 소요되지 않았다. 그러나 이라크 전쟁은 오바마 대통령 재임 시가 되어서야 비로소 끝났다.

　이라크 전쟁이 시작된 지 8년 7개월째가 되던 날인 2011년 10월 21일 오바마 대통령은 2011년 연말까지 모든 미군이 이라크로부터 철수할 것이라고 발표했다. 그럼으로써 9년 가까이 지속되는 동안 4,400명의 미군이 전사했고 1조 달러 이상이 투입된 전쟁을 종식시키려 했다. 2011년 12월 15일 미국은 공식적으로 이라크 전쟁을 종식시켰다. 결국 이라크 전쟁은 8년 8개월 보름 동안 지속되었던 것이다.

　짧은 전쟁에 대한 기대는 환상이었다. 결국 전쟁의 초기 목적을 달성하는 일은 수개월 만에 싱겁게 끝났지만 평정 작업 및 민주국가 건설이라는 원대한 목표를 달성하기 위해서는 수년의 시간을 끌었다. 그리고 소기의 목적을 달성하지 못한 채로 이라크 전쟁은 끝났다.

　이처럼 전쟁사(戰爭史)를 살펴보면 수많은 경우, 아마 거의 대부분의 경우, 전쟁에 빠져 들어가는 국가들의 지도자들이나 국민들은 '앞으로 다가올 전쟁은 짧은 전쟁이 될 것'이라는 낙관적 기대 혹은 환상을 가지고 있었다. 앞으로 다가올 전쟁은 빨리, 그리고 쉽게 끝나리라는 희망 섞인 기대는 수많은 전쟁의 원인이 되었다.

　어떤 전쟁보다도 큰 전쟁이 되고 말았던 1차 대전이 시작되기 직전인 1914년 여름, 유럽의 지도자들은 다가올 전쟁은 3개월, 길어봐야 6개월 이내에 끝날 것으로 예측하였다. 그 전쟁이 대단히 잔인한 전쟁이 되리라고 예측한 지도자들조차 전쟁은 짧게 끝날 것이고 자신들이 승리할 것이라는 사실을 마음의 위안으로 삼고 있었다. 이와 같은 낙관론은 전쟁 당사국들 양측 모두에 팽배했던 믿음이었다.

전쟁이 발발하기 약 3개월쯤 전 독일의 몰트케(Moltke) 장군은 오스트리아의 합동참모본부에서 전쟁의 진행 과정에 관해 개인적인 견해를 표명한 적이 있었다. 몰트케 장군은 프랑스와의 전쟁은 약 6주 정도면 끝나게 될 것이고 그 후 전 병력을 동부전선으로 투입해서 러시아와 싸우게 될 것이라고 말했다. 전쟁이 개시된 이후, 길게 보아 4개월이면 전쟁은 완전히 끝나게 될 것이고 독일군 병사들은 크리스마스 이전에 모두 고향으로 돌아갈 수 있을 것이라고 믿었다. 이 같은 낙관론은 영국의 경우에도 마찬가지였다. 전쟁이 장기화되리라고 믿은 영국 정부 관리는 별로 없었다. 전쟁이 시작된 지 열흘째 되던 날 아치볼드 뮤레이(Sir Archibald Murray) 장군은 전쟁은 3개월 정도 지속되어질 것이며 아무리 길어도 8개월 이상은 가지 못할 것이라고 예측하였다. 아예 8개월 이상은 전쟁을 하려고 해도 할 수 없을 것이라는 생각이었다. 전쟁을 지속할 수 있는 식량과 물자가 없기 때문이라는 것이다. 이 전쟁에서 정말 고전했던 프랑스조차도 전쟁은 짧을 것이고 자신들이 승리하리라고 낙관했다.

다가오는 전쟁에 대한 낙관론은 비단 국가의 지도자급 인사들에게만 한정되는 것이 아니었다. 전쟁터의 최전방에 배치될 병사들조차도 단숨에 적을 무찌르고 돌아오겠다며 의기양양하게 전쟁터로 달려 나갔다. 전쟁터에 배치될 병력이 출발하는 유럽 각국의 기차역은 마치 축제가 열리는 것 같은 분위기였다. 제일 먼저 전선에 배치되지 못하는 젊은이들은 자신들이 전선에 배치되기도 전에 전쟁이 끝나면 어떡하나 걱정할 지경이었다.

한국전쟁이 발발한 이후 미군이 한국전쟁에 투입된 것이 1950년 7월 1일이었는데 맥아더 장군은 그해 크리스마스까지 미군 병사를 고향으로 되돌아가도록 하겠다고 말했다. 미국군 지휘부는 한국 전쟁이 단기전이 되리라고 예상했던 것이다.

역사상 대부분의 전쟁은 예상보다 훨씬 길었다. 그리고 앞으로 닥쳐오게 될 전쟁이 짧은 전쟁이 될 것이라는 낙관적인 생각은 역사상 거의 모든 전쟁의 원인이 되었다. 1999년에 간행된 반 에버라(Stephen Van Evera) 교수의 전쟁 원인론(*The Causes of War*)은 전쟁에 대한 낙관적 기대야말로 역사상 발발한 거의 모든 전쟁들의 가장 중요한 심리적 원인이었다는 사실을 강조하고 있다.[Stephen Van Evera, *The Causes of War: Power and the Roots of Conflict* (Ithaca: Cornell University press, 2001)] 전쟁에 대한 낙관적 기대란 전쟁은 빨리 끝날 것, 그리고 자기편이 이길 수 있을 것이라는 두 가지 측면에서 나타나는 것이다.

2) 예상보다 훨씬 길었던 전쟁의 지속기간

대부분의 전쟁이 예상보다 길었지만 역사상 나타나는 일부 전쟁들은 상상을 초월할 정도로 길었다. 역사상 유명한 영국·프랑스 사이의 100년 전쟁(1337~1453), 근대적 국제정치 체제를 탄생케 했다는 30년 전쟁(1618~1648), 26년간 지속된 스페인·포르투갈 전쟁(1942~1668), 21년간 지속된 제2차 북방전쟁(1700~1721), 영·불간의 식민지 쟁탈 및 프러시아와 오스트리아 사이의 우위 쟁탈 경쟁으로 빚어진

1755년부터 1763년까지의 대전쟁은 그 이름도 "7년 전쟁(The Seven Year War)"이라고 명명되었다. 이 외에도 10년 이상 지속된 전쟁을 찾는 것이 그다지 어려운 일이 아닐 정도로 역사에는 장기적인 전쟁이 많았다.

그렇다면 모든 전쟁을 종합할 경우 전쟁의 평균 길이는 얼마나 될까? 1495년 이래 1975년에 이르기까지 480년 동안 강대국 사이에서 발생한 전쟁들을 연구의 대상으로 삼은 잭 리비(Jack S. Levy) 교수의 자료에 의하면, 이 기간 중 전쟁을 치르는 두 개의 편중 어느 편이든 최소 1국 이상의 강대국이 개입된 전쟁이 총 119회 발발했었다. 119회의 전쟁 중에서 가장 짧은 전쟁은 0.1년이었고, 가장 긴 전쟁은 26년 동안 지속되었다. 119회의 전쟁 전체의 평균 지속기간은 4.4년이었고, 중앙가(中央價, median, 119개의 전쟁 중 전쟁 지속기간이 59번째 혹은 60번째인 전쟁)는 3년이었다.

전쟁 양쪽 당사자 모두에 최소 1국 이상의 강대국이 포함된 '강대국 전쟁(리비 교수는 이를 Great Power War라고 명명했다)'의 평균 지속 기간은 5.5년이었고, 가장 짧은 전쟁은 0.1년, 가장 긴 전쟁은 21년 지속되었다. 중앙가는 4년이었다. 싱거와 스몰 교수의 전쟁 데이터에 의하면 1815년 이후 1914년 1차 세계대전이 일어나기 직전까지 소위 유럽 외교의 황금시대 혹은 '100년 동안의 평화'라고 불리는 기간 동안 34회의 국제전쟁(interstate war)이 발생했는데 그 중 1년 이상 지속된 전쟁은 7회에 불과하였다. 나머지 27회의 전쟁은 1년 이내에 끝났다. 사실 이 기간은 전쟁이 전혀 없었다는 의미에서 평화의 시대라고 부르는 것이 아니라 전쟁이 있었다고 해도 짧은 시일 내에 해결되었고, 평화가 곧 회복될 수 있었다는 의미에서 평화의 시대 혹은 외교의 황금시대라고 불리는 것이다.

퀸시 라이트의 자료를 따르면 1450년 이래 1930년까지 발발한 총 278회 전쟁의 평균 지속기간은 4.4년이었으며 유럽 주요 국가들이 참전한 전쟁의 경우 이들 나라들이 전쟁에 개입 한 평균기간은 2.5년이었다. 전쟁의 지속 시간은 시대의 변화와 관계없이 거의 변화가 없었다. 19세기 중 유럽 주요 국가들의 평균 참전 햇수는 1.4년으로 줄어들었던 반면 20세기 동안 강대국의 평균 참전기간은 4년으로 증가되었다는 사실이 발견되었다

여러 가지 연구를 종합한다면 전쟁의 평균 지속기간은 평균 4년 이상으로 나타났으며 1816년 이후부터 1914년까지의 19세기는 단기전의 시대였다고 말할 수 있을 것이다. 최근에 이르러 전쟁의 길이는 더욱 짧아지고 있다. 이스라엘과 이집트 사이의 1967년 전쟁은 단 6일 지속되었으며 그래서 '6일 전쟁(Six Day War)'이라고 명명되었다. 1866년 오스트리아와 프러시아의 전쟁은 '7주 전쟁(The Seven Weeks War)'으로 명명되었으며 1991년의 걸프 전쟁도 전투가 직접 진행된 시간만 계산하면 7주 전쟁이라고도 부를 수 있을 것이다.

(5) 전쟁의 빈도: 인류의 역사에는 얼마나 많은 전쟁이 있었을까?

인간들은 선사 시대부터 전쟁을 치렀다는 사실이 인류학, 고고학

의 연구를 통해서 이미 밝혀졌음은 앞에서 설명하였다. 선사 시대부터 시작된 인간 집단들 간의 싸움은 오늘날까지도 줄기차게 지속되고 있으며, 그래서 인간의 역사는 전쟁의 역사라고 말하는지도 모른다. 그렇다면 인류가 지구 위에 거주하기 시작한 이래 오늘날에 이르기까지 얼마나 많은 전쟁이 있었으며 인류는 전쟁 때문에 얼마나 많은 피해를 당했는가?

이 문제는 단순한 호기심 이상의 문제다. '인류 역사에 얼마나 많은 전쟁이 일어났느냐?'라는 질문은 전쟁 연구를 위한 기본적 자료에 관한 질문이며, 전쟁을 연구할 시 종속 변수에 관한 문제가 되기 때문이다. 또한 이 질문은 전쟁의 변화에 관한 우리의 상식적인 가설-즉 문명이 발달하면 전쟁보다는 협상을 통해 국제문제를 해결할 수 있게 된다-을 명확하게 검증해 줄 수 있는 중요한 문제가 된다.

전쟁을 연구하는 많은 학자 또는 저술가들은 인류의 역사에 전쟁이 수도 없이 많이 발생했다는 사실을 여러 가지 통계자료를 사용하여 극적인 모습으로 표현하고 있다. 인류의 역사에 얼마나 많은 전쟁이 있었는가에 관한 계량적 분석의 효시는 Saturday Review의 저널리스트였던 노만 커즌스(Norman Cousins)의 1954년도 논문이라고 말할 수 있을 것이다

커즌스는 기원전 3600년 이래 현재에 이르기까지 대소 약 14,500회의 전쟁이 발발했고, 기원전 3600년에서 서기 1954년에 이르는 기간 중, 세상 어디에도 전쟁이 없었던 해는 단 292년에 불과했으며, 전쟁의 직·간접적 영향으로 인해 약 35억의 인류가 목숨을 잃었다고

주장하였다.[Francis A. Beer, 1981에서 재인용] 이 통계에 의한다면 지난 5,600년 동안 이 세상 어디에선가 연평균 2.6회의 전쟁이 발생한 것이며, 이 기간을 살아온 185세대의 인간 역사에서 일생동안 진정한 평화를 경험한 세대는 단지 10세대밖에 되지 않는다.

또 다른 자료는 지난 3,400년 동안 전쟁이 발발하지 않았던 해는 268년에 불과했으며 그렇기 때문에 인류 역사의 92%는 전쟁으로 점철되었고 단지 8%의 시기만이 평화의 시대였다고 주장한다. 1945년 2차 대전이 종료된 이래 1981년에 이르기까지 150회 이상의 전쟁, 쿠데타, 혁명, 난투(Scrimmage)가 발생했고, 이 기간 동안 지구 어디에선가는 년 평균 12회 이상의 전쟁이 동시에 진행 중에 있었고, 진정한 의미에서 평화로웠던 날은 단지 26일에 불과하였다는 보다 최근의 연구결과도 있다.

최근의 전쟁 통계에 대해서는 우리들도 이미 잘 알고 있으니 전쟁이 빈번히 발생(頻發)한다는 사실에 별 의심이 없지만, 인류 역사 5,600년의 전쟁을 논하는 노만 커즌스의 전쟁 통계는 과연 타당한 것일까? 커즌스 주장의 타당성을 가려줄 수 있는 연구가 프란시스 비어(Francis Beer) 교수에 의해 진행된 바 있었다.

비어 교수는 보다 체계적인 자료들을 이용하여 인류 역사 5,600년의 전쟁을 분석하고자 했는데 비어 교수는 우선 전쟁의 역사에는 특정한 경향성이 없다고 가정하고, 즉 시대에 따라 전쟁의 발발 빈도에 별 차이가 없을 것이라고 가정한 후, 리차드슨(Lewis F. Richardson)의 전쟁 데이터와 싱거, 스몰 교수의 '전쟁 요인 관련 연구계획의 전쟁 데이터(COW Project Data)'를 역사에 대입시켜 보았다. 그 결과 비어 교수는 기원전 3600년부터 계산한다면 적어도 13,600~13,650회의 전쟁이 발발했을 것이라는 계산 결과를 도출해 내었다.

인류 역사 전 기간 동안 발생한 전쟁에 의한 인명피해도 대략 20억 이상에 이를 것이라는 결과가 나왔다. 물론 인류의 장구한 전쟁 역사 에 시대별로 특정한 경향이 없다고 가정하는데 대한 반론이 있을 수 있다. 역사에는 전쟁이 특히 많이 발생했던 시기도 있었고 상대적으로 로 오랜 기간 평화로울 때도 있었기 때문이다.

현대문명이 시작되면서부터 전쟁의 빈도가 감소되었다고 생각하는 는 경향이 있는데, 그렇다면 최근의 전쟁 빈도를 기준 삼아 역사에 대 입해서 얻은 숫자보다 훨씬 많은 숫자의 전쟁이 발발했었다고 보아야 할 것이다.

물론 시대별 전쟁 빈도의 증감에 관한 분명한 이론이나 학설은 없 다. 학자들마다 선택한 자료와 연구대상의 기간이 각각 다르기 때문 에 아직 통일적인 견해가 나오지 못하고 있는 상황이다. 소로킨(Pitrim Sorokin)은 역사상 전쟁의 빈도가 점차 감소한다거나 전쟁이 없어지 고 있다는 현상을 알려주는 자료가 존재하지 않는다고 말한 바 있으 며 싱거, 스몰 교수의 COW Project, 리차드슨의 전쟁 연구 등도 현대 로 다가올수록 전쟁의 빈도가 줄어든다는 뚜렷한 징후를 발견하지 못 하였다.

반면 근대 국제정치체제가 시작된 16세기 이후의 세계사 모두를 연구대상으로 한 잭 리비, 퀸시 라이트 등은 현대에 가까이 올수록 전쟁의 빈도가 줄어들고 있음은 분명하다고 주장한다. 이처럼 상이한 결과가 나오는 이유는 어떤 사건을 전쟁으로 간주해야 하느냐, 즉 전쟁의 정의에 관해 학자들마다 입장이 약간씩 다르기 때문에 야기된 일이다.

종합적으로 판단할 때 인류의 역사에는 최소한 노만 커즌스가 제시한 숫자(14,500회)만큼 많은 수의 전쟁이 존재했다고 말할 수 있을 것이다. 시간적으로 보아 인류 역사의 90%는 전쟁의 역사로서 인류문명 발생 이후 대략 15,000회의 전쟁이 지구 방방곡곡에서 발발했으며 전쟁으로 인해 목숨을 잃은 사람들은 적어도 20억 이상이라고 말해도 무리가 없을 것 같다. 보다 최근, 근·현대 전쟁들을 체계적으로 연구한 주요 자료들을 소개함으로써 전쟁의 빈도를 구체적으로 알아보자. 우선 퀸시 라이트 교수가 연구한 세기별 전쟁의 빈도를 표로 나타낸 것이다.

세기	16세기	17세기	18세기	19세기	20세기
전쟁빈도	64	64	38	79	29

* 라이트의 자료는 1480년부터 1941년까지 발생한 전쟁 모두를 기록하고 있다. 20세기의 경우는 1941년까지 발발한 전쟁 회수를 표시한 것이다.[Quincy A. Wright, *A Study of War*, pp. 641-646.]

라이트의 자료에 의하면 18세기가 전쟁의 빈도라는 측면에서 가장 평화로운 시대였으며 이는 앞에서 소개했던 리비의 연구결과와 그다지 큰 차이가 나지 않는다. 라이트의 자료에 의하면 19세기가 특히 전쟁의 빈도가 상당히 높은 시대인 것으로 보여 지는데 이는 앞에서 이미 언급한 바와 마찬가지로 각 학자들의 전쟁에 관한 정의 차이에서 비롯된 것이다.

우리가 주의해야 할 점은 '전쟁의 빈도'라는 개념은 전쟁이라는 현상의 극히 일부만을 묘사할 뿐이라는 사실이다. 예로서 19세기의 전쟁은 그 이전 시대의 전쟁과는 질적인 측면에서 큰 차이가 나는 전쟁들이었다. 돈을 받고 고용된 용병에 의한 전쟁이 아니라 애국심을 전쟁 참전의 동기로 삼는, 징집된 국민군대에 의한, 국민국가들의 전쟁이 이 무렵부터 시작되었기 때문이다. 그리고 같은 횟수의 전쟁일지라도 각 전쟁의 규모는 각양각색이며 그 전쟁이 국제정치사의 진행 방향에 어떤 영향력을 미쳤는지도 대단히 상이할 수밖에 없다. 17세기에 발발된 수십 회의 전쟁 중 1618년에 발생한 30년 전쟁처럼 지속기간이 길었고, 인명피해도 극심했던 결과, 국제정치의 진행 방향을 본질적으로 변화시킨 전쟁은 없었다. 18세기의 전쟁 중 그 규모 및 영향력에서 나폴레옹 전쟁에 버금가는 전쟁은 없었다. 20세기의 수많은 전쟁 중에서도 1, 2차 세계대전은 단연 그 처절함이나 영향력에서 타 전쟁과 비교될 수 없다. 그렇기 때문에 전쟁의 횟수를 단지 계량적으로 기술할 경우 주의가 요구되는 것이다. 이러한 사실에 유념하며 전쟁 빈도에 관한 중요한 계량적 연구결과를 종합한다면 다음의 표와 같을 것이다.

전쟁의 빈도에 관한 계량적 연구

연구자 연구범위	연구대상기간	전쟁 발발 빈도
세계차원		
라이트	1480~1941	주요전쟁 200회이상
싱거, 스몰	1816~1965	대전쟁 93회
리비	1495~1975	강대국전쟁 119회
지역차원		
소로킨	1100~1925	862회의 유럽전쟁
싱거, 스몰	1816~1965	
유럽		각종전쟁 177회
서반구		51회
아프리카		12회
중동		47회
아시아		55회
세계:국제전 및 내전		
리차드슨	1820~1949	317회의 치명적 싸움
싱거, 스몰	1816~1965	367회의 국제전 및 내전

세계의 역사를 바꿔 놓은
대전쟁들

세계의 역사를 바꿔 놓은 대전쟁들

(1) 한 시대 세계 챔피언을 결정한 전쟁들

전쟁은 그 규모가 아무리 작을지라도 국가의 대사(大事)다. 아무리 소규모의 전쟁이라도 젊은이들의 생명과 국민의 재산이 피해를 당하는 일이기 때문이다. 결과적으로 작은 전쟁이 된 경우라 할지라도 그 전쟁을 시작하는 나라들은 국가의 운명을 걸고 전쟁에 임했을 것이다. 또한 반드시 그래야만 하는 것이다. 물론 국가들은 낙관론에 근거해서 전쟁에 빠져드는 경우가 대단히 많기는 했다. 사실 많은 국가들이 전쟁을 쉽게, 그리고 빨리 이길 수 있다고 생각하고 전쟁에 뛰어들었던 것이다.

만약 국가들이 전쟁의 과정이나, 전쟁의 결과를 미리 예측할 수 있다면 세계의 수많은 전쟁은 회피되어질 수 있었을 것이다. 특히 큰 전쟁일수록 그럴 가능성이 높아 보인다. 큰 전쟁의 범주에 들어갈 수 있는 전쟁이 많이 있지만 정말 대전쟁(大戰爭)이라고 불리는 전쟁들이 있는데 이 전쟁들은 역사적으로 볼 때 일정한 간격을 두고 발생했다는 특징을 보인다.

지난 500년의 역사를 돌이켜 보면 약 100년의 주기를 두고 엄청난 규모의 대전쟁들이 발생했다는 사실을 알 수 있다. 약 100년의 간격을 두고 발생했던 전쟁은 그 전쟁의 규모가 컸을 뿐 아니라 전쟁 이후 국제 정치체제의 모습을 대폭 변화시켜 놓았다는 특징도 아울러 가지고 있다. 몇몇 전쟁들은 진정으로 세계의 역사를 바꿔 놓았다.

국제정치학자들은 이러한 대규모 전쟁들을 '패권전쟁(Hegemonic War)', '일반전쟁(General War)', '세계전쟁(World War)', '지구전쟁(Global War)', 혹은 '체제전쟁(Systemic War)' 등의 다양한 용어로 묘사하고 있다. 세계를 바꾸어 놓은 전쟁인 몇 가지 대전쟁들은 학자들에 따라서 그 전쟁 리스트도 별로 다르지 않다. 즉 대전쟁, 패권전쟁이라 불리는 전쟁들은 그 규모와 영향이 너무나 크다 보니 학자들 간에 의견의 일치가 비교적 쉽게 이루어진 것이다. 학자들은 엄청난 대규모의 전쟁일 경우 그 규모와 효과에 대해 대체로 비슷한 설명을 하고 있기 때문이다.

국제정치학자 혹은 역사학자들이 말하는 지구 역사상의 대전쟁들은 전 지구가 하나의 정치 단위로 인식되기 시작한 16세기 초반, 즉 서기 1500년 이후에 발생한 전쟁들이다. 이전에도 대규모의 전쟁이 없었던 것은 아니지만 그 전쟁들은 '세계정치(Global Politics)' 전체를 변화시킬 정도로 영향력이 막강했던 전쟁들은 아니었다. 그래서 학자들은 세계적 대전쟁을 논하는 역사적 시발점을 세계가 하나의 단위로 되었다고 인식할 수 있는 서기 1500년 무렵으로 삼는 것이다. 지구 전체를 하나의 정치 단위로 볼 수 있게 된 후에야 비로소 지구 전체를 흔들어 놓을 수 있는 전쟁도 발생할 수 있을 것이기 때문이다.

그렇다면 지난 500년 동안 지구의 역사를 바꾸어 놓았던 대전쟁들에는 과연 어떤 전쟁들이 있었을까? 전쟁을 연구하는 대부분의 학자들은 역사 속에서 패권전쟁이라고 볼 수 있는 사례들을 찾아내고 있는데 그들이 만들어 낸 패권전쟁의 사례들을 살펴보자. 큰 부분에서 일치하지만 약간의 상이점이 발견되기는 한다. 우선 가장 많은 숫자의 전쟁을 대전쟁(패권전쟁)의 목록에 포함시키고 있는 학자는 퀸시 라이트 교수다. 그는 15개의 전쟁을 대전쟁(General War)이라는 범주에 속하는 전쟁이라고 분류하고 있다.

1) 퀸시 라이트의 대전쟁(General War) 리스트

1. 30년 전쟁(1618~1648);
2. 프랑스-스페인 전쟁(1648~1659);
3. 루이 14세에 대항한 1차 연합(1672~1679);
4. 루이 14세에 대항한 2차 연합(1688~1697);
5. 스페인 왕위계승전쟁(1701~1714);
6. 4국동맹 전쟁(1718~1720);
7. 폴란드 왕위계승전쟁(1733~1738);

8. 오스트리아 왕위계승전쟁(1740~1748);

9. 7년전쟁(1756~1763);

10. 미국독립전쟁(1778~1783);

11. 프랑스 혁명전쟁(1792~1802);

12. 나폴레옹전쟁(1805~1815);

13. 크리미아전쟁(1854~1856);

14. 1차 대전(1914~1919);

15. 2차 대전(1939~1945).

자료: Quincy Wright, *A Study of War*, p. 647~649.

2) 길핀의 대전쟁(Hegemonic War) 리스트

국제체제의 변동을 패권전쟁의 시각에서 분석한 근래의 유명한 국제정치학자인 길핀(Robert Gilpin)은 패권전쟁을 집중적으로 분석한 그의 저서에서 근대 이전과 근대 이후의 패권전쟁 리스트로서 다음의 전쟁들을 열거하고 있다.

근대 이전
1. 아테네와 스파르타간의 펠로폰네소스 전쟁,
2. 카르타고와 로마 사이의 제2차 포에니전쟁(Punic War),

근대 이후

1. 30년 전쟁(1618~1648),

2. 루이 14세의 전쟁들(Wars of the Louis XIV),

3. 프랑스 혁명전쟁 및 나폴레옹 전쟁(1789~1815),

4. 제1차 및 제2차 세계대전(1914~1945).

자료: Robert Gilpin, *War and Change in World Politics* (Cambridge: Cambridge University Press, 1981). p.200.

3) 왈러스타인의 대전쟁 리스트

세계의 역사를 좌파적인 측면에서 세계 체제론으로 분석한 좌파 경제사학자 임마누엘 왈러스타인(Immanuel Wallerstein)도 비록 전쟁 전문가는 아니지만 경제패권을 장악하기 위한 대전쟁들의 사례를 제시하였다.

1. 30년전쟁(1618~1648)   네델란드연합주   영국

2. 나폴레옹전쟁(1792~1815)   영국   프랑스

3. 유라시아전쟁(1914~1945)   영국   독일, 미국

Immanuel Wallerstein, *The Politics of World Economy* (Cambridge: Cambridge University Press, 1984), pp. 37~46.

4) 토인비의 대전쟁 리스트

역사를 문명에 대한 도전과 응전이라는 시각에서 분석한 토인비

(Arnold Toynbee)도 대전쟁의 리스트를 작성했다

1. 이탈리아를 둘러싼 합스부르크-발로아 왕가 사이의 전쟁(1494~1525);
2. 스페인-네델란드-영국의 대전쟁(1568~1609);
3. 루이 14세 전쟁(1672~1713);
4. 프랑스 혁명전쟁 및 나폴레옹 전쟁(1792~1815);
5. 제1차 세계 대전(1914~1918).

토인비는 제2차 세계대전을 1차 대전을 마무리하는 보조 전쟁(recrudescent general war)이라고 간주하고 있다.

5) 톰슨의 패권전쟁과 패권국 리스트

이상의 선구적인 패권전쟁 관련 연구를 종합한 학자는 톰슨(William R. Thompson)이라고 말할 수 있다. 톰슨은 패권전쟁의 사례, 패권전쟁 사이의 국제체제, 그리고 패권전쟁과 각 패권전쟁 이후 국제정치의 패권을 차지한 국가들을 다음과 같이 종합하고 있다.

1. 이탈리라 전쟁(1494~1517);
　이 전쟁의 결과 포르투갈이 세계패권국으로 등장
2 네델란드 독립전쟁(1585~1609);

네델란드 연합주가 패권국으로 등장

3. 루이 14세의 전쟁(1689~1713);

영국이 세계 패권국으로 등장

4. 프랑스 혁명전쟁 및 나폴레옹전쟁(1792~1815);

영국의 두 번째 세계 패권국 사이클 시작

5. 제1차 및 제2차 세계대전(1914~1918, 1939~1945);

미국이 세계 패권국으로 등장, 독일의 도전 실패

[William Thompson, *On Global War*, p. 46]

이상의 자료들을 보면 대전쟁 목록 중에서 학자들이 견해를 가장 달리하는 전쟁은 30년전쟁(1618~1648)이다. 30년전쟁은 종교전쟁이었지만 그 규모가 진정 세계대전급의 전쟁이었고, 웨스트파리아 국제체제의 기원이 된 전쟁이었지만 톰슨은 이 전쟁을 패권전쟁의 분류에서 제외시키고 있다. 전쟁 이전과 이후 국제체제의 패권국이 전혀 달라지지 않은, 주로 유럽 대륙 내부의 전쟁이었다는 측면에서 그렇게 주장하는 것이다. 16세기 이후 세계의 패권국들은 모두 바다를 중심으로 하는 해양국가였다는 특징을 갖는다. 30년전쟁을 제외한 나머지 전쟁들에 대해서는 학자들 대부분이 패권전쟁임을 공인하고 있다.

(2) 챔피언 결정 전쟁(패권전쟁)의 규모

잭 리비 교수의 전쟁자료에 나타난 119개의 전쟁 중 규모가 가장 큰 5개의 전쟁에서 발생한 전투 사망자 숫자는 119개의 전쟁 전체에서 발생한 사망자 숫자의 거의 80%를 점하고 있다. 즉 5대 전쟁의 평균 인명피해는 나머지 모든 전쟁에서 발생한 평균적 인명피해의 약 90배에 이를 정도로 큰 전쟁이었다. 이처럼 전쟁에서의 인명피해 규모는 천차만별인 것이다.

이러한 역사상의 5대 전쟁을 다른 소규모의 전쟁들과 같은 차원에서 함께 처리하고 분석한다는 것은 곤란한 얘기이며 학자들에 따라서는 대규모 전쟁과 소규모 전쟁은 분리되어 설명되어야 하며, 이 전쟁들은 설명하기 위해서는 다른 이론이 필요하다고 주장하는 경우조차 있을 정도다. 잭 리비 교수의 자료에 의거할 때 1495년 이후 1975년에 이르기까지 발생한 모든 전쟁의 평균은 다음과 같았다.

전쟁의 평균 지속기간: 4.4년

참전 강대국의 평균 숫자: 2.2국

인명 피해의 평균: 28만 명

자료: [Jack S. Levy, *War in the Modern Great Power System 1495~1975* (Lexington: The University Press of Kentucky, 1983)]

그러나 리비 교수의 전쟁 데이터에 나타난 119개의 전쟁 중 단 12개의 전쟁만이 지속기간, 참전국의 숫자, 인명피해 등에서 평균을 넘기는 규모의 대전쟁이었다. 즉 몇 개 안되는 대전쟁들 때문에 전체 전쟁의 평균 지속기간, 인명피해 등이 편파적으로 높게 나타나게 된 것이다. 대부분의 전쟁은 지속기간, 인명피해 등에서 평균에 훨씬 모자란 전쟁인 것이다.

1618년부터 1648년까지 중부 유럽 대륙 전역을 피로 물들였던 30년전쟁은 군인 전사자만 200만 명이 넘었고 당시 유럽 인구의 거의 1/3 정도가 목숨을 잃었던 정말 참혹한 전쟁이었다. 1701년에서 1713년까지 12년간 진행된 스페인 왕위 계승 전쟁(War of the Spanish Succession)에서의 전투원 사망자는 1,251,000명에 이르렀으며, 나폴레옹 전쟁의 경우 군인 사망자만 1,869,000명, 제1차 세계대전의 경우는 군인 사망자가 7,734,300명 그리고 제2차 세계대전은 군인 사망자가 12,948,300명으로서 1,000만 이상의 군인이 전사한 인류 역사 최대의 참혹한 전쟁이었다. 제2차 대전은 민간인 사상자까지 포함할 경우 6,000만 명의 인명 피해를 야기했다. 톰슨이 제시한 다섯 개의 대전쟁은 제2차 대전 당시까지 인명 피해의 측면에서도 모두 세계 5대 전쟁에 들어갔다.

인명피해라는 한 가지 측면에서만 보아도 다른 종류의 전쟁과 도저히 같은 수준에서 분석할 수 없어 보이는 전쟁들은 그 효과에 있어서도 국제체제의 기본 틀을 바꾸어 놓은 대전쟁이었다는 특징을 갖는다.

(3) 패권전쟁은 새로운 챔피언을 탄생시켰다

패권전쟁은 기왕의 국제체제를 새로이 형성된 힘의 관계에 맞게 바꾸려는 의도 아래 싸워진 전쟁이었다. 국제정치는 어떤 면에서 보앉을 때 강대국들의 흥망성쇠 역사다. 한동안 국제체제를 지배했던 가장 강한 나라가 힘이 쇠퇴하고 새로운 도전자가 나타나곤 하였다. 기왕의 패권국이 힘이 쇠퇴하고 있고, 도전국의 힘이 증강되고 있을 때, 새로운 신흥강대국은 기존의 국제질서를 자신에게 불리한 국제질서라고 생각하고, 자신에게 유리한 새로운 국제질서를 형성해야 한다는 유혹을 가지게 된다. 비록 몰락하고 있는 중이라도 과거의 챔피언은 자신이 규정한 국제정치의 룰(rule)을 다른 나라들에게 강요하려 한다. 새로이 부상하는 강대국은 이 같은 상황이 마음에 들지 않을 것이다. 그러나 신흥 강대국에게는 쇠퇴하고 있는 기존의 챔피언 강대국이 점차 우습게 보이기 시작할 것이다.

힘의 급격한 증가를 경험하고 있는 신흥강대국은 일반적으로 자신의 힘에 대한 자만심을 느끼게 되고 그런 자만심은 신흥강대국이 국제정치의 틀을 수정할 때가 되었다고 생각하게 만들 것이다. 신흥강대국은 결국 기왕의 챔피언 국가에 도전하는 대전쟁을 도발하게 되는 것이다. 대전쟁의 결과에 따라 새로운 챔피언 국가가 등장하며 그 나라는 한동안 국제체제의 지배자가 되곤 했다. 한동안이라는 기간은 국제정치의 역사를 보면 신기할 정도로 100년 주기를 보이고 있었다. 새로운 챔피언이 결정된 후 약 100년 동안 그 나라가 세상을 지배했고, 100년 정도 세월이 지난 후 다시 새로운 패권전쟁이 발발, 새로운 챔피언 결정전을 치르는 역사적 패턴이 나타난 것이다. 영국, 프랑스, 독일, 미국, 일본 등이 신흥강대국들의 사례들이며 지난 수십 년간 이루어진 중국 국력의 엄청난 증강은 시진핑 집권(2012년) 이후 노골적으로 전형적인 신흥강대국의 모습을 보이고 있다.

　패권전쟁 또는 세계대전에 관한 연구의 효시인 토인비 교수는 '지도국(leading power)'이 장악하고 있는 세계지배권에 대한 도전은, 다른 국가들로 하여금 대항 연합을 형성하여 세력균형을 유지하도록 하며 그 결과 세계대전이 발발하게 되었다고 주장한다. 세계정치의 패권을 놓고 벌이는 전쟁은 가장 강한 두 나라의 싸움이 아니라 두 개의 국가 연합이 벌이는 싸움이며 그래서 이 전쟁을 세계대전 혹은 일반전쟁(general war)이라고 부르는 것이다. 토인비는 대체적으로 보아 도전국이 패권전쟁에서 패배하게 되며, 큰 전쟁이 끝난 후 잠깐 동안 숨을 고를 수 있는 평화의 시기가 도래하는데, 이 시기의 평화는 완전한 평화는 아니고, 전쟁에서 패한 도전국가가 잠시 넋을 잃고 있는 상태라고 보아야 한다고 설명한다. 결국 토인비는 패권전쟁을 통해서도 세계정치의 주도권을 누가 갖느냐의 문제는 완전히 해결되지 못한다고 보는 것이다. 그는 패권전쟁 이후 몇몇 소규모의 부차적인 전쟁(supplemental war)들이 발생하게 되며, 이 전쟁들을 통해 문제가 정리된다고 보았고 그 이후 진정한 평화가 도래하여 상당기간 지속된다고 보았다. 토인비의 설명에 의하면 1차 대전과 2차 대전은 두 개의 다른 전쟁이 아니라 하나의 큰 패권전쟁으로 인식될 수 있으며 2차 대전을 통해 미국이 국제체제의 새로운 패권국으로 최종적으로 결정된 것이다.

　프랑스의 대표적 국제정치학자인 레이몽 아롱(Raymond Aron)은 패권전쟁이란 '기왕의 국제질서에서 변하고 있는 힘의 상대적인 위치를 결정하는 궁극적인 테스트'라고 정의한다. 국제정치를 순수한 무정부 상태가 아니라 모종의 통치체제(governance)가 작동하는 영역으로 간주하는 길핀(Robert Gilpin)은 국가들 사이에 '힘의 성장 속도'가 차이가 날 수밖에 없고 국력 성장 속도의 차이(differential growth of power)는 궁극적으로 국제체제 변화의 원인과 결과가 된다고 주장한다. 예로서 챔피언 국가는 연평균 경제 성장률이 2~3% 수준인데 2위권의 국가가 연평균 성장률이 10%대라면 얼마 지나지 않아 두 나라 사이의 국력 비율이 달라질 것이라는 사실은 불문가지다. 결국 기존의 국제체제와 구조는 영원히 그대로 지속될 수 없고, 오랜 기간이 지나면 국제체제의 구조와 힘의 분포상황이 달라지게 마련인 것이다.

패권전쟁이란 바로 '기왕의 국제체제의 구조와 새로이 형성된 힘의 분포상황 사이에 나타나는 불일치(disequilibrium)를 해소하는 가장 중요한 수단'이며 국제적인 지배력(international governance)을 차지하기 위해 기존의 강대국 또는 기존 질서에 편승한 엘리트 국가들과 이에 대항하는 신흥강대국과 그 동맹국들이 벌이는 전쟁인 것이다. 2차 대전을 예로 든다면 기왕의 패권국은 영국, 그리고 영국에 편승한 엘리트국은 미국, 프랑스였고 이들에 대항한 신흥강대국은 독일, 일본, 이탈리아였다. 연합국에 가담한 소련과 중국의 경우 패권국에 편승한 엘리트 국가는 아니었지만 당시 전쟁의 전략 구도상 연합국 측에 가담한 나라였다. 패권전쟁은 단지 누가 국제정치의 주도국이 될 것인가의 문제뿐만 아니라 어떤 이념과 가치에 의해 세계가 지배되어야 할 것이냐의 문제까지도 결정하는 전쟁이다.

모델스키(George Modelski) 교수는 이런 전쟁들을 지구 전쟁(global war)이라 부르는데 그는 지구 전쟁을 "지구 정치체제의 헌법과 권위의 배치를 결정하기 위한 전쟁"이라고 정의했다. 패권전쟁 이론을 종합적으로 정리한 톰슨(William R. Thomson)은 "지구 전쟁이란 누가 세계의 지도력을 제공하고, 누구의 통치력이 세계를 지배하게 되고, 누구의 정책이 지구적인 분배 과정을 형성하게 되고, 세계질서에 대한 누구의 사상과 비전이 세계를 장악하게 될 것인가를 결정하는 전쟁"이라고 정의하였다.

패권전쟁은 국제정치의 역사를 바꾸어 놓은 전쟁인데 전쟁의 학술적 정의가 주로 전쟁의 국제 체제적 결과(systemic consequence)를 중심으로 이루어지다 보니 패권전쟁에 관한 가설들은 토토로지(tautology, 중언부언)에 빠져들 수 있으며 이론을 과학적으로 테스트하기 어렵다는 문제가 생긴다.

다시 말해 어떤 전쟁이 아예 패권적 투쟁을 계획적으로 의도하고 야기된 전쟁인지, 혹은 전쟁의 규모가 커지다 보니 궁극적으로 전쟁에 패배한 주요 강대국이 붕괴되고 그 결과 국제 체제의 힘의 구조가 현저하게 바뀌게 되었고 그래서 새로운 국제질서가 형성되었는지에 대해 논리적인 설명을 하기 어렵다는 것이다. 사실 대표적인 패권전쟁인 1차 대전을 시작할 무렵 유럽의 어떤 강대국들도 이 전쟁이 4년씩이나 지속될 것이고 역사상의 대제국 3개를 붕괴시켜버릴 세계챔피언 결정전이 되리라고 생각하지 않았다. 제1차 세계대전으로 인해 오토만 제국, 오스트리아-헝가리 제국, 러시아 제국이 몰락하고 말았다.

그럼에도 불구하고 세계대전이라 불릴 수 있는 대규모의 전쟁이 주기적으로 발발했던 것은 역사적 사실이며 그 전쟁들의 결과 국제정치에 새로운 챔피언이 등장하여 상당 기간 자신이 원하는 국제체제를 구성하고 세계정치를 지도해 나갔던 것도 역사적 사실이었다. 막강한 패권국들은 한동안 자신들이 설정한 원칙에 따라 국제체제를 이끌어 나갔고 다른 강대국들은 그 나라의 위세에 도전할 수 없었다. 그 결과 패권국이 의도하는 양식과 모습의 국제평화가 유지되었다.

영국이 세계를 지배하던 때 세계는 영국이 규정한 국제질서의 원칙에 의해 영국식의 평화가 유지되었다. 이 시대를 팍스 브리태니카(Pax Britannica) 즉 영국에 의한 평화의 시대라 부른다. 1945년 2차 대전이 종식된 이후 미국이 주도하는 국제질서가 유지되었는데 이를 팍스 아메리카나(Pax Americana) 즉 미국적 평화의 시대라고 부른다. 그러나 필자는 2차 대전 이후 1980년대 후반까지의 미국을 진정한 패권국이라고 보지 않는다. 소련 및 사회주의권이 세계의 거의 절반을 차지하며 대항하고 있었기 때문이다. 진정한 Pax Americana는 1990년대부터 시작되었다고 말해야 옳을 것이다. 소련이 붕괴하고 공산주의 체제가 소멸된 이후 유일 초강대국이 된 미국이 지배하는 세계는 비로소 미국적 경제원칙, 즉 세계화, 자유주의, 자본주의, 민주주의가 지배하는 미국 패권의 세상이 된 것이다.

현재 진행 중인 반테러 전쟁은 과거의 국제정치적 경험과 대단히 뚜렷한 차이점을 보이고 있다. 미국이라는 챔피언에 도전하는 국가들이 현재의 미국 주도의 국제 제체에 불만족해하는 2~3위권의 강대국들이 아니라 중동의 약소국들이며, 그들이 도전하는 양식도 정규적인 전쟁이 아니라 비전통적인 방식(테러)을 통해 이루어진다는 점에서 크게 다르다. 놀라운 사실은 대부분의 강대국들은 패권국인 미국에 오히려 동조하고 있다는 점이다. 2001년 9월 11일 시작된 테러 전쟁의 시대는 2010년대 초반 무렵 이후 서서히 종막을 고했고 세계 역사는 다시 전통적인 모습으로 되돌아갔다. 중국의 시진핑이 국가주석으로 취임한 2012년 이후 국제체제는 미국과 중국의 갈등이라는 전통적인 모습으로 되돌아갔다.

전쟁의 목록

전쟁의 목록(War Data)

전쟁을 연구한 학자들은 여러 가지 다양한 전쟁 자료집을 만들어 내고 있다. 전쟁의 데이터가 다양한 이유는 우선 전쟁에 관한 정의가 다르고 전쟁 연구의 대상으로 삼았던 기간이 다르기 때문이다. 다양한 학자들은 자신의 관심 혹은 연구 주제의 차이에 따라 약간씩 다른 전쟁 자료집을 만들어 놓았다.

이 같이 전쟁 혹은 국제정치 일반에 관한 자료가 상이하다는 사실은 연구의 표준화를 이룰 수 없게 한다. 다른 자료를 보고 연구한 결과가 같을 수 없을 것이다. 그래서 1980년대 말엽 이후 국제정치 연구를 위한 표준적인 자료를 만들려는 시도가 미국에서 진행되고 있다. 디나 지네스(Dina Zinnes) 교수가 주축이 되어 이루어지고 있는 이 계획의 이름은 '국제정치 연구를 위한 데이터 개발 계획(Data Development for International Relations Project)'이며 DDIR Project라 불린다.

여기서는 현재 전쟁을 연구하는 학자, 특히 박사학위 논문을 쓰는 대학원 학생들이 가장 많이 의존하고 있는 유명한 전쟁관련 데이터 두 가지를 소개함으로서 지구 역사에 얼마나 많은 전쟁이 있었는지를 알아보도록 한다.

(1) 전쟁관련 요인 연구계획(COW Project)의 전쟁 데이터

미국 미시간 주립대학교(The University of Michigan at Ann Arbor)의 전쟁관련 요인 연구계획은 1816년 이래 1965년에 이르기까지 국제정치 체제의 회원국(국제사회에 당당한 국가로서 인정받을 수 있는 자격을 갖춘 나라, 예로서 인구 50만 이상이며 다른 국가들이 독립 국가로 인정을 해준) 중 하나 이상이 전쟁의 한 쪽 당사자로서 참전했으며, 무력충돌에서의 전사자 숫자가 1,000명이 넘는 전쟁을 국제 전쟁(international war)이라고 정의한 후 국제 전쟁이라고 부를 수 있는 전쟁을 93건 찾아내었다. 이 자료는 큼직한 책 한 권을 가득 채울 정도도 정교한 것이었으며 1972년 *The Wages of War 1816~1965: A Statistical Handbook* (New York: John Wiley & Sons, 1972)이란 책으로 출판되었었다. 1982년 새로운 자료를 보충하여 앞의 책을 수정 보완한 *Resort to Arms: International and Civil Wars 1816~1980* (Beverly Hills: Sage Press, 1982)이 새로 발간되었다. 그 후 2010년 앞의 책의 3판인 *Resort to War 1816~2007* (New York: CQ Press, 2010)이 간행되었다. 인쇄된 전쟁 자료로서는 2010년 판이 최근 판이다. 이후 미시건 대학

전쟁연구소는 인터넷을 통해 보다 새로운 자료를 게시하고 있다. 다음은 미시건 대학 전쟁 연구 프로젝트 최초의 자료를 표로 정리한 후 최근의 자료를 추가하여 작성한 전쟁의 목록이다.

세계의 주요 전쟁(1816~1965)

전쟁명	전쟁기간	전쟁명	전쟁기간
영국-마하라탄 전쟁	1817~1818	멕시코-미국 전쟁	1846~1848
그리이스 전쟁	1821~1828	오스트리아-사르디니아 전쟁	1848~1849
프랑스-스페인 전쟁	1823	제1차 슐레스비히-홀스타인전쟁	1848~1849
제1차 영국-버어마 전쟁	1823~1826	헝가리 전쟁	1848~1849
자바 전쟁	1825~1830	제2차 영-시크 전쟁	1848~1849
러시아-페르시아전쟁	1826~1828	로마 공화국 전쟁	1849
나바리노 만 전쟁	1827	라 플라타 전쟁	1851~1852
로-토 전쟁	1828~1829	제 1차 터키-몬테네그로 전쟁	1852~1853
제1차 폴란드 전쟁	1831	크리미아 전쟁	1853~1856
제1차 시리아 전쟁	1831~1832	영-페르시아전쟁	1856~1857
텍사스 전쟁	1835~1836	세포이 전쟁	1857~1859
제1차 영-아프간 전쟁	1838~1842	제2차 터키-보어 전쟁	1899~1902
제2차 시리아 전쟁	1839~1840	러일 전쟁	1904~1905
페루-볼리비아 전쟁	1841	중앙아메리카 전쟁	1906
제1차 영국-시크 전쟁	1845~1846	중앙아메리카 전쟁	1907
이탈리아 통일 전쟁	1859	스페인-모로코 전쟁	1909~1910
스페인-모로코 전쟁	1859~1860	이탈리아-터키전쟁	1911~1912
이탈리아-로마 전쟁	1860	제1차 발칸전쟁	19121~913
이탈리아-시실리 전쟁	1860~1861	제2차 발칸전쟁	1913
프랑스-멕시코 전쟁	1862~1867	제1차 세계대전	1914~1918
제2차 폴란드 전쟁	1863~1864	러시아 민족전쟁	1917~1921
에콰도르-콜롬비아전쟁	1863	헝가리-동맹국전쟁	1919
제2차 슈레스비히-홀스타인 전쟁	1864	그리스-터키전쟁	1919~1922
라 플라타 전쟁	1864~1870	리피안 전쟁	1921~1926
스페인-칠레 전쟁	1865~1866	드루즈 전쟁	1925~1926
7주 전쟁	1866	만주사변	1931~1933
10년 전쟁	1868~1878	차코 전쟁	1932~1935
보불전쟁	1870~1871	이탈리아-에티오피아	1935~1936
화란-아키네스 전쟁	1873~1878	중일 전쟁	1939
발칸 전쟁	1875~1877	러일 전쟁	1939

로토 전쟁	1877~1878	제2차 세계대전	1939~1945
보스니아 전쟁	1878	러시아-핀란드전쟁	1939~1940
제2차 영-아프간 전쟁	1878~1880	인도네시아 전쟁	1945~1946
줄루 전쟁	1879	인도지나전쟁	1945~1954
태평양 전쟁	1879~1883	마다가스카르 전쟁	1947~1948
불-인니 전쟁	1882~1884	제1차 캐시미르전쟁	1947~1949
마디스트 전쟁	1882~1885	팔레스타인 전쟁	1948~1949
중-불 전쟁	1884~1885	한국전쟁	1950~1953
중앙 아메리카 전쟁	1885	알제리아전쟁	1954~1962
세르비아-불가리아 전쟁	1885	티베트 전쟁	1956~1959
중일 전쟁	1894~1895	러시아-헝가리 전쟁	1956
불-마다가스카르 전쟁	1894~1895	시나이 전쟁	1956
쿠바 전쟁	1895~1898	중-인 전쟁	1962
이탈리아-이티오피아전쟁	1895~1896	제2차 캐시미르 전쟁	1965
제1차 필리핀전쟁	1896~1898		
그리스-터키전쟁	1897		
미서 전쟁	1898		
제2차 필리핀 전쟁	1899~1902		

자료: Singer and Small, *The Wages of War*, p.59.

1965년 이후 발발한 국제 전쟁(COW Project 보충자료)

전쟁명	전쟁기간	전쟁명	전쟁기간
6일전쟁	1967~1967	포클랜드전쟁	1982
2차 라오스전쟁	1968~1973	이스라엘-시리아(레바논)	1982
이스라엘-이집트 전쟁	1969~1970	아오주해협전쟁	1986~1987
축구전쟁	1969	중국-월남 국경전쟁	1987
공산주의연합전쟁	1970~1971	걸프전쟁	1990~1991
벵글라데시 전쟁	1971	보스니아 독립전쟁	1992
욤 키푸르 전쟁	1973	아제리-아르메니아전쟁	1993~1994
터키-사이프러스 전쟁	1974	세네파 계곡 전쟁	1995
앙골라전쟁	1975~1976	배드미 국경전쟁	1998~2000
2차 오가든 전쟁	1977~1978	코소보전쟁	1999
월남-캄보디아 전쟁	1975~1979	카길전쟁	1999
우간다-탄자니아	1978~1979	아프간 전쟁	2001~
중국-월남전쟁	1979	이라크 전쟁	2003~
이란-이라크전쟁	1980~1988		

이 자료는 pss.la.psu.edu/IS Warlist.htm 와 Resort to War (2010년 판)을 참조 필자가 작성함

(2) 잭 리비 교수의 '강대국 전쟁' 데이터

전쟁 연구에 있어서 미시간 대학의 전쟁관련 요인 계획(COW Project)의 전쟁 자료집 못지않게 널리 사용되고 있는 전쟁 자료집은 잭 리비 교수에 의해 수집된 강대국간 전쟁 데이터(Great Power War Data)이다. 이 데이터는 특히 1495년 근대 국제정치 체제가 성립된 이후 1975년에 이르는 약 500년 동안이라는 장기간의 전쟁에 관한 자료를 수록하고 있기 때문에 최근의 장주기 이론(Long Cycle Theory), 패권전쟁론 등 국제 체제론(World System Approach)에 초점을 맞추는 경험적 연구의 기초 자료로서 널리 사용되고 있다. 특히 최근의 연구동향은 16세기 이후의 근대 국제정치체제 전체를 연구의 시간적 대상으로 하고 있기 때문에 거의 500년에 걸치는 이 기간 동안 일어난 전쟁에 관한 자료가 필요하며 리비의 데이터는 이러한 요구에 부응하고 있다. 또한 리비 자신도 지적하듯이 앞에서 제시된 싱거와 스몰의 데이터는 연구대상 기간이 전쟁의 패턴을 연구하기에는 너무나 짧고, 특히 1816년 이후의 서구 중심의 국제 정치사는 유럽 역사 수천 년 중 가장 평화스러운 시기였다는 점에서 전쟁연구를 위한 적절한 기간이 되는지에 대해서도 의문의 여지가 있었다. 리비의 자료는 이런 문제점을 보완해 주고 있다.

강대국 전쟁 데이터(Great Power War Data: 1495~1975)

전쟁명	전쟁기간	참전강대국	인명피해
1.베니스 연맹전쟁	1495~1497	3	8,000
2.폴란드-터키전쟁	1497~1498	1	3,000
3.베니스-터키전쟁	1499~1503	1	4,000
4.1차 밀라노전쟁	1499~1500	1	2,000
5.*니폴리탄전쟁	1501~1504	2	18,000
6.캄브리동맹전쟁	1508~1509	3	10,000
7.*신성연맹전쟁	1511~1514	4	18,000
8.*오스트리아-터키전쟁	1512~1519	2	24,000
9.스코트전쟁	1513~1515	1	4,000
10.*2차 밀라노전쟁	1515~1515	3	3,000
11.*찰스5세전쟁	1521~1526	3	30,000
12.*오토만전쟁	1521~1531	2	68,000
13.스코트전쟁	1532~1534	1	4,000
14.*2차찰스5세전쟁	1526~1529	3	18,000
15.*오토만전쟁	1532~1535	2	28,000
16.스코트전쟁	1532~1534	1	4,000
17.*3차찰스5세전쟁	1536~1538	2	32,000
18.*오토만전쟁	1537~1547	2	97,000
19.스코트전쟁	1542~1550	1	13,000
20.*4차찰스5세전쟁	1542~1544	2	47,000
21.*볼로뉴점령	1544~1546	2	8,000
22.*아룬델의 반란	1549~1550	2	6,000
23.*오토만전쟁	1551~1556	2	44,000
24.*5차찰스5세전쟁	1552~1556	2	51,000
25.*오스트리아-터키전쟁	1556~1562	3	52,000
26.*佛西전쟁	1556~1559	3	24,000
27.*스코트전쟁	1559~1560	2	6,000
28.*스페인-터키	1559~1564	2	24,000
29.*1차위그노전쟁	1562~1564	2	6,000
30.*오스트리아-터키	1565~1568	2	24,000
31.*스페인-터키전쟁	1569~1580	2	48,000
32.*오스트리아-터키	1576~1583	2	48,000
33.스페인-포루투갈전쟁	1579~1581	1	4,000
34.폴란드-터키전쟁	1583~1590	1	17,000
35.*무적함대전쟁	1585~1604	2	48,000
36.오스트리아-폴란드	1587~1588	1	4,000
37.*3인의헨리전쟁	1589~1598	2	16,000

38.*오스트리아-터키전쟁	1593~1606	2	90,000
39.프랑스-사보이전쟁	1600~1601	1	2,000
40.*스페인-터키전쟁	1610~1614	2	15,000
41.오스트리아-베네치아전쟁	1615~1618	1	6,000
42.스페인-사보이전쟁	1615~1617	1	2,000
43.스페인-베네치아전쟁	1617~1621	1	5,000
44.*스페인-터키전쟁	1618~1619	2	6,000
45.폴란드-터키전쟁	1618~1621	1	15,000
46.*30년전쟁:보헤미아	1618~1625	4	304,000
47.*30년전쟁:화란	1625~1630	6	302,000
48.*30년전쟁:스웨덴	1630~1635	4	314,000
49.*30년전쟁:스웨덴,프랑스	1635~1648	5	1,151,000
50.스페인-포루투갈전쟁	1642~1668	1	80,000
51.터키-베네치아전쟁	1645~1664	1	72,000
52.*프랑스-스페인전쟁	1648~1659	2	108,000
53.스코트전쟁	1650~1651	1	2,000
54.*영국-화란 해양전쟁	1652~1655	2	26,000
55.*大北方전쟁	1654~1660	3	22,000
56.*영국-스페인전쟁	1656~1659	2	15,000
57.화란-포루투갈전쟁	1657~1661	1	4,000
58.*오토만전쟁	1657~1664	1	109,000
59.스웨덴-브레멘전쟁	1665~1666	1	2,000
60.* 영-화란해양전쟁	1665~1667	3	37,000
61.*繼承전쟁	1667~1668	2	4,000
62.*루이14세의 화란전쟁	1672~1678	6	342,000
63.터키-폴란드전쟁	1672~1676	1	5,000
64.러시아-터키전쟁	1677~1681	1	12,000
65.*오토만전쟁	1682~1699	2	384,000
66.*佛西전쟁	1683~1684	2	5,000
67.*아우그스부르그연맹전쟁	1688~1697	5	680,000
68.*2차북방전쟁	1700~1721	2	64,000
69.*스페인 계승전쟁	1701~1713	5	1,251,000
70.오토만전쟁	1716~1718	1	10,000
71.*4제동맹전쟁	1718~1720	4	25,000
72.*英西전쟁	1726~1729	2	15,000
73.*폴란드계승전쟁	1733~1738	4	88,000
74.오토만전쟁	1736~1739	2	38,000
75.*오스트리아계승전쟁	1739~1748	6	359,000
76.러시아-스웨덴전쟁	1741~1743	1	10,000

77.*7년전쟁	1755~1763	6	992,000
78.러시아-터키전쟁	1768~1774	1	14,000
79.바연합전쟁	1768~1772	1	14,000
80.*바바리아계승전쟁	1778~1779	2	300
81.*미국독립전쟁	1778~1784	3	34,000
82. 오토만전쟁	1787~1792	2	192,000
83.러시아-스웨덴전쟁	1788~1790	1	3,000
84.*프랑스혁명전쟁	1792~1802	6	663,000
85.*나폴레옹전쟁	1803~1815	6	1,869,000
86.露土전쟁	1806~1812	2	45,000
87.러시아-스웨덴전쟁	1808~1809	1	6,000
88.1812년전쟁	1812~1814	1	4,000
89.니폴리탄 전쟁	1815~1815	1	2,000
90.프랑스-스페인전쟁	1823~1823	1	400
91.나바리노만 전쟁	1827~1827	3	180
92.露土전쟁	1828~1829	1	50,000
93.오스트리아-사르디니아	1848~1849	1	5,600
94.1차 슐레스비히-홀스타인전쟁	1849~1849	1	2,500
95.로마공화국전쟁	1849~1849	2	600
96.*크리미아전쟁	1853~1856	3	217,000
97.영국-페르시아전쟁	1856~1857	1	500
98.*이탈리아통일전쟁	1859~1859	2	20,000
99.프랑스-멕시코전쟁	1862~1867	1	8,000
100.2차 슐레스비히-홀스타인전쟁	1864~1864	2	1,500
101.*普墺전쟁	1866~1866	3	34,000
102.*普佛전쟁	1870~1872	2	180,000
103.露土전쟁	1877~1878	1	120,000
104.中佛전쟁	1884~1885	1	2,100
105.露日전쟁	1904~1904	1	45,000
106.이탈리아-터키전쟁	1911~1912	1	6,000
107.*1차세계대전	1914~1918	8	7,734,300
108.*러시아내전	1918~1921	5	5,000
109.滿州전쟁	1931~1933	1	10,000
110.이탈리아-이티오피아전쟁	1935~1936	1	4,000
111.中日전쟁	1937~1941	1	250,000
112.*露日전쟁	1939~1939	2	16,000
113.*제2차세계대전	1939~1945	7	12,948,300
114.러시아-핀란드전쟁	1939~1949	1	50,000
115.*韓國전쟁	1950~1953	4	954,960

116.러시아-헝가리전쟁	1956~1956	1	7,000
117.시나이전쟁	1956~1956	2	30
118.中印전쟁	1962~1962	1	500
119.베트남전쟁	1965~1973	1	56,000

자료: Jack S. Levy, *War in the Modern Great Power System 1495-1975*, pp.88-91.
* 표 표시가 되어있는 전쟁은 전쟁의 양측에 최소한 1국 이상의 강대국이 교전국으로 참전한 전쟁을 표시한다. 리비는 1983년 이 자료를 책으로 출간한 이후 새로운 자료를 공식적으로 출간하지 않았다. 그러나 리비의 정의를 따라 자료를 보완하면 다음의 전쟁들이 1973년 이후 오늘까지의 강대국 전쟁 목록에 포함되어야 할 것이다.

전쟁명	전쟁기간	참전강대국	인명피해
중국-월남 전쟁	1979~1979	1	21,000
포클랜드 전쟁	1982	1	810
중국-월남전쟁	1987	1	4,000
걸프전쟁	1990~1991	다수	26,343
아프간 전쟁	2001~		
이라크전쟁	2003~	현재 진행 중 다수	

전쟁은 왜 일어나는 것일까?:
인간적 차원

전쟁은 왜 일어나는 것일까?: 인간적 차원

앞에서는 역사상 나타난 전쟁의 실제 모습에 관해 살펴보았다. 전쟁은 우리가 생각하는 것보다 흔히 발생하였고, 오래전부터 있었고, 또한 잔인한 것이었다는 사실이 묘사되었다. 원시인들도 서로 싸웠고 현대 인간들도 싸우고 있으며 앞으로 우리의 후손들도 전쟁을 계속할 것 같아 보인다.

이제 우리가 물어보아야 할 질문은 왜 그다지도 많은 전쟁이 발생했는가?라는 문제다. 전쟁이란 시간과 공간을 초월해서 너무나도 흔히 일어난 일이다 보니 전쟁의 원인에 대한 가설, 설명들 역시 헤아릴 수 없이 많다. 그러나 학자들은 전쟁의 발발 원인을 편의상 몇 가지 기준과 변수들로 나누어 설명하고 있다.

전쟁의 원인에 관한 표준적인 방법은 이미 앞에서 설명한 바처럼 국제정치를 보는 관점과 수준에서 나온다. 전쟁의 원인 역시 개인, 국가, 국제체제라는 세 가지 수준에서 널리 연구되고 있다. 첫째는 전쟁의 원인을 '인간' 그 자체에서 찾으려는 노력이다. 인간의 본능, 인간의 심리, 그리고 인간의 생각 혹은 철학이 전쟁의 원인이 된다고 보는 것이다. 결국 모든 전쟁은 인간에 의해서 야기되고, 싸워지고, 종료된다는 관점에서 볼 때 전쟁의 인간적인 원인은 중요하지 않을 수 없다.

둘째의 방법은 전쟁을 국가의 차원에서 분석, 설명하는 일이다. 손자가 말했듯이 전쟁이란 국가의 큰일이다(兵者國之大事也). 즉 전쟁이란 국가들이 하는(벌이는) 일이다. 우리는 흔히 미국과 소련이 싸운다. 영국과 프랑스가 싸웠다. 독일과 소련이 전쟁을 했다는 말을 쓴다. 즉 전쟁을 하는 가장 기본적인 주체가 국가라는 사실을 부인할 수 없을 것이다. 회사는 그 회사가 아무리 큰 회사라도 전쟁을 할 수 없지만, 국가들은 아무리 작은 나라라도 전쟁을 치를 수 있는 것이다. 그래서 전쟁의 원인을 연구할 때 국가라는 단위는 필수적인 요소가 아닐 수 없다. 전쟁은 국가라는 조직에만 고유한 행동이다.

세 번째 방법은 전쟁의 원인을 국제체제의 차원에서 설명하는 것이다. 전쟁이란 결국 국가들 사이의 힘의 관계에서 야기되는 것이기 때문에 국제적인 힘의 분포상황을 살펴봄으로써 전쟁의 원인을 밝힐 수 있다는 것이다. 국가 간에 힘의 균형 상태가 어떻게 유지되고 있으며 힘의 분포상황은 전쟁의 발발과 평화의 지속에 어떤 영향을 미치는 것일까에 관한 문제는 국제정치학 제1의 전통적인 연구 과제였다. 국제정치학자들은 평화를 유지하는데 가장 좋은 국제체제의 모습은 어떤 것인가? 어떤 국제체제에서 전쟁이 자주 발생하는가를 밝혀내야 하고 그럼으로써 평화를 유지하고 좋은 국제체제를 건설하도록 노력해야 한다는 학문적 사명을 가지는 것이다.

본장 이후에서는 바로 이 세 가지 분석 차원에 의거하여 전쟁의 원인을 설명하고자 한다. 우선 본장에서는 인간은 전쟁을 하는 동물인가?라는 제목 아래 인간성의 본능과 전쟁의 관계를 설명하고자 한다. 인간은 생물학적으로 전쟁을 하는 동물인 반면, 사고(思考)하는 자로서 전쟁에 관한 철학을 가지고 있는 유일한 동물이다. 자신의 전쟁행위는 정당화하고 남의 전쟁은 불의(不義)라고 인식하여 인간들은 전쟁 철학을 발전시켰다. 인간은 철학하는 동물이며 전쟁에 관한 철학을 발전시켜 전쟁을 정당화하기도 하며 또한 전쟁을 비판하기도 한다.

다음으로 국가 차원의 분석에 관한 이론들을 소개할 것이다. 우선 전쟁을 할 것이냐 말 것이냐를 결정하는 정책 결정 기구로서의 국가와 국가의 기구들이 다루어진다. 특히 사회심리학의 이론을 빌려 도저히 상상하기도 힘든, 한편으로는 이해가 되지 않는 이유들에 의해 예기치 않은 전쟁을 발발시키는 정책 결정 과정에서 나타나는 문제점들도 분석한다.

세상에 전쟁이 많다보니 전쟁을 방지하기 위한 별의별 기발한 방법들이 다 나오고 있다. 이 세상 모든 정치가들이 전부 여자로 대체된다면 전쟁이 덜 발생할 것이라는 최신의 국제정치학적 견해도 있다.

전쟁이란 무엇보다도 정치적, 경제적인 이유에서 야기되는 것이다. 국가 간의 이익과 힘의 갈등이 전쟁을 좌우한다는 것은 예나 지금이나 불변의 진리다. 전쟁을 잘하는 나라들은 모두가 강대국이라는 사실을 재삼 강조할 필요가 없다. 강대국은 물론 대부분 나라들의 전쟁 행위를 논할 경우 전쟁은 목적성이 있는 행동이라는 결론에 이르게 된다. 전쟁은 국가의 이익을 확보하기 위한 최후의 수단으로 사용되는 것이다.

전쟁은 궁극적인 수단이며 국가들은 상대방의 힘과 자신의 힘을 비교한 후 전쟁을 감행한다. 국제정치학에서 가장 중요한 이론이 바로 세력균형이론이다. 세력균형이론은 국가들이 전쟁을 방지하기 위해 상대방과 세력균형을 이루려고 노력한다는 사실을 강조한다. 그러나 본 저자는 세력균형과 전쟁의 관계는 우리가 알고 있던 것과 상당히 다르다는 사실을 강조하려 한다. 전쟁은 힘이 비슷할 경우 회피될 수 있다는 상식처럼 받아들여지고 있는 세력균형이론에 정면 공격을 감행하였다. 즉 필자는 세력균형이 이루어진 곳에서 전쟁 발발 가능성은 오히려 더욱 높아진다고 주장하려한다.

요즈음 일반 시민들은 물론 국제정치학을 공부하는 사람들이 만고의 진리처럼 떠받들고 있는 또 다른 믿음 중 하나는 국가 간에 경제교류 관계가 활성화되면 그 나라들은 서로 더욱 평화롭게 살게 될 것이라 점이다. 과연 그럴까? 본 저자는 역시 이 문제에 대해서도 비판적 입장을 가지고 있다. 국가 간의 경제 활성화가 국제평화를 기여하는데 도움을 줄 수도 있고, 오히려 전쟁 발발의 원인이 될 수도 있다고 주장하였다. 즉 국가들 사이의 경제 관계가 커지든 말든 그것은 두 나라의 전쟁 발발 가능성에 그다지 큰 영향을 미치지 못할 뿐 아니라 경제교류가 많은 나라들 사이에서 국제분쟁이 발발할 가능성은 오히려 더욱 높아질 수도 있다는 사실을 밝히고자 했다. 김대중 정부 이래 노무현을 거쳐 문재인 정부에 이르기 까지 한국의 좌파 정권들은 물론 김영삼, 이명박, 박근혜 정부의 대북 정책이 근거하고 있던 국가 간의 교류 증진은 평화를 증진한다는 가설은 국제정치학 이론에 의해 강력한 지지를 받는 가설은 아니었다.

(1) 인간의 속성과 전쟁

전쟁이란 옛날이나 지금이나, 문명사회나 미개사회나, 민주국가나 독재국가나, 잘사는 나라들이나 못사는 나라들이나 어디에서도 발견되는 일이다. 즉 전쟁은 보편적(universal)으로 발생하는 일이다. 그러다 보니 과연 인간은 생물학적으로 전쟁을 할 수밖에 없는 동물이란 비관적인 결론에 도달하게 된다.

그리고 만약 인간이 본능적으로 전쟁을 하도록 되어있는 존재라면 국제정치학자들이 전쟁을 막기 위해 전쟁을 연구하는 일은 허무한 일이 될지도 모른다는 생각이 든다. 본능을 거스를 방법은 없을 것이기 때문이다. 인간과 동물의 2대 본능은 식욕과 성욕인데 이러한 본질적인 본능을 거스를 방법은 없다. 바로 이런 기초적인 본능 때문에 동물들도 싸움을 하는데 인간도 동물과 별로 다를 바 없는 것일까? 인간은 동물들 사이에서는 존재하지 않는 '명예의 추구'라는 또 다른 본능이 있는데 명예욕이란 본능은 오히려 전쟁을 더욱 빈번하게 발발시키는 원인이 되고 있는 것은 아닐까?

그렇다면 과연 인간의 본능은 전쟁과 어떻게 연결되는 것일까? 인간이란 애초부터 본능적으로 공격성향을 가진 동물인가? 동물행동학(ethology)을 연구한 많은 학자들은 이 물음에 대해 '그렇다'라고 답한다. 인간은 생물학적으로 보았을 때, 천성적으로 싸움할 수밖에 없는 동물이라는 것이다. 물론 전쟁의 원인을 인간의 개인적인 행동에서 찾는 학자들 중에는 인간의 전쟁 행동은 인간성에 원초적으로 내재한 요인에 의하기보다는 외부의 자극에 대한 반응으로서의 행동이라고 주장하기도 한다. 즉 외적 요인을 강조하는 것이며 이렇게 주장하는 학자들은 대개가 인류학자(anthropologist)들이다.

이처럼 동물행동학자와 인류학자들 간의 전쟁원인에 관한 논쟁은 '본능-환경(Nature-Nurture) 논쟁'이라고도 불린다. 인간이 전쟁을 치르는 원인은 인간의 본능이라는 내부적 요인과 외부의 자극에 대한 반응(외적요인)이라는 두 가지 측면에서 공통적으로 발견된다는 주장도 있다.

인간의 본능은 모든 인간 행동에서 시공을 초월하여 공통적으로 나타난다는 견해가 있는 한편, 인간의 본능은 특정한 개인, 특히 특정 정치지도자에게 한정된다는 견해도 있다. 전자에 의하면 모든 인간은 공격적인 본능을 가졌고 그것은 인류사회 어느 곳에서도 보편적으로 나타나는 현상이라고 여겨진다. 반면 후자의 견해를 따른다면 모든 인간이 똑같이 공격성을 가지는 것이 아니라 특정한 개인 즉 히틀러, 스탈린, 후세인, 카다피 등과 같은 별종의 인간들이 문제가 되는 것이지 모든 인간들, 그리고 이 세상 모든 정치 지도자들이 문제가 되는 것은 아니라고 주장한다.

1) 인간의 공격 본능

인간의 본능을 전쟁의 원인으로 삼는 소위 전쟁에 관한 본능이론은 크게 두 부류로 나뉘어진다. 하나는 프로이드(Sigmund Freud) 심리학으로 대표되는 정신분석학적 이론 (psychoanalytic theory)이며 다른 하나는 콘라드 로렌츠(Konrad Lorenz) 및 에드워드 윌슨(Edward O. Wilson) 등에 의해 유명해진 동물행동학(ethology)적 공격성 이론과 사회생물학적 이론들이다.

아직도 인간의 본능에 초점을 맞추는 전쟁이론은 완벽한 연구가 이루어진 상태는 아니며 그렇기 때문에 인간의 본능이란 측면에서 전쟁의 원인을 다룰 때에는 주로 '공격성'이라는 개념에 초점을 맞춘다. 물론 일 개인의 공격성이 국가라는 집단들의 전쟁과 그대로 연계되느냐는 문제가 있다. 공격(aggression)이라는 용어는 국제정치학적 용어라기보다는 오히려 생물학, 심리학적 용어이며 사실 공격성이란 개념은 심리학, 생물학자들 사이에서조차 일치된 정의가 없는 상황이다.

공격성 이론에서 중심적인 위치를 차지하고 있는 돌라드(Dollard), 둡(Doob) 등의 학자들은 '상대방에게 부상(injury)을 입히게 되는 행동'을 공격적 행동이라고 정의하고 있으며 버스(Buss)는 공격성이란 '다른 조직체에 대해 유해한 자극을 가하게 되는 행동'이라고 정의하였다.(J. Dollard, L.W. Doob et.al. *Frustration and Aggression* (New Haven: Yale University Press, 1939); A.H. Buss, *The Psychology of Aggression* (New York: John Wiley and Sons, 1961); John Lamberth, *Social Psychology* (New York:

Macmillan, 1980)]

공격성이란 개념의 사회학적 속성을 강조하는 알버트 반두라 (Albert Bandura) 교수는 공격성이란 복합적인 사건으로서 상대방에게 부상을 입히고자 하는 의도 이외에, 어떠한 부상을 입히려는 행위가 공격적인 것인가를 결정하기 위한 사회적 판단이 필요하다고 주장하였다. 생물학적 또는 정신분석학적 이론은 이처럼 상대방을 해친다는 목적을 가진 공격성의 근원은 인간에게 선천적으로 존재하는 것 (innate)이라고 주장한다.

공격성을 인간 본능의 하나로 간주하는 이론은 적자생존설(Survival of the Fittest)이라는 생물학적 결정론에서 출발한다. 진화가 이루어지기 시작한 이래 공격성은 결국 생존을 위한 것이었으며 생존에 가장 성공적인 종족은 가장 공격적인 종족이었다는 것이다. 즉 자연도태 과정을 통해, 가장 공격적인 종족만이 생존할 수 있게 되었다는 주장이다. 오늘날 공격성은 과거와 같이 생존을 위한 것이라는 의미를 더 이상 가지고 있지는 않지만 공격성은 인간 내면에 아직도 존재하는 것이기 때문에 현대의 전쟁 연구에 있어서도 반드시 다루어져야만 할 주제가 된다고 주장한다. 프로이드에 의해 발전된 정신분석학이론은 이 계열의 중요한 이론이다.

2) 인간의 전쟁 본능에 관한 프로이드의 설명

애초에 프로이드는 공격이란 고통회피(pain-avoiding) 또는 쾌락추구(pleasure seeking) 행위를 억제하는데 대항한 일차적 반발이라고 간주했었다. 그러나 프로이드는 차후 공격성에 관한 자신의 견해를 대폭 수정하게 되었는데 그 이유는 자신이 개발했던 동기에 관한 본능이론(instinctual theory of motivation)을 스스로 수정했기 때문이다. 프로이드는 원래 인간의 공격성은 욕구불만(frustration), 특히 성적인 욕구불만에 의해 발생하는 것이라고 생각했었다.

그러나 제1차 세계대전 이후 프로이드는 인간에게는 두 가지 근본적인 본능, 즉 죽음을 향한 본능(Thanatos)과 삶에 대한 본능(Eros)이 존재한다고 주장했다. 프로이드는 모든 본능은 긴장, 자극, 흥분을 완화시키거나 제거함을 지향한다고 생각하였다. 쾌락을 추구하기 위한 행동의 동기는 자극이 없는(unstimulated) 상황, 즉 동양적 의미의 니르바나(涅槃, 열반) 또는 어떤 종류의 욕구도 없는 상태의 획득을 목표로 하는 것이다. 죽음이란 모든 종류의 흥분을 없앤다는 의미를 내포한다. 그렇기 때문에 모든 생명체는 무생명적 세계(inorganic world)의 정지상태를 추구하는 것이다. 그러나 이처럼 죽음의 본능을 가진 인간들이 절멸하지 않고 계속 살아남아 있는 이유는 생의 본능이 절멸의 욕구(annihilative drive)를 걸러내고 있기 때문이라는 것이다. 공격적 행동은 바로 인간들을 자살로 몰아갈 수도 있는 파멸적 에너지를 분출시킬 수 있는 탈출구를 제공하는 것으로 본다.

이러한 가설에 의한다면 인류역사에 지속적으로 반복되어 나타나고 있는 전쟁과 분쟁은 집단들이 자신들을 파멸로 이끌게 되는 자기파괴적 경향을 타자에게로 전이시킴으로써 자신들 집단의 존속을 가능케 하는데 필요한 주기적인 에너지 분출 기회라고 볼 수 있을 것이다. 바로 이러한 주장이 프로이드 정신분석학의 기본적인 발상이며 아인슈타인의 편지에 대해 프로이드가 답장 형식으로 보낸 유명한 편지에서 그 내용이 잘 요약되어있다.

아인슈타인은 스스로 자신을 '전투적인 평화주의자'라고 생각하고 있었지만 인간을 전쟁이라는 숙명으로부터 해방시킬 방안이 있는가에 대해서는 상당한 의구심을 가지고 있었다. 그는 우선 전쟁은 소수의 사람들에 의해 야기되는 것이라고 생각했지만 이 소수의 사람들이 '어떻게 일반 국민 대중들을 미쳐 날뛰게 하고, 자기를 희생하도록 불을 붙일 수 있다는 말인가?'라는 질문에 대해서는 대답할 방법이 없었다. 아인슈타인은 인간의 내면에는 미워하고 파괴하고 싶은 욕망이 살아있다고 생각하며 그러한 소질은 보통 때에는 잠복해 있다가 비정상적일 때에만 밖으로 드러난다고 생각했다. 아인슈타인은 바로 프로이드와 같은 심리학자가 대답할 수 있는 궁극적인 문제, 즉 미워하고 파괴하려는 이상심리에 저항할 수 있는 인간의 심리를 발전시켜 나갈 수 있는 가능성은 있는가?라는 질문을 제기한 것이다.

이러한 질문에 대한 프로이드의 대답은 비관적인 것이었다. 프로이드는 한 공동체 내부에서도 이해관계의 알력을 폭력적으로 해결하는 길을 피할 수 없으며, 다른 공동체들 사이에서의 알력은 전쟁이라는 힘겨루기를 통해서 결판나는 것이 역사의 현실이라고 말했다. 그는 전쟁은 역설적으로 우리가 원하는 영원한 평화를 이룩해 내는데 반드시 적절하지 못한 수단이라고는 말할 수 없다고 주장함으로써 전쟁의 긍정적 기능을 인정하기도 하였다. 프로이드는 커다란 통일체가 이루어질 경우 통일체 내부에서는 폭력의 사용 가능성이 없어지고 하나의 법질서가 여러 가지 알력을 조정하기 때문에 평화의 가능성이 높아질 것이라고 생각하였다.

프로이드가 직접 인용한 예를 들자면 로마인들에 의한 세계 정복은 지중해 연안 국가들에 값진 '로마의 평화(Pax Romana)'를 가져다주었고 프랑스 왕들의 영토 확장 욕심은 프랑스를 풍요롭게 하고 그 전성기를 꽃피게 했다. 프로이드는 전쟁은 로마제국 또는 프랑스와 같은 커다란 통일체를 만들어 낼 수 있고 이런 통일체 안에서는 일종의 강력한 중앙집권적인 권력들이 존재함으로서 다른 전쟁이 발생하지 않도록 해 준다고 생각했다.

프로이드는 아인슈타인이 생각했던 '인간의 내면에는 남을 미워하고 멸망시키려 하는 본능이 존재하고 있지는 않는가?'라는 질문에 대해 '전적으로 그렇다'라고 대답하고 있다. 프로이드 자신은 몇 년 동안 이러한 충동이 밖으로 드러나는 것을 연구하는데 힘써왔다고 밝힌 후 아인슈타인 박사에게 보낸 편지를 통해 소위 본능론 또는 충동론에 관한 짧은 강의를 하고 있다. 프로이드는 인간의 본능은 오로지 두 가지 종류밖에 없다고 가정하고 있다. 삶을 추구하고 지향하는 '에로스적' 본능과 파괴하고 죽이려 하는 타나토스적 본능이 그것이다.

프로이드는 이 두 가지는 본래 세상에 이미 잘 알려져 있는 사랑과 미움의 대립을 이론적으로 변화시켜 놓은 것에 지나지 않는다고 말하고 있다. 이 두 가지 본능은 선과 악이라는 구분이 불가능한 것이며,

이 두 가지 본능은 하나라도 없어서는 안 되는 것이며, 이 두 가지 본능이 상호 작용함으로써 생명 현상이 나타난다고 하였다.

프로이드는 인간의 행위는 여러 가지 다른 종류의 행위들이 복합되어 나타나는 것이며 하나의 특정 행위가 오직 한가지의 본능이 활동한 결과로 나타나는 경우는 거의 없다고 주장 하였다. 생물은 다른 생물을 파괴함으로서 스스로의 생명을 보존해 나가고 있는 동시에 모든 생물의 내면에는 이러한 죽이고자 하는 본능의 일부분이 활동하고 있다는 것이다.

그러나 프로이드는 전쟁이 비록 인간의 본능 때문에 유발되는 것이라고 할지라도 전쟁을 방지한다는 일이 전혀 불가능한 일이라고는 생각하지 않았다. 많은 학자들이 프로이드의 정신분석학에 의하면 인간들의 전쟁을 회피하려는 노력은 부질없는 일이라고 생각하고 있으나 프로이드는 '인간성에 내재한 공격적인 충동을 완전히 제거함은 불가능한 일이지만, 공격적인 성향이 전쟁으로 비화하는 것을 막을 수 있도록 노력할 수는 있을 것'이라고 언급함으로써 비록 인간에게는 전쟁의 본능이 있기는 하지만 전쟁 회피를 위한 노력 또한 가능한 것으로 보고 있다. 그는 전쟁을 극복하기 위한 간접적인 방법은 파괴의 본능에 반대하는 본능, 즉 에로스(Eros)에 호소하면 될 것이라고 말하고 있다. 또한 사람들 사이에 감정의 유대(공동의식)를 형성시킴으로서 전쟁에 반대하는 노력을 시도할 수 있다고 하였다.

요약하건대, 프로이드에 의하면 전쟁이란 인간 본능에 내재하는 파괴의 본능에 의해 당연히 연유하는 결과인 것이다. 그럼에도 불구하고 프로이드는 인간의 노력을 통하여 전쟁을 종식시킬 수 있는 희망을 가질 수 있다는 약간은 역설적인 논리를 전개하고 있다.

3) 콘라드 로렌츠(Konrad Lorenz)의 동물행동학(Ethology)과 전쟁의 원인

전쟁의 원인을 인간의 내재적인 본능으로부터 추출하려는 프로이드의 설명은 오늘날 그 추종자가 별로 많지 않다. 그러나 전쟁, 공격성의 원인을 동물의 행태 및 행동을 연구함으로써 밝혀내고 그것을 통해 인간의 전쟁 행위를 설명하려는 시도가 콘라드 로렌츠에 의해 시도되었으며 그의 학문체계는 동물행동학이라는 새로운 분야를 개척, 성립하게 하였다. 그는 특히 1973년 노벨상을 수상함으로서 세계적인 명성을 날리게 되었고 그의 저서들도 널리 읽혀지게 되었다. 로렌츠의 주장 중 가장 충격적인 것은 '인간은 고칠 수 없는 공격본능을 가졌다'라는 단정적인 언급이다.

동물의 행동을 연구함으로서 인간 행동의 수수께끼를 풀어 보고자 했던 로렌츠는 토끼들의 격렬한 싸움, 그리고 껍질이 거의 다 벗겨질 정도로 빈사 상태에 이른 비둘기를 깔고 앉아 그놈을 끊임없이 쪼아대는 다른 암컷 비둘기의 잔인한 모습을 관찰하였다. 밑에 깔려 다 죽게 된 비둘기가 도망가려고 혼신의 힘을 쓰면 위의 놈은 금방 뒤따라가서 도망가는 놈을 날개로 쳐서 땅에 쓰러뜨렸다. 그리고는 자신도 피곤하여 눈을 자꾸만 감으면서도 그 무자비한 살해(killing) 작업을 계속하였다.

이 비둘기 싸움을 관찰한 로렌츠는 자기 종족에게 그렇게 처참한 상처를 입히는 척추동물의 싸움을 아직 본 적이 없다고 말하고 있다. 평화의 상징이라는 비둘기들이 이처럼 처절한 싸움을 벌인다는 사실은 잘 알려지지 않은 일이다. 로렌츠는 온순하다고 생각되는 초식 동물들도 그토록 처절하게 싸우는 것을 보고 '자연의 섭리에 의해 강력한 무기를 부여받은, 피를 즐기는 육식동물들이 싸울 때 그 싸움은 얼마나 격렬할까? 치명적 무기를 갖추지 못한 동물인 비둘기 같은 놈도 상대방을 껍질 벗겨 죽일 정도로 치열한 싸움을 하는 판이라면, 두 마리 늑대가 싸울 경우 그 싸움은 얼마나 잔인할 것인가?'라는 궁금증을 가지게 되었다.

우리들은 당연히 육식동물, 특히 맹수들의 싸움은 더욱 잔인할 것이라고 생각하고 있다. 로렌츠는 비둘기의 싸움과 비교하기 위하여 대표적인 맹수인 늑대들의 싸움을 관찰한 적이 있었다. 로렌츠는 윕스네이드 동물원에서 회색빛의 거대한 늙은 늑대 한 마리와 비슷한 크기의 젊은 늑대 한 마리가 싸우는 것을 관찰하였다. '한동안의 격렬한 싸움 끝에 젊은 늑대는 결국 노련한 늑대에게 밀려나 창살에 부딪혀 발을 비틀거리며 넘어졌고, 늙은 늑대는 그 위를 덮쳐눌렀다. 그러고 난 후 예상과는 정반대의 괴이한 일이 일어났다. 두 마리의 늑대는 서로 같은 방향을 향해 나란히 하고, 어깨를 맞댄 채 가만히 서 있었다. 늙은 놈은 깊숙한 베이스의 음성으로, 젊은 놈은 높은 음성으로 심하게 으르렁거렸다. 그러나 두 늑대의 자세에는 유의해야 할 특이한 점이 있었다. 승리한 놈인 늙은 늑대의 입이 패배한 놈인 젊은 늑대의 목 부위 아주 가까이에 가 있었다. 젊은 늑대는 몸을 저편으로 돌려, 몸에서 가장 치명상을 입기 쉬운 목의 굴곡 부분을 늙은 늑대에게 내어 맡기고 있었던 것이었다! 목의 굴곡 부분에서 3cm도 떨어지지 않은 곳에 싸움에 이긴 늙은 늑대의 이빨이 입술 아래에서 빛나고 있었다. 싸우는 동안 두 마리 늑대들은 이 목을 적으로부터 보호하고자 애를 썼다. 그런데 싸움이 끝나는 무렵 수세에 몰린 약한 놈이 치명상을 입을 수 있는 목 부위를 적에게 내놓고 있는 것처럼 보였다.'

싸움에 진 늑대가 적에게 자신의 치명적인 목 부위를 내어 맡기고 있는 것은 외관상으로 그렇게 보인 것이 아니라 실제로도 그러했던 것이다. 로렌츠는 이러한 상황에서 승리한 늑대가 상대방의 목을 물어 죽이는 일은 결코 없다는 사실을 발견하였다. 약자의 공손한 태도가 계속되는 한 강자는 상대방을 죽이는 일을 자제한다는 것이다. 바로 이 같은 수수께끼를 로렌츠는 '억제 기제(inhibiting mechanism)'라고 명명하였다.

토끼, 비둘기, 늑대의 싸움을 관찰한 후에 로렌츠는 척추동물의 종류를 두 가지로 구분했다. 하나는 토끼처럼 상대방에게 치명적인 공격을 가할 수 있는 무기를 갖추지 않은 동물, 그리고 다른 하나는 늑대처럼 상대방에게 치명적인 공격을 가할 수 있는 날카로운 발톱, 이빨 등의 치명적인 무기를 가진 동물이다. 토끼는 싸움하다가 지게 되는 놈이 도망쳐 버릴 수 있지만, 토끼장 등으로 가둬 놓은 상태에서 싸움이 벌어질 경우 그놈들은 상대방을 찢어 죽일 정도로 치열한 싸움을 벌인다. 반면 늑대의 경우 패배한 상대방이 죽는 경우는 흔치 않다. 로렌츠는 늑대와 같은 부류의 동물들은 공격적 본능과 더불어 억제 기제를 진화시켰고 바로 이러한 억제 기제는 치명적인 순간에 상대방에게 목을 내어놓는 것 같은 유화(宥和)의 몸짓(appeasement gesture)을 가능케 했다고 설명하였다.

여기서 로렌츠는 이러한 동물 세계의 논리를 인간 세계에 적용시킨 후 전쟁과 인간의 미래에 관한 대단히 비관적인 결론을 도출한다. 로렌츠에 의하면 인간이란 상대방에게 치명타를 가할 수 있는 무기를 갖추지 못한, 토끼 혹은 비둘기와 같은 부류에 속하는 동물이다. 인간이 자연적으로 가지고 있는 무기란 무딘 이빨, 허약한 손가락 등이며 그 결과 늑대와 같은 맹수 부류에 속하는 동물들이 보유하고 있는, 상대방을 일격에 살해할 수 있는 무기를 가지지 못하고 있다. 인간은 싸움에 관한 한 생물학적으로 토끼와 비둘기에 가까운 종이다.

그러나 인간은 문명의 발달 과정에서 돌멩이를 집게 되었고 오늘날 고도의 살상력을 갖춘 무기를 만들기까지 그다지 오랜 세월이 소요되지 않았다. 이제 인간은 상대방에 대하여 늑대보다 훨씬 치명적인 살상 능력을 보유하게 되었다. 문제는 늑대와 같은 치명적인 살상력을 갖추게 된 인간들이 늑대처럼 결정적 순간에 자신의 목을 상대방에 내놓을 수 있는 것 같은 억제 기제를 아직 진화시키지 못하고 있다는 점이다.

로렌츠가 제기하는 문제는 단순히 인간의 공격성이 자제될 수 없다는 것만이 아니다. 늑대의 싸움에서처럼 패배당한 녀석이 이긴 녀석에게 물리면 즉사할 수 있는 목을 내놓지만 (유화의 제스처) 이긴 녀석은 진 녀석의 목을 물어 죽여 버리지 않는, 즉 억제 기제가 전혀 개발되지 않은 상태에서 인간들은 싸움을 벌이고 있다는 점이다. 치명적 살상 무기를 손에 쥐게 된 인간이 전쟁을 벌일 경우, 그들은 아직도 생물학적으로는 비둘기나 토끼들과 같아서 한편이 죽을 때까지 싸움을 지속할 것이라는 점이다. 늑대의 싸움에서 보여 지는 유화의 제스처와 억제 기제를 갖추지 못한 인간들이 상대방을 격멸해 버릴 수 있는 치명적인 무기를 갖추고 있는 상황이 되어 버린 것이다.

그러나 로렌츠는 인간의 상황에 희망이 없다고만 보지는 않았다. 마치 늑대의 경우처럼 인간에게도 결국 방어기제가 진화적으로 형성될 수 있으리라는 것이다. 문제는 이러한 진화과정이 너무나 긴 시간, 아마도 수천 년 단위의 시간을 필요로 하리라는 점이다. 이러한 인간이 핵무기를 만들어 보유하고 있다는 사실을 로렌츠는 인간이 저지른 대죄(大罪) 중 하나라고 기술하였다. 로렌츠는 인간이 저지른 여덟 가지 대죄 중 하나가 인간들이 핵폭탄을 만들었다는 사실이라고 말하고 있다. 로렌츠는 1963년 그를 유명하게 만든 '공격성에 관하여(On Aggression)'라는 책을 출간하였다(영어 번역판은 1966년 간행). 로렌츠는 이 저서에서 공격 성향은 본능에 의한 것이라는 사실을 더욱 체계적으로 설명하였다.[Konrad Lorenz, *On Aggression* (New York: Harcourt, Brace & World, 1966)]

4) 사회생물학(Sociobiology)적 전쟁원인

최근 우리나라에서도 사회생물학 분야를 다룬 학술서적들이 여러 권 번역되어 발간되었다. 사회생물학은 본능주의 이론이 좀 더 정교화된 것이며 하버드 대학의 윌슨(Edward O. Wilson) 교수에 의해 체계적으로 발전되었다. 윌슨 교수는 사회생물학을 '모든 사회적 행태의 생물학적 근거에 관한 체계적 연구'라고 정의하고 있으며 벌레 및 동물들의 행동을 넓게 연구함으로서 대부분의 인간 행동은 이미 태어날 때부터 형성된 것이라는 논리를 지지하였다.

사회생물학의 기본적인 주장은 '인간의 사회적 행동은 자연도태의 결과를 거쳐서 진화(進化)되어진 것이다'라고 보는데 있다. 그러나 윌슨은 동물들이 싸움만 하기보다는 오히려 평화적이기를 원하고 직접 싸움에 임하기보다는 오히려 으르렁거리는 상태(bluffing)를 선호한다는 사실을 지적하며 이러한 점이 공격성 이론의 한계라고 주장하였다. 동물들에게는 적정수준의 공격성(optimal level of aggressiveness)이 존재하며 어떤 종류의 동물들에 있어서 공격성의 적정수준은 영(Zero, 零)일 수 있다고 주장하였다. 즉 모든 동물에서 공격성이 일정한 수준으로 나타나는 것은 아니라고 주장한 것이다.

윌슨은 인간의 공격성도 생물학자의 입장에서 적응적 행동(adaptive behavior)으로 볼 수 있는 것이라고 주장하고 있다. 그러나 윌슨은 공격적 행동이 인간의 속성은 아니며 인류문화에서 다수의 지위를 점하고 있는 행위도 아니라고 주장했다. 공격적인 행동의 패턴은 어떤 특정한 스트레스-예로서 음식물의 결핍, 인구의 과도한 밀집 상태 등-의 상황에서 자주 나타난다는 사실을 고려해본다면 공격적 행동은 본능이기보다는 적응적 행동이라고 간주되기에 충분하다고 논하고 있다.

월슨은 인간의 공격성이 인간의 본능에 내재하는 것이라는 주장을 부정하지만 동시에 인간의 공격적인 행동을 마치 비정상적인 행위의 하나로 간주하는 인류학 또는 심리학의 이론도 올바른 것은 아니라고 비판하였다. 월슨에 의하면 인간의 공격적인 행동 또는 남을 못살게 하는 행동(bullying behavior) 등은 스트레스나 비정상적인 사회 환경에 의해 나타나게 되는 것이며 그 행동은 그러한 상황에 던져진 인간의 생존성을 높이는 방향으로 작용되도록 계획되어진 것이라는 의미에서 '적응적 행동'이라고 볼 수 있다고 주장하였다.[Edmond O. Wilson, *Sociobiology: The New Synthesis* (Twenty-Fifth Anniversary Edition 2nd Edition, Cambridge: Harvard University, 2000); 이병훈, 박시룡 (역) 『사회생물학-사회적 진화와 메카니즘』(서울: 민음사, 1975)]

사회생물학적 연구 결과는 본능주의 이론에 비해 흑백논리에 빠져 있는 정도가 덜하고, 인간의 행동을 단순히 생물학적 결정론에 의해서 설명을 하지는 않지만 인간의 행동이 진화과정에서 선택되고 인간성에 내재하는 것이라고 주장한다는 의미에서 내적 패러다임, 즉 전쟁의 원인을 인간의 본능과 결부시키는 이론에 속한다고 볼 수 있을 것이다.

5) 인간의 공격본능이 전쟁의 원인이라면 인간에게 희망은 있는가?

이상에서 제시한 주장들은 내면에 존재하고 있는 본능 또는 본능에 가까운 요인 때문에 인간은 전쟁을 할 수밖에 없는 운명에 놓여져 있다고 말하고 있다. 그렇다면 전쟁을 방지하기 위한 노력은 허무한 노력에 불과할 것인가? 이들의 이론을 지지하는 학자들도 많지 않은가? 로렌츠의 본능과 공격에 관한 이론은 많은 추종자들을 거느리고 있다. 로렌츠의 이론을 지지하는 대표적인 학자들은 로렌츠의 수제자이며 동물행동학을 인간의 영역에도 적용한 아이블 아이베스펠트(Irenaus Eibl-Eibesfeldt), 동물의 공격성은 동물이 기거하는 영역(territory)과 깊은 관계가 있다고 주장하는 로버트 아드리(Robert Ardrey), 공격성은 지적인 성취의 기반이 된다고 주장한 앤쏘니 스토어(Anthony Storr), 그리고 우리나라에도 저서의 번역본이 여러 권 출판된 데스몬드 모리스(Desmond Morris) 등이다.

많은 학자들의 지지를 받고 있음은 분명하지만 전쟁이란 인간의 본능에서 비롯되는 것이라는 설명은 분명한 한계를 가지고 있는 불충분한 설명이다. 인간 행위의 연원이 어디에 있는가의 문제는 인간의 지성이 발달하기 시작한 이래 지금까지 논쟁거리가 되어 왔지만 아직도 단정적인 결론을 내릴 수 있는 문제는 아니다. 이천 수백 년 전 아리스토텔레스는 인간은 '사회적인 동물'이라고 말한 바 있는데 이 말은 인간은 사회라는 환경 속에서 살고 있는 동물 이상의 존재인 한편, 또 다른 측면에서는 역시 인간은 동물이라는 양면적인 의미를 나타내고 있다.

위에서 소개한 이론들은 '인간 행동의 연원은 주로 인간의 동물적 본능에서 연원'한다는 가정에 기초한 것들이다. 그러나 오늘날 다수설의 지위를 차지하고 있는 견해는 소위 행동주의학파(Behaviorists)라고 불리는 사람들의 견해로서 '인간의 행동은 환경적 자극에 대한 반응'이라는 생각이다. 스키너(B. F. Skinner)라는 학자에 의해 대표되는 이 견해는 '인간의 모든 행동은 태어난 이후의 성장 과정에서 습득되어지는 것'이라고 보고 있다. 앞에서 이미 소개했던 인류학자 마가레트 미드 여사의 '전쟁이란 발명된 것일 뿐 생물학적 필요에 의한 것은 아니다'는 주장 역시 이 부류에 속하는 이론이다.

전쟁은 인간의 본능 때문에 발생한다는 주장이 비판을 받는 또 다른 이유는 이 이론들이 공격성과 전쟁을 같은 차원에 놓고 분석한다는 한계 때문이다. 공격성은 주로 개인을 연구한 결과인데 전쟁은 본질적으로 집단적인 행위다. 바로 이런 점에서 사무엘 킴(Samuel S. Kim) 교수는 정교한 비판 없이 로렌츠의 이론이 사회과학 일반은 물론 평화 연구에 적용된다면 그것은 잘못된 일일 뿐만 아니라 위험한 일이기도 할 것이라고 주장하였다.

사회생물학, 동물행동학, 프로이드 심리학 등에서 개발된 인간의 본능과 전쟁 간의 밀접한 관계에 관한 주장들이 그 적용에 문제가 있다는 점이 가장 중요한 비판의 포인트가 된다. 필자는 개인 차원의 이론을 어떻게 국제정치에 적용해야 하는가?라는 문제에 초점을 맞추기보다는 이 이론의 논리적, 경험적 하자를 밝히려는 노력이 더욱 필요하리라고 생각하는 편이다. 전쟁사를 공부하다 보면 인간은 전쟁을 하는 동안 폭력의 사용을 정말로 '즐기고 있는 것 같다'는 생각이 들 때가 한두 번이 아니기 때문이다. '전쟁이란 만약 죽지 않는다는 보장만 있다면 진짜 한번 참여해 볼 만한 일'이라는 말도 있을 정도다.

2차 대전 당시 폴란드를 점령한 독일군 병사들은 많은 사람들을 쏴 죽인 다음, 그 중에서 살아남은 폴란드 사람들로 하여금 죽은 동족을 묻을 구덩이를 파라고 명령한 다음, 살아남은 자들이 구덩이를 다 파고 동족을 묻은 다음, 살아남은 사람들도 모두 처참하게 쏴 죽인 적도 있었다. 이런 정도의 잔인함은 어느 전쟁에서라도 찾아볼 수 있다.

지금부터 약 100여 년 전 중국에서 발발했던 의화단 사건 당시 의화단은 중국을 침략한 제국주의 국가들의 선교사, 상인, 외교관들을 학살하였다. 제국주의 국가의 국민들이란 이유로 처참하게 죽어간 그들은 북경에서 55일을 버틴 끝에 제국주의 연합국 군대의 북경성 진입으로 생명을 구할 수 있었다. 자국 국민들이 처참하게 살해당한 모습을 본 제국주의 연합국은 그들의 군인들에게 3일 동안 하고 싶은 일을 마음대로 하라고 놔두었다. 북경의 중국인들과 의화단 책임자들이 제국주의 연합국 군대에 의해 어떻게 되었는지 그 처절한 모습을 상상할 필요도 없다.

2차 대전 당시 독일을 점령한 후 독일의 수용소에서 유태인이 학살당한 충격적인 모습에 구역질을 하고 먹은 것을 토했던 한 미군 중위는 분개한 나머지 학살당한 유태인들의 썩어가는 시체들 옆에서 나치 독일군 특무 근위대(SS Guard) 병사 346명을 기관총으로 쏴 죽여 버리기도 했다.[David Reynolds, *One World Divisible: A Global History Since 1945* (New York: Norton, 2000)] 우리는 '쉰들러 리스트'란 영화를 통해 아침에 일어나서 하품을 하며 기지개를 켜던 독일군 장교 하나가 운동장에서 일하고 있는 감금되어있던 유태인들을 향해 무작위로 장총을 정조준 사격하여 쏘아 죽이는 모습을 보았다. 그에게는 살아 움직이는 인간이 우리들이 사격 연습장에서 표적으로 삼고 있는 인형만도 못해 보였을까? 도대체 인간이란 어떤 동물이란 말인가?

월남전에서 한국인 병사들이 민간인을 학살했다고 문제를 제기하는 사람들이 많다. 우리들 중 그 누구라도 전쟁터에 총을 들고 참전했던 병사라면 그렇게 하지 않았으리라는 보장이 있을까?

(2) 전쟁은 인간 사유(思惟)의 결과: 전쟁과 철학

1) 전쟁은 인간 사고(思考)의 결과

만일 전쟁이 인간의 행위가 아니고 단지 인간들이 만든 기계들에 의한 것이라거나 또는 극단적으로 인간들의 싸움을 로봇이 대신해 주게 될 날이 온다면 그때의 전쟁은 더 이상 진정한 의미의 전쟁이라고 말할 수 없을 것이다. 전쟁의 가장 기본적 특징인 인간 생명의 대규모적 살상, 그리고 거기서 연유하는 두려움과 공포라는 전쟁의 본질이 없어질 것이기 때문이다. 로봇이 인간 대신 싸워주는 전쟁은 전쟁이 아니라 게임일 것이다. 그리고 자기편의 로봇이 다 부서진 국가가 상대방의 의사에 굴복할 리도 없을 것이다. 아직도 총을 들고 전쟁터에 달려갈 수 있는 인간들이 살아있을 터이니 말이다.

클라우제비츠는 전쟁이란 '적의 군사력을 철저히 파괴함으로써 적의 저항 의지를 꺾고 우리의 의지를 강요하는 일'이라고 정의하였다. 2차 대전 말기, 패전이 거의 확실한 상황에서도 일본국민들은 죽창을 만들어 놓고 결사 항전을 외쳤었다. 당시 일본 군국주의 정권은 '1억 옥쇄(玉碎)' 즉 일억 명의 일본국민이 모두 죽을 각오를 하고 덤벼들자고 일본국민을 독려했다. 가미카제 특공대라는 어처구니없는 발상에 당면했던 미국은 전 일본국민이 옥쇄하자고 달려들 경우 이 전쟁이 어떤 전쟁이 될 것인지 상상만해도 끔찍했다. 현대식 군사력에서 열세인 전투 집단이 자살 특공대를 구성하여 폭탄을 둘러맨 채, 또는 폭탄을 잔뜩 실은 트럭과 함께 적진으로 뛰어드는 모습은 오늘날 전쟁에서도 흔히 볼 수 있는 모습이 되고 말았다.

전쟁이란 바로 인간의 행동이며, 그 사용되는 무기의 종류가 무엇이든 간에 전쟁이란 대규모 인명의 죽음과 부상을 수반하는 일이라는 점에서 예나 지금이나 그리고 미래에도 마찬가지 일이다. 미국과 이라크가 1991년 걸프 전쟁을 벌였고, 2003년 미국이 다시 이라크를 침공한 이후 8년 동안 전쟁을 벌였지만 엄밀한 의미에서 이라크, 미국이란 실체는 사고하거나 행동하는 주체는 아니다. 보다 정확히 말하지만 '미국 사람들'과 '이라크 사람들'이 싸우는 것이다. 더 구체적으로 말하자면 이 전쟁은 부시 미국 대통령과 사담 후세인 이라크 대통령 간의 사적인 감정의 발로 때문이었다고 말할 수도 있다.

결국 전쟁을 이해하기 위해서는 사람에 관한 이해가 기본이 되지 않을 수 없다. 과연 사람들은 전쟁을 어떻게, 무엇이라고 생각하고 있는 것일까? 인간은 전쟁을 즐기고 있는 것은 아닐까? 그렇다면 인간은 과연 전쟁의 구렁텅이에서 벗어날 수 있을 것인가? 아니 전쟁은 구렁텅이가 아니라 인간이 그럴듯한 목적을 위해 때때로 일부러 저지르는 계산된 행동이며 그 결과를 성취하는 것은 오히려 영광스러운 일일 것인가? 바로 이러한 질문들은 전쟁을 철학적 연구의 대상이 될 수 있도록 한다.

철학(哲學)을 생에 대한 체계적 반성적 성찰(體系的 反省的 省察)이라고 한다면 전쟁철학이란 전쟁에 관한 체계적 반성적 성찰이라고 말할 수 있을 것이다. 혹자는 전쟁을 어떻게 철학적으로 사유할 수 있겠는가? 라고 반문하며 전쟁이란 결국 지저분한 짓(dirty business)일 뿐이라고 반발할 수 있을 것이다. 그럼에도 불구하고 역사 이래 수많은 인류의 선각자들은 전쟁의 문제를 골똘히 생각해 왔다. 전쟁이야말로 회피되어야만할 인간의 대죄악(大罪惡)이라고 간주되는가 하면, 전쟁은 필요악이라고 간주되기도 하고 또는 전쟁이야말로 인류문명의 진보에 순기능을 담당하는 가치 있는 일이라고 생각되기도 하였다.

2) 전쟁은 죄악: 평화의 전쟁 철학

중국 문명을 중심으로 한 동양문명은 전쟁을 연구한 대부분의 학자들이 세계 여러 문명 중에서 가장 평화스러운 문명이며 그 결과 가장 오랜 기간 동안 단절 없이 지속되었다고 찬사를 받고 있는 문명 중 하나다. 그러나 중국의 역사 및 아시아 제국의 국제정치사를 살펴보면 동양에도 엄청난 규모의 전쟁이 늘상 발발하고 있었다는 사실을 쉽게 발견해 낼 수 있다. 사실 중국의 역사에는 전쟁을 묘사하는 각양각색의 용어가 존재하고 있으며 중국 고대 역사의 한 부분은 아예 전국시대(戰國時代: B.C. 403~B.C. 221)라고 불릴 정도로 전쟁이 끊임없이 지속되었던 시대도 있었다. 이 시대의 국가들은 전쟁으로 날을 지새웠으며 서구 학자들은 이 시대를 영어로 Warring States Period 즉 '전쟁 중인 국가들의 시대'라고 부를 정도다.

중국 고대 역사서 춘추좌씨전(春秋左氏傳)에는 전쟁의 결과를 묘사하는 멸(滅), 취(取), 항(降), 천(遷) 등 4가지 용어가 나타나고 있다. 여기서 멸(滅)이란 상대방 국가를 아예 없애 버리는 것을 의미하며, 취(取)란 상대국을 먹어버리는 것 혹은 점령하는 것, 항(降)이란 항복을 받는 것, 천(遷)이란 상대국의 국왕 및 수도를 다른 곳으로 쫓아버리는 것을 의미한다. 전쟁의 결과를 묘사하는 용어만 보면 동양의 전쟁이 서양의 전쟁보다 전혀 부드러워 보이지 않는다.

이처럼 전쟁을 묘사하는 다양한 용어가 있었을 뿐만 아니라 고대 중국에는 강대국을 상징하는 만승국(萬乘國)이라는 단어가 있었는데 이는 문자 그대로 전차(戰車)를 10,000대 보유한 나라라는 의미이다. 당시 전차는 말 네 마리가 끄는 마차를 의미했다.

고대 중국 전차의 경우 전차 한 대마다 갑옷으로 무장한 10명의 장교와 20명의 보병이 할당되었으며 춘추시대의 주(周)나라는 전차

2,000대를 보유한 군단을 여섯 개나 보유하고 있었다. 당시의 대국들은 이러한 규모의 전차 군단을 보통 3개 정도 가지고 있었고 약소국 및 중급 국가조차 1~2개의 전차군단을 보유하고 있었다 하니 춘추시대(B.C. 770~B.C. 403)의 강대국은 적어도 200만의 군사력을 갖추고 있었다는 말이 될 것이다.

이처럼 전쟁은 동양 문명권에서도 일상적인 일이었으며, 그 결과 동양의 중요한 정치사상, 정치 철학은 모두 전쟁과 평화의 문제를 주요한 주제로 다루고 있다. 중국의 고대 역사가 전쟁으로 점철되었다는 사실은 역설적으로 중국의 고대 정치사상의 대부분을 평화 애호의 사상으로 만드는데 기여하였다. 특히 한대(漢代 B.C. 202~220년) 이후 정치사상은 전쟁 그 자체를 혐오하는 사상으로 특징 지워지며 이는 아마도 최근 모택동에 이르기 직전까지 지속 되어 왔던 중국인의 전쟁관(戰爭觀)이라고 말할 수 있을 것이다.

한(漢)나라 이후, 중국 정치의 기본 사상이 된 유교의 근간을 이루는 삼강오륜(三綱五倫)의 도덕률을 달성하는 방법으로도 교육이 제일 처음으로 강조되었고, 그 다음이 소위 엿과 채찍의 포상과 처벌이었으며 채찍이라는 방법은 곧 무력에 의한 방법을 말하는 것이다.

중국 사람들은 최고의 위치에 자리한 사람이, 예로서 천자(天子)가 폭력적 방법에 호소한다면 그것은 바로 자신의 덕목에 의한 통치(덕치, 德治)가 실패한 것을 자인하는 것이며 전쟁에 호소한다는 것은 정치의 파산이라고 생각하였다. 이 같은 평화 사상은 중국인들로 하여금 싸운다는 사실에 명예와 영광을 돌리지 않도록 했으며 그 결과 중

국의 어린이들에게는 그들이 흉내 낼 수 있는 알렉산더, 시저, 나폴레
옹 등이 주어지지 않았다. 비록 삼국시대의 명장 관운장(關雲長, 關羽, 관
우)이 많은 중국인들의 무신으로 추앙받고 있기는 하나 오히려 순수
무장(武將)이라고 보기 힘든 제갈량(諸葛亮)이 더욱 큰 존경을 받는 군사
적 영웅으로 인식되고 있는 것이 현실이다. 중국인의 관념에는 성스
러운 전쟁 즉, 성전(聖戰, Holy War)의 논리도, 정의로운 전쟁의 논리(正
義 戰爭論: Just War Theory)도 존재하지 않는다.

전쟁과 군사문제를 집중적으로 연구한 병가사상(兵家思想)조차도 평
화를 강조했으며, 전쟁은 조심스럽게 행해져야만 하는 일이라고 갈파
하였다. 약 2,400년 전에 처음 간행되었다고 하는 손무(孫武)의 손자병
법은 싸워서 이기는 것보다는 싸우지 않고 이기는 방법이 최선의 방
법임을 강조하였고 전쟁에서 이기고 지는 것은 병력의 많고 적음보다
는 도(道)에 있다는 사실을 주장하였다.

그런데 재미있는 사실 중 하나는 1990년대 이래 미국에서 출판
된 중국 관련 각종 저술들 중에는 중국을 평화 애호적 문명이 아니
라 오히려 현실적이고 호전적인 문명이었다고 묘사하는 경우가 점
점 많아지고 있다는 점이다. 탈냉전 시대를 맞아 중국과의 대결이 필
연적인 것처럼 보이는 상황에서 미국의 학자들은 중국의 전략 사상
을 보다 심층적으로 연구하기 시작했으며 명나라의 전략사상을 열
심히 공부한 후 중국은 호전적이며 공격적인 국가였다고 평가한 하
버드 대학의 알라스테어 이안 존스톤(Alastair Ian Johnston), 만리장성
을 깊이 연구한 프린스톤 대학의 아더 왈드론(Arthur Waldron) 등 중

진 학자들이 중국의 전략 사상이 과거의 다수설과는 달리 평화적, 방어적인 것만은 아니라는 사실을 밝혀내고 있다.[Alastair Ian Johnston, *Cultural Realism: Strategic Culture and Grand Strategy in Chinese History* (Princeton: Princeton Studies in International History and Politics, 1995); Arthur Waldron, *The Great Wall of China: From History to Myth* (London: Cambridge Studies in Chinese History, Literature and Institutions, 1990)]

서양 문명은 아예 전쟁의 문명이라고 불리고 있을 정도지만, 서양도 물론 호전적인 전쟁 사상만이 지배했던 곳은 아니었다. 서양의 정치사상도 다수가 평화를 열렬히 주장하는 평화 사상이었음은 말할 필요도 없다. 다만 서양 사상들은 전쟁의 존재를 인정하고 때로는 전쟁을 유용한 국가정책 수단 중 하나로 보았다는 사실에서 동양적 평화관과 근소한 차이를 보이는 것이다.

아리스토텔레스는 '인간은 사업이나 전쟁 모두를 할 줄 알아야 한다. 그러나 인간에게 더욱 요구되는 것은 인간들이 여가와 평화를 즐기며 살 수 있어야 한다는 것'이라고 언급하였다. 그렇기 때문에 아리스토텔레스는 정복 혹은 군사적 행위 일반을 국가의 근본적인 목표로 삼고 있는 헌법은 오류라고 주장했다. 국가의 최종 목표는 국민의 행복을 보장하는 것이며, 군사력은 이웃을 노예로 만들기 위해서 또는 자유인에게 족쇄를 씌우기 위하여 존재하는 것이 아니라고 주장했다.

그리스의 정치사상은 상당한 정도로 평화 애호적인 정치사상이라고 말할 수 있을 것이다. 그리스 정치사상은 전쟁을 그 비합리성 때문에 비판의 대상으로 간주하고 있다. 예로서 헤로도토스는 '평화보다 전쟁을 더 좋아하는 사람처럼 어리석은 사람은 없다. 아들 대신 아버지가 묻히고 아버지가 자기 아들을 매장하는 전쟁을 좋아하는 사람은 없을 것이다'고 말했다.

3) 싸워도 되는, 싸워야 하는 전쟁: 정의의 전쟁(Just War)

전쟁을 비판하고 평화를 지지한다는 것은 대부분 철학도들의 기본적 입장이다. 그러나 평화를 이상적인 형태로 보고 평화의 건설을 목표로 함에도 불구하고 철학자들은 이 세상의 모든 전쟁을 다 부정해야 한다고 주장하지는 않는다. 한국 대통령들은, 특히 좌파적 사상을 가진 대통령들은 입버릇처럼 '아무리 나쁜 평화라도 전쟁보다는 낫다'고들 말하고 있는데 이처럼 생각하는 것은 국가를 책임진 지도자로서는 올바른 견해는 아니다. 예로서 히틀러의 침략전쟁에 대항해서 싸우지 않는다는 것은 평화주의라고 말하기보다는 오히려 비겁한 일이라고 말해야 할 것이다. 상대방의 부당한 침략전쟁에 대항해서 결연히 맞서 싸워야 하는 것이 더욱 올바른 일이라고 말할 수 있을 것이다.

그래서 서양의 정치사상에는 정당한 전쟁의 존재를 인정하는 전통이 있다. 그 대표적인 것이 기독교를 중심으로 발전한 '정의의 전쟁론(正義의 戰爭論, Just War Theory)'이다. 동양의 유교적 전통은 전쟁을 혐오함을 주류적 특징으로 삼는데 반해 기독교 사상은 전쟁에 관해 다양한 태도를 견지하고 있다는 특성을 가진다.

물론 시대의 흐름에 따라, 그리고 사회의 변천에 따라 기독교는 전쟁에 관해 약간씩 상이한 입장을 취하고 있었다. 베인튼(Bainton) 교수는 기독교 윤리에는 전쟁과 평화에 관해 크게 세 가지 태도가 있는데 그것은 평화주의(Pacifism), 정의 전쟁론(Just War Theory), 그리고 십자군 이념(the Crusade)이며 이 세 가지 태도는 연대기적인 순서로 나타났다고 주장한다.

초기 평화주의를 지향하던 기독교는 야만인의 침략 위협을 심각하게 느끼기 시작한 4세기 이후 고전적인 평화주의적 세계관에서 탈피하여 의로운 전쟁 즉 정의전쟁론(正義戰爭論)을 택하게 되었다. 기독교적 정의 전쟁론은 성전(聖戰, Holy War) 개념을 낳았고 성전의 대표적 전쟁이 십자군 전쟁이었다. 십자군의 이념은 정복에 의해 세계평화를 추구하려는 것이었다. 평화라는 목적을 위해 전쟁이라는 수단이 허용된 것이었다.

1차 대전에 참전 선언에서 미국의 윌슨 대통령의 언급 즉 '모든 전쟁을 끝내기 위해 이 전쟁에 참전한다(War to end all wars)' '민주주의가 안전한 세상을 만들기 위해 이 전쟁을 시작한다(war to make democracy safe)'는 논리의 기반이 여기 있는 것이다.

제2차 세계대전 이후의 시대는 핵 시대(Nuclear Age)라고 특징 지워지는데 이 시대의 기독교는 다시 평화주의적 전쟁관을 택하고 있다. 기독교는 시대적 상황의 변화에 따라 약간씩 상이한 전쟁관, 평화관을 제시하기는 했으나 기독교의 기본적 가르침은 평화였다. 예수의 탄생은 '하늘 높은 곳에서는 하나님께 영광이요 땅에서는 마음이 착한 이들께 평화'라는 말씀과 함께하셨다. 부활한 예수는 제자들에게

'너희에게 평화가 있기를' 하고 인사했으며 성경은 기독교가 평화의 종교임을 분명히 밝히며 '평화를 위해 일하는 사람은 행복하다. 그들은 하나님의 아들이 될 것이다'라고 강조하였다.

4) 호전적 전쟁 철학

로버트 나이스벳(Robert Nisbet)은 그의 사회사상에 관한 저서의 첫 문장을 다음과 같은 글로 시작하고 있다. '사회철학에 관한 책의 맨 앞에서 전쟁과 군국주의를 다루는 것이 이상해 보일는지 모르지만, 서양의 사회사 특히 서양의 지성사 및 서양인의 가치에 관한 역사연구에서는 이 문제에 관한 분석이 반드시 포함되어야 한다… 우리들이 좋아하든 않든 간에 지난 3,000년 전부터 현재에 이르기까지 서양 문명은 인류 역사상 가장 전쟁이 많았고, 전쟁에 의해 지배당했고, 그리고 군사 문명이었다는 증거가 명백하기 때문이다.'

또한 유명한 전쟁사학자인 마이클 하워드(Michael Howard)는 '유럽의 문명은 전쟁과 더불어 시작되었으며 평화는 예외적인 시기와 장소에서만 존재했던 것'이라고 쓰고 있다.

사실상 서양 철학의 본류라고 말할 수 있는 그리스 철학에는 전쟁 문제에 관한 윤리적 입장이 거의 나타나 있지 않으며 그리스 철학은 전쟁을 사회 질서의 숙명적인 한 부분으로 생각하고 있었다.

특히 헤라클레이토스는 전쟁을 '숙명적 질서'의 일부분으로 간주했다. 그는 '전쟁은 만물의 아버지이고 만물의 왕'이라고 생각하였다. 모든 발전은 대립적인 여러 힘이 빚어내는 양극 간의 화합을 통하여 이루어진다고 본 그는 이념과 이념, 인간 대 인간, 남자 대 여자, 계급 대 계급 간의 그리고 민족 대 민족 간의 투쟁을 통하여 조화를 이루는 세계 전체가 형성된다고 생각하였고 이러한 면에서 볼 때 투쟁 혹은 전쟁이야말로 만물의 아버지가 되는 것이다.

플라톤은 공동생활의 조직 및 완벽한 국가를 위한 계획이었던 자신의 저서 『공화국(The Republic)』에서 전쟁에 대해 분명하게 적대적인 입장을 나타내는 언급을 하지 않았다. 플라톤이 말하는 이상 국가는 오히려 전쟁을 수행할 능력을 갖춘 국가여야 했으며 외세로부터 국가를 지키기 위해 군인들을 훈련시켜야만 한다는 것이 오히려 국가의 중요한 의무였던 것이다.

전체적으로는 평화 지향적인 철학자로 보이지만 아리스토텔레스의 경우 그의 대표적 저술인 『정치학(Politics)』에서 평화의 문제에 관한 정교한 언급을 하지 않았다. 아리스토텔레스는 전쟁을 분쟁 해결을 위한 '정당한 수단'으로 간주하고 있으며 비록 전쟁 그 자체를 찬양하지는 않을지라도, 더군다나 전쟁이 공동체의 생활에서 궁극적인 목표는 결코 아니라고 할지라도 전쟁에 대비하는 일은 올바른 일이라고 주장하였다.

전쟁의 가치를 하나의 유용한 국가정책의 수단으로 간주한 대표적인 사상가는 누구보다도 마키아벨리(Nicollo Machiavelli)라고 할 수 있을 것이다. 그는 그의 『전술론(The Art of War)』에서 더욱 강력한 군대를 위하여 용병제를 폐지하고 시민군 제도를 도입해야 한다고 주장했으며 전술론보다 훨씬 유명한 저서 『군주론(*The Prince*)』에서는 '무장한 예언자는 승리를 거두고 무장하지 않은 예언자는 패배한다.' '영토를 얻으려는 욕망은 매우 자연스러운 것이며 정상적인 것이다. 그리고 일을 성공적으로 수행할 수 있는 사람들이 영토를 구하고자 한다면 언제나 칭찬을 받을지언정 비난을 받지 않는다'라고 말함으로써 전쟁의 가치를 적극적으로 옹호하는 현실주의적 정치학 이론을 제시하였다. 전쟁이란 오로지 회피되어져야만 하는 것이 아니라 정치적인 목적의 달성을 위하여 유용하게 사용될 수 있는 수단이라고 인식된 것이다.

이러한 마키아벨리적 전통은 홉스, 헤겔, 니체로 이어지게 된다. 인간의 자연 상태를 '만인의 만인에 대한 투쟁' 상태로 간주하는 홉스는 국가들이 서로 상대방을 적대적으로 생각하는 상태를 바로 전쟁 상태(State of War)라고 간주하고 평화란 이와는 반대로 국가들 사이에 호전적 관계가 상정되지 않는 경우라고 보았다.

홉스(Hobbes)는 전쟁을 평화를 확보하기 위한 수단이라고 생각하지는 않았다. 전쟁이란 연속적인 힘의 관계(Power relations)이며 평화란 단지 전쟁이 없는 상태라고 간주했다. 홉스에게 있어서 정의의 전쟁, 부정의의 전쟁에 관한 개념적 구분은 존재하지 않았고 홉스는 전쟁과 정치도 구분하지 않았다. 왜냐하면 홉스가 보기에 전쟁이란 인간들이 이룩한 사회에서 자연스러운 일이라고 간주되었기 때문이다.

나폴레옹의 시대를 살았던 헤겔 또한 전쟁을 저주하기보다는 오히려 전쟁을 찬미한 철학자였다. 그는 나폴레옹을 직접 목격할 기회를 가졌었는데 그 감격을 다음과 같이 표현했다. '말에 올라앉아 세계를 넘나 보면서 이를 송두리째 지배하고자 오직 한 가지 일에만 몰두하는 위대한 개인을 여기에서 바라본다는 것은 실로 말할 수 없는 감흥을 주는 일이었다.' 헤겔은 전쟁이란 인간의 자연적 조건(natural condition)이며, 생을 위해 절대적으로 필요한 것이라고 간주하였다.

평화의 정치사상이 주종을 이루는 중국에도 전쟁 선호 사상은 존재했다. 중국의 고대 정치사상 모두가 평화만을 강변하지는 않았던 것이다. 부국강병(富國强兵)의 법가(法家) 사상도 존재했으며 전쟁을 선호한 것은 아니나 세계 최초, 최고의 전략론인 손자병법도 중국 문명의 산물이었다. 법가 사상의 철학가 상앙(商鞅)은 거국개병(擧國皆兵)의 병제를 주창하였고 전 국민을 3대군 즉 건장한 남자, 건장한 여자, 남녀의 노약자로 나누어 전 국민을 군사화하였는데 이러한 제도는 당시 진(秦)나라의 호전적 풍토를 더욱 조장하기도 하였다.

상앙(商鞅)이 공포했던 법률들은 거의 대부분이 국민들로 하여금 용감하고 죽음을 두려워하지 않도록 만들어 전투 정신을 높이려는 것이었다. 포로나 적을 죽이거나 잡는 자에게 벼슬과 상을 주고 적을 무서워하거나 후퇴하는 자는 사형에 처하고 집안 식구들도 처단하였다. 모든 사람은 전쟁이 일어났다는 소식을 들으면 오히려 서로 축하하고 일상생활에서 먹고 노래하는 것 역시 전쟁에 관한 것이 되게 하였다. 상앙은 진나라 국민 모두가 군인의 자격을 갖추고 용감하게 싸워 수훈을 세우고 무를 숭상하게 만들기 위해 노력했으며 진나라의 군사정신은 고대 그리스의 스파르타를 방불케 하였다.

법가사상을 통치의 기본으로 삼은 진나라는 전국시대를 평정하여 천하통일을 이룩하는 위업을 달성하였고 당시 가장 강력한 군사력을 건설했지만 국가의 지속기간은 불과 20년에도 미치지 못하였다.(B.C. 221~B.C. 207) 이처럼 법가의 부국강병책은 진나라로 하여금 오랫동안 강대국의 지위를 누리도록 하는데 성공하지 못하였고 오히려 역대 중국 제국 중 최단명의 국가가 되도록 하는데 기여했다.

일본의 무사도(武士道) 역시 호전적 전투정신을 대표하며 일본의 역사를 전쟁으로 점철된 역사로 만들기도 했다. 인도의 브라마니즘(Bramanism) 역시 극히 호전적인 사상이다. 바라문 경전은 신과 여신과 반신(半神)과 거인이 끊임없는 전쟁으로 싸우는 모습으로 시종일관하고 있는 것이다.

5) 호전적 문명의 상징 이슬람의 전쟁 철학

이슬람 문명은 일반적으로 호전적인 문명이라고 알려져 있다. 우리들은 한 손에는 코란 경전을 들고 한 손에는 칼을 든 이슬람의 전사를 쉽게 상상하고 있으며 특히 2차 대전 이후 오늘날에 이르기까지 중동에서 발생한 전쟁이나 테러리즘은 이슬람의 이미지를 호전적인 문명으로 굳혀 놓았다.

그러나 이슬람이 여타 다른 문명보다 더욱 호전적이었는가의 문제는 실제 역사의 경험을 통해서만 판단되어질 수 있을 것이다. 실제 역사를 보았을 경우 이슬람 문명권은 다른 문명에 비해 특별히 더 많은 전쟁을 치른 것으로 되어 있지는 않다. 예로서 중동정치 전문가인 텍사스 대학의 제임스 빌(James Bill)과 칼 라이든(Carl Leiden) 교수는 '중동 사람들이 다른 사람들보다 피를 더욱 좋아하는 것도 아니며, 더 잔인하지도 않고 더욱 폭력적이지도 않다. 세상에서 발생한 수많은 전쟁에서 이슬람 문명이 차지하는 전쟁의 비율은 오히려 상대적으로 더 낮다'고 주장하였다.

그럼에도 불구하고 특히 2차 대전 이후 냉전 시대 동안 아랍인들에 의해 저질러지는 끊임없는 테러리즘과 중동지역에서 계속 야기되는 대·소규모의 전쟁은 이슬람이라는 문명은 다른 문명과 비교할 경우 더욱 호전적인 문명일 것이라는 국제적인 고정관념을 성립케 하였다. 특히 인구 수백만에 불과한 이스라엘과 이를 둘러싼 수억의 아랍제국 국민들 사이에 벌어진 지속적인 전쟁은 성경에 나타난 다윗과 골리앗의 싸움으로 비유되었다. 특히 자신들끼리도 의견의 일치를 보지 못하고 분열과 갈등을 보이는 중동 국가들 사이의 전쟁도 끊임이 없었다. 이란·이라크 전쟁, 이라크의 쿠웨이트 침공 및 이로 인한 걸프전쟁, 이라크전쟁 이후 이라크 내의 종파 간의 처절한 투쟁 그리고 보다 최근 ISIS와 아랍 국가들 사이의 전쟁들은 중동지역 및 이슬람교의 이미지를 호전적인 것으로 고정 관념화시키는데 기여하였다.

이슬람의 율법가들은 이슬람에 의해 지배당하지 않는 세상을 '전쟁의 영역'으로 간주하였고 이 지역들은 이슬람에 의해 병합되어 '순종의 영역'으로 될 때를 기다리고 있다고 보았다. 이슬람 국가들은 평화적인 수단 또는 폭력적인 수단을 사용하여 이러한 전쟁의 영역에 믿음을 전파해야 할 의무가 있다고 믿었다. 그 결과 전쟁이란 자연스러운 과정이며, 특히 모하메드를 위한 성스러운 전쟁, 즉 성전(聖戰: Jihad)에서 희생당하면 곧 천당에 직통으로 들어가 영생을 누리고 그곳에서 특권적인 지위를 가지게 된다는 환상적 믿음은 이슬람교도들을 더욱 용감한 전사들로 만들 수 있었다. 2001년 9월 11일 민간 여객기를 납치하여 뉴욕의 세계 무역 센터 건물을 들이받은 아랍 테러리스트들은 비행기가 건물을 향해 돌진하는 순간 자기들 끼리 '이제 곧 천당에서 만나자'라고 말했던 것으로 알려졌다.

이슬람에 의하면 세계는 두 개의 지역으로 나누어진다. 하나는 이슬람의 법칙이 통용되는 '다르 알 이슬람(dar al-Islam: abode of Islam)'이고 또 다른 하나는 전쟁에 의해 지배되는 '다르 알 하브(dar al-harb: abode of War)'이다. 다르 알 하브는 이슬람 세계의 외부에 있는 국가 및 공동체 모두가 포함되며 이곳에 사는 사람들은 이교도 또는 믿지 않는 사람들이라고 표현된다. 이슬람 법칙은 자신의 권위 이외에 다른 권위를 인정하지 않으며 비이슬람 지역에 이슬람을 전파해야 한다는 의무를 강조한다.

물론 이슬람교는 비교도들을 설득함으로써 이슬람을 전파하기를 권하고 있지만 비교도들이 이슬람교를 받아들이기를 거부하거나 또는 인두세(poll tax)를 내기 거부할 경우 이슬람은 이들에 대해서 성스러운 전쟁(holy war)을 수행할 수 있으며, 그런 목적 아래 수행되는 전쟁은 '지하드(Jihad)'라고 간주하는 것이다. 즉 지하드, 성전은 이슬람과 비이슬람의 싸움을 의미하며 '다르 알 하브'를 '다르 알 이슬람'으로 변형시키는 수단으로 용인되는 성스러운 전쟁인 것이다.

이처럼 이슬람의 전쟁관은 호전성을 띄고 있는 것 같으나 실제로 이슬람의 경전인 코란은 무조건적인 투쟁 일변도를 강조하지 않았다. 이슬람은 비이슬람교도들을 설득하는 방법으로 오직 지하드만을 강조하지는 않았다는 것이다. 협상, 설득, 조약체결의 방법도 강구되었고 특히 종족간의 전쟁은 잔인하고 신의 의지에 어긋나는 전쟁이라고 부정하였다. 특히 이슬람은 지하드 이외의 모든 전쟁을 다 부정하였다. 세속적인 전쟁들은 회피되어야 할 악이며 신의 법칙과도 어긋나는 것이라 하였다.

이런 측면에서 이슬람의 성전론(聖戰論)과 기독교의 정의 전쟁론과는 유사한 데가 있다. 그럼에도 불구하고 20세기의 국제정치학, 그리고 20세기 끝 무렵에 제기된 사무엘 헌팅턴 교수의 문명의 충돌론 등은 회교의 호전성을 대단히 강조하고 있는데 사실 이런 측면에서 회교도들은 억울하다는 생각이 들 것이다. 이슬람의 호전성 여부에 대한 논쟁은 미국의 여성 보수 논객 앤 코울터(Ann Coulter)에 의해 잘 정리되었다. '이슬람 교도들이 모두 다 테러리스트는 아니다. 그러나 테러리스트들은 모두가 다 이슬람이었다.'

국가 및 사회적 차원의 전쟁 원인

국가 및 사회적 차원의 전쟁 원인

(1) 국가와 전쟁: 국가란 전쟁을 수행하기 위한 최적의 조직

전쟁이란 궁극적으로 국제정치적인 현상이다. 그렇다면 왜 국제정치는 '평화의 정치'가 아니라 '전쟁의 정치'가 되고 있는 것일까? 이 질문에 답하기 위해서는 우선 오늘날 국제정치의 주역인 국민국가 혹은 민족국가(nation state, 국민국가라고 번역해야 더욱 타당할 것이다)라는 정치조직의 속성과, 이런 나라들을 구성원으로 삼아 조직된 국제체제의 속성을 살펴보아야 한다. 간단하게 말한다면 국민국가들이란 국민이 국가의 주권을 가지고, 국가의 주인 노릇을 하는 나라를 말한다. 국민이 주인이라는 의미에서 현대의 국민국가들은 과거의 왕조국가들과 다르다. 왕이 주인이 아니라 국민을 주인으로 생각하는 나라들이 국민국가들이며 오늘날의 미국, 중국, 일본, 독일, 영국 등 유엔에 가입한 모든 나라가 국민국가 즉 nation state들인 것이다.

그런데 근대에 형성된 국민국가라고 불리는 오늘날의 국가들은 평화롭게 살기보다는 오히려 전쟁하기에 더욱 타당한 조직이요 정치 형식이라는 사실을 먼저 말하지 않을 수 없다. 오늘날 세계 정치를 구성하고 있는 국민국가들은 그다지 역사가 오래된 조직은 아니다. 오늘날의 국가와 같은 막강한 정치 조직이 나타난 것은 기껏해야 500년 정도밖에 되지 않는다. 그 이전에 인간들이 만들었던 정치 조직은 오늘날의 민족국가와는 전혀 형식이 다른 조직이었다. 서기 1500년경 생겨나기 시작한 국민국가들은 여러 가지 정치 조직 중 가장 효율적으로 전쟁을 수행할 수 있는 조직이었기 때문에 다른 정치조직들을 모두 압도하고 막강한 지위를 가진 절대적인 정치 조직의 지위를 차지할 수 있었다. 저절로 생긴 것이 아니라 다른 종류의 나라들, 예를 들자면 도시국가, 왕조 국가 등 다양한 정치 조직들과 경합한 끝에 궁극적인 승리를 이룩한 조직이 바로 오늘날 전 지구를 분할해서 장악하고 있는 국민국가라는 정치 조직들이다.

잭 리비 교수는 프랑스 국민들, 이탈리아 국민들이 서로 다르다는 사실을 인식하고 '아! 나는 프랑스 사람이구나!' '아! 나는 이탈리아 사람이구나!' '나의 조국 이탈리아' 혹은 '나의 조국 프랑스'라고 인식하고 왕이 아니라 국가에 충성을 바치기 시작한 시점을 1495년이라고 보았다. 그 이전의 프랑스 혹은 이탈리아는 왕들이 다르다는 의미에서 다른 나라이었지 국민들이 서로 달랐다는 국민의식, 혹은 민족의식 때문에 다른 나라가 아니었다.

1495년 무렵부터 국가들은 이제 왕이 아니라 국민을 중심으로 조직되게 되었고 국민국가들은 다른 종류의 국가들과 경쟁, 세계 정치를 지배하는 핵심 세력으로 등장하게 된 것이다. 그래서 15세기 말엽 이후 오늘에 이르는 시대를 근대 국제체제라고 말하는 것이다. 헨드릭 스프륏트(Hendrik Spruyt) 교수는 이처럼 국민국가들이 국제정치의 기본적 단위로 발전하는 과정과 현상을 『주권국과 그 경쟁자들』이라는 저서에서 설득력 있게 설명하고 있다.[Hendrik Spruyt, *The Sovereign State and Its Competitors: An Analysis of Systems Change* (Princeton: Princeton University Press, 1996)]

민족국가 혹은 국민국가인 한국, 미국, 영국, 콩고, 일본 등등 지구 위의 200여 개의 국가에서 살고 있는 모든 나라의 국민들은 세금을 내야하고 군대에 가야하고 때로는 전쟁터에 내몰리며, 애국이라는 이름 아래 목숨도 바친다. 우리가 국가 이외의 어떤 조직에 대해 이토록 충성을 바칠 수 있을까? 우리들이 속한 회사, 학교 또는 조직을 위해 목숨마저 바칠 수 있을까? 우리가 목숨까지 바쳐가며 충성을 약속한 조직은 대한민국이라는 조직 하나뿐일 것이다. 누구도 회사를 위해 목숨을 바칠 것이라는 충성 서약을 할 수 없을 것이다.

1495년 이탈리아 사람, 프랑스 사람들이 자신들은 서로 상이한 나라 사람들이라는 사실을 인식했다고 하지만, 오늘날과 같은 국민, 국가에 대한 무한한 희생과 충성 등이 확립된 것은 1776년의 미국 독립선언, 1789년의 프랑스 혁명 등의 정치적 사건들이다. 미국의 독립은 인간 역사상 처음으로 왕이 없는 나라가 건설되었다는 점에서, 프랑스 대혁명은 왕을 단두대에 세웠고 국민이 왕을 대체하는 정치적 사건들이라는 점에서 현대국가의 기원이 되었다.

프랑스 혁명 이전 군인들이란 주로 월급을 받고 왕을 위해 싸워주는 용병(傭兵, mercenary)이었다. 그러나 프랑스 혁명 이후 군인들은 왕이 주는 월급을 받고 전쟁하는 사람들이 아니라. 국가, 민족, 국민의 이름으로, 애국심이라는 열정 앞에 국가에 목숨을 바치는 전사들이 되었다. 이들을 국민군이라 부르며 인간 역사에서 국민군의 개념이 확립된 것은 프랑스 혁명(1789), 미국 혁명(1776) 이후의 일이다. 프랑스 혁명은 졸지에 100만 단위의 대군(大軍)의 건설이 가능한 세상을 만들었다. 유럽에서 가장 대규모의 군대를 가졌던 프랑스의 루이 14세의 군대도 기껏해야 30만을 넘을 수 없었다. 루이 14세처럼 '짐이 곧 국가다(L'etat ce moi)'라고 말하는 재정이 넉넉한 국가가 유지할 수 있는 최대규모의 병력이 그 정도였었다.

그러나 프랑스 혁명 이후 프랑스는 왕의 나라가 아니라 국민의 나라로 변했다. 프랑스는 1792년 모든 국민이 일정 연령에 이르면 군에 입대해야 한다는 국민 개병제를 도입했고 월급 대신에 민족과 애국의 이름으로 전쟁터로 달려가는 막강한 군대가 탄생하게 되었다. 명장 나폴레옹이 지휘하는 프랑스 국민군은 1812년 무려 612,000명이라는 유럽 사상 최대의 병력으로 러시아를 향해 진군했다. 나폴레옹의 국민군은 유럽 전체를 파죽지세로 쓸어버리며 '국민'이라는 새로운 정치적 개념 혹은 사상을 유럽 전체에 전파하였다.

브루스 포터(Bruce Porter)는 민족 국가라는 조직은 사실 전쟁을 위하여 만들어진, 전쟁을 벌이기 가장 좋은, 그리고 전쟁과 더불어 성장한 조직이라고 말하고 있다. 그는 '르네상스 이래 2차 대전에 이르기까지 전쟁을 통해 국가들의 중앙 정부의 힘과 규모는 지속적으로 확대되었다'며 역설적으로 '외국과 싸우기 위한 국력은 동시에 자국 내부의 저항을 누르는 힘'이 되었다고 말한다. 물론 전쟁을 잘하는 조직은 국력을 가장 효율적으로 증강 및 결집시킬 수 있는 조직이며, 강화된 국력을 가장 효율적으로 투사시킬 수 있는 능력을 보유한 조직이다. 국력을 증강시키고, 국력을 효율적으로 조직하는 이유는 물론 전쟁을 성공적으로 치루기 위한 목적 때문이다.[Bruce D. Porter, *War and the Rise of the State: Military Foundation of Modern Politics* (New York: Free Press, 1994)]

오늘날 국가라는 조직이 과거에 비해 그 권위를 많이 잃고 있다고 보여 진다. 다국적 기업, 국제기구 등이 활발히 활동하면서 국제정치 영역에서 국가들이 담당했던 그 절대적인 지위가 상대적으로 약해지고 있다는 말이다. 맞는 말이다. 오늘의 국제정치에서 미국의 대규모 석유회사는 웬만한 국민국가들보다 훨씬 더 막강한 영향력을 행사하고 있음이 분명하며, 오사마 빈 라덴의 알카에다 조직은 웬만한 국가보다 국제정치적 파급 효과가 훨씬 컸다는 사실을 인정하지 않을 수 없다. 그럼에도 불구하고 국민 국가의 압도적 지위, 특히 전쟁을 수행할 수 있는 유일한 조직으로서의 지위는 앞으로도 오래도록 계속될 것이다. 적어도 지금 지구 위에 생존하고 있는 우리는 국가보다 더 막강한 조직의 출현을 보기 어려울 것이다. 미국의 최대 기업 중 GM이 아무리 힘이 막강하다 해도 전쟁을 벌일 수는 없다. 그러나 약소국인

스리랑카는 전쟁을 벌일 수 있는 것이다.

한때 세계화라는 시대조류는 국가 간의 국경을 무너뜨리고 있으며, 국민 국가의 고유 영역을 침범하고 있었지만 국가와 민족의 고유성, 배타성이 약해지고 있다는 기미는 찾아볼 수 없다. 세계화가 진행됨과 더불어 세계 각 국가의 국민들은 오히려 더욱 강한 민족의식을 느끼기 시작했다. 세계화 시대지만 오히려 많은 국가들이 이민 규제법을 더욱 강화하는 실정이며, 월드컵과 같은 국제적인 행사는 억제된 민족주의를 분출하는 장으로 사용되고 있다. 월드컵 혹은 올림픽이 진행되는 기간, 이 세계 모든 국민들은 자기 민족과 국가에 관해 더욱 절절한 감정을 느끼고 있다. 국가란 아직도 국민들이 열정적으로 목숨을 다해 충성을 바칠 수 있는 최강의 조직인 것이다. 이런 국가들이 모여서 이루어지는 것이 국제정치, 국제사회이며 국제사회는 그래서 전쟁이 일어날 가능성이 높은 것이다. 구성원 전부가 전쟁을 불사할 수 있다는 결연한 의지를 가지고 있기 때문이다.

사실 세계화 시대는 영국의 유럽연합 탈퇴, 미국에서 미국 제일주의(America First)를 내세우는 트럼프 대통령의 당선, 러시아의 푸틴, 중국의 시진핑, 일본의 아베 신조 등 국가와 민족을 강조하는 지도자들이 출현한 2010년 이후 급격히 퇴조기를 맞이하고 있는 모습을 보였다. 2020년대는 세계화의 시대가 거의 완벽하게 퇴조하고 강대국 위주의 국가주의가 다시 도래하는 시대가 되었다. 학자들도 이 시대가 다시 국가 중심의 시대로 되돌아가고 있음을 설명하는 저술들을 쏟아 놓기 시작했다.

1990년 소련이 붕괴된 이후 미국이 주도한 세계화의 시대는 겨우 20년 정도 지속된 후 여러 가지 정치적인 문제점들을 노정했고 이 문제들을 광정(匡正)하기 위한 시도로 '새로운 민족주의의 대두'라는 처방이 나오기 시작한 것이다. 요람 하조니(Yoram Hazony)의 『민족주의의 덕성(The Virtue of Nationalism)』(Basic Books, 2018); 르노(R. R. Reno)의 『강력한 신의 회귀: 민족주의, 포퓰리즘 그리고 서구의 미래(Return of the Strong Gods: Nationalism, Populism, and the Future of the West)』(Regnery, 2019); 리치 로우리(Rich Lowry)의 『민족주의를 지지하며: 민족주의는 어떻게 미국을 더 강력하게, 통합되게 그리고 자유로운 나라로 만들 것인가(The Case for Nationalism: How It made US Powerful, United and Free)』(Broadside Books, 2019)로부터 콜린 두억(Colin Dueck)의 『강철의 시대: 보수적 민족주의에 대하여(Age of Iron: On Conservative Nationalism)』(Oxford University Press, 2020)에 이르기까지 민족주의의 선한 측면, 긍정적인 측면을 강조하는 책들이 쏟아져 나오고 있다.

2019년 년말 중국의 우환에서 발병해서 2020년 봄 전 세계에 창궐, 수많은 생명을 앗아갈 뿐만 아니라 전 세계의 경제를 황폐화시킨 코로나 바이러스19는 그렇지 않아도 쇠퇴하기 시작했던 세계화 및 국제주의가 약화되는 경향에 결정타를 가하고 있었다. 미국의 권유를 끝까지 거역하며 중국 화웨이의 5G 제품을 사용할 것이라고 고집했던 영국은 총리와 왕세자마저 코로나 바이러스 양성으로 판명되자 2020년 3월 하순 결국 중국 화웨이 추방론을 거론키 시작했다. 영국 보수당 대표를 역임했던 이언 던컨 스미스(Sir George Iain Duncun Smith)는 우한 폐렴사태와 관련 '많은 국가들이 무역거래를 따내려는 절박한 희망으로 너무 오랫동안 중국에 절실하게 경의를 표했다'는 말로 영국이 중국과의 관계를 다시 조정해야 할 것이라고 주장했다. 세계사의 현시점은 국가주의로의 회기가 보다 확실해 지고 있는 순간 인 것이다.

(2) 전쟁 잘하는 나라들의 이야기: 강대국과 강대국의 흥망 성쇄

1) 강대국의 의미(What is a Great Power?)

국제 사회에서 모든 국가들은 평등하다고 주장하지만 그것은 법적인 차원에서 그렇다는 것일 뿐, 실질적으로는 그렇지 않다. 닭이 모이를 쪼아 먹는 데도 그 순서가 있을 정도(pecking order)인데 국제 사회에서 나라들 간의 평등이란 그저 희망 사항일 뿐이다. 뿌려준 모이를 먼저 달려와 더 많이 먹기 위해서는 당연히 힘이 있는 닭이 되어야 하며 국제정치의 모이 쪼아 먹기의 순위에서 상위에 놓인 나라들을 우리는 강대국(Great Powers)이라고 부른다. 강대국은 사실 그 정의가 너무 자명(自明)한 것 같아 학자들이 체계적으로 정의를 내리려 하지도 않는 개념이다. 약간의 기초적인 국제정치학적 지식이 있는 사람이라면 누구라도 세계정치에서 어떤 나라들이 강대국인지를 잘 알고 있다. 일반 시민들에게 오늘 세계정치의 강대국을 말해 보라면 거의 모두가 미국, 중국, 일본, 독일, 영국, 프랑스, 러시아, 이탈리아 등의 나라 이름을 말할 것이다. 조금 더 학술적으로 말하자면 국방비, GDP, 인구가 많은 인디아, 브라질이 포함될 수도 있다.

맞는 말이다. 이 나라들은 모두 21세기 세계정치를 이끌어 나갈 나라들임이 분명하다. 그리고 21세기의 국제정치도 역시 강대국 위주로 움직일 것이 분명하다. 그래서 전 세계 모든 나라들은 어떻게 해서라도 강대국의 반열에 오르기 위해 그토록 힘의 증강을 위한 노력을 경주하고 있는 것이다. 우리나라는 규모가 작기 때문에 온 나라가 똘똘 뭉쳐도 강대국의 반열에 오르기가 쉽지 않은 일인데 현재 남북으로 분단된 상태를 70년 이상 지속하고 있다.

북한은 인간을 부유하게 만들기는커녕 끼니를 잇는 것조차 해결하지 못한, 궁극적으로 실패한 사회주의 이데올로기를 신주로 모시고 있던 결과 결국 세계에서 가장 가난한 나라로 전락하고 말았다. 그런 상황을 모면하기 위해 핵폭탄을 만들고, 군사가 모든 것에 앞선다는 선군주의라는 해괴한 정치 철학을 만들어 내고, 자신을 강성대국이라고 치켜세우고 있지만 강대국의 1차적 기준은 경제력이다. 경제력에 의해 뒷받침되는 군사력만이 진정한 강대국임을 나타내는 유효한 기준이 될 수 있는 것이다. 먼저 부유해진 후에 진정한 강대국이 될 수 있다는 논리가 바로 부국강병론(富國强兵論)이다.

국제정치의 주인공들은 강대국들이다. 국제정치의 발달 수준이 아직 모든 나라들이 평등하게 대우받고, 모든 나라들이 힘이 있으나 없으나 평화롭게 살 수 있는 정도에 도달하지 못했기 때문이다. 그래서 국제정치는 아직도 힘의 정치(power politics)라 말해지며, 모든 나라들은 힘을 증진시키기 위해 노력하는 것이다. 좌파 정권이 집권하던 때마다 우리나라 지식인들 사이에서는 부국강병을 이야기하는 사람들을 향해 그것은 냉전적 사고라느니 호전주의라느니 하면서 비판적 견해를 취하는 경우가 다수였다. 국제정치의 본질을 무시하는 우물 속의 개구리와 같은 발상이었다.

20세기 후반부터 21세기 초반에 이르는 동안 국제정치를 지배하는 나라들의 대통령, 수상, 외무장관, 혹은 경제 관련 장관들이 매년 한 장소에 모여 세계정치 및 경제의 진행 방향을 논하곤 했다. 그들의 모임은 G-7 혹은 G-8 등으로 보도되었는데 바로 G라는 말은 Great라는 말을 의미하는 것이다. G-7 혹은 G-8 Meeting은 우리말로는 '7강 회담' 혹은 '8강 회담'이라고 번역하면 가장 적합할 것이다. G-7 혹은 G-8 등은 군사적인 측면보다는 경제적인 측면을 강조한 강대국 구분의 기준으로 러시아는 제외되었지만 캐나다가 멤버로 포함되어 있는 조직이다.

그렇다면 경제력 혹은 군사력 등 눈에 보이는 국력이 강하면 모든 나라가 강대국이 될 수 있는 것인가? 그렇지는 않다. 힘이 센 모든 나라가 강대국이라고 말해지는 것은 아니다. 물론 강대국의 가장 중요한 기준은 힘이 센가의 여부다. 그런데 어떤 두 나라 중 누가 힘이 더 센지를 어떻게 알 수 있는가? 아이들이 아빠들에게 물어보는 제일 어려운 질문 중 하나는 '아빠! 호랑이와 사자가 싸우면 누가 이겨?' 라는 것이다. 둘 다 동물의 왕자 혹은 백수의 왕이라 불리니 아이들이 사자와 호랑이 중 누가 진짜 왕인지 궁금해 하는 것은 당연한 일이다. 정답은 싸움을 직접 해보아야 한다는 것이다. 동등한 조건에서 싸워서 이기는 녀석이 진짜 백수의 왕일 것이다. 나라의 경우도 마찬가지다. 국력의 진정한 측정은 전쟁에서 판가름 되는 것이다. 결국 전쟁에 이기는 나라가 더 힘이 센 나라로 판정되는 것이다.

그래서 국제정치학자들이 강대국을 정의할 때 전쟁이라는 요인을 언제나 상수에 포함시킨다. 여러 학자들의 정의를 종합해서 말하자면 '강대국이란 국가의 이익을 확보하기 위해 쉽게 전쟁에 호소하는 나라'를 말하며, '그 전쟁의 대부분에서 승리하는 나라'를 의미한다. 그런데 힘만 비교한다면 코끼리가 제일 힘센 동물이라고 말해도 되고, 황소의 힘이 사자의 힘보다도 더 강하다고 말할 수 있을 것이다. 그러나 우리는 코끼리나 황소를 호랑이나 사자보다 더 센 동물이라고 말하지 않는다. 강대국이란 바로 코끼리나 황소 같은 나라가 아니라 사자나 호랑이 같은 부류의 나라를 의미한다. 강대국의 정의에는 눈에 보이는 경제력, 군사력뿐만 아니라 전쟁할 수 있는 '의지'라는 보이지 않는 요인이 포함되는 것이다.

역사학자 테일러(A. J. P. Taylor)교수는 '강대국의 실험은 전쟁에서 이기느냐에 관한 것'이라고 단언하고 있다. 모델스키(George Modelski) 교수는 '강대국이란 대 전쟁을 치를 능력이 있는 나라'라고 정의하고 있으며, 강대국을 더욱 제한적으로 정의하는 랑케(Leopold von Ranke) 의 경우 '강대국이란 모든 나라들이 다 대들어도 싸움할 수 있는 나라'라고 말한다. 결국 전쟁을 수행할 수 있는 능력이 강대국을 정의하는데 필수적으로 고려되는 조건이며 강대국이 되기 위해서는 기본적으로 군사력이 강해야 한다. 세계의 역사를 살펴보면 결국 강대국이란 싸움을 많이 하는 나라라는 사실이 확연하게 들어난다. 강대국이란 힘이 센 동시에 전쟁을 수행할 의지가 높고 전쟁에서 이길 가능성이 높은 나라를 말하는 것이다. 동물의 세계에 비유한다면 강대국이란 맹수에 해당하는 나라다. 황소나 코끼리처럼 힘은 세지만 유순한 나라는 강대국이라고 불리지 않고 강대국으로 분류되지도 않는다.

2) 강대국이란 돈도 많고, 전쟁도 많이 하는 나라

라이트는 『전쟁의 연구(*A Study of War*)』에서 강대국들은 전쟁과 전투(battle)에 얼마나 많이 참여했는가의 횟수를 찾아내어 기록하고 있다. 라이트에 의하면 1480년부터 1940년에 이르기까지 유럽에는 2,600회의 주요 전투가 발발했었는데 프랑스는 이들 전투 중 47%에 참여했었고, 오스트리아-헝가리는 34%, 프러시아/독일은 25%, 영국 및 러시아는 각각 22%, 터키는 15% 그리고 스페인은 12% 참여했었다. 전투와는 차원이 다르게 계산한 '전쟁' 참전 횟수로 비교했을 때에도 결과는 마찬가지였다.[Quincy A. Wright, *A Study of War* (2nd. ed.; Chicago: The University of Chicago Press, 1965)]

일반적으로 역사상 가장 호전적인 강대국이었다고 인식되는 영국의 경우 전투 참전 빈도가 다른 나라보다 낮은 편인데 그 핵심적인 이유는 영국이 해양 국가였다는 사실에서 나온다. 해양국인 영국은 지상 전투에 참여할 가능성이 대륙의 강대국보다는 상대적으로 적었던 것이다. 라이트 교수는 강대국들은 약소국들에 비해 전쟁에 훨씬 빈번하게 참전했지만, 전쟁에 참여하는 기간은 상대적으로 짧았다는 사실을 발견했다. 강대국이 참전한 전쟁의 평균 지속기간은 약소국들이 싸우는 전쟁 지속기간의 약 절반 정도로 나타났다. 네덜란드의 평균 전쟁 지속기간이 5.4년인데 비해 프랑스의 평균 전쟁 지속기간은 1.8년에 불과하였다.

전쟁이란 압도적으로 강대국들의 행위이며 이 같은 사실은 역사가 변한 오늘에도, 그리고 미래에도 마찬가지일 것이다. 1945년 제2차 세계대전이 종료된 이후 군사력을 가장 자주 사용한 국가들은 모두 예외 없이 최고 강대국이라고 부를 수 있는 미국과 소련이었다. 블레크만과 카플란(Blechman and Kaplan)은 1945년 이후부터 1975년에 이르는 30년 기간 동안 미국과 소련이 군사력을 동원했던 사례들에 대해 상세하게 연구했는데 냉전초기 30년 동안(1945~1975) 미국은 각종의 국제분쟁에 참전하기 위해 무려 200회 이상 군사력을 전개시킨 바 있었다는 사실을 밝혀내었다.[Barry M. Blechman and Stephen S. Kaplan, *Force Without War* (Washington D.C.: The Brookings Institution, 1978)] 카플란은 이와 유사한 연구에서 소련은 같은 기간 동안 군사력을 사용했거나 사용하겠다고 협박한 횟수가 190번에 이르렀다고 보고하고 있다. 2차 대전 이후 세계 1~2위를 다툰 초강대국 미국과 소련이 그 어느 나라보다 번번한 군사력 사용빈도를 나타내 보였다. 강대국이란 '싸움을 자주하는 나라'라고 정의해도 전혀 이상하지 않다.

1990년 소련이 붕괴하고 냉전이 끝남으로 홀로 남게 된 유일 초강대국 미국은 1990년부터 2019년까지 30년 동안 무려 7개의 전쟁을 치렀다. 이 시대의 미국외교정책을 비판하는 학자들은 미국은 영원한 전쟁(Permanent Warfare)을 하는 나라가 되었다고 비난할 정도다.

강대국은 전쟁을 잘하는 나라며, 전쟁을 잘하기 위해서는 군사력이 막강해야 하는데, 군사력은 돈과 직결되는 것이니 경제력이 뒷받침되지 않으면 애초에 강대국이 될 수 없는 일이다. 부국, 그 다음에 강병이라는 순서를 지킨 나라만이 진정한 강대국이 될 수 있다. 전쟁을 잘하고 전쟁에 이기기 위해서는 먼저 돈이 많아야 한다. 그런 나라들은 전쟁을 잘 방지할 수도 있고 그럼으로써 평화를 지킬 수 있다. 국제정치에서 전쟁과 평화는 동전의 다른 면일 뿐이다.

강대국이 어떤 나라를 의미하는지 잘 알고 있는 경우라 할지라도 전쟁능력, 경제력 등 추상적인 개념들만 가지고 어떤 나라가 당대 국제정치 무대에서 진정한 강대국인지를 정확하게 평가하기는 어려운 일이다. 그래서 강대국을 더 정확히, 수치를 사용하여 정의를 내린 학자가 있다. 강대국들의 패권 전쟁을 연구한 윌리엄 톰슨(William Thompson)은 전 세계 군사력의 5% 이상을 보유한 나라라야 강대국으로 간주될 수 있다는 기준을 제시했다. 군사력 평가를 위해 가장 많이 사용되는 기준인 국방비를 가지고 군사력을 개략적으로 평가함으로서 오늘날 국제정치에서 어느 나라들이 강대국이라고 간주될 수 있는지 평가해 보면 다음과 같을 것이다. 냉전이 끝나고 15년째가 되는 2005년과 30년째가 되는 2020년을 비교해 보도록 하자.

우선 2005년 당시 지구 전체의 군사비 총액은 1조 2,075억 1,000만 달러였다. 톰슨 교수가 제시한 강대국 기준인 5%를 계산하면 603억 7,550만 달러가 되며 이 액수 이상을 국방비에 투입한 나라를 강대국이라고 평가할 수 있을 것이다. 2005년 국방비가 603억 7,550만 달러가 넘는 나라는 미국(4,953억 달러)과 중국(1039.6억 달러) 단 두 나라 밖에 없었다. 러시아는 580억 달러, 프랑스는 531억 2,800만 달러, 영국은 516억 9,600만 달러, 일본 439억 1,000만 달러, 독일은 380억 4,400만 달러, 이탈리아는 313억 8,400만 달러였다. 국방비를 300억 달러 이상 지출하는 나라들이 바로 위의 8개국이었으며, 이들 중 러시아를 제외한 7개국은 경제력에서도 세계 1~7위를 차지하는 나라들이었다.

2019년 세계 각국 국방비 지출액은 1위 미국 6,846억 달러, 2위 중국 1,811억 달러, 3위 사우디아라비아 784억 달러, 4위 러시아 616억 달러, 5위 인디아 605억 달러, 6위 영국 548억 달러, 7위 프랑스 523억 달러, 8위 일본 486억 달러, 9위 독일 485억 달러, 10위 대한민국 398억 달러였다.[IISS, *The Military Balance 2019* (London: IISS, 2019)]

같은 해 세계 국방비 총액이 약 1조 9,000억 달러에 이르렀다 하니 톰슨 교수의 기준, 즉 세계국방비 5% 기준을 따르면 역시 미국과 중국 두 나라만이 강대국의 반열에 들어갈 수 있겠다. 『국제군사력 균형(*The Military Balance* 2019)』에 의하면 2019년도 미국의 국방비는 2위에서 12위에 이르는 나라의 국방비를 모두 더한 것보다도 더 많다.

특히 2위부터 12위 국가 중 미국에 적대적인 나라는 중국과 러시아 뿐이라는 사실을 고려하면 우리가 사는 이 시대를 미국 패권 시대라고 부르기 족하다.

강대국에 관한 여러 학자들의 정의를 모두 종합한 잭 리비(Jack. S. Levy) 교수는 강대국의 특징 5가지를 다음과 같이 요약정리하고 있다.

첫째, 강대국이란 주변국에 비해 상대적으로 막강한 군사력을 보유한 나라를 말한다.

둘째, 강대국의 국가이익은 다른 나라들과 다르다. 그들의 국가이익 범위는 지역적이기 보다는 대륙적, 세계적이다.

셋째, 강대국의 행동은 다른 나라들과 다르다. 그들은 자국의 이익을 옹호하는데 더욱 적극적이며 국가이익 옹호를 위한 다양한 수단을 가지고 있다.

넷째, 강대국은 상대방에 대한 이미지, 인식의 측면에서 다르다. 강대국이란 다른 나라들에 의해 강대국이라고 인정되는 나라다.

다섯째, 강대국들은 강대국임을 증명하는 공식적인 기준이 있다. 국제기구, 조직, 국제회의 등에서의 인정, 국제조약에 의한 인정, 국제기구에서의 특별한 권리 등이다.

리비는 경제력 그 자체만은 강대국의 요건이 되지 못한다고 말하며, 다른 학자들에 비해 상대적으로 군사력의 중요성을 보다 강조하고 있는 편이다. 1495년부터 1975년까지의 세계역사를 관찰한 리비 교수는 산업화 이전 시대의 전쟁을 깊이 연구했으며, 그 결과 경제력은 물론이지만 군사력 그 자체도 어떤 나라를 강대국이라고 칭하기 위해서는 대단히 중요한 요인이라는 결론을 도출한 것이다. 리비의 강대국 기준 중 특이한 것 중 하나는 '다른 강대국에 의해 강대국으로서 인정되는 것'이 강대국의 기준에 포함되어 있다는 점이다. 즉 강대국은 상호 인정하는 국가들의 클럽이라고 볼 수 있는 것이다. 역사상 항상 강대국의 반열에 들어가는, 그러나 국력 상으로 강대국이라고 하기에는 약간 문제가 있던 나라가 이탈리아였다. 그런데 이탈리아는 주변 강대국들이 항상 같은 클럽의 멤버로 대우해 주었다는 점에서 강대국의 반열에 항상 포함되는 나라일 수 있었다.

이상의 기준을 따를 때 역사상 나타난 국제정치의 유명한 강대국들은 다음과 같은 나라들이다. 근대 국제체제가 시작된 이후 강대국의 지위를 유지한 나라들과 그들이 강대국의 지위를 지속한 기간은 다음과 같이 표시할 수 있을 것이다.

강대국과 강대국 지위를 보유한 기간(1495~1975)

강대국 이름	강대국 지위를 유지한 기간
프랑스	1495~1975
영국	1495~1975
Austrian Hapsburg/Austria/오·헝제국	1495~1519; 1556~1918
스페인	1495~1519; 1556~1808
오토만제국	1495~1699
연합합스부르크왕조	1519~1556
네덜란드	1609~1713
스웨덴	1617~1721
러시아/소련/러시아	1721~1975
프러시아/독일	1740~1975

이탈리아	1861~1943
미국	1898~1975
일본	1905~1945
중국	1949~1975

잭 리비 교수는 1975년 까지를 연구했지만 그의 기준을 따르면 프랑스, 영국, 미국, 러시아, 독일, 중국 등이 현재까지 강대국의 지위를 유지하고 있다고 볼 수 있다. 2020년을 기점으로 삼을 경우 일본을 다시 강대국의 범주에 포함시켜야 할 것이다. 기준을 조금 완화시킬 경우 인도와 이탈리아까지 포함시키면 7강 내지 8강의 시대라고 볼 수 있겠다.

경제력과 군사력 두 가지 측면을 모두 고려해서 강대국의 리스트를 만들어 보기로 하자. 오늘날 군사력은 병력 및 무기의 양적 측면보다 질적 측면이 더욱 중요하게 여겨지니 각 국가들이 보유한 무기의 숫자를 세어보는 방법보다는 각 국가의 군사비 지출액을 비교해 보는 것이 더 좋을 것이다. 강대국을 찾아내려는 경우 개인 소득을 기준으로 하기보다 그 나라 전체의 총생산을 비교하는 것이 더 타당하다. 개인소득을 기준으로 할 경우 중국과 스위스를 비교하기 곤란해진다. 스위스 혹은 싱가포르의 일인당 GNP는 중국의 여러 배에 이르지만 이들을 강대국이라고 부를 수 없을 것이다. GDP 총액, 국방비 총액 등 두 가지 변수를 고려할 경우 다음과 같은 여덟 나라를 21세기 초반의 강대국 반열에 올려놓을 수 있을 것이다.

21세기의 세계정치의 강대국: 경제력과 군사력

국명	경제력 GDP (2019) IMF	국방비 (2019)IISS (억 달러)
미국	(1) 21,439,453	(1)6,846
중국	(2) 14,140,163	(2)1,811
일본	(3) 5,154,475	(7) 486
독일	(4) 3,863,344	(9) 485
인도	(5) 2,935,570	(5) 605
영국	(6) 2,743,586	(6) 548
프랑스	(7) 2,707,074	(7) 523
이태리	(8) 1,988,636	(12) 271
러시아	(11) 1,637,892	(4) 616
사우디아라비아	(18) 779,289	(3) 784
대한민국	(12) 1,629,532	(10) 398

위의 표는 군사력과 경제력을 기준으로 21세기의 강대국들을 표시한 것이다. GDP가 2조 달러가 넘는 나라가 세계에 7개국이 있고 국방비가 400억 달러가 넘는 나라는 세계에 9개국이 있다. 미국은 자타가 공인하는 1위이며, 그 뒤를 잇는 나라들이 중국, 일본, 독일, 영국, 프랑스 등이다. 이 여섯 나라들은 경제력, 군사력 측면에서 모두 세계 7위 이내에 들어가는 나라들이다. 2차 대전 전쟁 도발국들인 일본과 독일은 경제력은 세계 3, 4위 군사력은 세계 7, 9위가 되어 있다. 러시아는 국방비는 4위지만 경제력은 11위로 내려간 상태다. 그러나 군사과학기술과 과거의 전통을 고려할 때 아직은 러시아를 강대국의 반열에 넣어줄 수 있을 것이다. 이탈리아는 경제력은 세계 8위, 군사비는 세계 12위지만 리비 교수의 분석대로 남들이 강대국으로 쳐주는 나라다.

인도를 21세기의 신흥강대국으로 볼 수 있는데 2020년 현재 GDP, 국방비 순위가 공히 세계 5위인 나라이다. 특히 미국이 인도의 국력 성장을 적극 지지해 주고 있기 때문에 인디아는 마치 냉전 시대 후반 미국의 지원으로 중국의 힘이 무럭무럭 성장했던 것과 같은 모습을 나타내 보일 것이라 생각된다. 미국은 기왕의 태평양 전략을 인도 태평양 전략이라고 개명할 정도로 인도에 관심을 기울이고 있는데 막강한 인디아, 게다가 민주주의 국가인 인디아는 중국을 견제하는데 있어 미국에 대해 최적의 파트너가 될 수 있을 것이다. 인도의 지위는 앞으로 더욱 상승할 가능성이 높아 보인다.

사우디아라비아는 최근 군사비에 대대적인 투자를 한 결과 2019년 세계 3위의 국방비 지출국이 되었지만 경제력은 현재 세계 18위에 머물고 있으며 미국에서 일어난 셰일 혁명으로 인해 국제유가의 하락이 초래된 결과 향후의 경제 전망도 좋은 나라는 아니다. 특히 강대국의 반열에 들어갈 수 있는 전략문화가 없는 나라라 보이기에 사우디아라비아를 세계강대국의 반열에 들어가는 나라로 볼 수 없다.

참고로 대한민국은 경제력은 러시아 바로 다음인 세계 12위, 국방비는 세계 10위인 나라이다. 대한민국 주도의 자유민주주의 통일을 이룩하고 한미동맹을 지속하며 강대국다운 전략문화를 우리 국민들이 받아들인다는 조건이 충족된다면 한국은 머지않은 미래에 강대국의 반열에 들어갈 수 있는 기본을 갖추고 있다고 말할 수 있을 것이다.

3) 강대국의 흥망성쇠

사회를 비관적으로 보는 사람들은 부자는 점점 더 부자가 되고 가난한 사람은 점점 더 가난해 지기 마련이라는 '부익부 빈익빈(富益富 貧益貧)'을 이야기한다. 이 이론은 경험적으로 보았을 때 별로 설득력이 없는 주장이지만, 국제정치의 영역에 적용할 경우 더욱 더 설득력이 떨어지는 이론이라고 말할 수 있다. 부자가 영원히 부자인 적도 없고 가난한 사람이 영원히 가난에서 벗어나지 못하는 것도 아니다. 강대국이 영원히 강대국이 아니며 약소국도 영원히 약소국은 아니다.

국제정치에서도 부자 나라 혹은 힘센 나라는 쉬지 않고 바뀐다. 즉 강대국의 지위와 순서는 계속 변하는 것이다. 영국, 프랑스 등 강대국의 명예를 수백 년 이상 유지하고 있는 국가들도 있기는 하지만, 과거의 영광을 유지하기는커녕 약소국으로 전락한 과거의 강대국들도 많이 있다. 13세기 세계를 제패했던 몽골 제국은 오늘 허약하기 이를 데 없는 몽골리아로 겨우 연명하고 있을 뿐이며, 근대 유럽의 강대국 오스트리아-헝가리 제국은 지금 해체되어 여러 개의 작은 나라들로 분열되고 말았다. 포르투갈과 스페인, 네덜란드, 덴마크, 스웨덴 등은 세계 1급의 강대국인 적도 있던 나라들이다. 이처럼 강대국의 지위는 변하지만 특히 강대국 중에서도 챔피언이라고 말할 수 있는 패권국의 지위는 거의 주기적으로 변하고 있다. 일등인 나라, 즉 패권국과 패권 체제의 속성을 분석하는 일은 국제정치 및 전쟁 연구의 큰 주제가 되고 있다.

근대 세계체제가 시작된 16세기 초반 이후 21세기에 이를 때까지 세계의 정치 경제를 석권했던 패권국은 포르투갈, 스페인, 네덜란드, 영국, 그리고 미국으로 차례로 변해오고 있다. 1500년 이후 서기 2000년의 500년 역사 중 영국이 약 200년 정도 패권적 지위를 차지했고, 포르투갈, 스페인, 네덜란드 등은 각각 100년 정도씩 패권적 지위를 차지했었다. 미국이 패권을 장악한 후 약 30년 정도가 지났다. 이들 패권국들은 경제적 측면에서 세계 경제를 주도했을 뿐 아니라 지구 끝까지 도달할 수 있는 군사적 능력(military capability for global reach)을 보유하고 있었다. 지금 그 처지가 허약해져 중간급 국가라고 보기에도 어려운 포르투갈과 네덜란드조차도 그들이 세계를 제패하던 당시 그들은 각각 세계 해군력의 거의 절반에 이르는 막강한 해군을 보유하고 있었다. 국제정치의 패권국은 그 성격상 해군력이 강한 국가라는 특징을 가지고 있는데 그것은 왜냐하면 해군력이야말로 전 세계 방방곡곡까지 힘을 투사(power projection)할 수 있는 가장 유용한 수단이기 때문이다.

　콜린 그레이(Colin S. Gray) 교수는 역사적으로 보았을 때 패권 전쟁은 대부분 대륙세력의 도전으로 시작되었다고 말하고 있다. 그러나 모든 패권전쟁에서 궁극적인 승자는 해양세력이었다는 사실이 밝혀졌다. 즉 해군력은 패권국의 지위를 달성하기 위해 반드시 필요한 전략적 군사력이라는 사실이 밝혀진 것이다. 영국의 패권적 지위에 대해 대륙국가 프랑스가 도전했었고(18세기 말~19세기 초 프랑스 대혁명 이후의 나폴레옹전쟁 1793~1815) 영국은 그 도전을 물리쳤다. 20세기 초반, 대륙국가 독일은 두 번에 걸쳐 영국의 패권적 지위에 도전했고(1차 세계대전 1914~1919, 2차 세계대전 1939~1945) 이 두 차례의 세계대전에서 영국이 아닌 다른 해양제국, 즉 미국이 영국을 승계하여 패권국의 지위를 차지하게 되어 오늘에 이르고 있다.[Colin Gray, *Leverage of Sea Power: The Strategic Advantage of Navies in War* (New York: Free Press, 1992)]

1945년 이후 미국이라는 해양 패권국에 대한 도전 역시 대륙 국가인 소련에 의해 야기된 것이다. 미국은 소련의 패권 도전을 물리쳤고 21세기 초반인 현재 유일 패권국의 지위를 차지하고 있다. 이미 충분히 가시화된 미국 패권에 대한 도전도 역시 대륙의 강대국 중국에 의한 것이었다. 21세기 패권 경쟁을 과거의 역사에서 추론한다면 궁극적인 승자는 미국일 것이라고 예측할 수 있게 한다. 지리적 성격상 패권국은 해양제국, 상업제국이라는 속성을 가질 수밖에 없기 때문이다.

이처럼 패권 국가들이 주기적으로 변해 왔다는 사실은 부익부 빈익빈이라는 마르크스주의의 논리가 맞지 않은 것임을 증명했다. 국제정치학자들은 세계 모든 나라의 국력에 관한 정밀한 연구를 진행하고 있지만 그 중에서도 세계 1위의 패권적 지위를 차지하는 강대국의 국력 변화 및 기존의 패권 국가와 도전국이 벌이는 세계대전 급의 전쟁(패권전쟁), 그리고 대전쟁 이후 출현하는 패권국에 의한 국제 질서의 재편성은 국제정치학의 중요한 연구 대상이다.

1980년대 중반 이후부터 미국의 힘이 어떻게 변하는가에 대한 많은 연구와 논란이 진행 되었다. 미국이 몰락하고 있다는 이론으로부터 미국은 앞으로 수백 년 동안 세계 1위의 지위를 유지할 수 있으리라는 이론까지 패권 변동에 관한 다양한 이론들이 서로 각축하고 있다. 1987년 연말 무렵 발간된, 순수 학술서적임에도 불구하고 대중적인 베스트셀러의 목록에 올랐던 폴 케네디(Paul Kennedy) 교수의 책, 『강대국의 흥망』은 패권국들의 흥망과 성쇠에 관한 연구를 촉진시킨 계기가 되었을 뿐 아니라 일반 시민들이 국제정치에 대해 비상한 관심을 가지게 되는 계기를 제공하였다.[Paul Kennedy, *The Rise and Fall of the Great Powers: Economic Change and Military Conflict from 1500 to 2000* (New York: Random House, 1987)] 폴 케네디의 책이 발간된 1987년 많은 미국 사람들은 미국의 힘이 쇠퇴하는 것은 아닌가 하고 우려하고 있었다. 책의 출판 시기와 미국 내의 사회적 분위기가 잘 맞아 떨어졌기 때문에 이 책은 1988년도 제2위의 베스트셀러가 되었다. 같은 해 베스트셀러 1위는 트럼프가 저술한 『거래의 기술』이었다.[Donald Trump, *The Art of the Deal* (New York: Random House, 1987)]

폴 케네디 교수는 『강대국의 흥망』에서 미국의 힘이 몰락하고 있는 중이라는 사실을 역사적 사례들을 자세히 연구한 근거로서 뒷받침하고, 미국이 차지하고 있던 패권적 지위는 궁극적으로 다른 강대국이 물려받게 될 것이라고 주장했다. 폴 케네디가 상정한 미국 다음의 패권국은 일본이었다. 폴 케네디 교수의 『강대국의 흥망』 제1판 양장본의 겉표지 그림은 케네디 교수의 주장을 단적으로 함축해서 보여준다. 물론 폴 케네디 교수는 냉전이 끝난 이후 미국의 막강한 지위를 다시 인정하고 자신의 예측이 틀렸다는 사실을 시인하고 있다. 미국과 일본에 대한 예측이 빗나갔음에도 불구하고 폴 케네디가 제시한 강대국 흥망성쇠의 이론과 그 이론을 뒷받침하는 방대한 역사적 자료들은 케네디 교수의 학문적 권위를 인정하지 않을 수 없게 한다.

과거 세계를 제패했던 영국은 이미 정상을 지나 아래로 내려갔고 현재 정상에 있는 미국은 아래로 내려가기 위해 발걸음을 내딛고 있다. 일본은 정상에 오르기 위해 조심스런 모습을 취하고 있다. 영국, 미국의 깃발을 든 사람과 일장기를 든 사람의 얼굴 모습, 그리고 연령 등이 재미있게 묘사되어 있다.

폴 케네디 교수를 비롯한 많은 학자들은 패권적 지위를 차지하게 된 국가들의 발전 속도는 패권 도전국들보다 느려지게 되었다고 말한다. 패권국이 된 이후 부의 증강 속도가 줄어들게 되었다면 이는 부익부 빈익빈의 논리와 전혀 반대되는 주장이다. 세계 최강국의 경제 발전 속도가 패권국이 아닌 세계 2~3위권 혹은 그 이하의 나라들보다 느려질 수밖에 없다는 것은 논리적, 경험적으로 타당한 주장이다. 패권국과 패권국이 아닌 다른 강대국들의 성장 속도가 다르다(different rate of growth)보니 일정시간이 지나면 패권국과 도전국들의 힘의 격차는 점점 줄어들게 된다. 즉 2~3위권의 국가들이 점차 패권국의 경제력에 맞먹을 정도의 경제력을 보유하게 되는 것이다.

2차 세계대전 이후 지구적 패권국은 아닐지라도 자유 진영의 패권국이 된 미국의 경제 성장 속도는 독일, 일본의 경제 성장 속도와 비교될 수 없을 정도로 느렸다. 패권국은 할 일이 많은 나라다. 우선 자기 자신이 패권국으로서 군림하기 위해서는 자신이 설정한 세계질서를 유지하기 위해 노력해야 한다. 그러기 위해서는 막강한 군사력, 특히 전지구적 힘의 투사 능력(global reach capability)을 갖춘 막강한 해군을 보유하고 있어야 하며 세계 방방곡곡에 자신의 군사기지들도 유지하고 있어야 한다. 즉 패권국은 세계경찰의 역할을 스스로 담당함으로써 자신이 규정한 세계질서를 유지해야 하는 것이다.

반면 챔피언(패권국)이 아닌 국가들은 챔피언이 규정한 질서에 순응하며 경제발전에 노력을 집중할 수 있다. 그 결과 이들은 패권국보다 엄청나게 빠른 속도로 경제발전을 이룩할 수 있게 된다. 2차 대전 이후 독일, 일본은 미국이 규정한 세계질서에 순응, 미국이 제공하는 안보 상황에 순응한 채, 오직 경제발전에 전념할 수 있었다.

국가들의 성장 속도가 다르다는 사실은 궁극적으로 국제정치상 힘의 구조에 변화를 불러일으킬 수밖에 없으며, 패권국과 패권국이 아닌 다른 강대국들 사이의 힘의 관계에도 당연히 변화가 초래될 수밖에 없다. 패권국이 군사력 유지 문제, 세계 질서 유지 문제 등에 신경을 쓰는 동안, 경제력을 착실히 쌓아 올린 2~3위권의 강대국들은 결국 패권국에 맞먹는 힘을 비축하게 되고, 어느 단계 이르면 자신이 주도하는 국제질서를 창출해야겠다는 마음을 먹게 될 것이다. 국력이 어느 수준 이상으로 증강되었을 때, 2~3위권의 강대국들은 패권국이 규정한 기존의 질서에 순응하는 나라로 남아있기 보다는 자신이 원하는 새로운 국제질서를 구축해 보고 싶다는 야망을 가진 나라가 될 것이다. 미국 덕택으로 경제력이 막강해진 중국이 최근 벌이는 행동을 보면 알 수 있는 일이다.

결국 도전국은 챔피언의 지위를 차지하기 위한 노력을 단행하게 되고, 기왕의 패권국은 자신의 지위를 계속 유지하기 위해 도전국의 도전에 반응하지 않을 수 없게 되는데 이러한 과정들이 역사상 주기적으로 나타나는 패권전쟁 혹은 세계대전이라고 불리는 대전쟁들이었다.

패권전쟁에서 승리하는 국가는 새로운 챔피언(패권국)으로 등극하게 되는데, 챔피언이 된 나라는 세계를 자신이 원하는 방식으로 통치(govern)하고자 한다. 새로운 패권국도 역시 과거의 패권국과 마찬가지의 행동 패턴을 보인다. 우선 패권전쟁에 승리한 새로운 패권국은 자신이 원하는 국제질서를 창출한다. 그리고 가용한 국가 자원의 상당 부분을 자신이 창조한 국제질서를 유지하기 위해 투입한다. 패권국은 자신이 상정한 세계질서 유지를 위한 가장 시급한 수단인 군사력을 증강시켜야 하며, 과도한 군사비 지출은 결국 패권국의 경제발전 속도를 늦추게 된다. 새로운 패권국의 경제 성장 속도는 둔화되지만, 챔피언이 아닌 또 다른 강대국들은 착실하게 경제발전에 노력을 집중시킬 수 있으며, 패권국이 설정한 국제질서에 순응함으로써 그다지 많은 군사력을 보유하지 않은 채 국가안보를 유지할 수 있게 된다. 이렇게 해서 패권의 사이클이 다시 시작되는 것이다. 부익부 빈익빈의 논리가 맞는다면 한번 패권국이 된 나라는 영원히 그 지위를 빼앗기지 않아야 옳다.

2차 대전 전후 영국과 미국, 일본, 독일의 관계가 바로 이 같은 역사적 패턴으로 설명될 수 있다. 2차 대전 이전 영국과 2차 대전 이후의 미국은 각각 자기가 주도하는 국제질서의 유지를 위해 막대한 규모의 군사력을 전 세계에 투사시킬 수밖에 없었고 그 결과 경제발전이 둔화된 반면 2차 대전 이전의 미국, 2차 대전 이후의 일본과 독일 등은 새로운 국제체제에 순응하며 경제발전에 집중한 결과 드디어 미국의 패권을 위협하는 경제력을 갖출 수 있었던 것이다.

폴 케네디 교수는 패권국이 된 나라는 자신의 이익을 지키기 위해 경제발전에 노력하기 보다는 오히려 군사력을 더욱 증강시키고자 하며, 군사력을 전 세계를 향해 전개시키려고 노력하는 경향이 있는데

이 같은 현상을 '제국적 과도 팽창(Imperial Overstretch)'이라는 용어로 설명했다. 패권국들은 군사력을 세계 방방곡곡에 과다하게 팽창시켜 배치한 결과 경제 성장속도가 상대적으로 둔화되게 되었고 결국 2~3위권 국가들에 의해 경제적인 지위를 도전받는 지경에 이르게 된다. 이 같은 상황에 당면할 경우 패권국들이 취해야 할 처방은 해외에의 군사 개입을 축소시킴으로서 재정 지출을 줄이고 경제발전 속도를 증강시키는 것이어야 할 터인데, 역사를 보면 패권국들은 이같이 합리적으로 행동하지 않았다. 케네디는 패권국들은 오히려 그와 정 반대의 조치를 취하고 있었다는 경향을 발견했다.

도전에 직면한 패권국들은 위협받는 패권적 지위를 만회하겠다는 의도 아래, 군사력을 오히려 더욱더 증강시키고, 세계에 대한 군사 개입을 오히려 더욱 확장하는 조치를 취했던 것이다. 경제적인 원인으로 야기된 불안정 요인을 군사적인 방법으로 해결하겠다는 실수를 범한다는 것이다. 그 결과 기왕의 패권국은 회생할 기회를 잃어버리고 쇠퇴의 길로 들어섰다는 것이다. 케네디 교수는 레이건 대통령의 미국의 군사력 증강 정책을, 망해가는 패권국이 경제정책을 추구하기보다는 군사력 증강 정책을 추구하다가 결국 회복할 수 없는 쇠락의 길로 들어서고 말았다는 역사적 사례들과 같다고 설명함으로써 레이건을 비판하는 사람들의 주장에 이론적 측면을 보강해 주었다.

그러나 케네디 교수의 비판은 레이건 대통령의 전략이 궁극적으로 소련 붕괴의 계기가 되었고 미국이 유일 패권국으로서 우뚝 서게 되는 계기가 되었다는 사실을 제대로 설명하지 못했다. 폴 케네디의 우울한 분석이 제시된 후 30여 년이 지난 현재 미국은 막강한 패권적 지위를 향유하고 있다. 레이건 대통령의 군사력 증강 정책은 결국 전쟁을 하지 않은 채로 소련을 붕괴시킬 수 있는 계기가 되었다.

폴 케네디 교수의『강대국의 흥망』이 출간되자 곧 그의 주장에 대한 반론들이 제시되었다. 당시 미국의 힘이 쇠퇴했다고 주장하는 것은 1945년 당시 미국이 차지하던 지위와 1980년대의 미국의 지위를 단선적으로 비교한 것인데 이 같은 비교는 잘못된 것이라는 주장들이 나오기 시작했다. 국제정치 상황을 종합적으로 고려할 경우 미국의 힘은 약화된 바 없다는 것이 케네디를 비판하는 학자들의 주장이었다.

케네디와 같은 주장하는 학자들을 미국 쇠퇴론자(Declinists)라고 부르는데 이들은 1945년 미국이 국제정치 혹은 경제에서 차지했던 압도적인 비중과 1980년대에 차지하고 있는 미국의 비중을 직접 비교한다. 반대로 미국이 몰락하지 않고 있다고 주장하는 학자들은 1970년대의 미국과 1980년대의 미국의 지위를 비교해야 올바른 상황을 파악할 수 있다고 주장한다. 1945년과 1987년 미국의 경제력이 세계에서 차지했던 비중은 대략 50%에서 25% 정도로 줄어든 것이 사실이다.

그러나 미국의 경제력이 세계 전체에서 차지하는 비중을 보다 자세히 살펴보면, 1970년대 초반 미국이 세계 경제에서 차지하는 비중이 세계 전체의 약 1/4정도가 된 이후 미국의 GDP가 세계 경제에서 차지하는 비중은 거의 변하지 않고 있다는 사실이 발견된다. 미국의 경제력이 세계에서 차지하는 비중은 70년대 이후 20여 년 동안 지속적으로 세계 전체 경제력의 22~23% 수준을 유지하고 있었으며 2000년대가 되어서는 그 비중이 오히려 늘어나서 2010년이 되기 얼마 전 미국이 세계 경제에서 차지하는 비중은 세계 전체의 약 1/3 정도에 이르렀다.

미국의 힘이 쇠퇴하지 않았다고 주장하는 학자들은 1945년의 상황은 비정상적인 상황이었다고 말한다. 2차 대전 종전 직후 영국, 프랑스, 독일, 일본 등이 모두 잿더미가 된 상태에서 미국이 세계 경제의 50%를 차지하고 있다고 말하는 것은 별 의미가 없다는 말이다. 이들은 영국, 프랑스, 독일, 일본 등 주요 강대국들이 전쟁 이전의 경제력 수준을 완전히 다시 회복한 1970년대 이후, 미국과 이들 국가들이 세계 경제에서 차지하는 비중을 살펴보는 것이 보다 올바른 분석이라고 주장한다. 1970년대 중반에 이르렀을 무렵, 제2차 세계대전에서 파멸상태에 이르렀던 강대국들 대부분이 전쟁 이전의 경제력을 회복했다. 그 이후 미국의 경제력이 세계에서 차지하는 비중은 거의 변하지 않고 있으며 미국의 경제발전 속도도 다른 강대국들과 차이가 나지 않았다는 것이 미국 쇠퇴론을 비판하는 학자들의 주장이다.

같은 역사적 자료지만 어떻게 보느냐에 따라 판이한 해석이 가능한 것이다. 사실 1980년대 말 공산주의가 줄줄이 붕괴하고 1990년대가 시작된 이래 미국을 축으로 하는 새로운 국제질서가 형성되고 있으며 적어도 앞으로 1세대 이상 미국을 당할 자가 없는 것 같은 상황에서 폴 케네디 등의 미국 쇠퇴론은 상당 부분 수정되지 않을 수 없을 것이다.

국력은 변하는 것이다. 강대국들의 힘도 변하고 챔피언 국가, 즉 패권국도 변한다. 21세기를 맞이한 현재 우리는 과연 어느 나라가 21세기의 챔피언이 될지에 대해 궁금증을 가지지 않을 수 없으며 이와 관련해서 제시된 학설, 이론, 견해들도 분분하다. 다만 2020년의 시점에서 향후 미중패권 패권경쟁의 향방이 어떻게 결정될 것이냐를 묻는다면 필자는 자신 있게 미국이 승리할 것이라고 말하려 한다.[이춘근, 『미중패권 전쟁과 한국의 국가전략』(서울: 김앤김북스, 2018)]

국가들의 힘이 변한다는 사실, 그리고 국제사회에서 국가들의 서열이 지속적으로 변한다는 사실은 우리나라 국민들처럼 수천 년 오랜 역사 동안 약소국으로서 설움 받고 살아온 국민들에게는 대단히 고무적인 일이다. 강대국 흥망성쇠에 관한 역사적 사실들은 우리나라와 같이 약한 나라도 궁극적으로 강대국의 반열에 들어서는 것이 가능하다는 희망을 주기 때문이다. 물론 강대국이 되기 위해 결정적으로 중요한 요인 중의 하나가 자연적인 조건이다. 인구의 규모가 어느 정도 되어야 하며, 국토의 넓이도 어느 정도 되어야 한다. 자연자원이 풍부하고 기후도 양호하면 좋을 것이다. 이처럼 강대국의 조건 중에는 우리 스스로의 노력만 가지고 성취할 수 없는 부분도 많은 것이다. 대포에는 구경이 있다. 구경이 큰 대포라야 파괴력이 큰 폭탄을 발사할 수 있다. 바로 이런 이유 때문에라도 우리가 강대국의 반열에 들어가기 위해서 지금보다 인구도 많아야 하고 땅도 넓어져야 할 것이다. 그러기 위해서는 무엇보다도 우리는 통일을 먼저 이뤄야 할 것이다.

4) 초강대국(Superpower)은 전쟁을 정말 잘하는 나라인가?

강대국의 정의 중에서 가장 핵심적인 요소 중 하나가 전쟁을 잘하느냐의 여부라고 설명했었다. 강대국이란 국가의 이익이라는 명분 아래 공격적인 전쟁에 자주 빠져들어가는 나라들이며, 대부분의 전쟁에서 승리하는 힘이 센 나라를 의미한다. 강대국이란 힘만 센 나라가 아니라 그 힘을 자주 사용할 의도를 가진 나라라는 말이다. 능력은 물론 의도가 있어야 강대국이 될 수 있다는 것이다. 이 정의는 토마스 쿠삭 (Thomas Cusak)의 강대국 정의에서 차용한 것이다.

최소 세 나라 이상의 강대국들이 상호 간 힘의 균형과 견제를 이룩하며 지내고 있는 모습이 국제정치사의 평균적인 모습이었다. 세 나라 이상의 강대국들이 서로 견제와 균형을 유지함으로써, 국제체제는 평화상태를 유지할 수 있었다. 어느 나라가 힘이 갑자기 강해지는 경우 다른 나라들은 서로 힘을 합쳐 힘이 강해진, 그리고 공격적인 행동을 보이는 나라에 대항하였다. 물론 이 같은 행동을 보이는 나라들은 주로 강대국들이며 국제정치는 강대국을 중심으로 이루어졌다. 약소국 국민이 듣기에는 거북한 말이겠지만 이는 국제정치의 진실이다. 마치 영화의 주인공처럼 국제정치의 주인공은 강대국들이다.

그런데 2차 대전이 종료된 후 국제정치 체제에 이상한 일이 발생했다. 기존 국제체제의 정상적인 모습이 최소 3국 이상의 강대국을 중심으로 이루어지던 세력균형 체제(balance of power system)였는데 2차 대전 이후 형성된 국제체제 속에는 오로지 두 개의 강대국만이 우뚝 서 있는 것 같았다. 미국과 소련이 바로 우뚝 선 두 나라였으며 이두 나라는 보통 강대국(Great Powers)이 아니라 초강대국(超强大國)이라고 불렸다. 그저 일반적인 강대국이라고 부르기에 미국과 소련의 힘은 너무나도 막강했던 것이다. 초강대국은 영어로는 Super Power라고 부른다.

그렇다면 미국과 소련은 힘이 얼마나 강하기에 '초'강대국이라고 불렸을까? 그리고 초강대국이란 어떤 나라를 의미하는 것인가? 강대국을 전쟁을 잘하는 나라라고 정의했었으니 초강대국이란 '정말로 전쟁을 잘하는 나라'라고 정의해야 할 것인가? 그러나 정말로 힘이 강한 나라라면 전쟁을 전혀 하지 않아도 되는 나라가 아닐까? 그렇게 힘이 센 나라라면 전쟁을 하지 않고서도 원하는 바를 얻을 수 있을 것이 아니겠는가? 미국이나 과거 소련처럼 힘이 센 나라라면 작은 나라들과 전쟁을 하지 않아도 자신이 원하는 바를 다 얻을 수 있지 않았을까?

초강대국이란 2차 대전 이후의 국제정치에서 미국과 소련을 지칭하기 위해 흔히 사용된 개념이지만 학자들은 초강대국과 강대국을 특별히 구분하는 정의를 내리지는 않았다. 다만 우리는 학자들이 내린 강대국에 관한 정의 중에서 냉전 시대의 미국, 소련과 같은 초강대국을 의미하는 부분을 발췌해 볼 수 있을 것이다.

비록 초강대국이란 용어를 직접 사용하지는 않았지만 역사학자 레오폴드 폰 랑케(Leopold von Ranke)가 말하는 강대국에 관한 정의는 단순한 강대국이 아닌 초강대국을 의미하는 정의라고 생각할 수 있을 것 같다. 랑케는 '강대국이란 반드시 모든 국가에 대항하여 자신을 유지시킬 능력이 있는 나라(Great Power must be able to maintain itself against all others)'라고 정의했다. 강대국이란 그저 다른 나라보다 힘이 좀 더 강한 정도로는 불충분하다는 대단히 엄격한 정의였다. 랑케의 정의가 바로 초강대국에 대한 정의라고 보면 타당할 것 같다. 즉 초강대국이란 세계 전체(즉 자신을 제외한 모든 국가)와 겨룰 수 있는 나라를 말한다. 패권전쟁을 연구한 모델스키는 강대국을 대전쟁(Major War)을 치를 수 있는 나라라고 정의했는데 모델스키의 강대국 정의 중에는 초강대국을 의미하는 내용이 포함되어 있다.

세계의 역사를 살펴보면 초강대국이라고 불리기에 족한 나라들이 드문드문 나타났었다. 전 지구가 하나로 통일되기 이전인 고대, 그리고 중세에 초강대국을 찾는 일은 그렇게 어려운 일이 아니었다. 로마제국은 로마제국 주변의 모든 나라들이 힘을 합쳐 대항하는 경우라도 능히 이들을 무찌를 수 있을 정도로 막강한 군사력과 종합국력을 보유했었다. 고구려 패망 이후의 당나라 역시 아시아의 초강대국이라고 말할 수 있었을 것이다. 주변국들이 모두 힘을 합쳐 대항할지라도 당나라 하나를 당할 수 없었을 것이다. 중세의 몽고는 역시 짧은 기간이었으나 세계적인 초강대국이라고 불리는데 아무런 문제가 없을 것이다.

그다음 16세기가 시작될 무렵 온 지구가 하나의 체제(global system)로 통합된 이후 명실상부한 초강대국은 찾아보기가 어려워졌다. 네덜란드, 포르투갈이 한 시대를 풍미했고 그 나라들은 각각 자신이 패권을 보유하고 있던 기간 동안 세계 해군력의 50% 정도에 이르는 막강한 해군력을 보유하고 있었지만 육군, 국가의 산업 능력, 국토의 면적 등 국력의 다른 요인들을 종합적으로 고려할 경우, 네덜란드, 포르투갈 두 나라를 세계 모든 나라와 겨룰 수 있는 초강대국이라고 말하기는 곤란하다. 영국 역시 세계의 바다를 수백 년 동안 제패했었고 영국의 해군은 세계 제2, 제3위의 해군을 합쳐 놓은 것보다 강력한 해군이긴 했지만 영국의 육군은 나폴레옹의 육군을 당할 수 없었고, 영국의 국토 및 인구는 러시아를 당할 수 없었다. 이런 점에서 근대 국제정치에 진정한 초강대국이 존재했었는가에 대해서는 논란이 많다.

패권안정이론(Hegemonic Stability Theory), 패권전쟁론(Hegemonic War), 장주기 이론 (Long Cycle Theory) 등은 시대별 챔피언 국가들을 설정하고 있지만 이들 챔피언 국가들이 진정 지구 군사력의 50%에 육박하는 군사력을 가진 초강대국이라고 말할 수 있을지에 대한 평가에서 학자들은 견해를 달리한다. 이들은 물론 경제적인 측면에서는 챔피언임이 분명했고, 경제 패권국, 그리고 무엇보다도 해양패권국이었음은 분명했지만 종합 군사력에서도 초강대국이라고 불릴 수 있을지에 대해서는 논쟁이 있을 수 있다.

5) 제2차 세계대전 이후의 미국과 소련

2차 세계대전 이후 나타난 미국과 소련은 다른 측면에서는 몰라도 군사력에 관한 한 초강대국이라고 불리기에 전혀 문제가 없는 나라였다. 미국과 소련은 각자 전 세계를 상대로 전쟁을 벌일 수 있는 능력을 보유하고 있었다. 특히 핵무기는 미국과 소련 두 나라가 거의 독점적으로 보유하고 있었다. 비록 영국, 프랑스, 중국이 핵보유국의 대열에 들어가기는 했지만 그들의 핵전력은 결코 미국 소련의 핵전력과 비교될 수 있는 수준이 아니었다. 미국과 소련은 각각 전 세계를 모두 수십 차례 이상 파멸시킬 수 있는 핵폭탄과 재래식 군사력을 가지고 있었고 지구 어느 곳이라도 달려가서 전쟁을 치를 수 있는 능력을 보유하고 있었다.

미국과 소련이라는 두 나라가 모두 초강대국의 정의에 합당하다는 사실은 냉전 체제를 그야말로 괴상한 국제체제로 만들었다. 만약 초강대국이란 혼자서도 전 세계를 상대할 수 있을 정도의 군사력을 가지고 있는 나라라고 정의한다면 국제체제에 초강국은 하나만이 존재해야 논리적으로 타당한 일이 된다. 세계 전체와 상대해서 이길 수 있으려면 그 나라는 논리적으로 세계 군사력의 50% 이상을 보유하고 있어야 할 것이다. 그렇다면 나머지 나라는 아무리 강해도 군사력이 세계 전체의 50%에는 이르지 못할 것이다. 세계에는 세계 전체를 상대로 해서 싸울 수 있는 나라가 없든지, 있다면 1개국뿐이어야 함이 정상일 것이다.

그런데 분명히 냉전 시대의 미국과 소련 두 나라는 모두 세계 전체와 상대하여 전쟁할 수 있는 나라였다. 냉전 시대는 하나의 초강대국(Super Power)이 아니라 복수, 즉 두 개의 초강대국들(Super Powers)이 존재하고 있던 이상한 상황이었다. 두 나라는 너무나 강하다 보니 세계 전체와 대항하여 싸움을 벌이기는커녕 둘이서도 서로 싸울 수 없었다. 심지어는 약소국들과의 싸움에서도 이기지 못했다. 미국과 소련은 세계와 싸울 수 있을 정도로 막강한 나라였지만 미국은 월남에게 소련은 아프가니스탄에게 지고 말았다. 세계 전체와 싸울 수 있을 정도로 막강한 나라가 조그만 나라들에게도 이기지 못하는 역설적인 상황은 바로 월남 뒤에는 소련, 아프가니스탄 뒤에는 미국이 있었다는 현실 때문이었다. 냉전이란 '차가운 전쟁'이라는 뜻인데 애초에 말이 될 수 없는 단어였다. 전쟁은 결코 차가울 수 있는 일이 아니다.

핵무기의 존재는 국력의 비율을 계산할 수 없게 하였다. 미국도 세계의 50%가 넘는 군사력을 가지고 있었고, 동시에 소련도 세계의 50%가 넘는 군사력을 가지고 있다고 말할 수 있었다. 핵무기 보유량이 이미 포화 상태를 넘었기 때문에 몇 발 더 가지고 있는 것이 아무런 의미도 없는 정도가 되었던 것이다. 그래서 미국과 소련은 자살하기로 마음먹지 않는 한 진짜 싸움은 벌일 수가 없었다. 두 나라는 단지 으르렁거리기만 할 상황이었다. 가장 싸움을 잘할 수 있는 나라들이 싸움을 할 수 없었던 국제정치 역사상의 괴이한, 그리고 비정상적인 시대가 바로 냉전의 시대였던 것이다.

많은 사람들은 냉전의 종식을 평화가 도래했다고 착각하고 기뻐하고 있었지만 군사 전략적인 측면에서 본다면 냉전의 종식은 '전쟁하기 어려웠던 국제체제가 종식되고 전쟁하기 쉬운 국제체제가 다시 나타나고 있음'을 의미하는 것이었다. 미국은 냉전에 승리한 이후 언제라도 군사력을 사용해야 할 경우가 생기면 주저할 필요가 없게 되었다. 냉전이 끝난 후 미국은 미국의 막강한 군사력을 마음껏 과시하고 있다. 소련이 붕괴된 후 미국은 30년 동안 7개의 전쟁을 치렀다. 수많은 중급 국가들, 지역적인 강대국들 역시 군사력에 호소해야 할 가능성이 높아지게 되었고 이들은 군사력 증강을 자제하지 않는 상황이 되었다.

이 같은 역설적인 상황을 분석한 예일 대학의 역사학 교수 루이스 개디스는 냉전의 시대를 긴 평화의 시대(Long Peace) 시대라고 명명했다.[John Lews Gaddis, *The Long Peace: Inquiries into the History of the Cold War* (London: Oxford University Press, 1987)] 냉전 시대를 잔인한 시대라고 보는 사람도 많지만 역설적으로 냉전 시대는 45년 동안 강대국 사이의 큰 전쟁이 전혀 없었던, 역사상 가장 평화로운 체제이기도 했다. 냉전이 끝난 후 전 세계적으로 확산된 핵폭탄과 미사일, 그리고 끊임없는 테러리즘은 탈냉전 시대가 냉전 시대보다 별로 나을 것이 없는 시대임을 말해 주고 있다.

(3) 국가의 자연적 속성과 전쟁

국가의 속성(屬性, attributes)에 속하는 변수는 대단히 많다. 경제발전의 수준, 나라의 크기, 정치체제의 성격, 지리적 특징 등이 모두 한 나라의 속성을 나타내는 변수가 된다. 국가의 속성과 그 나라 외교정책의 관련성을 연구한 럼멜(Rudolf J. Rummel) 교수는 한 나라의 농업 인구, 문화와 예술, 정보 소통 능력, 교육지표, 경제발전 지표, 보건, 역사, 군사력, 자원, 정치, 사회, 기술, 교통, 가치체계, 국내의 갈등, 대외갈등, 식민지, 외교, 국제기구 가입 정도, 지정학, 무역, 인구변동 등에 관련된 무려 235개의 변수를 국가의 속성을 측정하는 지표로서 추출했다. 럼멜은 이러한 다양한 변수들과 한 나라의 대외 행위 사이에 어떠한 상관관계가 있는지를 계량 분석적 접근방법을 통해 분석하였던 것이다. 럼멜의 분석은 국가의 속성 변수와 국가의 대외적 전쟁 행위 사이에는 별 특별한 관계가 '없다'는 결론을 내리고 있다. 그러나 럼멜의 연구는 연구 기간과 자료의 측면에서 상당히 제한적인 것이었기 때문에 보편타당한 결론으로 받아들이기는 곤란할 것 같다.

1) 전쟁은 인구 변화(감소)에 영향을 미쳤는가?

전쟁을 통해 인구가 줄어드는가의 질문에 대해 여러 가지 학설이 존재한다. 특히 인류학자들은 산업사회 이전의 사람들이 낮은 인구밀도와 낮은 인구증가율을 실현하는 다른 방법이 없었다는 사실에서 전쟁의 인구감소 기능을 설명하고 있다. 즉 산업사회 이전의 사회에서 인구가 계속 늘어나는 것을 막기 위한 수단으로서 전쟁이 역할을 했다는 주장이다. 그러나 마빈 해리스(Marvin Harris)라는 인류학자는 전쟁에서 직접 야기된 인명피해 때문에 인구가 감소한 것은 아니라고 주장한다. 호전적이라고 알려진 다니족 및 야노마모족의 경우 전쟁에서 발생하는 성인 남자 사망비율은 각각 전체 성인남자 사망자의 3%, 7%에 불과했기 때문이다.[Marvin Harris, 정도영 역, 『식인과 정치』 (서울: 한길사, 1997)]

특히 국가 수준의 사회조직에서 전쟁은 인구를 분산시키기는 하지만 인구의 증가율을 둔화시키는 경우란 거의 없었다. 20세기에 일어났던 양차 세계대전, 한국전쟁, 베트남 전쟁 등은 교전국의 장기적 인구 증가율을 저하시키지 못했다. 베트남 전쟁 기간 동안 베트남의 인구증가는 연평균 3%를 기록했으며 거의 10년마다 대규모의 전쟁이 발발했던 1650년부터 1950년 사이의 유럽에서 인구는 거의 5배로 불어났던 것이다.

　그러나 해리스와 같은 인류학자는 오늘날의 현대국가가 성립되기 이전, 원시 사회에서 전쟁이 인구증가를 억제하는데 기여했다고 주장한다. 해리스는 '전쟁에서 남자가 많이 죽는다는 사실이 인구감소에 아무 기여한 바 없지만 전쟁이라는 제도는 여자 유아 살해라는 원시 문화에 기여함으로서 인구증가를 둔화시키는데 기여했'고 주장했다. 해리스는 '그들 사회에서는 아들을 낳아 기르는 것을 장려하였고, 장성하여 전투에 참가하게 될 날을 생각하여 남자아이의 남성다움을 예찬했지만, 반면 전쟁에 나가서 싸우지 못하는 딸아이는 쓸모없는 존재로 평가 절하했고 결국 딸아이에 대해서 부모는 관심을 제대로 주지 않아 결국 죽게 하고, 학대하여 죽게 하고, 또 아예 죽여 버리기도 하는 등 여자아이의 수를 제한하기에 이르렀'고 말하고 있다. 전쟁이라는 제도는 전투에서의 사망자를 산출함으로서가 아니라 여자 유아 살해를 통해 인구의 생식력을 저하시키는데 기여하고 있었다는 것이다. 부모가 낳은 아이를 돌보지 않고 죽게 하는 것은 '문화적인 힘'의 작용이다. 더욱이 남자아이보다 여자를 더 많이 죽인다든가 더

홀대하도록 동기부여 하는 데는 더욱 강력한 문화적 힘이 필요했다. 바로 전쟁이 그러한 힘을 공급하는 원천이 되었다. 전쟁 그 자체는 인구를 감소시키지 못했다. 그러나 전쟁이라는 제도는 일부 종족사회에 대해서 인구감소의 인류학적 요인을 제공하였다.

2) 인구와 전쟁

우선 인구증가는 사회의 골칫거리라는 입장에서 이 문제를 심각하게, 비관적으로 연구한 인물은 맬더스(Thomas Robert Malthus)였다. 맬더스는 1798년 간행된 그의 『인구론』에서 '인구는 항상 식량의 증가보다 빠른 속도로 불어나며, 식량 증가는 오직 산술적인 증가만 가능한데 반해 인구증가는 제한이 가해지지 않는 한 기하급수적으로 증가할 것이며, 인류 모두는 인구증가가 전쟁, 기근, 질병 등에 의해 제어되지 않는 한 심각한 운명에 처하게 될 것이다'라고 가정하였다. 맬더스는 전쟁을 인구의 급격한 증가를 제어할 수 있는 메커니즘 중 하나로 생각하고 있었던 것이다. 맬더스를 반동주의 전쟁론의 한 부류로 간주하는 소련의 학자 소로킨(Pitirim Alexandrovich Sorokin)은 맬더스를 추종하는 사람들은 "인구과잉은 필연적 현상이며 그렇기 때문에 역병, 기근, 그리고 물론 전쟁을 때때로 잉여인구를 소멸시키기 위한 자연적이고도 불가피한 '안전장치'로 간주한다"고 비난했다. 그는 맬더스를 추종하는 현대 이론가들은 또한 인구증가는 후진국의 고유한 문제이며, 후진국은 인구증가 때문에 경제발전을 이루기 어렵다고 비난하고 있다는 점도 비판하였다.

　과연 인구의 증가, 인구밀도는 어떤 나라의 전쟁 도발 행위와 관계가 있는 것일까? 인구의 변동과 전쟁의 관계를 살펴보고자 한 최초의 과학적 시도는 역시 라이트의 『전쟁의 연구』라고 할 수 있다. 『전쟁의 연구』 제31장은 제목이 '인구의 변동과 전쟁'이라고 되어있으며 차후의 어떤 과학적 연구 못지않게 인구의 변동과 전쟁의 원인을 광범하게 다루고 있다. 라이트 교수는 만약 두 가지 변수에 결정적인 관계가 있다면 국가들은 인구에 관한 통제 수단을 통해 사전에 전쟁을 예측하거나 방지할 수 있을 것이지만 불행하게도 인구변동과 전쟁 사이에 결정론적인 관계(determinate relations)를 찾을 수는 없었다는 언급으로 논의를 시작하고 있다.

　그러나 인구의 증가와 국제 분쟁 간에 결정론적 관계가 존재하지 않는다는 것이 인구와 전쟁 사이에 아무런 관계가 존재하지 않는다는 것을 의미하는 것은 아니다. 국가별로 인구밀도에서 심각한 격차가 생길 경우 이는 국제 긴장, 대규모 인구이동, 공격, 전쟁, 정복 등을 야기 시키는 요인이며 이는 16~17세기에 나타난 미국의 인디언과 유럽의 이민자들 사이에 야기되었던 갈등으로도 증명되고 있다. 이웃 나라보다 인구증강 속도가 빠른 나라는 정복 전쟁을 개시할 수 있으며, 인구증가가 적은 나라는 이웃 나라에 대해 예방전쟁을 개시할지도 모른다는 것이다. 전자의 예로서 인구가 급격히 증가하던 미국이 1846년 멕시코를 공격했던 미국-멕시코 전쟁이 있고, 후자의 예로서 미국의 남북전쟁이 있다. 남북전쟁 당시 북부의 인구가 급격히 증가하고 있음을 우려한 남부가 선제공격을 감행했다는 점을 간과할 수 없다. 사실 일본, 이탈리아, 독일 등은 인구의 급격한 증가를 자신들의 대외적 팽창주의를 정당화시키는 근거로 제시하여 침략전쟁을 감행했던 것이다. 나치스 독일과 일본의 군국주의는 각각 생활공간의 부족을 핑계로 이웃 나라들에 대한 침략전쟁을 단행했었다.

물론 이웃 나라의 인구증가 여부와 전혀 관계없이 나라들이 평화를 유지한 경우도 많았다. 국가들은 인구증가 문제를 해결하기 위해 반드시 대외 팽창 정책, 침략적인 정책을 택하는 것은 아니기 때문이다. 인구밀도가 높기로 유명한 벨지움, 네덜란드 등은 수출 증가 정책 등 산업 정책을 채택함으로써 인구 밀집의 문제를 해결했으며, 이와 유사한 문제에 당면한 중국은 농업의 방법을 개량함으로써, 그리고 1917년의 러시아는 혁명을 일으키고, 가지고 있던 땅을 오히려 포기함으로써 인구증가 문제에 대처하였다.

즉 인구문제는 전쟁의 원인이 되는 경우가 있지만 인구 그 자체가 전쟁을 직접 유발하는 원인은 되지 않는다는 것이 역사적 경험에서 추론되는 결론인 것이다. 인구문제는 또 다른 요인, 즉 매개변수 (intervening variable)와 결합함으로써 전쟁의 원인이 될 수도 또는 그러지 않을 수도 있다는 것이다. 라이트 교수는 프랑스의 경우 오히려 인구의 감소 때문에 전쟁을 일으킨 적이 있었다고 설명하기도 한다. 전체적으로 보아 인구의 변동이 전쟁의 원인이 된다는 견해는 부정되고 있지만 다음의 여섯 가지 관점은 주의를 요한다고 하였다.

첫째, 지난 1세기 동안(19세기 중엽 이후) 세계인구의 증가는 국제적인 통신, 문화의 침투, 국제협력에 기여했고 인류를 하나의 공동체로 엮는데 기여했다. 둘째, 전쟁 및 영토 확장과 관련된 정책은 인구의 변화에 그다지 큰 영향을 받은 것은 아니었다. 셋째, 인구가 급격히 증가하고 있는 지역의 사람들이 무역 또는 이민 등에 관해 보이지 않는 제약을 받고 있다고 믿을 때 국제분쟁의 가능성이 높아진다. 넷째, 인구는 군사잠재력의 한 요소이며 인구증가의 차이는 이웃 국가 간 세력균형에 영향을 미치게 된다. 특히 두 나라가 전통적인 경쟁국일 경우에 그렇다. 다섯째, 위의 두 가지 전제(세 번째, 네 번째)에 의하면 제국주의적 전쟁은 인구가 급격히 증강하는 국가에 의해 전개될 가능성이 높다. 반면 세력균형전쟁은 인구의 증가가 급격하지 않은 동맹에 의해 시작될 가능성이 높다. 여섯째, 인구가 국제정치의 중요 요인이기는 하지만 문명이 발달하는데 따라 인구가 미치는 영향은 다양화되고 있다.

인구와 전쟁의 관계에 관한 보다 현대적, 과학적 연구는 슈크리와 노스(Nazli Choucri and Robert North) 두 교수에 의해 행해진 제1차 세계대전의 원인에 관한 종합적 연구일 것이다. 슈크리와 노스는 국력의 증강 과정은 국가의 팽창, 국가 간의 경쟁 대립, 분쟁, 폭력을 야기할 가능성이 높다고 가정하였다.[Nazli Choucri and Robert C. North, *Nations in Conflict: National Growth and International Violence* (San Francisco: Freeman, 1975)] 그들은 이러한 가정을 테스트하기 위해 1870년부터 1914년 1차 대전이 발생하는 시점까지 44년 동안 영국, 프랑스, 독일, 이탈리아, 러시아, 오스트리아-헝가리 등 6대 국가의 국력변화를 계량적 방법으로 추적하였다. 슈크리와 노스는 국력의 요인으로 인구학적 요소(demographic factor) 외에 경제적, 정치적, 군사적인 요소를 측정하고 있다. 인구의 동태, 기술발전, 무역 및 군비지출액의 변화, 국가 이익의 갈등, 식민지에서의 행동 양식, 동맹 형성, 폭력 행위 등의 변수는 국제체제에서의 전쟁과 위기를 유도하는 것이라 하였다. 이러한 요인들이 분출된 상태에서 국가 간의 선의, 억지 전략, 데탕트, 부분적인 군비 축소 등이 전쟁을 막는데 기여하지 못했다는 것이다.

슈크리와 노스 교수는 인구의 증가는 기초적 자원의 필요성을 증대시키게 될 것이라고 가정하였다. 그러나 필요성이 충족되지 않을 경우 새로운 능력을 추구하게 될 것이고 그런 능력이 국경 내에서 충족되지 못할 경우, 그런 능력을 해외에서 추구하도록 하는 압력이 가해지게 될 것이다. 이러한 압력을 슈크리와 노스는 '수평적 압력(Lateral Pressure)'이라는 용어로 표시하였다. 수평적 압력은 상업적 행위, 군함건조, 상선건조, 외국 영토에 대한 군사력 파견, 외국 시장 및 식민지 획득, 해외 군사기지 건설 등 여러 가지 방법의 대응을 불러일으킬 것이다. 한 국가의 수평적 압력이 증대될 경우 이는 주변국의 양보를 받아냄으로써 해결될 경우도 있을 것이고 반대로 도전을 받게 될 경우도 있을 것이다. 그렇기 때문에 모든 수평적 압력은 국제분쟁으로 비화될지도 모를 잠재력을 내포하고 있는 것이다.

슈크리와 노스의 연구 결과 나타난 가장 중요한 발견은 내적 성장(인구밀도와 국민소득으로 측정된)은 국가들로 하여금 팽창 정책을 추구케

하는 강력한 결정요인이며, 이는 군사비 지출, 동맹, 그리고 국제분쟁과 연계된다는 사실이다. 인구라는 요인은 국가의 능력이라는 요인과 결부되어 한 나라의 대외적 팽창 및 전쟁 행위와 관계가 있다는 것이다. 물론 그 관계는 직접적인 것이라기보다는 간접적인 것이며 슈크리와 노스의 연구 결과는 라이트의 연구 결과와 대동소이한 것이다.

오간스키 교수 부부가 이미 연구한 바 있듯이 인구의 증가는 전쟁의 직접적인 원인이 되지는 않는다. 그러나 인구의 증가는 전쟁의 원인이 될 수도 있는 긴장을 야기하는 원인이 되는 것이다.[Katherine Organski and A. F. K. Organski, *Population and World Power* (New York: Alfred A. Knopf, 1961)] 즉 인구의 증가는 국력의 변동을 의미하는 것이며 거시적인 차원에서 국력의 변화는 국제 불안의 원인으로 작동하는 것이다. 이상의 논의처럼 인구증가, 인구밀도의 증가 등은 동물 행동학에서 연구된 바와는 달리 직접적인 공격 행동의 원인이 되지는 않았다. 국제정치에서 인구증가는 '간접적인 전쟁원인'인 것이다. 그럼에도 불구하고 인구의 증가 및 이로 인한 영토의 협소화는 전쟁을 일으키려는 정치지도자들에게 그럴듯한 개전 원인을 제공하곤 했다.

앞에서 논한 인구의 증가와 전쟁의 관계는 인구의 증가가 국가의 능력과 연계되어 전쟁으로 이르는 간접적인 과정을 주로 논하고 있다. 그러나 인구의 증가가 전쟁과 연결된다는 또 다른 분석은 인구의 증가는 생활공간을 비좁게 만들고 그 결과 비좁은 나라는 대외적 공격 성향을 나타내 보인다는 과거 일본 및 독일의 군국주의 이론에 입각한 것이다. 어떤 나라에 인구가 많고 인구밀도가 높다면 그 나라는 전쟁에 빠져들어 갈 가능성이 높을 것이다라는 가설은 동물들의 실험에서도 밝혀진 상식적으로 타당한 가설처럼 보인다. 자동차가 아주 막히는 서울의 도로를 주행하는 운전자들이 확 트인 고속도로를 운전하는 운전자들보다 더욱 신경질적이고 공격적인 태도를 보이는데 그 이유를 설명할 필요는 없을 것이다. 인구가 밀집됨으로써 공간이 좁아지고 짜증이 발생하게 되고, 그것이 국제적인 전쟁으로까지 연계될 수 있다는 이론들은 이미 잘 알려져 있는 것이다.

바로 인구증가의 이러한 측면은 지정학적인 견해와 연계되며 이는 소위 '생활공간론(Lebensraum)'으로 널리 알려진 이론이 되었다. '레벤스라움'이란 국가가 생활하기에 필요한 공간(living space)을 의미하는 것으로서 19세기 그리고 20세기 초반 독일에서 발달, 우매한 군중의 열광적 지지를 받았던 이론이다. 이 이론은 나치스가 자신의 침략적 전쟁을 정당화하기 위해 제시한 유명한 전쟁 원인 이론이기도 하였다. 독일은 우수한 문화창조 민족인데도 불구하고 독일인이 생활하기에 독일이라는 공간이 너무 좁으며 독일은 적절한 생활공간을 확보해야 한다는 국수주의적 주장을 주요 내용으로 하는 이론이다.

독일 지정학의 선구자격인 라첼(Friedrich Ratzel)은 국가란 생명을 가진 유기체로서 다른 생명체와 마찬가지로 생애의 사이클을 가지고 있다고 주장하였다. 국가들도 어떤 공간을 장악하고, 성장하며, 위축되며 궁극적으로 소멸한다고 주장하였다. 라첼과 스웨덴의 지정학자 옐렌(Kjellen)은 국가란 인간과 마찬가지로 생활공간과 생존을 확보하기 위해 끊임없이 투쟁하고 있다고 주장함으로써 지정학과 사회적 다원이즘(Social Darwinism)을 결합시켰다. 즉 적자생존(適者生存)의 법칙을 국제정치 차원에 적용한 것이다. 동물의 세계에서처럼 투쟁에서 이긴 자 즉 적자(適者)만이 생존할 수 있다는 이론이 국제정치에서도 마찬가지로 적용될 수 있다는 것이다.

2차 세계대전이 발발하기 이전 나치스 독일의 사회 과학 분야를 지배했던 지정학은 특히 독일군 소장이었으며 뮌헨대학 교수인 칼 하우스호퍼(Karl Haushofer)에 의해 더욱 정교하게 발전되었다. 하우스호퍼는 루돌프 헤스의 선생이며 헤스는 하우스호퍼의 생각을 히틀러에게 전파하였다. 히틀러는 독일 게르만인종인 아리안종족의 생물학적 우위론을 신봉하고, 모든 독일민족의 통합을 주장하며, 우수한 문화 창조 민족인 독일인의 생활공간이 협소하기 때문에 넓은 영토를 장악해야 할 권리가 있다고 부르짖었다. 결국 그는 2차 세계대전을 도발했고 그의 전쟁 개시를 정당화시켜준 이론적 기반을 제공한 것은 당시 독일의 지정학이었다.

히틀러는 독일인의 우수성에 대비하여 유태인은 문화를 파괴하는 열등한 인종으로 간주하였고, 또 다른 열등한 족속인 슬라브인들이 차지하는 영토는 당연히 우수한 게르만 인들이 빼앗아도 되는 것이라고 생각하였다. 히틀러의 이 같은 인종주의적, 국수주의적 사고는 독일의 외교정책은 물론 일본의 팽창 정책에도 그대로 반영되었다.

생활 공간론은 '인구의 증가로 인한 압박을 받게 되는 국가는 인구 문제로 야기된 국내적인 문제를 해결하기 위해 대외적인 전쟁을 야기할 가능성이 높다'라는 일반적인 가설을 뒷받침하는 중요한 이론이 되었다.

인구의 압박이 전쟁을 일으키는 요인이 되는가에 관한 과학적 경험적 연구도 물론 존재하고 있다. 역시 스몰과 싱거의 전쟁 관련 요인 연구계획은 이 문제도 놓치지 않았다. 과도한 인구밀도는 전쟁의 원인이 되는가를 조사해 본 결과 싱거와 스몰 교수의 전쟁관련 요인 프로젝트는 두 가지 변수 사이에 상관관계가 '없다'는 사실을 발견하였다. 이 같은 결론을 추론하기 위해서 사용한 자료는 1816년부터 1965년 사이 유럽 국가들의 국제분쟁 자료였다.

지정학적 전쟁원인 분석은 제11장 전쟁과 전략을 다루는 부분 중 '국가 대전략'을 논의하는 곳에서 보다 자세하게 설명하기로 한다.

3) 기후 및 환경과 전쟁

지리적, 인구학적인 요인 이외에도 한 나라의 전쟁 개입 정도에 영향을 미칠 수 있다고 사료되는 다양한 변수들과 전쟁에 관한 연구결과들이 존재한다. 특히 인간이 거주하는 지역의 환경과 기후 등이 전쟁에 어떠한 영향을 미치는가에 대한 연구결과도 많다. 물론 이러한 변수들은 문명의 발달과 더불어 점차 그 중요성이 줄어들게 되었을 것이다. 춥거나 덥다는 사실이 인간의 행동을 억지하는 요소로서의 영향력을 점차 잃었을 것이기 때문이다. 즉 기후에서 연유하는 인간 생활의 불편은 이미 극복되었다는 점이다. 이곳에서는 역사적으로 보아 어떤 기후, 어떤 지형에 살던 사람들이 보다 더 호전적이었는가에 관한 기존의 연구결과를 간단히 소개하기로 하자.

물론 이러한 주제에 관한 가장 광범한 연구는 역시 퀸시 라이트의 『전쟁의 연구』였다. 라이트는 고대 문명 또는 국가 사이에서 전쟁이 정치의 수단으로 어떻게 사용되는지에 대해 연구했는데 그에 의하면 '원시인 중에서 전쟁을 합리적인 수단으로 사용하는 정도가 가장 낮은 종족은 오스트레일리아에 거주하던 종족들이며 전쟁을 가장 체계적으로 발전시킨 족속들은 아프리카의 종족들'이라고 주장하였다. 또한 아메리카주의 원시종족들은 대단히 호전적이었던 반면 아시아주의 종족들은 가장 평화적이었다는 사실을 보였다. 라이트는 아주 더운 곳 또는 아주 추운 곳에 사는 원시인들이 보다 덜 호전적이었다는 사실도 발견하였다. 물론 이러한 일반화에는 문제가 많다는 점도 같이 지적되었다.

같은 열대지방에 거주하는 종족이라도 피그미는 평화 지향적이지만 반투족은 아주 공격적이며, 같은 추운 지방에 거주하는 베링해의 에스키모는 대단히 공격적이었던 데 반해 그린란드의 에스키모는 아주 평화적이었다는 연구결과가 나왔다. 다만 일반적으로 말할 경우 기후가 온화하거나 따뜻한 지역, 그리고 기후가 변화하는 지역, 그리고 자극적인 기후를 가진 지역의 주민들이 보다 호전적이었다. 즉 온대 지방에 거주하던 사람들이 보다 더욱 호전적이었다는 것이다. 그러나 원시인들의 호전성, 평화 애호성은 그들이 수립한 문명의 성격에 의해 재규정되는 것이다. 즉 기후가 좋은 지역에서 문명이 발달하였고, 문명을 발전시키지 못한 미개인들은 기후가 나쁜 오지로 밀려나게 되었다. 오늘날 호전적인 미개인들이 주로 아프리카에 거주하고 있는 것이다.

원시인들이 호전적인가 평화적인가를 분석하는 조건으로 기후뿐 아니라 그들이 살고 있는 지형(topography)과의 관계도 조사되었다. 라이트의 연구에 의하면 해안가 또는 사막지역에 거주하는 원시인들이 숲이나 산악지역에 거주하던 사람들보다 더욱 호전적이었다는 사실이 발견되었다. 특히 목초지역에 거주하던 원시인들이 가장 호전적이었음이 발견되었다. 즉 기후가 자극적인 곳, 또는 이동에 장애가 없는 지역에 살던 사람들이 더 호전적이었던 것으로 보인다. 라이트는 고대 사회의 경우 이 같은 지리적, 기후적인 요인이 경제적인 요인보다 더욱 중요한 호전성 또는 평화주의의 원인이었음을 지적하고 있다.

고대의 넓은 초원지대에 살았던 사람들은 방위를 위한 자연적인 장애물이 없었고, 또한 공격을 하기 위해서는 먼 곳까지 나가야 한다는 사실 때문에 공격과 방어를 위한 수단으로서 전쟁을 '제도화'하게 되었던 것이다. 해변가의 사람들은 여행하기가 용이하였고, 그 결과 목초지 주민들이 습격(노략질)을 통해 무엇을 얻는 것과 마찬가지로 해적질을 하도록 자극 받았다. 숲속 또는 산에서 사냥을 하며 살던 사람들은 산이라는 자연적인 방벽으로 보호되어 있었고 그 결과 평화스러운 태도를 보였다.

이처럼 원시인의 경우 자연 환경적 요인이 그들의 전쟁 행태에 영향을 미치는 것으로 나타나고 있지만 전쟁이 국가의 정치적 수단으로 제도화되는 데에는 인종 또는 물리적 환경과 같은 자연적인 요인보다는 문화, 정치, 대외 집단과의 관계 등 인위적인 요인들이 더 크게 기여 했다고 보여 지고 있다.

(4) 정책 결정 과정: 인간이 만든 조직의 불완전성과 전쟁

국가들이 전쟁의 가장 중요한 주체이기는 하지만, 전쟁을 결정하는 것은 국가의 지도자들이다. 전쟁을 할 것이냐 말 것이냐를 결정하는 사람들이 있는 것이다. 그래서 우리는 나치스 독일이 전쟁을 일으켰다라는 말과 함께 히틀러가 전쟁을 일으켰다고도 말하는 것이다. 미국과 이라크가 전쟁을 했다는 말과 더불어 부시와 후세인이 싸웠다라는 말도 한다. 그러나 히틀러, 후세인, 부시 등은 모두 총통, 대통령 등의 직위를 가진 조직 속의 인간이다. 그래서 전쟁과 국제정치를 연구하는 학자들은 정책이 결정되는 과정과 집단 그리고 집단 속의 인간, 그들의 인간관계 등에 대해 많은 연구를 했다. 외교정책 혹은 전쟁연구에서 정책결정이론(Decision Making Theory)은 큰 부분을 차지하고 있다.

우리들은 그동안 사람들, 집단들이 대단히 합리적으로 정책을 결정하는 것이라고 생각해 왔지만 정책 결정 과정을 연구한 학자들은 그렇지 않다는 연구결과들을 내놓고 있다. 심지어 국가의 삶과 죽음을 결정하게 될 심각한 정책 결정 과정도 순수하게 합리적인 맥락에서 이뤄지는 것이 아니라는 사실의 발견은 충격적인 일이 아닐 수 없다.

역사상 아주 유명한 정책 결정인 쿠바 미사일 사건에 대해 연구한 하버드 대학의 앨리슨(Graham T. Allison) 교수는 쿠바를 봉쇄하기로 한 정책은 미국 고위급 관료들이 국가 이익을 위해 진지하게 심사숙고한 결과로 나온 정책이기보다는 미국 정부 내의 각 부서, 예로써 CIA, 국무부, 국방부, 해군, 공군, 육군 등이 자기 부서의 이익을 위해 상호간 치고 받으며 싸운 결과 나오게 된 산물이라고 주장했다.[Graham T. Allison, *The Essence of Decision: Explaining the Cuban Missile Crisis* (Boston: Little Brown, 1971)] 3차 세계대전의 문턱을 넘을지도 모르는 절체절명의 위기 상황 속에서 국가안보 정책 결정에 참여한 미국의 고위급 관리들이 국가의 이익보다는 자신이 속한 집단의 이익을 위해 싸웠다는 사실은 놀랍지만 수긍할 만한 일이다. 이 분야의 연구결과들을 보면 인간의 한계를 보는듯하며 핵 시대의 인류가 과연 문명을 스스로 파괴할 수도 있겠구나라는 생각을 하지 않을 수 없다.

1) 각하의 결정이 전적으로 옳습니다!

독재국가의 경우 최고 정치지도자는 독단적으로 정책을 결정한다. 정책 결정이 전쟁과 평화에 관한 국가안보의 차원이든 일상적인 생활에 관한 결정이든 간에 독재자는 국민의 견해를 경청하거나 자기를 보좌하는 사람들의 견해를 경청하기보다는 자기의 독선에 의해 정책을 결정하고 시행하는 것이다. 국민의 교육문제, 건강문제, 세금 문제,

경제 발전 등 여러 가지 차원의 문제는 물론 전쟁과 평화라는 국가 존망에 관한 사안도 독단적으로 결정하는 경우가 허다하다. 히틀러가 그 대표적인 예가 될 것이며 이라크의 후세인은 정책 결정을 위한 회의 도중 자신의 말을 거역하는 각료를 총으로 쏘아 죽였다는 말도 있을 정도도. 2002년 10월 후세인은 이라크 국민 100%의 지지로 대통령에 다시 당선되어 세상을 웃겼다. 북한의 김정은도 마찬가지다.

히틀러, 후세인, 김정은 같은 독재자는 아닐지라도 대부분의 지도자들은 권위주의적 성격을 가지고 있다. 소위 민주주의 정치 체제를 가지고 있는 나라의 경우에도 권위주의적 통치자가 존재하는 경우가 많다. 이들은 자신의 권위에서 권력의 정당성을 찾으려 하고 자기는 장관, 국회의원, 장군, 그리고 일반 시민보다 우수한 부류의 사람이라고 생각한다. 전체주의적인 독재자가 아닐지라도 대부분의 지도자들은 권위주의적(authoritarian)인 정책 결정을 내릴 가능성이 높다.

한국의 대통령들은 거의 모두가 권위주의적 통치자들이다. 이승만 대통령의 권위는 그가 아예 대통령이라기보다는 박사라는 호칭으로 더 자주 불렸다는데서 잘 나타난다. 이승만 대통령의 견해에 도전할 수 있는 각료, 국민들은 사실 거의 없었다. 권위적인 대통령 앞에서 어떤 각료들도 감히 "각하! 각하의 견해는 이러 이러한 점에서 잘못된 것이라고 사료됩니다"라고 용감하게 말하기 어려울 것이다.

박정희, 노태우, 전두환 대통령은 군 출신이니 더 이상 논할 필요가 없지만 민주주의 대통령이라고 말하는 김영삼, 김대중, 노무현, 이명박, 박근혜 대통령의 경우에도 이러한 권위주의적 정책 결정 과정은 그다지 많이 개선되지 않았다. 예로서 김영삼 대통령이 행한 각종의 깜짝쇼를 연출한 정책들에 대해 당시 그 누구도 감히 반대 의사를 표명하기 어려웠을 것이다. 대부분의 각료들은 대통령의 견해가 아주 훌륭한 견해임을 찬양하고 홍보하기에 급급했다.

김대중 대통령은 남의 말을 잘 듣는 대통령이라는 평가가 있기는 하지만 그 역시 정책의 결정 및 수행에서 고집스러운 측면이 있음을 볼 수 있다. 한국의 대통령들이 거의 대부분 무소불위(無所不爲), 즉 하지 못할 일이 없을 정도로 대단한 결정권과 힘을 가지고 있는데, 한국의 이 같은 정치 상황을 분석한 함성득 교수는 이 같은 한국의 대통령제를 '제왕적(帝王的) 대통령제'라고 명명하고 있다. 미국 대통령의 권력이 점차 막강해지는 현상을 분석한 아더 슐레신저(Arthur Schlesinger)도 미국의 대통령을 제왕적 대통령이라고 묘사했다.[Arthur M. Schlesinger, *The Imperial Presidency* (New York: Easton Press, 1988)]

대통령을 보좌하는 사람들이 애초에 대통령과 견해가 같은 사람들로 구성되어야만 하는 법은 없겠지만 평소 대통령과 다른 견해를 표명했던 사람들은 애시 당초 대통령의 정책 결정을 자문하고 돕는 위치에 취임할 가능성이 없었을 것이다. 예로서 김대중, 노무현, 문재인 정부에서 햇볕정책 혹은 대북 유화정책에 비판적인 입장을 취하는 사람들이 국가안보를 위한 최고 정책 결정 과정에 참여하기란 원천적으로 불가능한 일이었을 것이다. 그리고 누구라도 자신이 대통령이 되었을 경우 자기와 견해가 같은 사람들과 함께 일하려 하는 것은 인지상정일 것이다.

이런 것이 바로 지역주의, 족벌주의라고 말할 수 있는 것으로서 궁극적으로 국가는 물론 당시 정치에 참여했던 정치가들에게도 불행의 원인이 된다. 자기들끼리 모여 '예 각하의 견해가 전적으로 타당합니다'고 읊조리고 대통령의 견해를 영단(英斷)이라 부추기며, 어떤 특정 정책을 그 정책 이외에는 대안이 없다고 말하는 분위기들은 모두 훌륭한 정책 결정을 이룩하는데 결정적인 장애 요인들이다.

박정희 대통령의 정책들은 대부분 영단이라고 추켜세워졌다. 햇볕 정책을 금과옥조로 여기는 김대중, 노무현 정부의 관리들 그리고 이들을 추종하는 어용학자 및 언론들은 햇볕정책에 대한 비판에 대해 '그러면 전쟁하자는 말이냐'며 윽박질렀다. 군사력을 갖추는 것이 전쟁을 하자는 것이 아니라 평화를 지키자는 것인 것처럼 북한에 대해서는 강경 정책도 함께 섞어서 쓰자고 주장하는 사람들이 원하는 바도 평화를 유지하자는 것이지 전쟁을 하자는 것이 아님은 새삼스럽게 말할 필요도 없다.

북한에 대해 강경책을 쓴다고 곧바로 전쟁이 발발하는 것도 아니다. 거꾸로, 햇볕정책과 같은 유화정책을 아무리 목청 높여 외친다 해도 평화가 저절로 오는 것도 아니다. 햇볕정책 이외에는 다른 대안이 없다는 독선, 햇볕정책만이 평화를 위해 가장 훌륭한 정책이라고 믿는 것이 오히려 국제정치의 진실을 오도하고 잘못할 경우 최악의 안보위기를 불러올 수도 있는 것이다.

정책 결정 과정에서 훌륭한 정책 결정에 장애가 되는 요인을 제거하기 위해 현대 민주주의 국가들은 인치(人治)가 아니라 법치(法治)를 기준으로 하며 법치가 잘 이루어질 수 있도록 하는 각종의 제도적 장치를 마련하고 있다.

그런데 이 같은 법치주의가 확립되었고, 훌륭한 정책결정을 위한 제도적 장치가 잘 마련되어 있는 미국 같은 나라에서도 정책 결정 과정에서는 황당무계한 결정이 나오는 경우가 흔히 있다. 그토록 우수한 전문가들이 모여 국가의 중대사를 결정하는 심각한 회의를 하는 와중에도 '예 각하의 견해가 전적으로 옳습니다'라고 말해야만 하는 분위기가 형성되고, 그 결과 전혀 터무니없는 결정이 이루어지고, 궁극적으로 국가와 국민, 그리고 정책 결정 당사자들까지 피해를 입는 상황이 속출하였다.

미국의 외교 정책 결정 과정에 참여하는 사람들을 미국 최고의 엘리트들이라는 점을 강조, 이 사람들을 The Best and the Brightest(최고의 인물, 최고의 수재)라고 부르는 제목의 책도 있을 정도다.[David Halberstam, *The Best and the Brightest: Kennedy-Johnson Adminstration* (New York: Barrie and Jenkins, 1973)] 사실 미국의 고위 정책 결정 과정에 참여하거나 조언하는 사람들의 면면을 보면 정말로 그들은 미국의 최고들이라는 생각을 가지지 않을 수 없다. 케네디 대통령 당시 국방장관 맥나마라, 닉슨 대통령의 특별 보좌관 헨리 키신저 박사, 카터 대통령의 특보 브레진스키 박사, 레이건 대통령 당시 국무·국방장관인 슐츠와 와인버거 박사, 그리고 클린턴 정부에 참여했던 조지프 나이 박사, 부시 행정부의 럼스펠드 장관과 콘돌리자 라이스 박사, 트럼프 행정부의 국무장관 마이크 폼페오 등등은 정말 미국의 The Best and the Brightest라고 불리는데 문제가 없었던 인물들이다.

그러나 The Best and the Brightest라는 말은 미국의 엘리트들이 좋은 의미에서, 국가를 위해 탁월한 정책을 만들었기 때문이 아니라 정말로 엉터리 같은 정책을 만들었다는 사실을 비꼬기 위해 사용됨으로써 유명해진 말이다. 데이비드 할버스탐(David Halberstam)은 월남전에 미국이 참전한 과정을 비판적으로 분석하기 위해 이 책을 저술했는데 그렇게 똑똑하고 잘난 수재들이 어떻게 그토록 바보 같은 결정을 내렸는가 하고 탄식한 책이다.

2) 집단사고(Groupthink)로 도출된 외교 정책의 문제점

잘난 사람들이 모여서 황당무계하고 바보 같은 정책결정을 내리게 되고, 정책을 집행하는 과정에서 파탄상태를 초래하는 경우가 상당히 흔하게 나타나고 있는데 특히 전쟁과 평화에 관한 외교정책이 파탄난 경우들을 집중적으로 분석한 미국의 학자가 있다.

예일 대학교의 어빙 재니스(Irving Janis) 교수는 미국의 외교 정책에 왜 그렇게 오산(誤算, miscalculation)에 의한 재앙적 정책결정이 자주 발생하는지에 대해 의문을 가지기 시작했고 이 같은 오산은 어떻게 미국 외교 정책에서 재난(災難, fiasco)이라고 부를 수 있을 정도의 엉망진창사태들을 초래했는가의 역사적 사실을 연구주제로 삼았다. 재니스 교수는 중요한 미국의 외교정책 결정 과정 중 상당 경우에 정책결정이 정말로 한심한 방식으로 이루어지고 있었다는 사실을 발견했다.[Irving Janis, *Groupthink: Psychological Studies of Policy Decisions and Fiascoes* (2nd. ed.; New York: Houghton Mifflin Company, 1983)]

가장 완벽한 실패로 간주되는 케네디 대통령의 피그만(The Bay of Pigs) 침공사건, 잘된 것처럼 보이지만 역시 문제점 있는 결정이었던 쿠바 미사일 위기, 월남 전쟁의 확전, 마샬플랜, 한국전쟁, 그리고 진주만 피습, 포드 대통령에 의한 마야구에즈호 구출 작전 등은 알고 보면 모두가 황당무계한 정책 결정 과정의 산물이었음을 밝혀내었다.

재니스 교수는 미국의 외교 정책의 대실패를 초래한 정책 결정이 이루어지는 과정에서 나타나는 몇 가지 특징을 발견하고 이러한 정책 결정 상황을 집단사고(Groupthink)라는 용어로서 설명하고 있다. 집단사고란 사회심리학적인 개념으로 작은 집단에서 흔히 나타나는 현상인데, 소집단은 가능한 한 집단의 결속력을 유지하려는 경향을 가진다는 점에서 유래하는 것이다. 집단의 전체를 대표하는 견해와 반대되는 견해는 제시하기도 힘들고, 제시하는 경우 왕따 당할 가능성이 높기 때문에 반대 견해를 가지고 있는 사람들, 정책 결정 주제에 관해 심각한 문제점을 발견한 사람들이라 해도 그들은 가급적 반대 견해를 제대로 표명하려 하지 않는다는 것이다.

이런 사실은 심리학자들의 실험에 의해서도 이미 밝혀진 것이다. 두 개의 연필이 있다. 연필 A가 연필 B보다 약간 길다. 정상적인 시력을 가진 사람들이라면 누구든지 쉽게 어떤 것이 더 긴지를 분별할 수 있는 정도라고 하자. 실험을 위해 10명의 학생을 동원하자. 실험을 주관하는 교수는 9명의 학생에게 어느 연필이 더 긴가?라고 물어볼 경우 B가 더 길다고 대답하라고 사전에 모의한다. 교수와 짠 9명의 학생이 먼저 어느 연필이 더 긴가? 라는 질문에 대해 'B가 더 길어보이는데요'라고 말하는 것을 지켜본 마지막 학생(이 학생이 바로 유일한 피실험자)은 고개를 갸웃거리다가 어물어물하며 'B가 더 긴 것 같은데요'라고 말할 가능성이 대단히 높다는 사실이 발견되었다. 그 10명의 집단 결속력이 높으면 높을수록 그러하였다. 결속력이 별로 없는, 또는 전혀 없는 집단의 경우라면 10번째 학생은 'B가 더 긴 것 같은데요'라고 말한 앞의 아홉 녀석들에 대해 '쟤네들 눈이 잘못된 것 아니야?'라고 냉정하게 판단하고 A가 더 길다고 자신 있게 말할 수 있었을 것이다. 요즈음 한국에서 많이 쓰여지는 단어인 '왕따' 당하기 싫기 때문에 비록 의심스러운 경우라 할지라도 다수의 견해를 그냥 따르는 것이다. 특히 처음에 자신의 생각을 말한 사람이 그 집단의 우두머리라면 그 우두머리의 제안이 궁극적인 결정이 될 확률은 압도적으로 높아진다.

어빙 재니스 교수가 관찰하고 분석한 미국 외교정책에 나타났던 엉망진창의 재앙적 실수들은 대부분 이 같은 독특한 정책 결정 상황 아래 이루어진 것들이었다. 재니스 교수는 외교정책상 대실패의 경우 그 정책이 결정되는 과정에 적어도 7가지의 문제점이 있었다고 지적하고 있다.

첫째, 정책 결정 집단에서 이루어진 토론에서 고려 대상으로 간주된 대안의 숫자가 일반적으로 아주 적었다. 어떤 경우는 단 두 가지 대안만을 놓고 토론을 벌인 적도 있었다. 전쟁과 평화에 관한 중대사를 결정하기 위해서라면 가능한 모든 대안이 심각하게 고려되어야 할 터인데 전혀 그러하지 못했다.

둘째, 정책 결정 집단의 구성원들은 성취되어야 할 목표를 조사해 보지 않았고, 그들이 택한 정책이 어떤 의미를 함축하고 있는지에 대해서도 진지하게 생각하지 않았다.

셋째, 정책 결정 집단은 다수가 먼저 선호한 정책 대안에, 혹시 보이지 않는 문제점 혹은 위험성이 있는 것은 아닌지에 대해 자세히 살펴보지 않았다.

넷째, 정책 결정자들은 다수에 의해 불만족스러운 것으로 간주되어 고려 대상에서 일찍이 배제된 정책 대안에 대해 혹시 그들이 간과한 것은 없는지, 또는 그 대안을 택함으로서 희생을 줄이는 방법이 있는 것은 아닌지 등에 관한 고려를 전혀 하지 않았다.

다섯째, 정책 결정 집단의 멤버들은 여러 가지 대안들이 어떤 이해득실을 가지고 있는지를 심도 있게 분석, 평가할 수 있는 전문가들의 정보와 견해를 경청하려 하지 않았다.

여섯째, 정책 결정 집단은 정보를 선택하는 과정에서 편견(bias)을 보였다. 정책 결정자들은 자신들이 애초에 결정한 정책대안을 보강, 보완시켜주는 사실들만을 선택적으로 받아들이고자 했으며 자신들이 택한 정책의 잘못을 나타내 보이게 하는 정보들은 무시하고자 애썼다.

일곱째, 정책 결정자들은 그들이 채택한 정책이 관료들에 의해 집행되는 과정에서 당면할 문제점, 야당에 의해 사보타주(sabotage)당할 수도 있다는 점, 그리고 아무리 잘된 계획이라도 집행과정에서 문제가 생길 수 있다는 점들에 대해 거의 생각하지 않았다.

재니스 교수는 위의 일곱 가지 문제점이 인간 능력의 한계 때문에 야기될 수도 있겠지만 집단사고의 결과 때문에 더욱 흔히 나타나는 문제라고 생각했다. 인간은 바보스러울 때도 있고, 가지고 있는 정보가 잘못된 때도 있으며, 정보가 너무 많아 어쩌지 못하는 경우도 있고, 피곤할 때도 있다. 너무 편견이 많은 정책 결정자도 있고 무식한 경우도 있다. 이러한 경우 물론 훌륭한 정책 결정이 이루어지지 않는다.

그러나 집단사고는 훌륭하고 똑똑한 사람들까지도 다 바보로 만든다는 데 문제가 있다. 집단 사고 때문에 상상하기 어려울 정도로 불량한 정책 결정이 발생한 경우를 살펴보면 대부분의 경우: (1)정책 결정 집단의 결속력(Cohesiveness)이 대단히 높았으며; (2)정책 결정 과정에 너무나 결함이 많았다는 사실이 나타났다. 즉 '우리'라는 느낌(we feeling)을 가지는 사람들끼리 소수가 모여서 정책을 결정할 경우 혹은 정책 결정을 위해 필요한 제반 표준적인 과정과 절차를 무시한 경우 진짜 이해하기 어려울 정도로 조잡한 정책이 만들어지게 되었다는 것이다. 앞의 상황, 즉 집단 결속력이 대단히 높은 집단은 두 번째 상황-즉 결정적으로 하자가 많은 정책 결정 과정-의 원인이 된다.

그래서 같은 고등학교 선·후배, 같은 대학 선·후배, 같은 고향 선·후배들이 모조리 요직을 독차지한 경우 만들어지는 정책 결정들이 대개 그 꼴이 볼품없는 것이 될 가능성이 높다. 집단사고에 의한 외교정책 실수 사례 한 가지를 예로 들어보자.

피그만 침공사건

미국의 케네디 대통령은 1960년대 초반 미국의 희망이며 상징이었다. 하버드 대학 출신의 스마트하고 잘생긴 젊은 대통령은 미국인들을 열광시켰다. 케네디 대통령이 백악관에 입성했을 때 미국의 정치 평론가들은 '하버드 대학이 워싱턴으로 이사를 왔다'고 코멘트했다. 미국 최고의 두뇌들이 모여 소련과의 냉전에서 승리하기 위한 방안을 만들기 위해 머리를 맞대었다. 당시 미국의 코 바로 앞에 있는 쿠바가 골칫거리였다. 카스트로가 사회주의 혁명을 일으켰고 소련은 카스트로의 뒤를 봐주며 쿠바를 소련의 전진 군사기지로 삼으려는 계획을 진행하고 있었다. 미국 플로리다에서 불과 103마일(약 165Km)도 되지 않는 곳에 위치한 쿠바가 공산주의의 전진기지가 된다거나 소련의 군사기지가 될 수도 있다는 사실은 미국으로서는 도저히 용납할 수 없는 일이었다.

1960년 3월 당시 닉슨 부통령은 아이젠하워 대통령에게 미국에 망명한 쿠바인들을 훈련시켜 쿠바로 침투시켜 카스트로에 대항하는 게릴라전을 전개하자는 계획을 보고한 바 있었고, 당시 아이젠하워 대통령은 CIA에 이 계획의 추진을 지시한 바 있었다. 비밀리에 이 작업을 진행한 CIA는 1960년 말, 게릴라 부대가 아니라, 직접 정규전을 전개할 수 있는 능력을 보유한, 침략을 감행할 수 있는 군사력을 양성하고 있었다. 이 비밀 계획은 아이젠하워 대통령에게도 보고조차 되지 않았다.

1961년 1월, 대통령에 취임한 지 2일째 되는 날 케네디는 당시

CIA 국장 및 합참의장으로부터 쿠바 침공에 대한 보고를 받았다. 케네디 행정부의 정책 결정자들은 그 후 8일 동안 매일 아이젠하워 정권으로부터 물려받은 정책에 대해 비공식적인 토론을 전개하였다. 이 회의에는 3군 참모총장도 모두 참여했다. 1961년 4월 초, 케네디 대통령이 참가한 회의에서 중요한 보좌관 전원은 CIA의 쿠바 침공 계획에 찬성하고 이를 승인하였다. 이 결정은 CIA 계획을 약간 수정한 것이었다. 공격 지점 등이 약간 바뀐 정도에 불과했다.

1961년 4월 17일 1,400명 정도로 구성된 쿠바인 망명자들의 부대는 미국 공군과 CIA의 지원을 받아 쿠바의 피그만 해변, 늪지대를 향해 공격을 개시하였다. 그러나 공격작전은 하나도 계획한 대로 진행되지 않았다. 공격 첫날, 보충용 탄약과 물자를 싣고 오기로 된 네 척의 화물선 중 단 한 척도 현장에 나타나지 않았다. 처음 두 척은 카스트로의 전투기에 의해 격침당했고 나머지 두 척은 도망쳐 버렸다. 둘째 날, 침공군은 잘 무장된 카스트로군 2,000명에게 꼼짝없이 포위되었다. 셋째 날, 살아남은 1,200명 정도 되는 침공군은 모두 카스트로의 감옥에 처넣어졌다.

케네디 대통령과 행정부는 쿠바인 출신 공격 부대를 사용함으로써 미군을 이용하지 않고도 카스트로를 권좌에서 쫓아낼 수 있을 것이라고 가정했다. 케네디 대통령의 보좌관 중 누구도 이처럼 처절한 군사적인 낭패를 예측한 사람은 없었다. 미국의 쿠바 침공은 세계적인 비난을 받게 되었고, 케네디의 신선함에 기대를 걸었던 미국 국민들은 케네디나 닉슨이나 다를 바 없는 자들이라며 신랄한 비판을 가했다.

케네디의 정치적인 생명마저 손상시킬 정도의 위기가 닥친 것이다.

케네디 행정부의 그 누구도 미국이 군사적으로 쿠바문제를 해결하려 할 경우, 카스트로의 쿠바는 소련과 더욱 가깝게 될 수도 있다는 가능성에 대해서 생각하지 않았다. 사실 피그만 침공의 결과로 인해 소련군 5,000명이 쿠바에 주둔하게 되었고, 쿠바는 결국 소련의 위성국이 되어, 소련의 중거리 핵미사일을 배치할 지경까지 이르게 되었다. 이런 상황이 초래될 가능성에 대한 기초적인 힌트라도 있었더라면 케네디 행정부의 정책 결정자들은 피그만 침공 작전 대한 CIA의 계획을 결코 승인하지 않았을 것이다. 승인은커녕 당장에 거부했을 것이다.

케네디 대통령은 실패의 소식을 듣고 경악했으며, '어떻게 우리가 이토록 바보 같은 결정을 내렸단 말인가?'라며 후회했다. 세계 각국 지도자들이 케네디 대통령에게 똑같은 질문을 퍼부었고 이는 케네디를 더욱 분노하게 하였다. 며칠 후 CIA 국장은 사표를 냈다. 7년 후 국방장관직을 떠난 맥나마라는 당시 케네디 대통령에게 제대로 조언하지 못했던 사실에 죄책감을 느낀다고 공식적으로 고백했다. 천재라고 칭송되던 사람들이, 어떤 상황이 나타날지 다양한 가능성에 대해 아무런 생각도 하지 않았다는 사실이 그저 경악스럽고 놀라운 일이었다.

이 결정에 참가한 사람들은 딘 러스크(Dean Rusk) 국무장관, 로버트 맥나마라(Robert McNamara) 국방장관, 로버트 케네디(Robert Kennedy) 법무장관, 맥조지 번디(McGeorge Bundy) 국가안보 특별보좌관, 하버드 대학의 고명한 역사학 교수 아더 슐레신저(Arthur Schlesinger)와 또 다른 하버드의 수재 리차드 굳윈(Richard Goodwin)이었다. 이 여섯 명의 핵심 멤버들은 회의 때마다 미 3군 참모총장을 직접 대면하였다. 그 외에도 CIA 국장 알란 덜레스(Allan Dulles), 덜레스가 은퇴한 후, 그의 후임으로 CIA 국장으로 케네디가 미리 점찍어 두었던 탁월한 경제학자이며 행정가인 리차드 비셀(Richard Bissel) 등이 이 결정에 참여했다. 케네디를 포함, 피그만 침공 결정에 참여한 사람들은 모두 지적이며, 합리적이고, 항상 자신들의 견해를 조리 있게 표현할 수 있는 충분한 능력을 갖춘 사람들이었다. 그러나 집단으로서의 그들은 자신들이 결정한 계획의 하자가 무엇인지를 찾아내는데 실패하고 말았다.

이들은 누구도 미국이 쿠바를 침공했다는 사실을 모를 것이라고 가정했고 이 문제에 대해 비관적인 견해는 무시되었다. 그들은 쿠바 공군은 너무 열등하기 때문에 침공이 시작되기도 전에 무력화시킬 수 있다고 생각했다. 쿠바인 망명자 1,400명은 사기가 충천해 있었고 미국의 도움 없이도 공격작전을 성공시킬 수 있을 것이라고 믿었으며, 반면 쿠바 정규군은 너무 엉성해서 1,400명의 침공군은 멋있는 교두보를 쉽게 확보할 수 있을 것이라 믿었다. 그리고 침공군은 쿠바 내의 반란 세력들로 하여금 봉기를 일으킬 수 있는 자극제가 될 수 있으며, 침공군이 피그만에서 실패하는 경우라 해도 에스 캠브리 산으로 후퇴하여 전열을 재정비하여 게릴라전을 치를 수 있을 것이라고 생각했다.

우리 편은 모두 우리 계획대로 될 것이고 적은 아예 상대도 되지 않을 것이라는 극단적 낙관론에 근거한 작전 계획이었다. 미국은 1,200명의 생포된 포로들의 식량과 의약품 비용으로 5,300만 달러를 지불해야 하는 수모도 당했다. 쿠바의 피그만은 그 지형상으로 보아 침공하기 아주 나쁜 지역이며, 후퇴하기도 아주 고약한 곳이다. 침략할 장소의 지도를 대충이라도 훑어보았다면 어느 누구도 이 지역을 공격지점으로 삼지 않았을 것이다. 지도조차 펴놓지 않은 채 침공 계획을 결정했다는 말인 것이다.

새로운 정부의 자신에 찬 젊은 대통령이 이끄는 케네디의 각료들은 집단으로서 모종의 환상을 형성하였다. '우리 대통령, 그리고 우리들이 결정하는 것은 그 무엇이라도 OK다. 우리들이 정하는 결정은 운명적으로 성공할 수밖에 없다'는 환상적인 자신감을 가지고 있었다.

그리고 이처럼 자신에 찬 소집단은 개인의 비판적인 사고보다는 만장일치의 결정에 더욱 가치를 둔다. 상대방을 서로 존경하며 전체의 의사가 하나로 결집되는 과정을 즐거워한다. 집단의 통일성, 만장일치에 대한 가치부여는 개인적인 의혹을 억제하는 부정적인 것으로 작용한다. 전체 의사에 동의할 수 없는 다른 생각을 가지는 경우, 그 사람은 스스로 자신의 견해를 펼치기보다는, 집단 전체 의사에 복종하고자 한다. 집단의 일체성, 결속성을 흔들고 싶지 않기 때문이다. 집단에 있는 대부분의 사람이 강경책을 쓰자는데 혼자 다른 말을 함으로서 '유화론자'가 되기 싫다는 것이다. 반대의 경우도 마찬가지다. 모두 유화책을 쓰자는데 혼자 '매파'로 지목받을 견해를 제시하기 어려운 것이다.

다른 생각을 가진 사람에 대해서는 '당신의 견해는 맞을 수도 틀릴 수도 있소. 그러나 이제 대통령은 결심했소. 당신 주장을 더 이상 강조하지 마시오. 이제 우리 모두가 할 일은 대통령이 정책을 수행하도록 있는 힘을 다해 돕는 일이요'라는 설득이 행해졌다. 마치 독재국가에서 나타날 법한 사례 같아 보인다. 그러나 이 말은 소수의 견해를 경청해야 한다는 민주주의적 교육을 받고 자란, 그리고 그런 것을 제도적으로 보장해주는 것을 기능으로 하는 법무장관의 직책을 담당하고 있었던 케네디 대통령의 바로 아래 동생인 로버트 케네디(Robert Kennedy)가 각료 회의에서 반대 견해를 제시했던 사람에게 했던 말이다.

케네디 대통령은 회의를 주재하는 과정에서, 반대의 견해가 자유롭게 개진되기보다는 CIA의 입장을 두둔하는 방향으로 회의를 이끌어 나갔다. 회의 때마다 그는 CIA 국장 및 CIA 대표들이 견해를 말하도록 함으로써 그들이 회의를 장악할 수 있는 환경을 만들었다. 이것이 의도적인 것은 아닐지라도 유쾌하고 상냥한 케네디의 리더십은 각료들을 유순(docility)하게 만드는데 기여했다. 케네디 대통령이나 그의 각료들이 CIA의 계획에 대해서 대단히 관대한 태도를 보였던 이면에는, 오랫동안 잘 알고 지낸 케네디 그룹에 새로 들어온 중요한 멤버인 CIA 인사들에게 적대감을 표시하지 않아야 한다는 모종의 심리적인 상태가 형성되었기 때문이다. 케네디맨들은 CIA의 쿠바침공 계획을 일단 긍정하는 입장에서 경청하기 시작했던 것이다.

우수한 정책 결정자들이 모여서 엉망진창의 정책 결정을 만들어낸 경우는 피그만 침공 사건 이외에도 여러 가지가 있으나 피그만 사건은 가장 완벽한 실패의 사례가 된다. 그러나 중요한 일은 잘못된 사례로부터 교훈을 얻을 수 있었는가의 여부다. 케네디 대통령은 피그만 침공 사건의 실패를 교훈 삼아 이듬해인 1962년 10월 제3차 대전 직전까지 다가갔던 쿠바 미사일 사태를 성공적으로 마무리 지을 수 있었다. 쿠바 사태 당시 케네디 대통령은 동생인 로버트 케네디 법무장관에게 특별한 부탁을 했다. '너는 다른 멤버들이 말하는 것을 듣고 있다가 무조건 그 말을 꼬투리 잡고 물고 넘어지는 역할을 담당하라'라는 것이었다. 정책 결정 과정에 이처럼 사사건건 시비를 걸고 물고 넘어가는 사람의 역할을 '악마의 초혼(Devil's Advocate, 惡魔의 招魂)'이라 부른다.

최고 정책 결정자는 사실 자신이 의도하는 정책에 시비를 걸거나 반대를 하는 부하가 없기를 바란다. 그러나 모두 '네 각하의 견해가 전적으로 타당합니다'라고 말하는 경우 정책은 실패할 가능성이 높고 결국 실패한 정책은 최고 지도자의 지도력에 누를 끼치는 것이다.

정책 결정과정이 완전하지 못한 이유 때문에 하지 말아야 할 전쟁이 발발하게 된다. 자신들은 반드시 승리할 수 있다는 확신, 다가올 전쟁은 단기간에 끝날 것이라는 확신 등은 모두 잘못된 정책 결정 과정에 참여하는 사람들이 가진 잘못된 생각이며 이 같은 생각들은 전쟁을 야기한 원인이 되었다. 최근 과도한 자신감 때문에 전쟁이 많이 발발했다는 연구 결과도 간행 되었다.[Dominic D. P. Johnson, *Overconfidence and War: The Havoc and Glory of Positive Illusions* (Cambridge: Harvard University Press, 2004)] 도미닉 존슨은 국가들을 전쟁에 빠져들게 하는 심리상태를 '긍정적 환상(positive illusion)'이라는 용어로 표현했다.

3) 국내정치와 국제 분쟁: 대통령 선거가 있던 해에 유난히 많았던 미국의 군사행동

미국의 저널리스트인 스트로브 탈봇(Strobe Talbott)은 레이건 대통령 당시 미국의 대소정책에 관한 논문에서 '어려운 시기는 더욱 어려운 시기를 창출한다(hard times breed hard times)'라고 말한 바 있다. 국내적으로 경제적인 어려움에 처한 레이건 정부의 대소정책이 강경해지고 있음을 비유해서 한 말이다. 이 같은 주장은 학술적인 연구에서도 타당성이 인정되고 있다. 예로서 러셋(Bruce Russett)의 연구는 "국제분쟁을 야기하는 정책들의 '직접적'인 원인은 경제적인 난관에 봉착한 정치지도자들의 반응"에 근거한다고 결론 내렸다. 러셋은 어떤 나라의 군사화 수준, 대외적인 적대국의 자극 등은 오히려 전쟁을 결정하려는 정책 결정자에게 '간접적'으로 영향을 미친다고 말하고 있다. 러셋 이외에도 경제적인 난관에 봉착한 지도자들이 전쟁을 야기할지도 모를 대외정책을 채택할 가능성이 높다는 가설은 이미 상식을 초월한 국제정치학적 지식이 되었다.

특히 민주주의 국가에서 정치지도자들은 다음번 선거를 의식해야 하며 그러기 위해서는 자신의 대중적인 지지도를 상승시켜야 할 필요가 있는데 놀랍게도 호전적인 태도를 취하는 경우 지도자들의 대중적

지지도가 올라갔다는 사실이 발견되었다. 특히 미국의 경우 적대적인 국가들에 대해 보다 강경한 언급을 한다든가 실제로 강경한 태도를 취하는 경우 대통령의 인기가 올라갔다는 사실이 경험적인 연구결과로 증명되고 있다. 국민들은 대개 정치지도자들의 민족주의적인 상징 조작에 현혹되기 마련이다. 자기 국가와 민족의 우월성, 정당성을 부르짖으며, 자기 민족과 국가에 대한 적을 매도하는 일에 냉소적, 비판적인 태도를 취하는 국민들은 별로 없다.

오스트롬(C. Ostrom)과 사이먼(D. Simon)의 연구는 냉전 시대(1945~1989) 동안 미국 대통령들이 소련에 대해 강경한 태도를 취할 경우 국민들의 지지도가 평균 4~5% 상승한 반면, 소련에 대해 유화적이고 협조적인 태도를 취하는 경우 평균 2% 정도 지지율이 하락했다는 사실을 발견하였다. 이 연구는 미국의 대통령들은 미국의 경제가 불경기에 처했을 경우, 의도적으로 소련에 대해 보다 강경한 태도를 보였고 그럼으로써 인기를 만회하려 했다는 사실도 발견했다.

미국의 대통령 선거가 있는 해의 경우, 선거전이 중반 이후에 도달한 경우 적대적인 국가들과 평화적인 협정을 이루어 낼 가능성은 낮아지는 대신에 미국이 무력분쟁에 개입하고 무력을 사용할 확률이 높아진다는 사실도 발견되었다. 제2차 세계대전 이후 냉전 시대 40여 년 동안 미국 대통령이 무력사용을 재가한 경우는 거의 예외 없이 경제적인 지표가 불량했던-즉 인플레가 높았고 실업률이 높았던-경우였다. 이러한 사실을 보면 '국제분쟁이란 다른 수단에 의한 국내정치의 연속이다(international conflict is a continuation of domestic politics by other means)'라고 말해도 될 것 같다.

사실 미국의 경우 평화적인 지도자는 국방문제에 대해 나약한 사람이라고 인식되는 경우가 많았고 그 경우 선거에 패하는 경우가 훨씬 많았다. 1979년 제2차 오일쇼크 및 이로 인해 경제적인 난관에 봉착했을 때 미국 카터 대통령의 국내 정치 수석 자문이었던 스튜어트 아이젠스타트(Stuart Eizenstat)는 대통령에게 모든 문제를 외국의 탓으로 돌려야 한다고 자문했고 카터 대통령은 '강력한 조치를 취함으로서 우리나라는 분명한 적국인 OPEC, 그리고 분명한 위기인 석유위기에 잘 대처할 수 있습니다' '우리의 목은 지금 담장 위에 놓여 있는 것과 마찬가지이며 OPEC는 칼을 들고 있는 것입니다'라는 격정적인 내용의 대국민 연설을 하였다. 국민들은 경제적으로 어려움에 처할 경우 오히려 보다 공격적이고 위험한 대외 정책을 지지할 가능성이 높다는 사실, 그리고 자신의 정치적인 인기를 만회하기 위한 방안으로 정치가들은 국제정치를 국내정치의 수단으로 이용하는 것이다.

이 점은 오직 미국에만 특이한 것은 아니지만 미국의 대외정책의 공격적인 측면을 강조하고 미국의 공격적 대외정책을 미국의 자본주의와 연계시키는 좌파들에 의해 자주 오용, 남용되고 있는 사례들이다. 위의 사례를 미국의 자본주의와 연결시키는 것이 잘못이라고 말할 수 있는 근거는 미국의 자본가들이 아니라 미국의 여론 그 자체가 대통령의 공격적인 태도를 지지하기 때문이다. 미국 국민도 다른 나라 국민과 마찬가지로 민족주의적 성향, 애국주의적 성향을 강하게 가지고 있는 것이다.

미국과 같은 나라의 경우 경제적으로 어려운 상황은 지도자들이 겪게 되는 거의 유일한 어려움이 될 것이다. 민주주의적 절차에 의해 선출되었기 때문에 대통령이 정치적인 정통성 때문에 어려움을 겪는 경우는 별로 없다. 물론 클린턴 대통령의 경우 백악관 인턴이었던 르윈스키 양과의 섹스 스캔들 때문에 고생했고, 1999년의 코소보에 대한 미국 공군기의 폭격은 섹스 스캔들에서 벗어나려는 의도에서 행해진 것이라고 비판당하기도 했지만 미국과 같은 민주주의 국가에서 정치지도자의 인기가 떨어지는 경우는 주로 경제불황과 연계되며 이때 지도자들은 인기 만회를 위한 탈출구를 외부에서 찾는 경우가 자주 있다. 트럼프 대통령은 비록 그것이 트럼프 대통령을 무조건적으로 미워하는 사람들에 의해 조작되어진 것으로 판명되었지만 러시아 스캔들로 인해 트럼프는 당선되는 그날부터 정통성 여부에 시달렸다. 임기 시작 후 거의 3년이 지난 2020년 2월 5일 미국 상원에서 탄핵이 기각될 때까지 트럼프는 정통성 문제로 시달렸던 것이다. 그러나 트럼프 재임 시 미국 경제의 급속한 회복은 트럼프로 하여금 국내문제로 인한 대외 정책에서의 공격적인 행동을 취하도록 하지는 않았다.

대통령의 인기가 하락하는 경우란 대개 경제적으로 불황기이기는 하지만, 경제적인 불황 그 자체가 이유도 없이 공격적인 태도를 발생시키는 것은 아니다. 미국의 어느 대통령이 인기가 낮아져서 고생하는 경우, 대외적인 말썽거리가 발생한다면 그 경우 미국 대통령들이 강경 정책을 취할 가능성이 높아진다는 것이다.

미국의 경우 선거가 없는 해 보다는(홀수 해는 선거가 없다. 예로서 2017,

2019 등), 국회의원 선거(2년마다 한번, 예로서 2016, 2018, 2020)가 있는 해, 그것보다는 대통령 선거(4년마다 한번, 2016, 2020)가 있는 해에 국제분쟁에 개입할 가능성이 훨씬 높았으며 대통령 선거가 있었던 해 가운데 경제적으로 호황을 누리지 못했던 8번의 경우 중 7회(87.5%)에 걸쳐 미국은 국제분쟁에 개입했었다. 반면 선거가 없었던 해 18년 중 미국이 국제분규에 개입한 경우는 9번(50%) 정도였다. 반드시 경제적인 불황이 선행된 경우가 아닐지라도 대통령 선거가 있었던 해에 미국은 국제분쟁에 개입할 가능성이 훨씬 높았다. 대통령 선거가 있었던 16년 중 13번(81%), 국회의원 선거가 있었던 17년 중 13번(76%), 선거가 없었던 해 35년 중 22번(63 %) 미국은 각종 국제분쟁에 개입했었다. 선거, 경기 불황, 그리고 무력 분쟁에의 개입 정도는 명백한 관계는 아닐지라도 상당한 관계가 있다는 사실이 밝혀진 것이다.

부르스 러셋 교수는 경제적인 불경기 상황이 모든 국가에 같은 유형의 영향을 미치는 것은 아니라는 사실도 발견하였다. 독재 정치 체제를 가지고 있는 국가와 민주주의 정치체제를 가지고 있는 국가들의 경제 변동에 대한 반응은 완전히 다르게 나타난 것이다. 민주주의 국가의 경우 경제의 위축은 군사적, 외교적으로 보다 공격적인 태도와 연계되고 있다는 사실이 밝혀졌다. 이와는 정반대로 독재국가들의 경우 경제성장이 시작된 후 약 2년 정도 후에 군사적인 분규에 개입할 경우가 높은 것으로 나타났다.

러셋 교수의 발견은 대단히 흥미 있는, 그리고 이론적, 정책적으로 대단히 중요한 것이라고 말할 수 있다. 독재국가의 경우 경제적인 불황 때문에 국민에게 미안해 할 지도자는 별로 없다. 그리고 독재자의 경우 경제 때문에 떨어진 인기를 만회하기 위해 전쟁을 할 필요는 없는 것이다. 러셋 교수가 강조하는 바처럼, 독재국가들의 경우 경제적으로 어려움에 처해 있을 경우, 독재국가의 국내 정치적 다이나믹스는 그 나라가 가능한 한 국제분쟁을 회피하도록 만든다. 독재국가의 경우 경제력은 전쟁을 수행할 수 있는 능력을 의미하는 것이기 때문이다. 민주국가들은 경제적으로 어려울 때 대외적으로 공격적이 되며, 독재국가들의 경우 경제적으로 성장기에 들어섰을 때 공격적인 태도를 보일 가능성이 높았다는 것이 현대 국제정치학의 연구 결과다. 즉 어떤 나라의 국내정치 및 경제 사정은 그 방향은 다르겠지만 그 나라의 대외적 행동, 특히 공격적 행동에 영향을 미친다는 것이다. 냉전 시대 미국의 대통령 선거와 국제 분쟁에 관한 논의는 다음과 같은 자료들을 참조 했다.[Strobe Talbott, "Social Issues" in Joseph S. Nye (ed) *The Making of American Soviet Policy* (New Haven: Yale University Press, 1984); Bruce Russett, "Economic Change as a Cause of International Conflict" in F. Blackaby and C. Schmidt,(eds.) *Peace, Defense, and Economic Analysis* (London: Macmillan, 1987); J. Mueller, *War, President and Public Opinion* (New York: Wiley, 1973); Ostrom, C and D. Simon. "Promise and Performance: A Dynamic Model of Presidential Popularity." *American Political Science Review* vol. 79 (1985); Bruce Russett "Economic Decline, Electoral Pressure, and the Initiation of Interstate Conflict" in Charles S. Gochman and Alan Ned Sabrosky (eds.) *Prisoners of War?: Nation-States in the Modern Era* (Lexington: Lexington Books, 1990); Ostrom, C and B. Job, "The President and the Political Use of Force." *American Political Science Review* vol. 80 (1986)]

4) 여자들이 세계 모든 나라의 대통령과 수상이 된 세상은 평화의 세상일까?

A. 전쟁의 남성적 속성

퀸시 라이트 교수는 근래에 이르러서야 비로소 인간들은 전쟁을 나쁜 일로 간주하기 시작했다고 기술하고 있다. 전쟁은 비록 '싫은 일'이었을지 몰라도 '나쁜 일'까지는 아니었다는 것이다. 이를 다른 말로 한다면 전쟁은 필요악(必要惡)이었다는 말이 된다. 그러나 전쟁이 국가의 이익을 추구하고 국가안보를 확보한다는 한정된 목표만을 가지는 오로지 수단적인 일이라면 꼭 전쟁을 통해서만 그런 목표를 달성할 수 있는 것은 아니다. 전쟁에는 국가이익 추구라는 공식적 목표 이외에, 명예, 남성적인 힘의 과시, 국가의 영광 등 심리적인 요인들이 오히려 더 많이 포함되어 있다고 말할 수 있기 때문이다.

고대 그리스에서는 전쟁에 나가서 용맹성을 발휘하고 무공을 세우는 것이 자랑스러운 시민이 되는 가장 빠른 길이었다. 이는 세계 다른 지역에서도 마찬가지로 나타나는 현상이었다. 전쟁에서의 용맹성과 영웅적 희생이 비판당하는 곳은 없다. 세계 어느 도시에 가더라도 전쟁 영웅들의 용맹스런 모습을 기념하는 비석이나 동상을 쉽게 찾아볼 수 있다. 평화를 가장 사랑하는 민족 중 하나라는 우리나라조차 광화문 한복판에 우뚝 서 있는 동상은 우리 민족의 영웅 이순신 장군이 전투복 차림으로 왜적을 노려보는 모습이다. 이 같은 관점에서 본다면 국가, 국제정치, 그리고 전쟁의 모습은 대단히 남성적인 것이라 말하지 않을 수 없다.

이처럼 전쟁은 남자들의 일이라고 생각되고, 전쟁이라는 국가의 행위 그 자체가 남성적 호전성의 결과로 인식되기 시작했다. 최근 여성 국제정치학자들은 특히 전쟁과 평화에 관한 국제정치학이 남성 중심의 정치학이며, 전적으로 남자들의 세계관과 역사적 경험만을 기초로 해서 만들어지는 학문이며 이론이라고 비판한다. 앤 티크너(J. Ann Tickner) 교수는 현실주의 국제정치 이론의 바이블이라고도 말할 수 있는 한스 모겐소(Hand Morgenthau) 교수의 『국제정치학(*Politics Among Nations*)』은 여자는 한 명도 살고 있지 않는 세상의 이야기일 뿐이라고 비판한다. 모겐소는 사람들은 서로 관계를 갖게 될 경우 언제라도 권력투쟁의 상황이 발생한다고 주장했다. 왜냐하면 남을 지배하려는 경향은 인간 생활의 어떤 차원-가족, 국내정치, 그리고 국제체제-에서도 보편적으로 나타나는 것이기 때문이다. 다만 상황에 따라 갈등의 양식이 조정될 뿐인 것이다.

모겐소 교수의 이 같은 주장에 대해 앤 티크너 교수는 역시 "여자들은 어떤 권력의 중요한 자리를 차지한 적이 별로 없기 때문에 모겐소가 말하는 권력투쟁은 비록 모든 남자를 의미하는 것은 아닐지라도 남자들 사이의 일을 의미하는 것"이라고 비판했다.

사실 우리들은 전쟁, 투쟁, 그리고 '인간'의 공격적인 속성을 이야기할 때 일부러 남자 여자를 구분하지는 않지만 '사람(man)'이란 단어가 사실은 '남자'를 의미한다는 편견을 인정하지 않을 수 없다. 전쟁과 국제정치는 남자들의 이야기이며 여자들에는 해당이 되지 않는다고 생각할 정도다. 남자들이 여자들보다 훨씬 공격적이라는 사실에 대해서 의문을 가지는 사람들도 거의 없을 정도다.

남자와 여자의 공격성에 관한 차이는 아주 어렸을 적부터 나타난다. 남자 아이들이 가지고 노는 장난감들은 대부분이 전쟁과 관련되는 것이다. 총, 칼, 철모, 화약 등은 남자아이들의 장난감이고 여자아이들은 주로 인형을 가지고 논다. 물론 남자아이들도 인형을 가지고 놀긴 하는데 그들이 가지고 노는 인형은 괴물, 공룡, 로봇 등 상당히 거칠고 공격적인 모습의 장난감이다. 만약 남자아이가 여자들 인형을 가지고 놀고 그리고 여자아이가 남자들 인형을 가지고 논다면 아마도 그런 아이들의 부모들은 우리 아이가 무언가 잘못되었다고 생각하게 되고, 걱정이 태산 같을 것이다.

이처럼 여자와 남자는 아주 어렸을 적부터 다른 역할이 기대된다. 이 역할은 어른이 되어서도 마찬가지다. 남자들은 군대에 가야하고, 씩씩해야 하며, 역경에 처하더라도 울면 안 된다. 역경에 처한 여자들이 울지 않는다던가, 여자가 매사에 씩씩하다면 그런 여자는 시집가기 쉽지 않을 것이다. 여성과 남성에게 기대되는 사회적인 역할이 다르기 때문이다.

그러나 요즈음 와서 여자들도 남자들의 사회 활동 영역에 많이 진출하고 있다. 대부분 남자들의 전유물 같았던 직업에 여성들의 진출은 눈부실 정도다. 판사, 검사, 정치가, 의사 등은 물론이거니와 드디어 여자들도 사관학교에 입학하고 ROTC 장교도 배출하게 되었다. 여자들은 정치가, 군인 등 완전히 남성적이라고 생각되었던 분야에 적극적으로 대규모로 진출하기 시작한 것이다.

바로 이 같은 상황에서 여자들이 정치가가 되고, 전쟁과 평화를 결정하는 최고위급의 군인이 된다면 그 경우 세상은 지금보다 훨씬 평화롭지 않겠는가?라는 생각을 할 수 있다. 모성 본능을 가진 여인들은 수많은 젊은이들이 전쟁터에 나가서 죽어야하는 전쟁에 대해, 참전(參戰)의 결단을 내리기보다는 어떻게 해서든 전쟁을 회피하고자 노력하지 않겠는가?

전쟁을 결정하는 일은 결국 어느 경우든 최고위직의 정치가들 몫이다. 즉 인간 개인들의 정책 결정의 산물이 전쟁이고 최고위직에 앉아있는 정책 결정자가 누구냐에 따라 전쟁이 회피될 수도 싸워질 수도 있는 것이다. 같은 사람이라도 그가 심리적으로 어떤 상태인가에 따라 전혀 다른 정책 결정이 나올 수 있을 것이다. 이는 우리들이 일상생활을 살아가며 이미 수없이 경험하고 느꼈던 것이다.

회사 사장님이 기분이 언짢은 날 보너스를 받기는커녕 야단맞을 확률이 높을 것이 분명하다. 중·고등학교 시절 무서운 체육 선생님이 담임선생님이 되기보다는 예쁘고 마음 착한 여자 음악 선생님이 담임선생이 되기를 바랐던 기억들을 누구라도 가지고 있을 것이다. 마음

착한 선생님의 과목은 왠지 모르게 공부시간이 기다려졌으며 무시무시한 선생님 시간에는 마음 놓고 졸기는커녕 공부의 흥미도 얻기 힘들었다.

신병들은 물론이거니와 고참 병사라도 전투의 현장에서 죽음이 두렵지 않을 수 없을 것이다. 전쟁이란 본시 무서운 것이다. 그러나 이런 무서운 상황을 극복하는 요인이 남성성(Masculinity)이라는 사실을 부인할 수 없다. 전투라는 최대의 공포 상황에서 지휘관들은 애국심, 그리고 남성성 등에 호소하여 병사들의 사기를 북돋고 그들을 전사(戰士)로 만든다. 훈련 중인 병사들을 가장 열 받게 하는 것은 훈련 교관이 그들을 Girl 또는 Lady라고 부르는 것이다. 그럼으로써 그들에게 남성적인 자극을 가해 용감한 병사로 만든다는 것이다. 이처럼 남성과 전쟁은 밀접한 관계가 있다.

무섭고 고달픈 훈련, 예로서 공수훈련이나 유격 훈련은 정말 버티기 쉽지 않다. 그리고 무섭다. 그러나 절벽과 절벽 사이에 걸친 줄 하나에 매달려 날아가야 하는 유격 훈련에서, 비행기에서 눈 딱 감고 점프를 해야 하는 공수훈련에서 병사들의 마음속 깊은 곳에는 이것을 못함으로서 당하게 될 남성으로서의 수모를 어떻게든 피해야 한다는 심리적인 압박이 있다. 사내대장부가 이것을 못해서 되겠느냐는 남성적 자존심이 군사와 전쟁의 밑바탕에 깔려있는 것이다.

B. 여자들이 국가의 통치자였던 경우의 전쟁과 평화

바로 이런 사회 심리적인 기대감을 전쟁과 평화라는 국가 차원의 일에 초점을 맞추어 본다면 우리는 '이 세상 모든 정치가들을 여자로 바꾼다면 그 세상은 전쟁이 훨씬 적어지고 평화로운 세상이 될 것'이라는 무리 없는 가설을 만들 수 있다. '자 이제 세상의 대통령을 모두 여자로 바꿉시다! 수상도 여자로 바꾸고 대통령도 여자로 바꿉시다. 그러면 세상 모든 나라들은 싸우지 않고 잘 지내게 될 것입니다!' 그러나 이러한 주장이 과연 맞는 주장일까? 맞는 주장이라고 말하기 대단히 어렵다.

왜냐하면 투쟁 지향적이 아니라 정말로 평화 지향적인 여성이라면, 그 여인은 아마 최고 정치지도자의 위치에 오르는 것이 애초부터 용이하지 않을 것이기 때문이다. 정치권력 그 자체가 투쟁의 산물이니까. 이 세상 어느 대통령도 그가 남자든 여자든 권력투쟁의 승리자가 아닌 경우는 없을 것이다. 여기서 더 중요한 것은 대통령이 여자인가 아닌가의 문제가 아니라는 점이다. 여자인데 대통령이 되었다면 그 사람은 여자로서 행동하는 것이 아니라 국가의 지도자로서 행동하게 될 것이다.

여자들을 대통령과 수상을 시켜서 세계를 평화롭게 만들자는 주장은 여자들이 국가의 지도자들이 되면 세계평화가 가능할 것인가에 대해 다시 한 번 심각하게 생각해 보아야 한다. 그것은 왜냐하면 전쟁과 평화에 관한 우리들의 일반상식이 실제와 동떨어진 경우가 대단히 많기 때문이다.

하나의 예를 들어보자. 군인 출신이 대통령 혹은 수상이 되었을 경우 그는 민간인 출신 대통령 혹은 수상보다 전쟁에 참전하는 결정을 내릴 확률이 더 높을까? 낮을까? 우리들 대부분은 '그야 당연히 군인 출신이 더욱 호전적이겠지'라고 쉽게 대답할 것이다.

그러나 세계 각국의 지도자들과 그들의 출신, 그리고 전쟁의 참전 등에 관한 체계적인 연구 결과에 의하면 군인 출신 정치가들은 민간인 출신 정치가에 비해 훨씬 평화적인 정책 결정을 내리고 있다는 사실이 발견되었다. 리차드 베츠(Richard K. Betts)의 연구는 군인 출신 정치가들이 오히려 전쟁을 회피하는데 더욱 적극적이라는 사실을 분명하게 말해 주고 있다.

그렇다면 여자라고 해서 반드시 더욱 평화 지향적인 방향으로 정책을 결정한다는 보장은 있는가? 전쟁을 연구한 학자들은 여성 정치지도자와 전쟁의 관계에 대해 연구를 시도한 바 있었다. 그리고 이들의 연구는 여자가 정치지도자가 된다고 해도 그 나라의 호전성은 전혀 변하지 않는다는 사실을 발견한 것이다.

우선 여성이 국가의 지도자가 된 경우 그 나라가 어떤 모습으로 평화를 유지하는가 혹은 전쟁에 빠져드는가를 살펴보는 가장 간편한 방법이 있는데 그것은 역사를 살펴보는 일이다. 여자가 한 국가의 통치자가 된 경우란 세계 역사의 작은 일부분일 뿐이다. 여자들이 왕, 대통령 혹은 수상을 담당했던 나라들의 숫자도 적고, 그런 시대의 길이도 남자들이 역할을 담당했던 시대보다 훨씬 짧다. 여자들이 국가의 최고 지도자였던 나라 및 시대를 그렇지 않은 시대와 나라에 비교해 봄으로써 여성이 정치지도자가 되면 세계는 더욱 평화로워 질 것인가의 가설을 실험해 볼 수 있을 것이다.

이처럼 단순 비교의 방법을 택해서 역사를 보았을 때 우리는 여자가 최고 통치자인 경우, 그 시대 혹은 그 나라가 전쟁에 참여하는 비율은 남성 통치자를 가졌던 다른 시대 혹은 나라와 거의 아무런 차이가 나타나지 않는다는 사실을 발견하게 된다.

영국은 여왕이 통치한 기간이 다른 나라에 비해 비교적 긴 나라였는데 영국에 여왕이 재위하던 기간을 남자 왕들이 재위한 기간과 비교할 때 결코 전쟁 참전 빈도(frequency of war participation)가 적지 않았다. 빅토리아 여왕은 60년이 넘는 기간 영국을 통치했는데, 영국이 식민지를 제일 많이 확장한 기간이 바로 빅토리아 여왕 재위 기간이었다. 빅토리아 여왕은 1800년대 최대의 전쟁인 크리미아 전쟁에 참전했고, 재위 62년째가 되는 해에는 보어전쟁(Boer War)에 참전하였다. 재위 62년차라면 진짜 늙은 할머니였을 터인데 우리의 통념으로 이해하기 어려운 일을 감행했던 것이다.

한국 역사의 경우 여왕이 나타난 경우는 신라 시대뿐인데 신라 시대의 여왕 재임 기간이 남자가 왕인 시대보다 군사적 성격이 결코 이완된 시대는 아니었다. 오히려 여왕의 재임 기간 중 신라 특유의 군사 제도인 화랑제도가 흥성한 시기라는 사실에 주목해야 한다. 원술랑의 어머니 즉 김유신 장군의 부인은 원술랑이 전투에서 살아 돌아온 것을 오히려 꾸짖었었다. 스파르타의 어머니들은 전쟁에 나가는 아들들에게 '방패를 들고 (살아서) 오든지, (죽어서) 방패에 누워 오라'고 말했다. 즉 죽음으로서 국가에 명예가 되라는 말이었다. 신라의 어머니도 스파르타의 어머니와 크게 다른 것 같지 않다.

현대 국제정치에서도 여자가 국가의 최고 통치자로서 자신의 재임기간 중 격렬한 전쟁을 치른 경우를 쉽게 발견할 수 있다. 인디아의 인디라 간디 여사는 수상 재임 시절 파키스탄과 전쟁을 감행했는데 당시 파키스탄 대통령은 육군 대장 출신인 아유브 칸 장군이었다. 영국 수상 마가렛 대처(Margaret Thatcher)는 1983년 군사정권이 통치하는 아르헨티나와 포클랜드전쟁을 감행했었다. 인디라 간디 그리고 마가렛 대처 등 여자 수상들이 감행했던 전쟁들은 순수하게 방어적 목적을 위한 전쟁이기보다는 명예, 영토 등의 문제가 걸린 공격적 성격이 강한 전쟁들이었다.

이처럼 역사를 간단히 살펴볼 경우라도 여자가 정치지도자가 될 경우 전쟁이 줄어들고 평화가 올 것이라 말할 수 없다. 여자가 국가 지도자의 역할을 담당한 역사적 사례가 많지 않지만, 여자들이 정치를 담당한 시대에도 전쟁은 끊임없이 발생하였다. 어떤 면에서 보면 오히려 전쟁이 더욱 빈번히 발생했다고 말할 수 있을 정도다.

그렇다면 무슨 이유에서 여자들이 통치자가 되면 세계는 평화스러울 것이라는 상식 같은 주장과 실제의 역사는 그처럼 다른 것일까? 여자가 국가의 지도자인 경우 그 나라가 전쟁에 빠져들어 갈 확률은 왜 오히려 더 높아지는 것일까?

C. 여권주의 국제정치학(Feminist Theory of International Politics)

최근 여자들이 국가의 지도자 혹은 주요 정책 결정자들이 된다면 세계는 보다 평화로운 세계가 될 것이라는 주장이 프란시스 후쿠야마(Francis Fukuyama) 교수에 의해 다시 제기되었다. "여성과 세계 정치의 진보"라는 제목으로 *Foreign Affairs*지에 발표된 후쿠야마의 논문[Francis Fukuyama, "Women and the Evolution of World Politics" (September/October 1998)]은 '여자는 남자보다 평화적'이라는 사실을 다시 강력하게 주장했다. 그러나 동시에 그는 여자들이 정치를 하는 것보다는 남자들이 정치를 지속해야 한다는 점을 이야기하고 있다. 후쿠야마는 생물학적으로 남자들이 더욱 호전적이며 여자들은 평화적이라고 주장하는 한편 서구 민주주의 국가들의 경우 남자들의 공격성은 많이 순화되었다고 보았다.

그러나 후쿠야마는 국제정치의 영역은 아직도 남성적 강인성(thoughness)과 공격성이 필요한 영역이기 때문에 남자들이 계속 국가 지도자의 위치를 차지하게 될 것이라고 예측했다. 특히 후쿠야마는 여성 지도자들은 밀로세비치, 후세인, 모부투 세코 등 폭력적 정치지도자들의 도전을 감당하기 어려울 것이라고 주장했다. 후쿠야마는 중동, 아프리카, 그리고 남아시아 지역에서는 민주주의에 의해 교화되지 않은 공격적인 젊은 남자들이 지도자의 반열에 오르고 있다고 말한다. 그는 또 남·녀가 혼합되어 있는 전투부대의 경우 남녀를 분리하는 것이 전투의 효율성의 관점에서 더 좋을 것이라고 충고하고 있다.

후쿠야마의 주장은 일단 여자들이 남자들보다 더 평화적일 것이라고 가정한다. 이런 주장은 이미 퀸시 라이트의 연구 이래 정통적 견해라고 생각되어온 것이다. 여자=평화적, 남자=공격적이라는 도식이 고정되어 있는 것이다. 그러나 후쿠야마는 세계의 모든 지도자가 여자라면 몰라도 일부 소수 민주주의 국가의 지도자들이 여자이고(현실적으로 가능한 경우니까), 나머지 대부분 국가들의 지도자들이 공격적인 남자들에 의해서 채워지는 현실 세계에서 국제정치는 오히려 더 폭력적인 것이 될지도 모른다고 염려했다.

후쿠야마의 우려에는 일리가 있다. 남자들은 여자들을 무시하려는 경향이 있다. 남자 운전자들의 경우 여자 운전자를 보면 무시하거나 위압적인 태도를 보이려는 경우는 없지 않은가? 여자들이 무엇을 한다고 할 때 얕보는, 또는 가벼이 보려는 경향은 없는가? 국제정치의 영역에서 이 같은 인식은 대단히 중요하다. 일상생활에서 남자들이 여자들을 얕잡아보는 것처럼 국제정치 영역에서도 그럴 수 있다는 것이다.

어느 나라의 지도자가 새로 바뀌었을 때, 특히 어린 왕자가 왕위에 올랐을 때, 혹은 나약한 여인이 왕위에 올랐을 때, 혹은 남자라도 허약한 지도자가 왕위에 올랐을 때 그 나라의 이웃에 있는 나라들은 허약한 왕이 권력을 승계한 나라를 우습게 보고 공격적 태도를 취하는 경우가 왕왕 있었다. 이러한 사례들이 바로 국제정치학의 인지(perception) 이론이 다루는 문제인 것이다. 허약한 것 같아 보이는 여자, 어린이, 노인 등이 왕이 되었을 경우 이웃 나라들은 그 나라를 우습게 볼 가능성이 높아지며, 이 같은 상황은 전쟁을 더 쉽게 유발하는 조건이 될 수 있다는 것이다. 후쿠야마의 우려는 바로 역사적 사실과 이론에 근거한 것이다.

그러나 후쿠야마의 주장은 격렬한 논쟁을 불러일으켰는데 특히 후쿠야마를 비판한 여성 국제정치학자들의 반응이 재미있다. 여자들은 더욱 평화적이라고 주장하는 후쿠야마의 주장 그 자체야말로 사실은 여성에 대한 편견을 가진 주장이라고 비판당하고 있는 것이다. 또한 평화적인 여성들이 정권을 잡는 것이 현실 국제정치에 대처하는데 적당하지 못할 수 있다는 후쿠야마의 주장은 사실은 여자들을 의도적으로 정치의 영역에서 배제하려는 여성 차별적 주장이라고 비판당했다.

여자들의 전투력이 남자들과 비교해서 뒤지지 않는다는 사실이 걸프 전쟁에서도 증명되었다. 아이들 및 하인들에 대한 여성의 태도가 남성보다도 오히려 잔인한 경우도 많으며, 여자가 남자보다 특히 평화적이라거나 남자가 여자보다 공격적이라는 가설도 사실은 증명되지 못한 가설일 뿐이다. 원시사회를 보면 여자들이 직접 전투에 참여하는 종족도 많이 있었으며 다호메이(Dahomay) 종족의 경우 여전사(女戰士)들의 역할은 특히 중요했다.

여자들이 전투에서 제외되게 된 것은 여자들이 남성에 비해 평화적이라서가 아니라 전쟁이 발발했을 시 여성들이 담당해야 할 다른 일들이 있었기 때문이다. 즉 전투 혹은 전쟁이 진행 중인 경우라도 비전투요원인 아이들과 늙은이들을 돌봐야 하는 등, 전쟁 중에도 일상생활을 유지해야 할 필요가 있기 때문에 여자들이 전투의 임무에서 배제되었다는 것이다. 어떤 종족들의 여자들은 전쟁터에 나가서 전투 중인 자기 종족 남자들을 응원한 경우도 있었다. 폰도(Pondo)족의 여인들은 남자들을 따라 전쟁터로 나아가 전투가 벌어지는 벌판의 옆에 있는 언덕에서 전투 장면을 바라보며 노래를 부르고 춤을 추었다. 노래들은 요즘 말하는 응원가 스타일이 아닌 음탕한 노래였고 치마를 허리까지 걷어 올려 자기들의 아랫도리를 보여주는 춤을 추었다고 한다.

앤 티크너(Ann Tickner) 교수는 후쿠야마를 비판하는 논문에서 남자와 여자의 사회적 성차별이 보다 큰 사회는 갈등과 폭력과 전쟁이 빈발(頻發)하는 사회가 된다고 주장하며, 남자와 여자의 성차별이 적은 사회가 평화적인 사회이며 전쟁에 빠져들 가능성도 적다고 주장했다. 남자와 여자의 차이에 따라 호전성의 정도가 달라진다고 보는 이론들은 전쟁과 평화를 설명하는데 큰 설득력을 가지는 이론들은 아니었다. 전쟁은 정치적인 일이며 전쟁을 결정하는 것은 당연히 정치적인 기준에 의해서일 것이다. 즉 전쟁을 결정하는 순간 정책결정자가 여자냐 남자냐의 여부보다 더 큰 영향을 미치는 것은 정책 결정자의 정치적, 사회적인 개성이라는 것이다. 유관순이 여자라면 어찌 그리 용감할 수 있었겠나? 그는 여자로서의 유관순이 아니라 나라를 잃은 식민지 국가의 학생으로서의 유관순이었다. 적의 장수를 껴안고 물에 뛰어들어 적장과 함께 죽었다는 기생 논개의 이야기도 마찬가지다. 인간이 여자든 남자든 정치적 의미가 부여될 경우 그들의 행동에서 큰 차이가 나지는 않을 것이다. 이 세상에 아들들을 전쟁터로 내보내는데 어머니들은 슬퍼할 것이고 아버지들은 덜 슬퍼할 것이라고 보기 힘들다. 전쟁터에 아들을 내보내야 할 상황에서 아버지가 대통령이라면 전쟁에 참전하겠다고 결정내릴 것이고 어머니가 대통령이라면 전쟁을 반대하는 결정을 내릴 것인가?

정책결정자의 레벨이 아니라 그보다 훨씬 아래 차원에서도 대부분의 남자들은 싸움을 하지 않기를 원한다는 사실이 밝혀졌다. 도저히 참기 어려운 상황일 경우라도 남자들은 가급적이면 싸움을 하지 않으려고 노력한다는 사실이 밝혀진 것이다. 전쟁터에 나간 남자 군인들이 대단히 용감한 것처럼 묘사되곤 하지만 진 엘라슈테인(Jean Beske Elashtain)의 연구에 의하면 2차 대전에 참전한 병사 중, 심지어는 적의 위협에 직면한 경우일지라도, 평균적으로 단지 15%의 병사들만이 적을 향해 총을 직접 발사했던 것으로 나타났다. 이 같은 주장의 신빙성을 완전히 믿을 수는 없을지라도, 남자들 역시 전쟁을 대단히 무서워하고 있다는 것은 틀림없는 사실인 것이다. 전쟁터는 처절하며, 비참하고 죽을 확률도 대단히 높은 곳이다. 목숨을 거는 일에 남자가 반드시 여자보다 더 용감하다고 말할 수 있을까? 남자는 차마 자살을 못했지만 여자 간첩은 숨겨둔 독약을 먹고 자살했던, 오래 전 울산에서 적발된 부부 간첩사건을 기억하는 사람들도 많이 있을 것이다.

남자들이 전쟁을 하는 이유 중의 하나가 바로 여자 때문이었다는 사실은 여자가 통치자가 되면 전쟁이 덜 발생할 것이냐의 질문과 일면 관련이 없는 듯하다. 그러나 남자들은 여자가 부족해서 전쟁을 했고, 여자들 앞에서 잘난 체하기 위해서도 전쟁을 했다. 여자들 역시 평화 애호적인 남자보다는 군사적인 영웅을 더 좋아하지 않았는가? 여자들이 전쟁의 영웅을 흠모하고 사랑했다는 사실은 전쟁체제가 지속될 수 있도록 한 하나의 요인이었다. 사실 그로티우스는 여자들 때

문에 싸우게 되는 전쟁이 정당한 전쟁인가에 대해 논한 바 있었다. 성
(性)과 전쟁의 관계에 관해 내릴 수 있는 결론은 인간의 역사에 전쟁체
제가 지속되게 한 데에는 남자들의 공격성이 중요한 원인이었지만,
여자들의 존재 그 자체가 남자들의 공격성을 유발하는 중요한 원인이
되었다고 말할 수 있을 것이다.

인간은 아주 옛날, 문명 발달의 초기 단계에 이르렀을 당시, 다른
부족에서 여자들을 데려다가 아내로 삼기 시작했다. 근친 간의 결혼
을 피하기 위한 방법이었다. 그런데 그런 인간 집단들이 서로 싸울 경
우 가장 빈번한 전쟁의 대상이 되는 족속들이 바로 자기 부인이 어렸
을 때, 시집오기 이전에 소속되어있던 바로 그 족속이었을 것이다. 즉
사위들이 가장 빈번하게 싸움을 벌여야 할 상대방 족속들은 바로 사
위들의 장인이나 처남이었던 것이다. 사위와 장인, 처남들이 전쟁터
에서 맞부딪히게 되는 것이 선사시대 전쟁의 진실이었다. 여자들은
자신들의 남편, 시동생, 시아버지가 한편이 되고, 자신들의 친정아버
지와 오라버니들이 한편이 되어 싸우는 전쟁의 와중에 놓이는 고통을
당했다. 여자들이 전투에서 제외된 가장 중요한 이유가 바로 여기에
있다고 주장하는 학자도 있다.

여자들이 대통령이 되면 전쟁이 좀 줄어들지 않겠느냐 하는 생각
은 이 세상에 전쟁이 하도 많다 보니 어떻게 전쟁을 줄이는 방법이 없
을까 궁리하다가 나온 발상일 것이다. 이런 논리라면 씩씩하고 젊은,
기왕이면 장군 출신의 전투 경력도 있는 건강한 남자가 대통령이 되
기보다는 병역면제 받고, 혹은 병역 기피하고, 나이도 많고, 기력도

없는 사람들이 전 세계 대부분 나라의 대통령이 되는 것이 평화를 위해 더 좋을 것이라고 생각하는 것과 다를 바가 없을 것이다.

2000년 봄 미국의 대통령 예비선거에서 예상외의 선전을 했던 공화당 후보 맥케인(John McCain)은 그가 월남전 당시 해군 조종사로 전투에 참전했다가, 격추를 당한 후 월맹의 감옥에서 5년 동안이나 갖은 고초를 다 겪은 전쟁 영웅이라는 사실 때문이었다. 이에 대항해서 부시(George H. W. Bush) 후보는 최연소 전투기 조종사라는 사실을 내세웠고, 민주당의 고어(Al Gore) 후보는 하버드 대학을 다니던 도중 학교를 휴학하고 월남전에 참전했다는 사실을 자랑스럽게 내세웠다.

만약 군대를 알고, 전쟁을 아는 사람이 그것을 모르는 사람보다 더욱 호전적이라는 것이 진실이라면 이순신을 존경하고 나폴레옹을 존경하며 관운장을 흠모하는 현대 인간들은 모두 정신이 나간 사람들이라고 비난받아도 할 말이 없을 것이다. 그러나 앞에서도 잠깐 지적했지만, 장군 출신 정치가들이 민간인 출신 정치가들보다 군사력 사용을 회피하는 결정을 내릴 가능성이 훨씬 높다는 사실이 현대의 과학적 국제정치학의 연구 결과다. 그들은 전쟁의 처절한 모습과 어려움을 민간인들보다 더 잘 이해하고 있기 때문에 섣불리 전쟁을 감행하지 않는다는 것이다. 즉 순수 민간인 출신 지도자보다 군인 출신 지도자가 전쟁에 빠져들 확률이 오히려 더 적다는 것이 현대의 과학적 국제정치학 이론이 알려주는 바이다.

(5) 민주주의 국가들은 평화적인가?

많은 학자들은 정치체제의 속성과 전쟁의 관계에 대해서 연구했다. 1990년대의 가장 유명한 국제정치 이론 중 하나인 민주적 평화론(Democratic Peace Theory)이란 이론은 민주주의 국가들끼리는 결코 전쟁을 치르지 않았다는 역사적인 경험으로부터 도출된 놀라운 이론이었다. 적어도 1916년부터 오늘에 이르는 동안 전쟁을 치르는 상대방이 모두 민주주의 국가인 경우는 발견되지 않았던 것이다.

민주적 평화론은 민주주의 국가들은 전쟁을 잘 하지 않는다고 말하지는 않는다. 미국, 영국 등 민주주의 국가들은 웬만한 독재국가들보다 훨씬 더 많은 전쟁을 치른 나라들이다. 민주적 평화론은 민주주의 국가들끼리는 거의 전쟁을 하지 않았다고 말하는 이론이다.

학자들은 국가의 정치적 성격인 정치 체제의 속성(屬性), 즉 어떤 국가가 택하고 있는 정치체제가 민주주의인가 또는 독재정치인가에 따라 그 나라의 전쟁 개입 정도, 또는 호전성이 달라질 것이라는 상식적인 가정을 보다 과학적, 경험적으로 연구하기 시작했다. 이제까지 알려진 정치 체제와 전쟁의 관계에 관한 전통적이며 절대적 다수설(多數說)에 해당하는 이론은 '독재국가가 민주주의 국가들보다 더욱 호전적일 것' 또는 '민주주의 국가는 독재국가보다 훨씬 평화 지향적일 것'이라는 주장이다.

이 주장은 더 발전되어 독재국가들이 국제정치체제 속에 존재하고 있다는 사실 그 자체가 평화에 장애가 되는 요인이라고까지 확대 해석된다. 냉전 종식 이후 미국의 대통령들인 클린턴(42대), 부시(43대), 오바마(44대) 등 3명의 대통령들은 모두 민주주의적 평화론을 굳게 신봉한 사람들로 지구 위의 독재국가들을 모두 다 민주주의로 바꾸어 놓으면, 세상은 평화로운 곳이 되리라고 생각했던 인물들이었다. 이들 3인의 미국 대통령들은 소속 정당도 다르고 정치 성향도 달랐지만 세계의 독재국가들을 궤멸시키고 그들을 민주주의 국가로 만듦으로써 세계를 평화로운 곳으로 만들겠다는 외교정책 목표는 똑같았다.

역사적으로 보아 침략 전쟁을 일으킨 국가들의 지도자들은 상당수가 독재자였던 것이 사실이다. 특히 우리는 히틀러, 후세인, 스탈린, 김일성의 이미지와 전쟁의 발발을 자연스럽게 연계시키고 있다. 그러나 모든 침략 국가가 반드시 독재정치 체제를 가지고 있었던 것은 아니라는 사실도 지적되어야 한다. 냉전시대(1945~1990) 동안 공격적인 군사행동을 가장 많이 취한 나라는 세계 제일의 민주주의 국가인 미국이 아니었던가? 또한 제국주의 침략전쟁의 상징인 영국과 프랑스는 모두 당대의 대표적인 민주주의 국가들이었다.

과연 정치 체제와 호전성(好戰性)사이에는 관계가 있는 것인가? 1990년대 국제정치학의 큰 연구 주제가 되었던 민주적 평화론(Democratic Peace Theory)을 통해 정치체제와 전쟁과의 관계를 알아보자.

1) 민주주의 국가들은 서로 싸우지 않는다:

   민주주의적 평화론(Democratic Peace Theory)

경험적으로 보아 거의 법칙(law) 수준에 오른 국제정치학적 진리는 '민주국가들은 (결코) 다른 민주주의 국가들과 전쟁을 하지 않았다'라는 역사적 사실이다. 러셋(Bruce Russett) 교수는 '민주주의 국가들은 거의 결코 서로 싸움하지 않는다(Democracies almost never fight each other)'라고 말하고 있으며 리비(Jack S. Levy) 교수는 민주국가들이 서로 싸우지 않는다는 사실은 거의 '경험적인 법칙(empirical law)' 수준에 이르고 있다고 주장했다. 글레디치(Nils Petter Gleditsch)는 전쟁의 원인에 관한 연구가 정확한 이론을 거의 산출해 내지 못했지만 두 가지는 거의 법칙의 수준이 되었다고 주장하면서 그 하나는 '국가들은 주로 인접 국가와 싸우는 경향이 있다'는 것이며 두 번째는 '민주주의 국가들은 서로 싸우지 않는다는 것'이라고 단언한다.

여기서 주의할 사항은 민주주의 국가들이 전쟁에 빠져드는 빈도(頻度:frequency)는 독재정치를 하는 나라들과 별로 차이가 나지 않는다는 점이다. 역사상 전쟁을 가장 많이 치른 영국, 프랑스는 동시에 가장 오랜 민주주의의 역사를 가지고 있는 나라들이며 2차 대전 이후 군사력 사용의 빈도가 제일 높은 미국은 가장 모범적인 민주주의 국가였던 것이다.

다만 '민주주의 국가들은 서로, 즉 민주주의 국가들끼리는 전쟁을 한 적이 거의 없다'라는 사실은 전쟁의 원인을 연구하는 학자들로부터 비상한 관심을 불러 일으켰다. 민주주의 국가들은 서로 전쟁을 하지 않는다는 경험적인 사실이 점점 학자들의 눈에 띄기 시작한 것은 1960년대부터의 일이며, 1970년대에 들어오면서부터 '민주국가들은 상호간에 전쟁을 하지 않는다'는 현상은 더 이상 무시할 수 없는 분명한 사실이 되기 시작하였다. 1990년대 초반에는 정치가들의 연설에서조차 '민주주의는 평화의 관건'이라는 언급이 나타나기 시작하였다. 1994년의 연두연설에서 클린턴 대통령은 민주주의 국가들 사이에는 전쟁이 없었다는 사실을 말하고 그렇기 때문에 전 세계 모든 국가를 (미국이) 민주화시켜야 한다는 정당한 근거로서 언급하고 있었다. 당시 미 대통령 국가안보보좌관 안토니 레이크(Anthony Lake)도 '민주주의의 확산은 미국의 이익에 기여한다… 민주주의 국가들은 자신 국민들의 권리를 찬탈하지 않으며 다른 나라에 대한 전쟁을 일으키지 않기 때문이다'고 말했다. 민주주의 국가들끼리는 결코 상호간 전쟁을 하지 않는다는 특이한 사실을 설명하는 이론은 학자들에 의해 '민주적 평화론(Democratic Peace Theory)'이라고 명명되었다.

민주주의 국가들이란 시민의 상당수가 투표권을 가지고 있으며, 정부는 경쟁적인 선거를 통해 수립되며, 행정부는 직접 선거 또는 의회에 의한 선거를 통해 선출되며, 언론의 자유 등과 같은 기본적인 시민의 자유가 보장된 나라를 의미한다. 민주주의와 전쟁의 관계를 밝히려는 대부분의 과학적 노력들은 전쟁 관련요인 연구계획(COW Project)의 전쟁 정의 및 데이터를 따르거나 퀸시 라이트 교수의 전쟁 데이터를 사용하고 있다. 러셋 교수는 COW Project의 전쟁에 관한 정의에 의거 민주국가와 전쟁의 관계를 조사한 결과 '1815년 이후 민주주의 국가들 간에 야기된 전쟁이라고 말할 수 있는 경우를 거의 찾을 수 없었다… 270개 국가들이 참전한 71회의 전쟁 중에서 민주주의 국가들끼리 싸운 경우가 없었다는 사실은 감동적인 일이 아닐 수 없다'고 결론 내렸을 정도다.

　그렇다면 왜 민주주의 국가들은 서로 전쟁에 빠져들지 않는가? 이 문제에 관한 이론적 설명은 칸트, 헤겔, 벤담, 슘페터, 우드로 윌슨 대통령 등에게까지 소급된다. 칸트는 그의 유명한 저서 『영구 평화론』에서 '공화제 헌법을 가진 국가들'로 구성된 국제체제에서는 영구평화가 가능할 것이라고 생각했었다. 칸트가 의미하는 공화제란 오늘날 우리가 말하는 민주주의와 유사한 것으로 자유, 대의(代議)정부, 권력분립 등을 내포하는 것이었다. 칸트는 공화제 헌법을 갖춘 나라는 그 나라가 전쟁을 할 것인가 말 것인가를 결정하기 위해서 국민의 의사를 물어야 하고, 전쟁으로 인한 인명 피해와 재산 피해를 모두 부담해야 하는 국민들은 전쟁을 반대할 것이라고 주장하였다. 즉 여론은 전쟁을 반대한다는 것이었다. 이와는 반대로 독재국가의 경우 전쟁에서 아무런 피해도 입지 않을 수 있는 지도자들은 언제든지 자의적으로 전쟁을 시작할 수 있다는 것이다.[Immanuel Kant, *To Perpetual Peace*: 박환덕, 박열 옮김 『영구 평화론』 (서울: 범우사, 2015)]

　민주주의와 평화를 연계시킨 또 한 명의 유명한 인물은 우드로우 윌슨 미국 대통령이다. 윌슨은 학자로서 이상주의의 창시자였으며 대통령으로서 국제정치의 이상주의적 실행자이기도 하였다. 그는 1차 대전에 개입하는 이유를 '민주주의가 존재하기에 더욱 안전한 세상을 만들기 위하여 전쟁을 하러간다'라는 말로 요약했다. 윌슨은 1차 대전이 거의 끝나갈 무렵인 1917년 전쟁 메시지에서 '평화를 위한 굳

건한 국제관계는 민주국가들의 파트너십 없이는 이루어질 수 없다'고 천명했다.

냉전 종식 이후의 세계를 민주주의와 평화가 충만한 세계가 되어야 한다고 주장하는 싱거와 윌다브스키는 '현실주의자들은 변화한 세상을 제대로 바라보지 못하고 있다. 민주주의는 강대국 간 평화의 기본이며 민주주의란 세계 평화를 달성하는데 기본적이고 장기적인 희망이다'라고 기술했다.[Max Singer and Aaron Wildavsky, *The Real World Order* (Chatam, N. J.: Chatam House, 1993)]

민주적 평화론은 '국내정치 체제(domestic politics)와 그 나라의 국제정치적 행태(foreign policy behavior)는 연계되어 있다'고 가정한다. 1960년대 말 국제정치학의 과학화 운동과 더불어 국내정치와 외교정책의 연계에 관한 연구가 본격적으로 진행되기 시작하였다. 그러나 이 무렵 진행된 국내정치와 국제행동의 연계에 관한 연구는 일반적인 대외 분쟁 행태를 포괄적으로 다루는 것이었고 전쟁만을 한정하지는 않은 것이었다. 민주주의 국가들이 전쟁에 개입하는 양식을 직접 분석하기 시작한 것은 1970년대 중반부터였다. 학자들의 연구 결과는 민주국가들이 민주주의가 아닌 나라들 보다 갈등적인 외교정책을 전개할 가능성이 훨씬 낮다는 사실에 대체로 동의하고 있었다.

민주주의와 평화의 상관관계에 관해 아마도 가장 큰 관심을 가지고 연구한 학자는 하와이 대학교의 럼멜 교수라고 말해도 될 것이다. 럼멜 교수는 전쟁에 관한 방대한 연구 결과를 남겼지만 특히 5권으로 된 그의 『분쟁과 전쟁의 이해』 중 제4권에서 민주주의와 전쟁에 관한 결정적인 언급을 남겼다. 결정적 언급이란 '두 나라 사이에 폭력이 존재하기 위한 필요조건은 두 편중 한편은 전체주의 또는 권위주의 국가여야 한다'라는 것이다.[Rudolf J. Rummel, *Understanding Conflict and War: Vol 4, War, Power, and Peace* (Los Angeles: Sage Publications, 1979)] 더 나아가 럼멜은 '민주국가들은 외교정책의 대상이 어느 나라인지에 관계없이 폭력의 사용을 자제한다'고 주장하는 유일한 학자가 되었다. 민주적 평화론에 관한 논문과 저술들이 대규모로 쏟아져 나왔고 이들의 주장은 대체로 논리적 일관성, 동질성을 유지하고 있다.

1815년으로부터 1965년에 이르는 국제 체제 내의 모든 국제관계를 가장 포괄적으로 조사 분석한 후 어떤 국가들이 전쟁을 잘 발발시키는지를 조사한 브레머(Stuart Bremer)는 비민주주의 국가끼리 연결된 국제관계는 한편이 민주국인 국제관계보다 전쟁 발발 비율이 약 4배 정도 더 높다고 보고하고 있다. 이러한 발견을 통해 브레머 교수는 "전쟁을 회피하기 위해서는 양편이 모두 민주주의여야 한다는 일부의 주장은 그렇지 않다. 한편만이라도 민주국가가 포함된 국제관계일 경우 전쟁의 가능성은 현격하게 줄어든다"라고 주장, 럼멜의 견해를 지지했다.[Stuart A. Bremer, "Dangerous Dyads: Conditions Affecting the Likelihood of Interstate War, 1816-1965." *Journal of Conflict Resolution* vol. 36. no. 2 (June 1992)]

1816년부터 1988년에 이르기까지, 민주주의 국가들은 참전했던 전쟁 47회 중 패배한 경우는 8번, 나머지 38회의 경우에는 승전국이 되었다는 사실도 발견되었다.

이상의 연구 결과 외에도 민주주의는 평화의 관건이라는 주장은 많고 다양하다. 그러나 대부분의 연구가 제시하는 민주주의 국가들이 더욱 평화 애호적이라는 이유는 다음과 같은 내용을 포함하고 있다. 민주주의 국가들 상호 간의 관계가 평화로운 이유는: ⑴민주국가들은 국제기구의 네트워크를 통해 공동적인 유대관계로 연계되어 있다; ⑵2차 대전 이전에 민주국가들은 숫자도 적었을 뿐 아니라 국경을 맞대고 있는 경우가 별로 없었다; ⑶2차 대전 이후 민주주의 국가들은 소련 및 소련의 동맹국으로부터 공동의 위협을 느끼고 있었다; ⑷산업이 발달한 국가가 전쟁에 빠져든다는 것은 치러야 할 대가와 기대되는 이익을 비교할 경우 매력적인 일이 되지 못했다. 2차 대전 이후 민주주의 국가의 대부분은 산업이 발달한 선진국이었다는 사실도 고려되어야 할 것이다.

민주적 평화론은 지지자가 많고 민주주의 국가들이 싸우지 않는다는 역사적, 경험적인 측면에서 볼 때 놀라울 정도이지만 이론적인 측면에서 보아 하자가 없는 이론은 아니다. 민주적 평화론을 주장하는 학자들 못지않게 이 이론을 비판하는 학자들 또한 많은 것이 사실이다.

2) 민주적 평화론 비판

민주적 평화론, 즉 민주주의 국가끼리는 결코 전쟁하지 않는다는 주장은 기존의 국제정치 이론체계에 대해 몇 가지 중대한 도전을 제기하고 있다. 이 이론은 '국내정치의 구조에 의해 그 나라의 외교정책이 결정된다'는 가정에 근거한 것으로서 국제정치학설 상 우위를 점하던 국제체제 차원의 이론들(system level theories), 즉 국가의 행동은 국제체제 및 국제환경에 의해 영향 받고 결정된다는 이론에 도전한다. 물론 표적이 되는 나라가 민주주의 국가일 경우 전쟁이 발발하지 않는다는 주장에는 국제환경이라는 요인이 부분적으로 포함되는 것이지만 일부 학자들은 민주주의 국가는 상대국가의 정치체제 성격에 관계없이 폭력의 사용을 자제한다고 주장함으로써, 민주주의 국가의 대외정책을 결정하는 가장 중요한 요인은 그 나라의 민주주의 체제 그 자체라고 말하고 있는 것이다.

둘째 문제는 민주적 평화론은 국제관계에서 힘이라는 요인을 과소평가하고 있다는 점이다. 즉 이 이론은 '국제정치는 권력정치(power politics)'라는 명제에 중대한 도전을 제기하고 있는 것이다. 모겐소는 모든 정치는 권력정치이며, 국내정치 및 국제정치의 모든 행위는 권력을 증강시키고, 권력을 유지하며, 권력을 과시하기 위한 노력이라고 권력정치를 정의하였다.[Hans J. Morgenthau, *Politics Among Nations: Struggle for Power and Peace* (5th ed.; New York: Alfred A. Knopf, 1973)] 민주적 평화론은 국가의 무력행동을 규제하는 것이 민주적 규범과 제도라고 주장함으로써 바로 이 같은 국제정치학의 현실주의적 권력정치 이론에 정면도전한 것이다.

셋째로 민주적 평화론은 기존의 외교정책 결정이론이 산출해 낸 국가의 대외 행동에 관한 국제 정치이론의 대부분을 부정하고 있다.

외교정책 결정 과정 이론들은 위기의 상황, 전쟁의 상황에서 전쟁을 하느냐 마느냐를 결정하는 정책 결정기구는 민주주의 국가나 독재국가나 별로 다를 것이 없다는 사실을 밝혀내었다. 위기의 상황에서 민주주의 국가라 할지라도 아주 소수의 정책 결정자들이 정책 결정에 개입하게 되며, 각종 정보를 놓고 열띤 논쟁을 벌이기보다는 제한된 은밀하고 시급한 합의에 의해 정책이 결정된다는 것이 통설이었다.

즉 전쟁과 같은 중대한 문제를 결정하는데 있어서 정치 체제가 민주주의냐 독재정치냐의 차이점은 별로 중요하지 않다는 것이 외교정책 결정론의 연구 결과였던 것이다. 외교정책상 차이가 있다면 그것은 지도자의 개인적 성격의 차이에서 연유할 가능성이 더 큰 것이지 정치 제도의 차이는 아니라는 것이었다.

민주적 평화론은 외교정책 결정 연구에서 또 하나의 중요한 설명인 '관료적 정책결정론(bureaucratic politics model)'에 대해서도 심각한 도전을 제기한다. 앞에서 이미 논했던 바와 같은 정책 결정기관의 불완전성, 예를 들자면 집단 사고(Group Think) 현상 등이 민주적 평화론에서는 거의 고려되지 않고 있는 것이다.

민주적 평화론이 근거하고 있는 이론적 기반들은 아직 확고하지는 못하다. 이론적 기반이 불충분하다는 이유는 민주적 평화론의 주창자들이 사용하는 데이터에서, 그리고 그들의 완벽하지 못한 논리에서 나온다. 이미 1970년대부터 민주적 평화론에 대한 반론이 제시되기 시작했으며, 민주적 평화론이 정교화될수록 이에 대한 반론 또한 정교화되고 있다.

민주적 평화론은 국제정치 이론 발달 사상 가장 큰 논쟁을 불러일으킨, 그리고 가장 많은 학술 업적을 산출해 낸 주제 중의 하나이다. 특히 독재정치의 표상이던 공산주의, 사회주의 제국의 몰락과 냉전체제의 몰락은 민주적 평화론자의 기대를 더욱 부풀게 하였고 전 세계를 민주화시켜야 한다는 입장에서 탈냉전 시대에도 지속적인 미국의 개입정책을 정당화하는 근거가 되기도 하였다.

사실 민주적 평화론이 운위되는 동안 미국의 국방정책 결정자들은 이미 1992년 차후 미국을 위협할 가능성이 있는 국가로서 대표적인 민주주의 국가들인 인도, 독일, 일본을 지목하고 있을 정도였다. 일본과 독일은 모두 2차 대전 이후 모범적인 민주주의 국가가 되었고, 인도는 가장 큰 민주주의 국가(largest democracy)라고 불리는 나라다. 미국의 많은 전문가들과 국방성이 이 세 나라를 소련을 대체, 미국에 대들 잠재적인 라이벌이라고 생각했다는 사실은 탈냉전 이후 미국이 강력하게 믿고 있는 '민주적 평화론'과 전면 배치되는 논리인 것이다.

공산권의 몰락을 가장 근접하게 예측했던 브레진스키 교수는 미국과 소련 관계를 언급하는 가운데 미국이 공산주의 국가가 된다 해도 또는 소련이 민주주의 국가가 된다고 해도 양국관계의 본질이 변하지 않으리라 예측한 바 있었다. 미국과 소련은 어차피 그 덩치로 인해 지정학적으로 충돌하는 제국(colliding imperial power)일 수밖에 없기 때문이라는 것이다. 즉 브레진스키 교수는 국가들의 정치 체제보다는 그들이 보유한 힘이 충돌하느냐의 여부에 의해서 전쟁과 평화가 결정된다고 본 것이다.

최근 미어샤이머 교수 역시 민주주의적 평화론에 대해 비판적인 해설을 하고 있는데 간단히 인용해 보자. '(민주주의적 평화론의) 치명적 약점은, 이 주장은 너무나 많은 것을 증명해야만 한다는 점이다. 만약 자유민주주의 국가의 시민들이 그토록 전쟁을 혐오한다면, 그들은 다른 민주주의 국가들과는 물론 독재국가들과의 전쟁도 혐오해야 할 것이다. 그들은 결국 어떤 전쟁들에 대해서 똑같이 싸우기 원치 않아야 하는 것이다. 그러나 역사적인 기록을 보았을 때, 전혀 그렇지 않았다. 예로서 미국은 냉전이 끝난 이후에만 7개의 전쟁을 치렀는데 7개 전쟁 모두가 미국이 시작한 전쟁이었다. 냉전이 종식된 1990년 이후 지금까지 미국은 3년 중 2년 동안을 전쟁을 치르고 있었다. 미국은 전쟁에 도취되어 있었다고 해도 과언이 아니다. 게다가 또 다른 자유민주주의 국가인 영국도 이들 전쟁에서 미국 편에 서서 함께 싸웠다. 이 같은 사실들은 왜 민주주의적 평화론이 민주주의 국가들은 일반적으로 비민주적 국가들보다 더욱 평화로운 나라라고 주장할 수 없는지의 이유를 설명해 준다.'[John J. Mearsheimer, *The Great Delusion: Liberal Dreams and International Realities* (New Haven: Yale University Press, 2018) 이춘근(역) 『미국외교정책의 환상과 현실』 (서울: 김앤김북스, 2020)]

(6) 국가의 경제적 성격과 전쟁

이제는 자본주의와 공산주의라는 경제체제에 관한 이념을 위주로 다투던 냉전이 끝난 세계가 되었지만 바로 몇 년 전까지만 해도 세계

도처의 분쟁을 설명하는데 가장 편리하게 인용되었던 이론은 전쟁 및 국제분쟁의 모든 원인을 국가의 경제체제에서 찾으려는 마르크스·레닌주의에 입각한 경제이론이었다. 마르크스·레닌주의는 모든 국제분쟁은 자본주의적 경제체제의 내적인 동태(internal dynamics)로부터 연원한다고 단언하고 있었다. 마르크스·레닌주의자들은 자본주의 체제 그 자체는 자급자족적이지 못하며 궁극적으로 경제침체, 붕괴의 길을 걷게 된다는 역사적 결정론을 믿는다. 이를 피하기 위해 자본주의 경제체제는 외부를 향한 확장을 추구하지 않을 수 없고, 제국주의 정책을 펴지 않을 수 없으며, 제국주의 정책 때문에 전쟁이 초래될 수밖에 없다고 주장한다.

이러한 설명은 과거 제3세계의 지식인들에게 매력적인 것으로 받아들여졌으며 아직도 마르크시즘의 망령에서 벗어나지 못한 한국의 좌파 세력이 신봉하고 따르는 이론이다. 이들은 이 세상 모든 국제전쟁의 배후에는 미국의 자본주의·제국주의의 흉계가 있다고 주장한다. 한국전쟁, 베트남 전쟁 등 냉전 시대 동안 발생한 거의 모든 전쟁의 배후에는 미국의 자본주의적 제국주의가 존재한다고 보는 것이다.

그러나 전쟁의 원인을 경제적인 요인으로부터 찾는 학술적 노력은 마르크스주의에만 고유한 것은 아니다. 이미 마르크스주의가 생기기 이전부터 경제와 전쟁이 관계가 있을 것이라는 주장은 수많은 자유주의 경제학자들에 의해서도 주장되었다. 또한 전쟁과 경제상황 사이에 모종의 관계가 있을 것이라고 생각하는 학자들은 어떤 나라의 경제 상황이 급속도로 나빠지는 경우 혹은 개선되는 경우 그 나라의 대외

분쟁 참가 정도가 어떻게 변하는지를 연구하려 하였다. 즉 국가 경제력의 변동과 그 나라가 전쟁에 빠져들어갈 가능성에 어떤 관계가 있을까에 관한 연구가 많이 진행되었다.

여기서는 전쟁의 원인을 사회체제의 경제적 속성에서 추론하는 이 두 가지 계열의 이론과 전쟁과 국가의 경제 상황은 어떻게 연계되어 있는가에 관한 기존의 연구 업적, 그리고 최근 세계화 시대에 전쟁과 평화에 관한 전망은 무엇인가에 대해 살펴보고자 한다. 먼저 전쟁의 경제적 원인으로 더욱 유명한 마르크스·레닌주의에서 논하는 전쟁의 원인을 살펴보기로 하자.

1) 마르크스주의의 전쟁 원인론

마르크스 학문의 광범성을 찬양하고 마르크스 이론을 세상을 관조하는 패러다임으로 삼고 있는 사람들에게는 놀라운 일일지 모르나 마르크스주의는 국제정치학 이론에 관한한 공헌한 바가 별로 없다. 사실 마르크스는 국제관계 그 자체에 대한 큰 관심이 없었으며 국제정치를 설명하기 위한 이론을 뚜렷하게 제시하지도 않았다.[V. Kubalkova and A. A. Cruickshank, *Marxism-Leninism and Theory of International Relations* (London: Routledge and Kegan Paul, 1980); V. Kubalkova and A. A. Cruickshank, *Marxism and International Relations* (Oxford: Clarendon Press, 1985); 쿠발코바, 크릭생크(저) 金成柱(역), 『마르크스

主義와 國際關係論』(서울: 한길사, 1990).]

  물론 사회의 거의 모든 분야의 일들에 대해 언급한 마르크스가 전쟁 또는 국제관계의 연구에 비교적 무관심했던 몇 가지 이유가 있기는 하다. 우선 마르크스의 생애는(1818~1883) 유럽 역사상 가장 평화스러운 시대와 일치했다. 비록 마르크스는 몇 가지 중요한 전쟁, 특히 크리미아 전쟁(1853~1856), 보불전쟁(Franco-Prussian War, 1870~1871) 및 미국의 남북전쟁(1860~1863)을 경험하기는 했지만 이들 전쟁은 18세기 또는 20세기의 기준으로 볼 때 그 규모 및 정치적 중요성이라는 측면에서 미미한 전쟁에 불과하며 마르크스가 이 전쟁들의 직접적 관찰자도 아니었다. 이 전쟁들은 1815년 이후 성립된 비엔나 체제 또는 유럽협조 체제의 붕괴를 상징하는 사건이었고, 크리미아 전쟁은 나폴레옹 전쟁 이후 최초의 강대국 간 전쟁이기는 했으나 당시 유럽의 세력균형 판도를 대폭 바꾸어 놓을 정도의 전쟁은 아니었고 인명 피해도 상대적으로 약소한 전쟁이었다. 그래서 국제정치학자들은 1815년 이후 1차 대전이 발발하는 1914년에 이르는 100년을 '외교의 황금시대'라고 부른다.

  1870년의 프랑스-프러시아 사이의 '보불전쟁'도 그 규모는 대단했으나 국제체제의 전반적인 변화를 야기한 전쟁이기보다는 비스마르크에 의한 독일 통일의 마지막 과정에서 나타난 전쟁이었고 전쟁 이후 비스마르크는 통일제국을 보존하기 위해 외교 노력에 집중했다.

  크리미아 전쟁과 보불 전쟁이라는 두 개의 비교적 큰 전쟁을 제외하면 마르크스가 살았던 시대는 '전쟁의 시대'라기 보다는 오히려 '혁명의 시대(Age of Revolution)'라고 불리는 편이 더 타당한 시대였다. 1830년과 1848년은 유럽의 거의 전 지역이 혁명의 열정에 의해 몸살을 앓았던 해였으며 마르크스의 관심은 자연히 국제관계보다는 오히려 보수, 반동의 왕정(王政)및 제정(帝政)을 타파하기 위한 국내적인 혁명의 분석에 집중되었던 것이다. 이 같은 측면에서 마르크스의 학문적 노력은 전쟁의 원인과 국제정치에 관한 중요한 학술적인 기여를 산출해 내지는 못했다.

마르크스가 전쟁연구에 별 기여를 하지 못한 또 다른 이유는 마르크스주의의 이념체계의 특징으로부터 연유한다. 마르크스주의는 역사의 발전 과정을 설명하는데 있어서 계급(Class)을 분석 단위로 삼고 있는 반면 국제관계론 일반에서 전쟁의 원인을 분석하는 압도적인 기본적 단위는 '국민국가' 혹은 '민족국가'인 것이다. 전쟁은 그 정의상 '국가들 사이'의 폭력적 갈등을 의미하는 것이다. 마르크스는 민족, 국가라는 개념의 영속성을 부인하며 국가는 소멸될 수밖에 없는 조직으로 간주한다. 이러한 사실들은 마르크스주의의 학문적, 지적 구조에 국제정치학을 적절히 꿰어맞추기 어렵게 한다. 국가가 소멸되어야 한다는 학문체계에 국가가 핵심이 되는 국제정치학과 전쟁론이 적절하게 엮어지기가 곤란할 것이다.

또한 마르크스주의의 선구자들은 전쟁과 평화의 문제는 더욱 본질적인 사회문제, 즉 국가의 경제 및 국제분쟁을 초월하는 다른 문제들이 만족스럽게 해결된 이후에 해결 가능하다고 믿었다. 즉 그들은 국가들의 경제체제가 사회주의 혹은 공산주의로 전환될 경우 국가 간의 전쟁문제는 저절로 해결될 것이라고 믿었다. 마르크스주의와 국제관계이론에 거리가 있다고 보는 쿠발코바(V. Kubalkova)와 크릭샹크(A. A. Cruickshank)는 어쨌든 마르크스주의자들에게서 '국제관계 이론은 결코 있을 수 없고 기껏해야 행위자로서의 국가가 갖는 이차적이고 파생적인 본질을 반영하는 국제관계에 관한 사회학'이 있을 따름일 것이다라고 쓰고 있다. 물론 마르크스·엥겔스는 장래의 연구계획에 국제관계 연구를 적어 놓기는 했지만 그 주제는 목록의 맨 마지막에 있었으며 실제로 착수조차 되지 못하였다.

마르크스주의가 국제관계이론의 발전에 영향을 별로 미치지 못한 또 하나의 이유는 현대 국제관계학의 발상지가 마르크스주의의 학문풍토가 거의 황폐한 상황이었던 미국에서였다는 사실일 것이다. 현대의 과학적 전쟁 연구의 발상지는 미국이며 미국의 국제정치학 및 전쟁 연구에서 마르크시즘이 차지하는 비중은 미미한 것이다. 특히 현대 국제정치학의 창시자의 대부분을 차지하는 중부유럽 및 유태인 출신 미국의 정치학자들은 반(反)마르크스주의자는 아닐지라도 비(非)마르크스주의자였다는 점이 강조되어야 할 것이다.

그러나 마르크스주의는 주로 레닌(Lenin)에 의해 부분적으로 국제정치학에 학문적인 기여를 하게 된다. 레닌은 그 자신의 '제국주의 이론'을 통해 마르크스주의를 국제정치학의 영역으로 확대시켰으며 전쟁의 원인에 관한 유명한 설명을 시도하였다. 물론 레닌 이전의 마르크스주의가 전쟁 또는 군사문제에 관심이 전혀 없었던 것은 아니었다. 특히 엥겔스는 '장군'이라는 별명이 붙을 정도로 군사 및 전쟁 문제에 깊은 관심을 가졌고 또한 많은 저술을 남겼다.

2) 마르크스주의자들의 전쟁 및 군사문제 연구

마르크스주의가 전쟁 또는 군사문제 연구에 기여한 바는 그들이
바친 노고에 비할 때 훨씬 소홀히 평가되고 있는 측면이 있기는 하
다. 갈리(Gallie) 교수는 엥겔스 저작 전집 중에서 군사에 관한 글은
촘촘한 인쇄로 2,000페이지가 넘는다고 주장하고 있다.[W. B. Gallie,
Philosophers of Peace and War: Kant, Clausewitz, Marx, Engels and Tolstoy
(Cambridge: Cambridge University Press, 1979)] 그 이유의 하나는 그들의
저작 가운데 막대한 양의 군사에 관한 문제가 저술되어 있지만 그것
들은 너무나 분산되어 있으며 마르크스의 기초적 경제이론 연구서인
『자본론』처럼 단행본에서 쉽게 발견할 수 있는 것이 아니기 때문이
다. 그러나 마르크스와 엥겔스의 저술들은 20세기의 전쟁의 제 양상
과 문제점들이 분명 해지고 충분히 밝혀짐에 따라 그 중요성을 인정
받고 있으며 마르크스와 엥겔스는 현대 총력전쟁(Total War)이론의 시
조(始祖)급에 속한다고 말해질 정도로 전쟁 연구에 대한 그들의 기여
가 재평가되고 있기는 하다.

그렇다면 마르크스, 엥겔스 등 초기의 마르크스주의자들은 전쟁을
어떤 관점에서 이해하고 있었으며 전쟁의 원인은 무엇이라고 파악하
고 있었는가? 우선 엥겔스의 『반뒤링론(*Anti Duhring*)』, 『가족의 기원』
그리고 마르크스의 『그룬트리세(*Grundrisse*)』 등 저술에는 전쟁과 직

접적으로 관련되는 언급이 있는데 이 세 저술은 모두 '알려진 모든 역사적 시기들, 특히 유럽 역사의 초기 부분에서 나타난 정치질서는 어느 부분을 본다 해도 소유와 생산에 의한 것이라기보다 오히려 군사적 본질에 의해 규정된다'고 말하고 있다. 엥겔스는 소제목이 '힘의 이론'으로 되어있는 반뒤링 제2부에서 노예제에 기반을 둔 고대 그리스 국가들에서 전쟁이 차지하는 사회학적 중요성을 특히 강조하고 있다. 엥겔스에 의하면 이러한 고대 국가들은 상당 수준의 잉여가치가 산출될 수 있는 상황에 도달했으며 이러한 시점에서 쉽게 사용할 수 있는 가치 있는 노동력을 확보하기 위해서는 정복된 적을 노예화시켜야 했다. 적국을 정복하여 노예화시키려는 것이 고대 그리스 국가들이 전쟁을 수행하는 고상한 목표가 되었다. 여기서 엥겔스는 이러한 군사적인 힘은 뒤링의 주장처럼 사회를 통제하는 것이 아니라 오히려 '사회질서를 위해 봉사할 것을 강요당하고 있다'고 주장한 것이다. 이러한 논리에 의할 때 전쟁이란 기본적인 사회적 욕구, 생산의 사회적 관계에 의해 야기되는 것이며 이는 차후 '자본주의는 곧 전쟁을 의미한다'는 마르크스주의자들의 슬로건과 일치하는 것이다.

그러나 전쟁을 언급하는 과정에서 엥겔스는 전쟁이란 인간사회의 공동체들의 역사와 기원을 같이 할 정도로 오랜 것이라고 언급함으로써 전쟁이란 위에서 언급한 사회적 기능과 관계없이 훨씬 옛날부터 독립적으로 존재할 수 있었던 것이라고 주장했다.

엥겔스는 또한 『가족의 기원』[Frederick Engels, *The Origins of the Family, Private Property and the State* (New York: International Publishers,

1981)]에서 전쟁의 원인을 다음과 같이 기술했다. '인구의 압박은 각 종족들로 하여금 분리된 영토를 통합하여 민족국가라는 통합된 영토를 만들도록 하였으며 이로부터 전쟁, 그리고 전쟁을 위한 조직은 국가 생활의 규칙적인 기능으로 바뀌게 되었으며… 이웃나라의 부(富)는 국가의 욕망을 자극시키는 것이며… 노동에 의한 부의 획득보다는 약탈에 의한 부의 축적이 더 쉽고 영광스러운 것으로 보이는 것이다. 과거에는 공격에 대한 보복, 부족하게 된 영토를 확장하려는 이유에서 전쟁이 행해졌지만 이제 순수하게 약탈이라는 목적에 의해서도 전쟁이 수행되고 있으며… 전쟁은 산업의 영속적인 일부가 되어 버렸다'고 주장한다.

이처럼 엥겔스에 의하면 전쟁이란 독립적으로 존재할 수 있는 것이며, 항상 발발할 가능성이 있는 것이며, 또한 매력적인 일이기도 했던 것이다. 부의 축적 수단으로 더욱 유용한 방법인 약탈을 위해 전쟁이 발발할 수 있으며 전쟁은 산업의 영속적인 일부가 되기까지 한 것이다.

마르크스주의의 전쟁론은 소위 자유주의자 또는 보수주의자들의 전쟁 원인 설명과 달리 인간은 본능적으로 공격적인 성향을 가지고 있다든가 또는 전쟁의 원인이 심리학적인 용어를 동원하여 설명되어질 수 있다는 사실을 믿지 않는다. 그들은 또한 전쟁은 균형 있는 체제의 적응 구조가 붕괴된 결과 야기된 것이라는 설명도 거부한다. 마르크스의 주장에 의하면 인간의 의식이 그의 존재를 결정하는 것이 아니라 그들의 사회적 존재가 그들의 의식을 결정하는 것이기 때문이다. 그래서 마르크스주의는 개인들에게서 전쟁의 원인을 찾지 않으며 경제에 의해 정의된 사회의 구조, 사회제도에서 전쟁의 원인을 찾는다. 그들은 전쟁의 원인으로 인간의 의지를 완전히 무시하지는 않지만 전쟁의 본질적 원인은 장기적인 요인들 즉 경제적 경쟁, 제국주의, 민족주의, 인종주의(Racism) 등에서 찾아질 수 있는 것으로 보는 것이다.

마르크스주의자들은 사유재산제도의 해악은 아주 심각한 것이고 분열적인 것이기 때문에 그것은 반드시 폐기되어야만 한다고 믿는다. 물론 사유재산제도가 전쟁의 원인이 된다는 주장은 마르크스주의만의 고유한 주장은 아니다. 루소(Jean Jacque Rousseau)도 사유재산제를 전쟁의 근본 원인이라고 주장하고 오로지 사유재산제도가 철폐된 후에야 전쟁이 종결될 수 있다고 주장했었다.[Jean Jacque Rousseau, *Discourse on the Origins of Inequality* (New York: E.P. Dutton, 1941)] 그래서 마르크스주의자들은 개인의 권리, 개인의 자유 및 사유재산을 보호하는데 가장 적당한 제도인 자본주의를 파괴해야 한다고 보았으며 혁명, 또는 전쟁은 이 같은 목표를 달성키 위한 수단이라고 생각하였다.

마르크스주의는 특히 국내적 구조와 국제분쟁과의 관계에 대해 깊은 관심을 가졌다. 기존의 억압적 정치체제는 국제분쟁과 국내 혁명의 상호 작용을 통해 와해될 수 있는 것이라고 보았기 때문이다. 자본주의 체제하의 사회생활에서는 질서 또는 합의보다는 계급투쟁과 갈등이 오히려 정상적인 일인 것으로 간주되기 때문이다. 마르크스주의자들은 국내 사회의 속성을 계급간의 갈등으로 본 것과 마찬가지로 국제정치의 본질도 갈등으로 간주했다. 그들은 '경제체제를 지배하는 자 정치체계를 지배한다'고 주장한다.

이상에서 설명한 바처럼 마르크스주의자들의 전쟁에 관한 철학적 관점은 전쟁이란 인간의 '사회관계'에서 나타나는 사건이며 인간의 개인적, 심리적인 측면에서 볼 것은 아니라는 것이다. 마르크스주의 자들은 전쟁을 인간의 역사와 기원을 같이 하는 것이라고 말함으로써 자본주의가 생겨나기 이전에도 전쟁이 존재했음을 인정하고 있지만, 역시 전쟁의 본질적 원인은 경제적인 이유에서 찾아질 수 있다는 점을 강조하고 있다. 애초부터 경제와 깊이 연관된 전쟁은 자본주의가 발전함에 따라 더욱 심각한 일이 되며 자본주의 발전이 극에 달한 상태, 즉 제국주의의 단계에서, 제국주의 국가들 간에 전쟁이란 필연적으로 발생할 수밖에 없다고 보는 것이다.

3) 레닌의 제국주의론과 전쟁의 원인

마르크스주의의 정치학은 국제정치 이론보다는 국내정치에 더욱 깊이 관련되는 혁명이론에 더욱 큰 관심을 가졌지만 마르크스 계열의 학문 업적 중에서 국제정치학과 전쟁 연구에 가장 큰 기여를 한 것은 레닌이 1916년 초판을 간행한 『자본주의의 최고 단계로서의 제국주의』[V.I. Lenin, *Imperialism, The Highest Stages of Capitalism A Popular Outline* (New York: International Publishers, Little Lenin Library, 1977 Third Printing)]라고 말할 수 있다. 레닌은 스위스에서 제1차 세계대전의 원인을 밝혀내기 위해 이 책을 집필했다. 전쟁의 원인을 분석한 서적으로서의 학술적 가치가 탁월한 것은 아니지만 레닌의 이 책은 차후 중국의 공산주의자들을 포함 세계의 공산주의 국가와 공산주의자들이 신봉하는 전쟁 이론의 기준이 되었다는 점에서 그 영향력이 대단했다.

레닌이 자신의 제국주의론이 홉슨(John A. Hobson)의 제국주의론으로부터 큰 영향을 받았음을 고백하고 있다는 사실에서 보여지듯 제국주의론의 창시자는 레닌 그 자신은 아니다. 자본주의가 고도로 발달할 경우 프롤레타리아 혁명은 불가피하게 된다는 레닌의 입장 역시 마르크스로부터 차용한 것이다. 그러나 자본주의가 고도로 발전한 서부 유럽 사회에서 마르크스가 기대했던 혁명이 발생하지 않은 이유를 설명하기 위해 자본주의가 고도화된 후 제국주의가 나타나는 과정과 제국주의 국가들 사이에서 전쟁은 불가피하게 된다는 설명은 레닌의 독창적인 주장이라고 말할 수 있다.

레닌의 입장은 마르크스가 주장한 프롤레타리아 계층 인민들 사이에서 혁명 의식이 자생적으로 나올 수 있다는 주장을 부정하고, 프롤레타리아 계층의 혁명 의식은 역사적 사명감을 가진 소수의 정예 엘리트(vanguard)로 구성된 혁명 전위로서 당(黨)이 일깨워줘야 한다고 주장하는 등, 카를 마르크스의 입장을 전적으로 추종하지는 않았지만 레닌의 사상은 마르크스주의에서 벗어나는 것은 아니었다. 오히려 레닌은 마르크스주의의 유물사관, 혁명이론에 기초하여, 고도 자본주의 국가들이 내부 모순을 해결하기 위해 제국주의화 하는 과정을 설명함으로써 마르크스주의의 혁명론이 설명할 수 없는 부분을 보완했다고 말할 수 있다.

레닌은 1860~1870년대를 유럽 자본주의 국가들 간의 자유경쟁이 절정에 이른 시기로 보는데 이 무렵부터 독점현상이 나타나기 시작했고 1873년 이후 카르텔에 의한 독점자본주의가 진행되어왔다고 보았다. 독점이 절정에 도달한 것은 1900년부터 1903년 무렵이었다. 레닌은 바로 이 무렵 독점자본주의가 제국주의로 변화하기 시작했다고 본다. 1905년 독일의 경우 카르텔의 숫자가 385개에 이르렀고 카르텔에 참여한 회사의 숫자는 12,000에 달했다. 이들 회사들은 독일 전력(電力)의 절반 이상을 사용하고 있었다.

당시 독일 자본가와 기술자들은 자유경쟁에 의해 투자하거나 고용되는 것이 아니고 자신들의 의지와 관계없이 카르텔에 의해 동원되는 상태에 이르렀다. 생산의 사회화가 이룩된 셈이었다. 이처럼 사회화된 생산수단은 몇몇 개인에 의해 소유, 지배당하고 있었다. 이 같은 독점 산업 카르텔 체제 아래에서 원자재 생산자들은 자유경쟁 시대와 달리 산업자본가들의 지배 아래 예속되기 때문에 착취당할 수밖에 없고, 산업자본가들은 막대한 이윤을 창출할 수 있었다. 레닌은 이 같은 독점 단계를 자본주의 발전과정의 최후 단계로 보았다.

산업자본주의 시대에는 상품이 수출되지만 독점 자본주의 시대에서는 자본이 수출되는데 자본가의 독점이익이 극에 도달할 때 자본은 필연적으로 투자할 곳을 찾아 외국으로 나가게 된다. 외국으로 수출된 자본은 수출된 지역의 자본주의를 발전시킨다. 자본의 수출에서 항상 지배적 입장에 있는 나라는 자본 수출국이다. 자본 수출국은 자본 수입국에게 자국의 상품을 구매할 것을 강요한다. 이 같은 상황이 독점적으로 발생할 경우 자본수입국은 자본 수출국의 식민지라고 불리는 것이다. 결국 세계시장에서도 자유경쟁은 사라지게 되며 국내시장에서 벌어졌던 것처럼 국제적 카르텔이 형성되어 시장 분할, 세력권(sphere of Influence) 책정이 야기되며 초카르텔(supercartel)의 형성으로 자본주의는 최고 단계에 도달하게 되는 것이다.

이 같은 상황에서 각국 정부는 자국의 기업들을 정치적, 군사적으로 뒷받침하지 않을 수 없게 된다. 국가들은 식민지 혹은 준 식민지에 해당하는 세력권을 확보하기 위해 투쟁을 벌이게 되는데 그것이 바로 제국주의이다. 레닌은 자본주의의 고도화는 필연적으로 제국주의를 불러오게 된다고 보았다. 레닌은 주판(A. Supan)의 책 『유럽 식민지의 영토적 발전(The Territorial Development of the European Colonies)』 (1906)을 인용, 아프리카 영토의 90.4%, 폴리네시아의 98.9%, 아시아의 56.6%, 호주 100%, 그리고 아메리카 대륙의 27.2%가 유럽제국의 식민지가 되었다는 사실을 보여준다.

식민지가 남아 있는 동안 유럽 제국들의 제국주의 확장 노력은 그들 사이의 충돌을 불러일으키지 않는다. 문제는 더 이상 점령할 식민지가 남아 있지 않을 때 터지게 된다. 20세기에 진입한 이후, 후발주자로 식민지 개척에 나선 독일에게 더 이상 점령할 만하고 쓸 만한 식민지가 남아 있지 않는 상황이 되었다. 세계가 이미 완전히 분할되었기 때문에 식민지를 재분할하는 방법 외에는 다른 방법이 없게 되었다. 독일의 자본주의는 식민지 재분할을 위해 필연적으로 제국주의 전쟁을 유발하지 않을 수 없는 상황에 이르게 되었다는 것이다.

레닌은 현명한 정책으로서의 제국주의에 대해 세실 경(Lord Cecil)의 제국주의 불가피론(帝國主義 不可避論)을 길게 인용했다. '4,000만의 영국시민들이 빵을 위해 벌이는 피비린내 나는 내전으로부터 구하는 길은 남아도는 인구를 안락하게 이주시킬 수 있는 새로운 땅과 공장 및 광산에서 생산되는 상품의 새로운 시장을 확보하는 길 뿐이다. 제국은 곧 빵과 버터의 문제다. 내전을 피하기 원한다면 그대는 제국주의자가 되어야만 한다.' 세실 경은 1895년 보어 전쟁을 일으킨 장본인이었다.

레닌은 자본주의의 발전 정도가 높은 영국이 다른 어느 나라보다도 더욱 급속하게 식민지를 획득한 사실을 보여주면서 자본주의의 발달과 제국주의 정책이 밀접한 관계를 가지고 있다는 사실을 입증해 보였다. 레닌은 특히 금융자본주의 하에서는 당장 쓸 만한 땅이 아닐지라도 남아도는 자본의 투자 욕구 때문에 미래에 가치를 가질 수 있는 땅까지도 식민지화시키려 함으로써 식민지 쟁탈전을 더욱 가속화시키게 될 것임을 지적한다.

결국 레닌의 주장은 제국주의는 자본주의가 최고 단계에 이르렀을 때 필연적으로 나타나는 현상이며 제국주의는 더 이상 식민지가 남아 있지 않게 되었을 때 식민지 재분할을 위한 전쟁을 필연적으로 초래할 것이라는 점이다. 레닌의 제국주의 전쟁론은 1차 세계대전이야말로 식민지 재분할을 위한 완벽한 제국주의 전쟁의 사례가 된다고 보았다.

레닌은 국제적 착취과정을 통해 극소수의 부강한 나라는 독점이익을 취하게 되고 부자 나라들은 독점적으로 취득한 이윤을 활용, 자국 내의 프롤레타리아 계층의 상층부를 매수하여 부패시키는 경제체제를 창출하게 된다고 보았다. 매수당해 부패하게 된 프롤레타리아 귀족들은 제국주의 국가의 노동자 계층 내의 특권층을 구성하게 되며, 이들은 일반 프롤레타리아 대중으로부터 떨어져 나가고, 높은 임금을 받는 당장의 이익만을 추구하는 노동조합원적 의식을 가진 자들로 의식이 타락되며 결국 혁명을 방해하는 세력이 되고 만다고 분석한다. 그 결과 레닌은 선진국에서 프롤레타리아 혁명이 발생하기 어렵고 오히려 제국주의의 수탈을 가장 혹심하게 당하는 변방 국가에서 먼저 혁명이 일어나게 될 것이라고 보았다. 레닌은 제국주의 이론을 통해 영국과 같은 고도 자본주의 국가에서 혁명이 발생하지 않고 있는 이유를 설명한 것이다.

4) 레닌의 제국주의론 비판

레닌의 제국주의론은 1차 대전을 설명하기에는 대단히 그럴듯해 보이지만 그의 전쟁 원인 분석은 1차 대전 당시 가장 안전한 곳 중의 하나였던 스위스에서 쓰여진 일면 공허한 탁상공론적 측면이 강하다. 우선 레닌이 학문적 신세를 졌다고 하는 홉슨의 제국주의론은 제국주의를 자본주의가 고도로 발달한 나라들에서 당연히 나타나는 것이 아니라 '잘못된 경제정책'으로 인한 바람직하지 못한 현상이라고 보고 있었다.[John A. Hobson, *Imperialism* (3rd. ed.: London: George Allen, 1938)] 홉슨은 제국주의를 국가의 경제체제와 관계없는 것으로 보았으며, 자본주의가 제국주의적 성격을 가지게 된 것은 잘못된 정책을 택한 결과라고 보았다. 홉슨은 또한 과잉상품과 자본을 처분하기 위해 제국주의는 그다지 합리적인 방법이 아니라고 보았다. 국내시장의 확대를 통해 과잉상품 및 자본의 문제를 해소할 수 있는 방법이 있다고 주장했다.

제국주의를 또 다른 관점에서 연구한 슘페터[Joseph A. Schumpeter, *Imperialism and Social Classes* (New York: Kelly, 1951)]는 제국주의란 무한한 무력적 팽창 그 자체를 목적으로 하는 국가의 맹목적인 충동으로 보았다. 제국주의는 언제라도 무력을 수단으로 하는 것이며 평화적인 수단에 의한 팽창은 제국주의가 아니라고 주장했다. 슘페터는 마르크스 학파와는 정 반대로 제국주의와 자본주의는 필연적 관계가 있는 것이 아니라고 주장한다.

제국주의를 자본주의 발달의 필연으로 보고 마르크스주의의 관점에서 제국주의 전쟁론을 불변의 법칙과 같은 이론으로 만들려 했던 레닌의 노력은 학술적인 측면에서는 큰 성공 거두지 못했다.

레닌의 제국주의론은 애초 왜 자본주의가 고도로 발전된 영국과 같은 곳에서 혁명이 발생하지 않고 있는가?의 문제를 설명하기 위한 변론의 성격이 강했다. 마르크스주의 이론의 정통적 설명에 의하면 자본주의는 내적 모순으로 인하여 혁명을 통해 운명적으로 파괴될 수밖에 없는 체제였다. 그런데 영국과 같은 고도의 자본주의 국가에서 혁명이 발생하지 않고 있다는 현실을 변호해야만 하였다. 그래서 레닌의 이론은 이론적 정교함보다는 현실을 변명하는데 더 큰 관심을 가졌던 것이다.

레닌의 제국주의 전쟁론의 가장 큰 학술적인 문제점은 그의 이론이 현실을 잘 설명할 수 없다는 데 있다. 우선 레닌이 말하는 제국주의는 자본주의가 고도로 발달하지 못했던 오랜 옛날에도 존재했던 일이라는 점이 최대의 이론적 딜레마이다. 고대에도 제국들과 제국주의 정책이 존재했었는데 레닌은 제국주의를 자본주의 발전과정에 특이하게 나타나는 역사의 한 단계로 보았다는 것이 문제다. 제국주의는 자본주의 발달의 결과이기보다는 정복을 위한 인간과 집단의 야망 때문에 생긴 것이라고 볼 수 있을 것이다. 즉 레닌의 제국주의 전쟁론은 과거 자본주의가 발전하기 이전 시대의 전쟁을 전혀 설명할 수 없다는 게 문제다.

또한 레닌의 이론은 2차 대전 이후 냉전 시대에 야기된 수많은 전쟁들 중의 대다수는 자본주의가 고도로 발달되지 않은 국가들 사이에서 야기되었다는 점을 설명할 수 없다. 냉전시대 발발한 전쟁 중에서 공산주의자들이 제국주의자들이 일으킨 전쟁이라고 말하는 한국전쟁, 베트남 전쟁의 경우, 미국의 개입은 공산주의의 확산을 막기 위해, 전쟁이 발발한 이후에 이루어진 것이었지 미국의 제국주의적 목적을 구현시키기 위해 일으킨 전쟁이 아니었다. 물론 공산주의자들은 미국이 일으킨 전쟁이라고 억지 주장을 펴기는 한다. 그럴 경우 미국이 1950년대의 한국, 1960년대의 베트남과 같은 후진 농업국가를 표적으로 제국주의 전쟁을 일으켜야 할 만한 이유가 있는지를 설명할 수 없다. 레닌의 제국주의 전쟁론을 치명적으로 망가뜨리는 사례는 공산주의 국가인 중국(냉전 당시 중공)과 소련의 싸움이었다. 이 두 거대 공산국가의 싸움을 레닌의 제국주의 전쟁론으로는 전혀 설명할 방법이 없다.

미국이 소련을 붕괴시킨 이후 미국은 자원이 풍부한 작은 나라들을 군사적으로 점령할 힘을 가지고 있었고, 사실 소련을 정치·경제체제로서 완전히 와해시킬 수도 있었지만 그렇게 하지 않았다. 만약 레닌이 살아 있었으면 그는 아마도 미국의 행동을 마르크스주의의 궤를 벗어나지 않는 다른 방식으로 해석했을 것이다. 어떤 경우든 제국주의와 필연적인 전쟁의 발발을 엮어내는 일은 아마도 1차 대전 이외의 다른 전쟁을 설명하는 데는 거의 설득력을 가지고 있지 못하다고 본다. 레닌의 제국주의 전쟁론은 공산주의자들이 선호하는 거대 이론(grand theory), 즉 하나의 이론으로 자신들이 설명하려는 사안의 큰 부분을 설명하겠다는 시도로는 성공작이라고 보기 어렵다.

5) 자유주의자들이 말하는 경제체제와 전쟁의 관계

공산주의자들은 전쟁의 중요한 동인(動因) 중 하나를 경제적인데 두고 있지만 자유주의 경제 이론 역시 전쟁과 평화의 문제를 경제적인 변수로 설명한다. 그러나 설명의 방식이 다르다. 자유주의자들은 국가들이 경제적으로 빈번하게 거래하는 경우 그것은 국가들 사이에서 평화를 초래하는 요인이 된다고 보는 것이다. 산업혁명 시대 영국의 산업중심지였던 맨체스터에서 발전된 이론이기 때문에 맨체스터의 신조(Manchester Creed)라고도 불리는 자유주의 이론가들의 기본 입장은 '우리 장사를 합시다. 싸우지 말고!(Let's Trade Not War!)'라는 구호였다.

이들 자유주의 이론가들의 원조(元祖)격인 학자들은 이미 오래전부터 전쟁과 경제의 관련을 논하고 있었다. 예로서 스미스(Adam Smith)와 리카르도(David Ricardo) 등 경제학자는 자본주의 경제, 그리고 자유무역으로 특징 지워지는 국제적 시장경제는 평화를 위한 최선의 보장책이 된다고 주장했었다.[Adam Smith, *The Wealth of Nations* (New York: The Modern Library, 1965)] 또한 몽테스큐(Montesquieu) 같은 사상가도 '평화란 무역의 자연적 결과'라고 주장한 바 있었다.[몽테스큐, 『법의 정신』 여러 종의 한국어 번역본이 발간되었다]

호주의 역사학자로서 기왕의 통상적인 전쟁이론에 정면 도전장을 낸 지오프리 블레이니 교수는 자신의 저서 중 한 장의 제목을 '맨체스터의 신조: 자유주의자들의 평화론'이라 정하고 자유주의 경제가 과연 평화의 조건이 되는지를 논하고 있다.[Geoffrey Blainey, *Causes of War* (3rd. ed.; New York: Free Press, 1988: 이웅현(역) 『평화와 전쟁』 (서울: 지정, 1999)]. 블레이니 교수는 19세기가 유난히 평화로운 시대였다는 사실에 대해 당대를 살았던 사람들은 지성과 상업의 발달로 인한 것이었다고 믿었다고 말한다. 특히 동시대 상업과 산업의 중심지였던 영국의 맨체스터에서 살고 있었던 사람들은 국제시장이야말로 천국과 같은 곳이라고 믿고 있었다. 그들은 상품과 사상의 국제적 유통, 국제유통을 촉진하는 제도의 창출, 그리고 유통을 방해하는 제도의 폐기 등을 주창했다. 이들은 국가가 부유해지는 원인은 정복 활동에 의해서가 아니라 상업활동 때문이라고 믿고 주장했다. 이들은 1815년 워털루 전투 이후 지속된 평화는 상품과 사상이 국제적으로 유통된 결과라고 설명했다. 맨체스터의 상인이자 세계시민이었던 리차드 콥덴, 당시 영국의 외교가 윌리엄 글래드스톤, 사상가 존 스튜어트 밀 등은 선진 계몽국가들 사이에서 상업의 자유가 구축되었던 바로 그 시대, 인류의 관심이 모두 국제문제로 쏠렸던 것은 결코 우연이라고 할 수 없다는 생각을 가지고 있었다.

1851년 개최되었던 만국 박람회는 평화의 축제라는 용어와 동의어였다. 발명된 지 얼마 지나지 않는 전신과 철도, 증기선 등은 강력한 평화의 촉진제라고 생각되었다. 국가 간의 상업 거래는 서유럽에서 오랜 전통을 가진 호전적인 정신을 쇠퇴시키고 있는 것으로 믿어졌다. 1776년에 간행된 애덤 스미스의 『국부론』은 상업정책을 통해 이웃 국가들을 빈곤하게 만들기보다 이웃 국가들을 부유하게 할 때 국가의 수입이 극대화될 수 있다는 사고를 일찍부터 보급했다. 애덤 스미스에 의하면 전쟁 및 공격적인 중상주의를 대체하는 자유무역이야말로 국가들을 번영하게 하는 첩경이었다. 과거 낡은 정신은 국가들을 싸우게 만들었지만 새로운 상업 정신은 국가들을 서로 의존하지 않을 수 없도록 만들었다.

당대의 사상가인 헨리 토마스 버클(Henry Thomas Buckle)은 '상업이 국가들을 서로 맺어준 것 같이 증기선과 철도는 여러 민족들을 연결해 주었고 접촉이 잦아질수록 서로를 존경하는 마음이 싹트게 되었다'고 말했다. 버클이 이 같은 주장을 할 무렵 러시아와 터키가 크리미아 전쟁을 시작했는데 이 전쟁은 버클의 주장을 약화시키지 못했다. 버클은 '유럽에 잔존하고 있는 가장 미개한 두 군주국, 러시아와 터키의 불화 때문에 전쟁이 발생했다고 말함으로써 개명(開明)된 나라들 사이라면 그 같은 전쟁은 없었을 것이다'라고 설명했다. 얼마 후 영국과 프랑스도 이 전쟁에 빠져 들어갔다.

버클이 설명하지 않으면 안 되었던 점은 왜 자신이 문명의 우상으로 삼았던 영국과 프랑스가 야만인들의 전쟁에 열광적으로 가담했느냐 하는 점이었다. 버클의 설명은 매우 간단했다. 영국과 프랑스의 군대가 머나먼 크리미아를 향해 출발했다는 사실이야말로 이 두 나라가 문명국가라는 증거가 된다는 것이다. 영국과 프랑스는 이기적인 목적을 위해서가 아니라 야만스런 적들로부터 문명세계를 보호하려는 목적으로 칼을 뽑아 든 것이라고 버클은 설명했다. 버클은 1860년 발발한 미국의 남북전쟁에 대해서도 야만주의적인 노예제도에 대항한 또하나의 십자군 전쟁이라고 해석했다.

그러나 버클의 입장은 수에즈 운하 때문에 영국과 프랑스가 싸우게 된 이유를 설명하기에는 부족했다. 수에즈 운하는 국제교역의 훌륭한 대동맥이었지만 바로 그 이유 때문에 프랑스와 영국은 운하의 관할권에 대해 강한 이해관계를 가지고 있었다. 수에즈 운하가 없었다면 1882년의 이집트 전쟁이 발발했을까 하는 의문이 생길 정도였다. 또한 시베리아 횡단철도는 유럽과 아시아를 연결하는 강력한 연계선이요 건설 부분에서의 위대한 업적이었지만 이 철도가 없었더라도 러일전쟁(1904~1905)이 발발했을지는 의문이다. 물론 수에즈 운하, 시베리아 횡단철도와 같은 상업의 대동맥들이 전쟁을 유발한 것은 아니지만 두 개의 전쟁은 여러 민족을 연결해 주는 것은 그것이 무엇이든지 평화의 도구가 된다는 가정이 갖는 위험성을 여실히 보여 준 것이었다. 맨체스터의 신조는 이를 추종하는 사람들에게는 하나의 도그마였다. 그래서 이들은 자기들의 신조에 어긋나는 증거들이 출현할 경우 그것들을 고려의 대상에서 제외해 버리곤 하였다.

냉전이 종식된 후 약 20여 년 동안 우리들은 소위 '세계화'라는 말을 듣고 살아왔다. 세계화는 무엇인가 좋은 의미를 가지는 말처럼 회자되었고 이 같은 언어의 유희는 세계화 시대의 진정한 의미를 호도시켰다. 세계화가 국제정치 일반에 미치는 영향은 무엇인지, 특히 전쟁과 평화의 문제에 어떤 영향을 미쳤는지에 대해 사려 깊은 논의가 이루어지지 않았을 뿐 아니라 '세계화 시대가 국가와 국가 간의 전쟁에는 어떤 영향을 미칠 것인가?'에 관한 연구주제는 큰 관심을 끌지 못했다. 정치가들은 앞으로 다가올 세상은 '경제전쟁'의 시대가 될 것이라고 자못 비장하게 말하며 이에 대처해야 한다고 말했다. 물론 '경제전쟁'이란 국제정치학에서 말해지는 '전쟁'과는 다른 것이다. 경제전쟁이 경제전쟁으로 남아 있는 한 사람이 죽을 일도 없고, 군인들이 동원되지도 않는다.

과연 국가 간 경제적인 상호의존, 국경을 초월하는 경제발전 등은 국가 간의 전쟁과 평화에 어떤 영향을 미치고 있는가? 이 문제에 관한 유명한 답이 존재하며 그 답은 진위(眞僞) 여부를 따져보지도 않은 채 압도적인 다수의 사람들에 의해 정답인 것처럼 받아들여지고 있다. 즉 국가 간 경제적인 상호 의존 관계가 증대하게 될 경우 그 나라들 사이에 전쟁의 가능성은 줄어들게 되고 평화의 가능성이 높아진다는 점이다. 서로 상업적 거래 관계에 놓여 있고 상호간에 경제적인 투자를 많이 한 나라끼리 싸운다는 것은 바람직하지 못한 일일 뿐 아니라 경제적인 이익이라는 측면에서 볼 때 아주 바보스러운 일이라는 것이다.

물론 이 말은 맞는 말이다. 상업과 전쟁은 양립하기 어려운 일이기 때문이다. 그러나 이처럼 말한다는 것은 전쟁 원인에 관한 중요한 측면 하나를 간과하는 결정적인 우를 범하는 일이다. 우리가 장터에서 흔히 보는 일이지만 장사치들끼리의 싸움도 국가 간의 전쟁에 비유될 수 있는 일이다. 경제 관계가 빈번한 국가들 사이에서 경제 마찰이 야기될 가능성은 당연히 높을 것이다. 그리고 높은 경제 마찰은 국가 간 무력분쟁의 원인이 아니겠는가? 만약 A라는 나라와 B라는 나라 사이의 경제적 상호 의존도가 대단히 높다면 A의 경제정책은 곧 B의 국가 경제에 직접적인 영향을 미치게 될 것이다. A의 경제 정책이 B의 경제생활에 악영향을 미친다면 그 경우 높은 수준의 상호의존은 평화의 조건인가 전쟁의 원인인가?

현재 대부분의 정치가, 기업가, 학자들이 깊은 연구 없이 그냥 믿고 있는 바는 바로 국가 간 경제 의존의 증가는 자동적으로 평화의 조건이 될 것이라는 점이다. 자유주의자들이 믿고 있는 국가들의 경제적 상호의존관계는 그 나라들 사이에 평화를 초래한다는 가설은 아직 강력한 이론으로 성립되지 못했다. 경험적으로 보았을 때 상업적 거래가 많은 나라들이 오히려 전쟁에 왕왕 빠져 들어갔으며 뭉뚱그려 생각해 볼 경우 국가 간의 무역 거래 액수가 역사상 어느 시대보다 고조되었던 1914년, 유럽 국가들은 처참한 대전쟁을 시작했던 것이다.

논리적으로 생각해 보아도 국가 간의 거래가 많다는 사실이 언제라도 평화를 증진시키는 것이라고 말하기 어렵다. 국가 간의 전쟁과 분쟁은 결국 국가들 간 이익의 충돌 때문에 야기되는 것이라고 한다면 관계가 빈번한 나라들 사이에서 이익의 충돌이 고조될 가능성도 역시 높아질 것 아니겠는가? 아예 거래가 없는 나라들이 전쟁을 하는 것을 보았는가? 거의 모든 전쟁은 거래가 빈번한 나라들 사이에서 일어나는 것이 아닌가? 무역 거래가 빈번한 나라들의 다툼을 무역전쟁이라고 말하는데 무역전쟁은 총·칼에 의한 전쟁으로 비화될 가능성이 언제라도 있는 것이 아닐까? 결론적으로 '국가들 사이에 거래가 많아지고 무역액의 비중이 높아지는 경우 그것은 반드시 평화적인 방향으로만 작동되는 것은 아니다'라고 말할 수 있겠다.

국제체제와 전쟁

국제체제와 전쟁

　전쟁과 국제정치를 연구하는 3가지 차원, 즉 인간적 수준과 국가 사회적 수준은 국제정치학자들의 고유 영역은 아니었다. 국제관계 혹은 국제정치학자들은 국가와 국가들로 구성되는 국제체제의 차원에 훨씬 더 큰 관심을 가지고 있었다. 학문의 성격상 그럴 수밖에 없었다. 국제정치 학자들이 가장 큰 관심을 가진 주제가 국가 간의 힘의 분포 상황과 전쟁의 관계인 것이다. 어떤 학자가 '독일과 영국의 힘의 균형이 깨졌기 때문에 1차 세계대전이 발발했다'라고 말한다면 그것이 바로 국제체제적 차원의 전쟁원인 분석이라고 말하는 것이다. 국제정치 체제의 힘의 균형 상태를 보고 거기에서 전쟁과 평화의 원인을 찾으려는 노력과 그 연구결과들에 관한 소개 및 분석이 이곳의 주제다.

(1) 세력균형이론과 전쟁

1) 힘의 균형은 평화의 조건

국가들은 모두 자신들의 국력을 증가시키려고 노력한다. 이 책의 맨 앞부분에서 설명했던 바와 같이 국제정치는 무정부 상태(無政府狀態)다. 국제정치를 무정부 상태로 보는 것은 현실주의 국제정치 이론의 기본적인 시각이다. 무정부 상태를 지칭하는 anarchy라는 영어 단어는 왕이 없는 상태를 의미하며 이는 국내정치와 달리 구성원들의 갈등을 해소해줄 수 있는 상부의 권위 있는 조직이 없다는 의미다. 국내정치와 달리 국제정치에는 경찰도 법원도 없는 것이다. 국가들은 자신들의 갈등을 해소시켜 줄 수 있는, 즉 권위를 가진 통치자가 없기 때문에 스스로의 노력을 통해 자신의 생존을 보장받을 수밖에 없다는 것이다. 국제 정치가 무법천지와 같다는 최근의 사례를 하나 들어 보자.

필리핀은 자신의 서쪽 바다를 필리핀 서해라고 부르는데 이곳은 중국의 동쪽 바다이기 때문에 중국은 이 바다를 동중국해라고 부른다. 널리 사용되는 명칭은 East China Sea, 즉 동지나해이다. 이곳에는 중국과 필리핀이 서로 자기 영토라고 주장하는 섬들이 널려 있다. 그런데 필리핀보다 힘이 훨씬 막강한 중국군은 동지나해 및 남지나해의 약 90%를 중국의 바다에 포함시킨 소위 남해 9단선이라는 선을 그어 놓고 9단선 속에 들어가는 모든 섬을 중국령이라고 우겼다. 중국은 산호초, 사구(모래언덕) 등으로 이루어진 섬도 아닌 섬들에 흙과 시멘트를 부어 인공섬들을 만들어 놓고 그곳에 군사시설까지 만들어 놓은 상황이다.

2012년 중국은 오랫동안 필리핀 관할권 아래 있었던 스카보로 섬을 무력으로 장악, 중국의 영토로 확보했다. 너무나 억울한 필리핀은 헤이그에 있는 상설 국제 중재 재판소에 제소, 억울함을 하소연했다. 2016년 7월 12일, 국제 상설 중재 재판소는 만장일치로 필리핀의 손을 들어주었다. 중국이 주장하는 남해 9단선과 각종 섬들에 대한 영유권 주장은 역사적으로 근거가 없으며, 국제법적으로 불법이라는 것이다. 바로 그 다음날 중국의 시진핑은 중국 해군에게 전투태세 준비 명령을 하달했다. 필리핀은 더 황망한 상황에 처하게 되었다. 중국의 행태는 국제정치가 무정부 상태라는 현실을 다시 한 번 일깨워 주었다.

중국은 또한 자신들이 건설한 인공섬들에 대해 12해리(약 22Km) 영해를 선포했다. 중국이 만든 인공섬 근처를 항해하려면 중국 정부의 허락을 받으라는 것이다. 물론 국제 해양법은 인공도서는 영해를 가질 수 없다고 규정하고 있다. 그러나 중국보다 힘이 약한 나라라면 감히 그곳을 중국의 허락 없이 통과할 수 없을 것이다. 중국 해군에게 얻어맞을 터이니까. 오로지 미국만이 중국이 선언한 인공섬 부근 12해리 이내의 바다를 중국의 허락 없이 항해할 수 있을 뿐이다. 미국 군함들은 주기적으로 중국이 선언한 인공섬 주변의 영해를 중국 정부에 통고하지 않은 채 항해하고 있는데 미국은 이를 '항해의 자유를 위한 작전(Freedom of Navigation Operation)'이라고 명명했다. 미국의 입장은 국제 해양법에 의거할 경우 인공섬 주변의 바다는 어떤 나라의 영해도 아니기 때문에 자유롭게 다닐 수 있다는 것이다.

미국이 중국의 영해라고 주장하는 해역에 중국의 동의 없이 미국 군함들을 진입시키고 통과하는 항해를 할 수 있는 이유는 오로지 미국의 힘이 중국보다 막강하다는 사실 때문일 것이다. 약한 나라의 군함이 중국의 허락을 받지 않은 채 그곳을 통과했다면 필히 그 군함은 격침당했을 것이다.

지구상의 모든 나라가 군사력을 보유하고 있는 근본적인 이유가 바로 이상과 같은 국제정치의 무정부적 속성에서 나오는 것이다. 현재의 국제정치체제 속에서 살아가기 위해서는 나라들은 자신을 지킬 수 있는 적당한 수준의 힘이 필요하다. 힘이 약한 나라는 힘이 강한 나라로부터 공격을 받게 되며 그 경우 독립과 생존을 잃을 수밖에 없다. 우리나라의 역사를 보자. 16세기 초반 조선 시대 당시 율곡 이이 선생은 일본(倭)의 힘이 강성해 짐을 우려, 일본의 위협에 대처하기 위해서는 우리도 10만의 병력을 보유해야 한다는 '10만 양병설'을 주장했었다. 당시 선조는 이와 같은 충신의 권고를 무시하였고, 그 결과 임진왜란이라는 참혹한 민족 전란을 겪게 되었다. 당시 조선의 힘이 왜의 힘보다 약해서 전쟁을 끌어들일 수밖에 없었다. 이러한 설명이 바로 전통적인 세력균형이론에서 말하는 전쟁원인론인 것이다. 세력균형이론은 조선과 왜의 힘의 균형이 깨지게 되었고 힘이 센 왜는 힘이 약한 조선을 침략했다고 설명한다.

물론 세력균형이론은 국제정치학 최대, 최고의 이론임에도 불구하고 문제가 많은 이론이다. 거의 모든 국제정치학 교과서가 세력균형 이론을 중요한 장으로 다루고 있기 때문에 세력균형론의 이론적 측면을 모두 다룰 필요는 없을 것이다. 세력균형은 그 의미도 다양하고 정확한 측정도 불가능한 개념이라는 사실이 대부분의 학자들에 의해 지적되고 있다. 다만 이곳에서는 전쟁의 원인이라는 측면에 초점을 맞추어 세력균형이 전쟁과 평화에 어떤 관계가 있는지를 살펴보기로 하자. 그리고 세력균형이라는 용어는 말뜻 그대로 국가 간 힘이 비슷한 상태를 의미하는 것으로 정의내리고자 한다. 즉 국가 간에 힘의 평형(equilibrium)이 이루어진 상태를 의미하고자 한다. 그럼에도 불구하고 세력균형과 전쟁의 관계를 논하기 위해서는 극복해야 할 장애요인들이 너무 많다. 이는 국제정치학의 연구 대상인 힘(power)이 측정하기 너무 어렵다는 사실에서 연원하는 것이다.

첫째, 국가 간 힘의 균형이 이루어진 상태가 어떤 상태인지 명확한 기준이 없다는 점이 문제다. 예로서 A국의 국력을 100이라 하고 B국의 국력을 80이라고 가정한다면 과연 이 두 나라의 힘의 관계는 균형 관계라고 보아야 할까? 불균형 관계라고 보아야 할까? 만약 A의 국력은 100, B의 국력은 95라고 한다면 이 경우 우리는 아마도 두 나라는 균형 관계에 있다고 말할 수 있을 것이다. 그러나 이는 순수하게 주관적인 언급일 뿐이다. 국가들은 자신이 남보다 약간 우위에 있는 경우라야 균형이 이루어졌다고 생각하고 안심하지만 자신이 약간이라도 불리할 경우 상당한 불안감을 느낄 수 있는 것이다. 국가 간 힘의 비율이 어느 정도는 되어야 두 나라 사이에 세력균형이 이루어졌다고 말할 수 있는 객관적 기준은 없다. 기준이 있다면 그 기준은 대단히 주관적인 것일 수밖에 없다. 100:100은 균형을 이룬 상태일 것이다. 그렇다면 100:90은? 100:80은?

둘째, A국의 국력이 100이고 B국의 국력은 80 혹은 95라고 말할 수 있는 근거는 무엇인가? 오늘날 미국의 힘을 100이라 한다면 중국의 힘은 얼마나 되는가? 일본은 그리고 러시아는? 국력을 구성하는 요소는 다양하며 그중에는 측정 가능한 요소도 있고 측정 불가능한 요소도 있다. 한 국가의 지도력, 국민의 의지, 전략, 지정학적인 위치 등은 측정 불가능한 변수들이다. 국력은 약하지만 훌륭한 지도자 아래 단결된 국민을 가지고 있는 나라와 국력은 크지만 형편없는 지도자, 분열적인 국민으로 구성된 나라가 전쟁을 한다면 눈에 보이는 힘이 약한 나라라도 전쟁에서 승리할 수 있는 것이다. 월남전 당시 미국과 월남의 경우가 이런 사례에 해당할 것이다.

군사력, 인구, 경제력, 국토의 넓이 등은 개략적인 측정은 가능하지만 이들 또한 국력의 정확한 측정 기준은 될 수 없다. 예로서 미국의 영토는 남북한을 합친 한국 영토의 약 43배, 인구는 약 4배 정도 되는데 영토와 인구에서 추론되는 미국의 국력은 한국보다 얼마나 강하다고 말해야 할 것인가? 국토가 넓어도 기후가 나쁘다던가, 국토가 넓지만 땅이 척박하여 농사도 잘 안되고 지하자원도 별로 없다면 넓은 국토는 방어하기 곤란할 뿐 아니라 오히려 적의 침입을 초래하기 쉬운 골칫덩어리가 될 수도 있는 것이다.

서유럽의 강대국과 동유럽의 광활한 평원을 가운데 두고 있었던 러시아는 방위를 위한 아무런 천연적 요인들이 없었고 그 결과 나폴레옹의 프랑스, 히틀러의 독일로 하여금 침략 전쟁을 유인한 셈이 되고 말았다. 2차 대전 이후 소련이 동유럽 국가들을 위성국으로 삼은 이유는 바로 소련 서부전선의 취약성을 만회하려는 노력이었다.

셋째, 힘 분석이 가지는 문제는 힘이란 상대적인 것이며, 또한 인식론적인 것이라는 데서 나온다. 미국과 캐나다, 미국과 멕시코 사이에 이루어진 세력균형은 미국 측에 엄청나게 유리한 것임이 틀림없다. 그러나 캐나다, 멕시코는 힘이 압도적으로 막강한 미국이 자기들을 침략할 것이라고 생각하지 않는다. 미국, 캐나다, 멕시코 3개국은 각각 상대방을 라이벌로 보지 않는다. 힘의 균형 상태가 문제가 되는 것은 서로를 경쟁상대로 보는 국제관계에서나 적용될 수 있는 일이다.

넷째, 세력균형을 이야기하는 경우 우리는 주로 정태적(static)인 측면을 이야기하는 것이다. A국의 국력을 100이라고 말한다면 그것은 A국의 어느 한 특정 시점에서의 국력을 말하는 것이다. 그러나 국력이란 쉬지 않고 변하는 것이다. 사람이 태어나고, 물건이 생산되고, 중요한 연구가 이루어지는 등 국력은 끊임없이 변하는 것이다. 세력균형론이 가지는 정태적인 성격은 언제라도 변하고 있는 동태적(dynamic)인 성격의 국제정치를 설명하기 어렵다. 그래서 오건스키와 쿠글러 교수는 국제정치의 동태적인 모습을 설명할 수 없는 세력균형이론은 국가 간 힘의 변동 상황을 설명할 수 있는 이론으로 대체되어야 한다고 주장했다. 이들이 세력균형 이론의 대체이론으로 제시한 것은 힘의 전이이론(轉移理論: Power Transition Theory)이었다. 이 책의 다음 부분에서 소개할 것이다.[A. F. K. Organski and Jacek Kugler, *The War Ledger* (Chicago: The University of Chicago Press, 1981)]

세력균형 이론의 단점 및 한계를 염두에 두고 국가 간 힘의 균형 또는 불균형 상태가 전쟁의 발발과 어떤 관계가 있는지에 대해서 논해 보기로 한다. 우선 이론적인 논의에 앞서 현실 국제정치에서 상식처럼 흔히 들을 수 있는 세력균형에 관한 말들을 살펴보자. 대부분의 학자들, 정치가, 군인, 또 다른 전문가들은 국가 간의 힘의 균형, 즉 세력균형이 이루어지면 그들 나라들 사이에서는 전쟁이 발생하지 않을 것이라고 말하고 있다. 예로서 한국의 군사력이 북한의 군사력에 비해 양적인 열세에 있지만 2만 8,500명 정도의 주한 미군에 의해 그 열세가 상쇄되고 균형이 이루어지고 있기 때문에 한반도에서는 평화가 유지될 수 있다고 말한다. 우리의 힘이 조금 더 강해져서 북한의 군사력과 스스로 균형을 이룩할 수 있게 되면 미군이 철수하더라도 우리 힘으로 전쟁을 억지할 수 있을 것이라고 말한다. 이러한 분석은 세력균형이론의 일반적인 입장을 충실하게 반영한 것임이 틀림없다.

국제정치학자들은 이 같은 일반 상식적인 논의를 보다 체계화시켜 세력균형은 평화의 조건이라는 이론을 체계화하였다. 먼저 세력균형이론은 국제정치학 이론상 현실주의에 속한다고 말할 수 있다. 전쟁과 평화를 힘(power)과 결부시켰다는 점에서 그렇다. 이들은 국제정치에서 힘의 분포양식에 모종의 변화가 야기되는 경우 전쟁이 야기될 가능성이 높아지거나 낮아진다고 본다. 또한 국가의 힘이 강하냐 약하냐에 따라 전쟁의 결과가 판가름 난다고 믿고 있다. 국제정치의 힘의 구조, 즉 막강한 나라가 하나밖에 없는 일극 체제(Unipolar System)인가 혹은 냉전 시대처럼 막강한 나라가 두 나라 있는 양극 체제(Bipolar System)인가 혹은 강대국이 3개 이상 존재하며 균형을 이루고 있는 다극 체제(Multi-polar System)인가에 따라 전쟁의 발발 가능성이 달라질 것이라고 가정한다. 학자들은 3개국 이상이 힘의 균형을 이루고 있는 다극 체제를 세력균형체제(Balance of Power System)라고 부르며 세력균형 체제가 평화를 위해 가장 좋은 체제라고 생각한다. 유명한 국제정치 학자였을 뿐 아니라 닉슨 대통령의 국가안보 보좌관과 국무장관을 역임했던 키신저 박사는 5개국 정도의 강대국이 서로 힘의 균형을 이루고 있는 국제체제가 가장 평화로운 체제라는 학문적 신념을 가지고 있었다.

앞에서 인용했던 오간스키와 쿠글러 교수의 저서에서 세력균형이론이 주장하는 바는 다음과 같은 세 가지 요소로 구성된다고 분석한 바 있다.: 첫째 힘의 균형은 평화를 불러온다; 둘째, 힘의 불균형은 전쟁을 야기한다; 세째 힘이 강한 편이 공격국이 된다.

2) 세력균형 이론의 비판적 해석

국제정치학에서 가장 유명한 이론인 세력 균형 이론은 실제로는 현실 국제정치를 제대로 설명하지 못하는 이론이다. 논리적인 측면에서도 하자가 많고 경험적인 측면에서도 역사의 현실을 제대로 설명하지 못할 역사적 경우가 너무나 많은 이론인 것이다. 우선 논리적인 측면부터 비판해 보고자 한다.

두 적대적인 나라가 있다고 가정하자. 그중 한나라는 강대국이고 다른 나라는 상대적으로 약한 나라이다. 강대국 A국이 약한 나라 B국에게 무엇인가를 요구했고 그것은 약한 나라가 양보하기 참 어려운 것이라고 하자. A국의 힘은 100이라고 가정하자. 이 때 B의 힘을 80과 50 두 가지 경우가 있다고 가정하자. 이런 상황에서 B의 힘이 80일 때가 전쟁 가능성이 높을까 50일 때가 높을까? 세력균형이론가들은 당연히 B가 50일 때가 전쟁의 가능성이 높을 것이라고 말한다. 과연 그런가? 100:80의 경우는 100:50보다 균형에 가까운 경우다. 세력 균형이론가들은 힘의 균형이 깨졌을 때 전쟁이 난다고 믿으니 당연히 그렇게 이야기할 것이다.

그런데 다르게 생각해 보자. 힘이 상대적으로 약한 B국의 입장에서 생각해 보자. A의 요구가 과다하다고 생각할 때, B가 50일 때와 80일 때 중 어느 때가 B가 전쟁을 결단할 가능성이 높을까? 80일 때가 50일 때보다 차라리 전쟁을 하는 편이 낫다고 생각하지 않을까? B가 힘이 아주 약한데도 불구하고 끝까지 버티다가 A의 침략을 받느니보다는 과다하더라도 A의 요구를 들어주는 게 낫다고 생각하지 않을까?

한편이 힘이 막강할 경우 힘이 센 나라는 전쟁을 하지 않은 채 원하는 것을 얻을 수 있지 않겠나? 트럼프 대통령은 당선되기 이전, 자신이 대통령이 되면 미국의 군사력을 엄청나게 강화시킴으로서 아예 군사력을 사용할 일이 원천적으로 없도록 만들겠다고 말한 바 있었다.[Donald J. Trump, *Crippled America: How to Make America Great Again*

(New York: Threshold Editions, 2015); 김태훈(역) 『불구가 된 미국: 어떻게 미국을 다시 위대하게 만들 것인가』 (서울: 이레미디어, 2015)] 나는 군사력에 관한 트럼프의 인식을 정말 올바른 것이라고 생각한다. 군사력은 쓰기 위해서 존재하는 것이 아니다. 막강한 군사력을 가진 나라는 다른 나라로부터 침략을 당하지 않을 뿐만 아니라 원하는 것을 전쟁을 하지 않은 채 얻을 수 있는 것 아니겠는가?

국제정치학의 가장 큰 이론인 세력균형이론을 논리적으로 더욱 강하게 비판한 학자는 역시 앞에서 여러 차례 인용한 블레이니(Geoffrey Blainey) 교수다. 블레이니 교수는 국가들 사이에서 전쟁이 일어나는 이유는 두 나라 사이에서 누가 더 힘이 강한가에 관해 논란이 야기될 때 즉 'dispute in the measurement of power(힘의 측정에서 논란이 생길 때)' 전쟁이 발생하는 것이라고 주장했다. 누가 힘이 더 센가? 즉 전쟁을 하면 누가 이길 것인가가 분명할 정도로 힘의 격차가 있는 경우, 두 나라 사이에서 전쟁은 발생하지 않는다. 반대로 블레이니 교수의 주장대로 두 나라의 힘이 비슷해서 누가 힘이 더 센가에 대해 논란이 야기 될 때 즉 두 나라가 힘의 균형을 이루고 있을 경우, 전쟁이 발발할 가능성은 더 높아질 것이다.

이렇게 보았을 때 세력균형이론은 논리적으로도 허약한 기반 위에서 있는 이론이라고 말하지 않을 수 없다. 논리적으로 정반대의 논리가 다 그럴듯한 경우 학자들은 실제 역사의 경험을 살펴봄으로써 어떤 이론이 더 타당한지를 판단하게 될 것이다. 역사적으로 강대국들이 전쟁을 가장 많이 하는 나라라고 말했다. 이들이 전쟁의 상대로 택한 나라들이 약한 나라들이었다면 세력균형 이론은 타당하다. 만약 이들이 흔히 싸운 대상이 또 다른 강대국들이었다면 세력균형이론은 틀린 것이 된다. 강대국들끼리라면 힘의 균형이 대략적으로 이루어진 나라들끼리의 싸움을 의미하는 것이기 때문이다. 역사의 사례들은 세력균형이론이 맞는지 틀리는지를 정확하게 구분해 줄 정도는 아니다. 강대국들은 약소국을 침략한 경우도 많았고 자기들끼리 싸운 경우도 많았기 때문이다.

그런데 만약 약한 나라들이 자신보다 강한 나라를 향해 먼저 전쟁을 일으킨 경우가 있었다면 그 같은 사례들은 세력균형 이론에 치명적인 타격을 가하는 경우가 될 것이다. 세력균형이론의 기본 가설, 즉 강한 나라가 침략자가 된다는 가설을 무너뜨리는 사례이기 때문이다. 특히 약한 나라가 전쟁에 이긴 사례가 있다면 그런 사례 역시 세력균형이론의 근본을 허물어뜨리는 경우가 될 수 있을 것이다. 세력균형이론은 힘이 강한 나라가 선제공격을 하는 국가가 되며 힘이 약하다는 사실은 힘이 강한 나라의 전쟁 도발을 유인하는 요인이 된다고 확신하기 때문이다.

그러나 전쟁사를 살펴보면 힘이 약한 국가가 자신보다 강한 상대방에 대해 선제공격을 가하고 전쟁을 일으킨 경우가 적지 않음을 곧 알 수 있다. 군사력뿐 아니라 경제력 등 국력의 제반 요인에서 열세에 있는, 그것도 도저히 상대가 되지 않을 정도로 열세에 있는 국가들이 선제공격을 한 경우가 왕왕 있었다.

우선 힘이 약한 국가가 강한 국가에 대해 전쟁을 도발한 사례들을 살펴보자. 기원전 394년 아테네, 코린트, 아르고스의 연합국에 대한 스파르타의 공격, 기원전 275년 이탈리아에 대한 피루스의 공격, 서기 3세기 무렵 로마제국에 대한 갈리아, 고틱, 헤를리 등의 공격,[Edward N. Luttwak, *The Grand Strategy of the Roman Empire: From the First Century AD to the Third* (Baltimore: The Johns Hopkins University Press, 1976)] 그리고 서기 636년 페르시아에 대한 무슬림의 공격 등은 모두 약한 상대방이 강한 상대방에 대해 전쟁을 개시한 중요한 사례들이다.

근대에 이르러 7년 전쟁을 개시한 프레데릭 황제는 상대방인 오스트리아보다 힘이 약한 상태였고 1747년 터키에 대한 헝가리의 공격 또한 마찬가지 경우였다. 이 전쟁에서 병력 30,000명의 프러시아군은 병력 80,000명의 오스트리아군을 로이텐(Leuthen)에서 격파함으로써 전승의 기회를 잡았다. 1차 발칸전쟁(1912)을 일으킨 불가리아, 세르비아, 그리스 3국은 힘을 다 합쳐도 터키를 상대할 수 없었다. 파라과이는 1866년 아르헨티나, 브라질, 우루과이의 연합군을 향해 선제공격을 가한 적이 있으며 1904년 일본이 러시아를 공격한 것도 약자가 강자를 선제공격한 유명한 사례 중 하나로 기록되고 있다. 1920년 우크라이나의 러시아 공격, 1941년 핀란드의 러시아 공격, 1941년 일본의 미국 진주만 공격 등도 세력균형이론이 가정하는 전쟁 원인을 철저히 거부하는 사례들이다.

2차 대전 이후에도 약소국이 강국을 먼저 공격한 경우는 오히려 더 많았다. 중국의 한국전쟁 개입(1950), 파키스탄의 캐시미르 침공

(1965), 이스라엘의 아랍을 향한 공격(1976), 이집트의 시나이 공격 (1973), 시리아의 이스라엘 공격(1973), 베트남에 대한 캄보디아의 공 격 (1977), 에티오피아에 대한 소말리아의 공격(1977), 탄자니아에 대 한 우간다의 공격(1978), 아르헨티나가 영국령 포클랜드섬을 공격 (1982)한 것, 세르비아 공화국에 대한 크로아티아 등 약소국의 공격 (1993년 이후) 등은 모두 약소국이 자신보다 힘이 강한 상대를 향한 도발이었다.[T.V. Paul, *Asymmetric Conflicts: War Initiation by Weaker Powers* (Cambridge: Cambridge University Press, 1994)]

이상의 사례들은 직접 전쟁이 발발한 경우지만 약소국들이 강대국 에 대한 벼랑 끝 외교를 벌인 사례들도 쉽게 찾을 수 있다. 걸프전쟁 직전 이라크의 대미 외교, 1990년대 초반 이래 2020년인 현재까지 수십 년 째 지속된 북한의 대미 핵 외교 등은 비록 전쟁으로 비화되지 는 않았다고 하더라도 약한 편이 강한 편에 선제적으로 도전을 가해 온 중요한 사례들이다.

세력균형 이론은 이러한 사례들을 설명하지 못한다. 약소국들이 자신들보다 힘이 더욱 강한 국가들에 대해 전쟁을 개시하는 사례들을 집중적으로 연구한 티브이 폴(T. V. Paul) 교수는 '현상유지를 추구하 는 강국의 힘이 약소국들을 평화롭게 하는 요인 또는 약소국의 공격 을 억지하는 요인이 아니었다'고 주장하며 약소국이 강국에 대해 선 제공격하는 이유를 다음과 같이 분석하였다. 폴 교수는 불균형한 분 쟁(asymmetric conflicts)을 국력의 크기가 2:1 이상으로 차이가 나는 나 라들이 서로 다툰 경우로 정의했다. 물론 앞에서 이미 지적한 것처럼 국력을 정확히 측정하는 데는 한계가 있다는 사실을 인식하는 범위 내에서였다.

사실 약한 나라들 일지라도 전쟁을 먼저 개시하는 편이 현상을 유지하는 것보다 차라리 나을 것이라는 계산을 할 때가 있을 수 있을 것이다. 혹은 이판·사판일 경우도 가정할 수 있을 것이며 계산법이 다를 수도 있을 것이다. 예로서 2003년 3월 17일, 걸프 전쟁 직전, 부시(43대) 미 대통령은 후세인에게 48시간을 줄 테니 이라크를 떠나라고 최후통첩을 했다. 거부할 경우 미국은 미국이 택한 시간에 전쟁을 개시할 것이라고 선언했다.

그러나 후세인은 부시 대통령의 요구를 거부하고 차라리 전쟁을 하겠다고 선택했다. 후세인의 계산법은 '미군들이 이라크 병사를 100만 명 죽일 경우 이라크군은 미군을 적어도 10,000명은 죽일 수 있다'는 것이었다. 그런 일이 일어날 경우 승자는 부시가 아니라 자신일 것이라고 계산했다. 2003년 3월 19일 공습작전이 시작되었고, 20일 지상군이 바그다드를 향해 진격하기 시작했다.

약소국의 지도자들 중에서 작은 전쟁을 도발함으로써 실정으로 약해진 자신의 국내정치적인 입지를 강화시킬 수 있다고 생각한 경우도 있었다. 장성출신이었던 아르헨티나의 독재자 레오폴도 포르투나토 갈티에리 카스텔리(Leopoldo Fortunato Galtieri Castelli)는 1982년 4월 비록 아르헨티나에 인접한 섬이기는 하지만 영국령인 포클랜드섬을 공격했다. 당시 영국의 대처 수상은 대영제국이 더 이상 몰락함을 방치할 수 없었고, 영국 본토로부터 수천Km 이상 떨어진 영국 제국시대의 유산인 포클랜드에 병력을 파견, 짧은 군사작전을 통해 섬을 다시 되찾았다. 1982년 4월 2일부터 6월 14일까지 약 72일 동안 지속된 전쟁에서 영국은 승리를 거두었고 패배당한 아르헨티나 대통령은 6월 18일 대통령직에서 물러났다.

세력균형이론은 국제정치학 유일의 이론이라고 부르는 학자 [Kennetn N. Waltz, *Theory of International Politics* (New York: Addison Wesley, 1979)]까지 있었을 정도로 국제정치학 최대의 이론임에 틀림없다. 세력균형 이론은 현대 국제정치학의 창시자라고 부를 수 있는 대가의 거의 모두가 평화의 조건으로 주장했던 압도적인 이론이었다. 퀸시 라이트는 역사상 전쟁이 많은 이유를 '국가 간 안정된 힘의 균형을 유지하기가 용이하지 않기 때문'이라고 말하기도 했다. 물론 또 다른 국제정치학의 대가인 한스 모겐소 교수는 '세력균형이론은 그 자체가 불확실한 것이며, 현실주의적이지도 못하고 타당하지도 못하다'고 비판하기도 했다.[Hans J. Morgenthau, *Politics Among Nations: Struggle for Power and Peace* (5th ed.; New York: Knopf, 1973): 이호재, 엄태암 (역) 『국가간의 정치』 (서울: 김영사, 2014)]

(2) 국제정치체제의 힘의 분포상황과 전쟁

위에서는 세력균형이론을 비판적으로 분석했다. 세력 균형이론은 전쟁의 원인에 대해 부분적인 진실만을 말해 줄 수 있을 뿐이다. 힘의 불균형 때문에 일어난 전쟁도 있지만 힘이 비슷한 나라들이 싸운 경우도 많았고, 힘이 약한 나라가 강한 나라를 향해 선제공격을 가한 경우도 적지 않았다.

국제정치를 체계적 차원에서 설명하는 사람들이 관심을 가지는 또 다른 주제는 어떤 모습의 국제체제가 평화로운가? 혹은 전쟁 발발 가능성이 높은가에 관한 것이다. 즉 국제정치학자들은 국가와 국가들 사이에서 어떠한 양식의 힘의 분포 상태가 평화와 안정을 위해 가장 소망스러운 상태인가 또는 어떤 종류의 힘의 분포상황이 전쟁과 불안을 자주 유발하는가에 대하여 오랫동안 관심을 기울여 왔다. 앞에서 분석한 가장 전통적인 국제정치 이론인 세력균형이론에 의하면 힘이 비슷한, 최소 3국 이상의 강대국이 상호 견제와 균형을 이루고 있는 국제정치체제가 가장 평화롭고 안정된 국제체제라고 인식되었다.

이 이론은 국제정치학에서 압도적으로 우월한 이론으로 인식되고 있으며 거의 일반 상식적으로 받아들여지고 있었다. 그러나 이와는 정반대로 어떤 특정 국가의 힘이 여타 강대국에 비하여 탁월하게 우세한 경우, 즉 일국의 강대국에 의한 전 세계의 지배가 가능한 경우가 평화와 안정을 위해서 더욱 소망스러운 국제체제라는 주장도 있어왔다. 소위 팍스 로마나(Pax Romana), 팍스 브리태니카(Pax Britanica) 또는 2차 대전 이후의 팍스 아메리카나(Pax Americana)라는 용어들은 각각 당대의 패자들이었던 로마제국, 영국 그리고 미국에 의해 이끌어지는 국제정치체제가 가장 평화로운 힘의 분포양식이라는 의미를 내포하고 있다. 하나의 패권국이 존재하는 국제체제는 본질상 세력불균형 체제라고 말할 수 있을 것이며 최근 오히려 다수설의 지위를 차지하고 있을 정도로 과거의 '힘의 균형은 평화의 조건'이라는 명제에 정면 도전하고 있다.

국가 간에 세력의 균형이 이루어져야 국제정치가 안정되고 평화를 이루게 되리라는 주장에는 몇 가지 형태가 있다. 전통적인 세력균형론은 3국 이상의 강대국의 존재가 균형의 전제조건이라고 가정하지만 2차 대전 이후 미·소 양국 간의 양극 체제(Bipolar System)에서 도출된 경험은 양극체제가 전통적 세력균형체제인 다극 체제(Multipolar System)보다 평화스럽고 보다 안정적이라는 주장을 하고 있다. 국제정치체제의 안정성 여부와 강대국의 숫자 사이에는 아무런 관계도 없다는 이론 또한 존재한다.

그렇다면 이상과 같은 상호 갈등적인 주장 중에서 어떠한 것이 가장 타당한 것인가? 어떠한 힘의 분포 양식을 갖춘 국제정치체제가 가장 평화롭고 안정된 국제체제인가? 이러한 질문들은 1960년대 이래 오늘날에 이르기까지 국제정치학의 가장 중요한 논쟁거리의 하나였다.

1) 강대국이 몇 나라 있는 국제체제가 가장 평화로울까?

1815년부터 1914년까지 꼭 100년 동안 지속된 유럽의 평화는 많은 학자들로 하여금 5개의 강대국이 존재하는 다극 체제의 세력균형이야말로 평화를 유지하는 데 가장 적당한 국제정치체제라고 하는 신념을 창출케 하였다. 물론 정확히 몇 개의 강대국에 의한 힘의 균형체제가 가장 안정된 평화로운 체제인가에 대해서는 다양한 견해가 존재한다.

다극적 세력균형체제가 상대적으로 평화 및 안정을 위한 가장 바람직한 체제라고 주장한 학자들은 도이치(Karl W. Deutsch)와 싱거(J. David Singer), 카플란(Morton A. Kaplan), 굴릭(Edward V. Gulick), 번스(Arthur Lee Burns), 호프만(Stanley Hoffman) 등 지지자가 대단히 많다. 1960~80년대 미국의 국제정치학을 대표하던 저명한 학자들인 이들은 대체로 3국 이상의 강대국이 존재하는 경우 국제정치는 가장 평화로울 수 있다고 주장했다. 이들 중 굴릭과 호프만은 최소한 3국의 강대국이 세력균형을 위해 필요하지만 강대국의 숫자가 더 이상 늘어나는 것이 체제의 안정에 반드시 긍정적인 것은 아니라고 주장했다. 그러나 번스는 국제정치체제의 안정을 위해서는 최소 5국의 강대국이 존재해야 하며 강대국의 숫자가 홀수로 늘어날 경우, 즉 강대국의 숫자가 5국, 7국 혹은 9국일 경우 그 국제체제는 더욱 안정될 것이라고 주장하고 있다.

이상 학자들의 주장과는 전혀 달리 모톤 카플란(Morton Kaplan)은 3대 강국에 의한 세력균형체제를 매우 불안정한 국제체제로 간주하고 있다. 냉전시대 미국과 소련에 의한 양극체제가 다극 체제보다 훨씬 안정된 균형체제라고 주장한 월츠(Kenneth N. Waltz) 교수는 3국에 의한 균형체제는 3국 중의 2국이 상호 타협하여 제3국을 파탄·분리시킴으로써 양극체제로 변질될 가능성이 대단히 높기 때문에 3국에 의한 세력균형체제를 불안한 국제정치체제라 규정하고 있다.[Morton A.

Kaplan, *System and Process in International Politics* (New York: Wiley, 1957); Kenneth N. Waltz, *Theory of International Politics* (Readong: Addison-Wesley Publishing Co., 1979)]

국제체제의 규모, 즉 강대국의 숫자가 증가함에 따라 더 안정된 국제정치체제가 가능하다고 주장하는 모겐소 교수는 국제정치체제와 안정이라는 두 개념 사이에 어떤 특정한 관계가 있는지를 밝히고 있지는 않다. 도이치와 싱거는 어떤 특정 시점이 지난 이후 국제정치상의 행위자 숫자의 증가는 국제정치체제를 급격히 안정화시키는 요인이 되리라고 가정하였다. 즉 강대국 숫자가 늘어나는 것이 평화와 안정을 위해 더욱 좋을 것이라는 분석이다.

이상 살펴본 바처럼 강대국의 숫자가 몇 개인 경우가 평화적인 세력균형 체제인지에 대해서 학자들 사이에 견해의 일치는 없다. 그러나 상당수의 학자들이 3개 이상의 강대국으로 구성된 다극 체제를 안정된 체제로 생각하는 데에는 몇 가지 논리적인 근거가 있다. 우선 이들은 다극체제의 경우 잠재적 침략국을 제어하기 위한 연합이 형성될 가능성이 높을 것이라고 상정한다. 즉 강대국이 여러 나라 존재할 경우 여러 개의 강대국들은 상호 연합을 형성하여 어떤 특정 강대국의 침략 행위에 쉽게 제동을 걸 수 있다는 것이다. 연합을 형성하는 일이 용이한 다극 체제는 잠재적 침략국이 될 가능성이 있는 국가를 자제하도록 만드는 효과를 가지며 그럼으로써 국제 평화와 안정에 기여할 수 있다는 논리다.

다극체제가 보다 안정적이라는 또 다른 논리는 다극 체제 하에서는 국제분쟁의 중재자 역할을 담당할 수 있는 균형자(balancer)의 출현이 용이하다는 점이다. 19세기 동안 유럽대륙의 강대국 사이에서 힘의 균형을 유지시키는 데 큰 역할을 담당했던 영국의 역할은 국제정치에 나타났던 균형자 역할의 대표적인 사례가 될 것이다. 영국은 유럽대륙의 강대국인 프랑스와 독일이 갈등을 벌일 경우 약한 편을 편들어 줌으로써 강자의 침략적인 행동을 억제할 수 있었다.

도이치와 싱거 교수는 다극 체제가 보다 안정적인 국제정치체제라는 사실을 밝혀내기 위하여 보다 정교한 논리적 설명을 제시하였다. 그들에 의하면 다극 체제의 경우는 각 강대국 사이의 '상호작용의 기회(interaction opportunity)'가 증가하게 되는데 이는 양극체제의 경우 뚜렷하게 나타나는 '상호점증적 적대감(mutually reinforcing antagonism)'을 감소시키는 방향으로 작동하게 될 '복수적 교차압력(pluralist cross cutting pressure)'의 증가를 가져오게 하며, 이는 체제의 안정을 위해 긍정적으로 작용한다는 것이다. 싱거와 도이치는 어떤 두 나라 사이에서 전쟁이 발발하기 위해서는 양국 사이에 최소한의 '관심수준(level of attention)'이 전제되어야 하는데 상호작용기회의 증가는 다극 체제 하의 어떤 특정 국가가 다른 국가에 쏟을 수 있는 관심의 수준을 낮추게 되며 그 결과 다극 체제는 안정된 국제정치체제로 지속 될 수 있다는 것이다.

쉽게 다른 말로 한다면 강대국이 두 나라(A와 B)만 있을 경우 A의 관심은 온통 B에만 쏠려 있게 되어 전쟁을 발발할 수준이 되지만 5개의 강대국이 있을 경우(A, B, C, D, E) A의 관심은 B, C, D, E 4대 강국에 분산될 수밖에 없으며 이 분산된 관심은 전쟁을 불러일으킬 만한 수준으로 좀처럼 잘 올라가지 못할 것이라는 논지다.

그러나 양극체제가 더욱 평화적이라 주장하는 월츠 교수는 3개 이상의 강대국이 존재하는 경우, 국제정치적 계산이 복잡해지며, 복잡한 곳에서 전쟁의 발발 가능성이 오히려 더욱 높아질 것이라고 본다. 월츠는 국제정치체제에 존재하는 강대국의 숫자가 감소하면 할수록 힘의 관계에 대한 계산이 간단해지고 힘의 현상이 분명해지며 국가들이 어떻게 행동할 것인가에 대한 예측이 쉬워지며, 그 결과 오산(miscalculation)의 가능성이 줄어들 것이라고 주장하였다.

강대국이 여럿 존재하는 국제정치체제는 강대국들 간 상호작용의 숫자를 많아지게 하고 복잡하게 만듦으로써 전쟁 발발에 필요한 최소한의 관심 수준을 낮춘다고 보는 다극 체제 지지자들의 견해와는 정반대의 논리를 제시한 월츠 교수는 다음과 같은 논리로서 자신의 주장을 다시 정당화하였다. 즉 강대국의 숫자가 단 두 나라인 경우, 예로서 미·소 양극 체제하의 미국과 소련 두 나라는 모두 자신의 행동이 체제 전체의 안위에 직결된다는 사실을 인식하고 있기 때문에 체제의 안정적 운영에 더 큰 관심을 가지게 되며 더 조심스럽게 행동하리라고 보았다. 월츠는 양극 체제하의 두 강대국이 폭력의 행사를 자제하리라는 주장의 근거로서 양극체제가 가지는 다음 4가지 특성을 제시하였다. 첫째, 양극체제의 세계에는 주변부(periphery)란 없다. 둘째, 양국 간에 경쟁이 심화되는 경우, 어떤 요인이 경쟁을 심화시키는 원인이 되는지가 분명해진다. 이상 두 가지 측면은 어느 나라가 또는 어떤 문젯거리가 어느 나라를 향한 위협이 되며 문제가 되는지가 애매한 다극 체제와 비교할 때 양극체제의 경우 국제분쟁을 일으키는 요소들이 분명하고 명확하게 인지될 수 있다는 것이다. 셋째로 양극 체제하에서는 균형을 유지하라는 압력과 위기가 항상 존재하고 있다는 점이다. 월츠는 분쟁의 조건이 존재하는 경우 위기상황의 상존은 오히려 체제의 안정에 도움이 된다고 주장한다. 다른 말로 한다면 '미래에 작은 전쟁을 치루는 것보다는 현재에 큰 위기가 존재하는 편이 보다 나을 것이다' 또는 '지금 작은 전쟁을 치러 버리는 편이 차후 대전쟁을 치르는 것보다 낫다'는 것이다. 넷째 양극 체제하에 존재하는 두 초강대국은 상호 힘이 막강하기 때문에 국제체제에 급격한 변동을 가져올 수도 있는 혁명적인 정치·군사·경제의 변화를 관리할 충분한 능력이 있다는 것이다.

월츠의 견해는 냉전 시대 미·소 관계의 경험에서 주로 도출되어진 것으로 양극체제 아래에 서는 분쟁의 이슈, 분쟁의 당사국 등 모든 것이 분명하기 때문에 오산에 의한 전쟁발발의 위험이 없으며 양 강대국의 힘은 타국과 비교할 수 없이 우월하기 때문에 국제문제를 관리(manage)하기 용이하며, 그 결과 양극체제는 다극체제에 비해 더욱 안정되고 평화적인 국제체제라고 요약될 수 있을 것이다.

물론 양극체제와 다극체제 모두 국제평화와 안정을 위해 장단점을 가지고 있다는 중간적 견해도 존재한다. 예컨대 로즈크란스(Richard N. Rosecrance)는 다극체제의 경우 전쟁의 발발 빈도는 더 높을 것이지만 전쟁의 규모(intensity)는 제한되어 질 수 있다고 주장했다. 역으로 양극체제의 경우 전쟁의 빈도(frequency)는 적을지 모르나 만약 전쟁이 발발한다며 그 전쟁은 대전쟁이 될 가능성이 높다. 로즈크란스의 주장에 대해 월츠는 오히려 정반대의 논리를 전개하며 반박했다. 월츠는 양극체제의 경우가 전쟁의 빈도가 높지만 그 전쟁들은 대부분 제한된 전쟁일 것이라고 주장했다. 경험적으로 보았을 때 월츠의 주장이 현실에 더 가까운 것 같다. 냉전 당시 한국전쟁, 월남전쟁 등이 발발했지만 이 전쟁들은 모두 미국과 소련간의 대전쟁으로 비화하지 않고 적정수준에서 제한된 전쟁으로 마무리되었던 것이다.

국제정치체제의 평화와 안정성을 표시하는 또 다른 지표로 월츠는 '체제의 지속성(durability)'이라는 개념을 사용했다. 즉 그는 제3의 국가가 출현하지 않는 한 양극체제는 안정을 유지할 수 있을 것인데 양극체제에서 기존의 국제질서를 변화시킬 수 있는 제3의 강대국이 출현하는 일은 대단히 어려운 것이며 그렇기 때문에 양극체제는 체제가 안정적으로 오래 지속될 가능성이 높을 것이라고 주장했다. 월츠 교수가 이처럼 양극체제의 지속기간을 길게 예상한 논문은 1982년에 널리 소개된 것인데 논문이 발표된 후 단 7년 후 소련이 붕괴되고, 양극체제도 종말을 고하고 말았다.

이상 소개한 바와 같은 도이치-싱거 대(對) 월츠의 다극체제-양극체제의 안정성과 평화에 관한 논쟁은 국제정치 이론 발달사에서 중요한 학문적 토론의 하나였다. 월츠에 의해 전개된 양극체제 안정론은 기왕의 다극적 세력균형체제의 안정성 논리에 대한 공격으로 시작되었고 다극 체제 안정론의 논리적 문제점을 지적하는 것으로서 출발하였다. 두 가지 주장 모두 부분적인 적실성을 가지고 있었으며 어느 한 편이 압도적인 학문적 승리를 거둔 것은 아니다.

2) 영토(Territory)와 전쟁

지정학을 국가의 대전략이라는 맥락에서 설명할 예정인데, 지리는 강대국들의 세계전략과 상당히 밀접한 관계를 가지고 있었으며 강대국의 전략사상에 깊은 영향을 미친 요인이 되었다. 즉 국가들은 전쟁과 평화에 관해 고찰할 경우 가장 중요한 요인으로 그 나라가 처한 지리적 환경을 고려한다는 의미다. 이처럼 지리적인 측면은 전쟁과 평화의 원인에서 중요하며 지리의 실질적인 기반인 영토(Territory)는 그 자체가 전쟁의 원인이 되곤 했다. 『전쟁의 퍼즐』이라는 책을 저술한 죤 바스케즈(John Vasquez) 교수는 전쟁은 영토가 인접한 국가에서 발생하는 경우가 거의 90%에 달한다는 전쟁의 현상을 말함으로써 퍼즐을 짜 맞추어가고 있다.[John Vasquez, *The War Puzzle* (Cambridge: Cambridge University Press, 1993)] 영토의 인접성이야말로 국가들이 전쟁을 하게 되는 가장 중요한 이유 중 하나라는 말이다.

대한민국의 경우를 살펴보자. 우리와 영토가 붙어있는 중국은 아마도 우리들이 싸웠던 거의 모든 전쟁의 상대방이 아니었던가? 오늘의 중국에 존재했던 수많은 중국의 선조국가들과 오늘의 우리나라에 존재했던 우리의 선조국가들은 수백 회 이상의 전쟁을 치렀다. 중국 다음으로 우리나라에 인접한 일본과 몇 번의(임진왜란, 정유재란 등) 전쟁을 치렀다. 이 같은 역사적 사실은 앞으로도 별로 달라지지 않을 것이다. 지리는 역사가 지나도 쉽게 변하는 것이 아니기 때문이다.

인류의 역사가 시작된 이래 영토는 힘의 상징이었다. 넓은 영토, 비옥한 영토 또는 자연자원이 풍부한 영토는 그 자체가 국력으로 전환될 수 있는 기본적인 요건이었고 그 결과 힘의 각축인 전쟁이란 결국 더 큰 영토를 차지하기 위한 각축이었다. 어떤 국제분쟁이라고 할지라도 영토적인 요인이 포함되지 않은 경우를 상상한다는 것은 대단히 어려운 일이다. 그리고 국경을 여러 나라와 접하고 있는 나라들은 영토분쟁 및 전쟁에 빠져들어 갈 가능성이 그렇지 않은 나라보다 높다는 사실도 이미 잘 알려진 상식처럼 되었다.[Gary Goertz and Paul F. Diehl, *Territorial Changes and International Conflict* (London: Routledge 1992); Lewis F. Richardson, *Statistics of Deadly Quarrels* (Pittsburg: The Boxwood Press, 1960)]

여러 나라와 국경을 접하고 있다는 사실은 국가 간의 상호교섭 (interaction)의 기회를 늘어나게 만들고 그 결과 분쟁의 기회도 함께 증가한다는 것이 그 논리다. 이러한 논리에 의하면 한 국가의 국내적인 정치 변화는 국경을 마주하고 있는 이웃 국가의 정치에도 곧 영향을 미치게 되는 것이다.

그러나 이러한 주장은 똑같은 논리에 의해서 비판받게 될 가능성이 있다. 예로서 칼 도이치 교수는 국가 간에 소통이 빈번해질 경우 상호 이해가 증진되어 오히려 평화를 위한 공동체가 설립될 것이라고 보았다. 국가들 사이의 빈번한 인간과 물자의 교류는 평화의 조건도 되며 갈등의 기회도 되는 것이다. 도이치는 민족의 형성에 관한 연구에서 빈번한 사회적 접촉은 민족주의의 필수적인 요건이라고 주장했던 것이다. 더욱 빈번한 접촉은 우리라는 느낌(we feeling)을 강화시키고 그 결과 인간 집단 간에 끈끈한 관계를 형성시킨다는 것이다.[Karl W. Deutsch, *Nationalism and Social Communication: An Inquiry into the Foundation of Nationality* (Cambridge: Mass.: MIT Press, 1953)]

인간들 사이에 거래가 빈번하면 평화가 온다는 주장과 거래가 빈번할수록 싸움을 할 가능성도 높아진다는 정반대의 논리가 존재한다. 어느 것이 더 타당할까? 살인 사건이 일어났을 경우 경찰, 형사들은 살인을 당한 사람과 가장 가까운 사람부터 불러다 조사를 한다는데 그렇다면 형사들은 거래가 빈번한 사람들 사이에서 싸울 가능성이 높아진다고 가정하는 것이 아닐까? 그리고 이 같은 가정은 과거 수많은 살인 사건에서 추론된 것이 아닐까?

그러나 국경과 전쟁의 관계에 관한 거의 모든 연구들은 국경을 여럿 맞대고 있는 나라들이 역시 전쟁 참여 빈도가 높다는 사실, 그리고 주로 이웃 국가들끼리 더 빈번하게 전쟁을 한다는 사실을 발견하고 있다. 오스트레일리아와 뉴질랜드가 평화스럽게 공존하고 있는 이유는 두 나라가 지리적으로 보아 육지 국경을 마주하고 있는 국가가 아니며 어느 정도 일정한 고립을 유지하고 있다는 점에서 찾아지기도 하는 것이다.

북한 주민들이 지난 수십 년 동안 궁핍으로 인해 국경을 탈출, 중국으로 도망을 가는 사례가 많았는데 이는 당연히 중국과 북한이 국경을 길게 접하고 있기 때문에 가능했던 일이며, 북한과 중국과의 관계에 부정적인 영향을 미칠 수밖에 없는 요인이 될 것이다. 물론 과학 및 교통수단의 발달로 인해 지리적 거리가 더 이상 전쟁을 제약하는 수단이 아니라는 주장도 있다. 예로서 과학적 분쟁이론을 시도한 케네스 불딩 교수는 오늘날 공군력의 발달은 국력의 지리적 구조를 무색하게 했다고 말하며, 과거에는 거리에 따라 국가의 힘이 미치는 영향력이 줄어들었지만 오늘날은 더 이상 그렇지 않게 되었다고 주장하고 있다. 그러나 다른 경험적, 과학적 연구 결과들은 오늘날에 있어서도 지리적 거리는 상당히 중요한 변수가 된다는 사실에 동의하고 있다. 거리가 멀다는 사실을 완전히 극복할 수 있는 과학적 수단은 아직도 없기 때문이다. 아무리 비행기가 크고 빠르다 할지라도 수십만 이상의 병력을 다른 대륙의 적국과 싸우기 위해 파견한다는 것은 아직도 보통 어려운 일이 아닐 것이다. 21세기의 세계정치에서 큰 바다를 건너 상당 규모의 군사력을 파견할 수 있는 나라는 미국 외에는 없을 것이다.

지리적 요인은 국제관계에 중요한 영향을 미치는 요인이지만 모든 국제분쟁이 지리적 요인 때문에 발생하는 것은 아니다. 고어츠와 디흘은 1816년 이래 1980년에 이르기까지 나라들의 영토가 변경된 사례를 770개나 지적하고 있는데 이 모든 사례들에서 전쟁이 동반된 것은 아닌 것이다. 즉 모든 영토의 변화가 반드시 국가 간의 분쟁을 수반하는 것은 아니다. 그렇기 때문에 지리적 요인은 전쟁 또는 분쟁을 야기하는 근원(source)이 되기는 하지만 오히려 지리적 요인은 분쟁이 야기되도록 하는 조건(facilitating condition)으로서 더 큰 기능을 한다고 보아야 할 것이다.

지리적인 요인이 전쟁 및 분쟁을 야기시키는 요인이라 함은 주로 전쟁의 확산(diffusion, contagion, infection) 효과 때문이다. 학자들은 작은 전쟁이 확산되는 과정을 마치 병균이 퍼져나가는 것과 비유되는 용어를 사용해서 묘사하고 있다. 애초에 제3국가들 사이에서 발생한 전쟁일지라도 이 전쟁은 곧 확산되거나 이웃나라에 전염 혹은 감염될 가능성이 있는데 이때 지리적인 요인이 가장 중요한 촉매가 된다는 것이다.

두 나라 사이에서 야기된 전쟁을 분석한 데이비스, 던칸, 시버슨은 전쟁이란 일차적으로 전염성(contagious)이 있으며 전쟁을 전염시키는 일차적인 변수는 상호작용기회(interaction opportunity)의 증가라고 주장하였다. 그들에 의하면 전쟁은 중독성 또는 습관성(addictive)이 아니라 전염되는 것이다. 즉 남이 하는 것을 보고 따라 하게 되는 행위라는 것이다. 그러나 전쟁이 전염되는 데에는 한도가 있다. 같은 지역(region) 내에서 전염되는 것이지 지역을 넘어서기는 어렵다는 것이다. 위의 발견들은 상식적으로 타당한 것이라고 말할 수 있다. 지리적인 요인은 전쟁의 발발을 설명하는 데 있어서 거의 상식적으로 중요하다. 그렇기 때문에 전쟁의 원인에 관한 지리적 분석 또는 지정학적 분석은 오늘과 같은 우주 핵전쟁의 시대에도 타당성을 가지고 있다. 다만 지리와 전쟁의 관련성은 획일적, 일방적인 것만은 아니라는 사실, 그리고 전쟁을 설명하기 위해서 지리적인 요인은 여러 가지 조건 중 하나라는 사실을 염두에 두어야 할 것이다.[William Davis, George Duncan, and Randolf Siverson, "The Dynamics of Warfare," *American Journal of Political Science* vol. 22. (1978); Stuart Bremer, "The Contagiousness of Coercion: The Spread of Serious International Disputes, 1900-1976," *International Interactions* vol. 9. no. 1 (1982)]

(3) 힘의 전이이론(Power Transition Theory)

국제 체제의 힘의 구조 변화가 중요한 국제분쟁 및 전쟁과 관련되어 있으리라는 생각은 투키디데스(Thucydides) 이래 국제정치학의 핵심적 연구주제가 되어오고 있다. 세력균형론이 국가 간의 힘의 분포 상황을 정태적으로 파악하고 있다는 비판을 기초로 국력의 동태적 변화(dynamic change)가 국제체제의 변동을 불러일으키고 그것이 전쟁과 깊게 관련되어 있다는 가설에 대한 체계적인 이론화 작업이 '힘의 전이 이론(힘의 轉移 理論)'이라고 말할 수 있다. 이 이론은 미시건 주립대학의 국제정치학 교수 오건스키 교수에 의해 처음 개진되었고 차후 쿠글러 교수 등에 의해 더욱 체계적으로 발전되었다.[A.F.K. Organski, *World Politics* (New York: Alfred A. Knopf, 1958); 민병기(역) 『국제정치론』 (서울: 을유문화사, 1965); A. F. K. Organski and Jacek Kugler, *The War Ledger* (Chicago: The University of Chicago Press,1980)] 2000년대에 들어 온 이후 중국의 힘이 부상하고 미국과 중국의 21세기 패권을 둘러싼 갈등이 첨예화되는 시점에서 힘의 전이 이론은 다시 학자들은 물론 일반인들의 관심조차 널리 불러 모으고 있다.[Graham T. Allison, *Destined for War: Can America and China Escape Thucydides's Trap?* (New York: Houghton Mifflin Harcourt, 2017); 정혜윤(역) 『예정된 전쟁』 (서울:세종서적, 2018)]

힘의 전이이론은 국가들의 국력은 여러 단계를 거쳐 증강되어지는 것이라고 가정한다. 각 단계들이란 '잠재적 국력 단계(Stage of Power Potential)', '국력증가에의 전환 시기(Stage of Transitional Growth of Power)' 및 '국력성숙단계(State of Power Maturity)' 등이다. 오건스키의 국력 발전 모델은 전통적인 선형(Linear) 모델로서 농업국은 궁극적으로 산업국가로 발전한다는 편협한 주장이지만 지난 수백 년 동안 유럽의 국제정치역사에 나타났던 국력 변화 과정을 설명하는 데는 유용한 것이었다. 오건스키는 제2단계에서 국력의 급격한 향상이 이루어지는 반면 마지막 국력성숙의 단계에서는 오히려 국력의 쇠락현상이 나타나게 된다고 주장했다.

국력의 급격한 팽창을 경험하는 국가들은 대개 당대의 국제 질서에 대한 도전자가 된다. 기왕의 국제정치 질서는 신흥 강대국에게 그다지 유리한 것은 아닐 것이기 때문이다. 당연히 신흥 강대국은 기왕의 패권국이 형성한 국제 질서를 자신에게 유리한 국제 질서로 바꾸고 싶어 할 것이다. 물론 기왕의 패권국이 자신의 지위를 평화적으로 양보할 가능성은 전무하다. 그래서 신흥 강대국과 기왕의 패권국 사이에 긴장이 야기될 수밖에 없을 것이며 이 같은 갈등은 전쟁으로 비화할 수 있는 것이다.

국제정치의 역사를 돌이켜 볼 때, 영국의 패권적 지위에 도전한 독일, 그리고 아시아 국가인 일본의 급격한 국력 증강 현상과 태평양 지역에서의 패권을 향한 일본의 군사적 도전은 오건스키가 논하는 힘의 전이 현상과 이로 인한 대규모 국제전쟁 발발의 좋은 사례가 되는 것이다. 역사적으로 보았을 때 도전국들은 기왕의 패권국을 몰아내고 국제정치체제의 정상에 오르고자 하였고, 그 시도는 거부되었다. 평화적 방법에 의한 힘의 전이가 불가능한 상황에서 신흥 강대국들은 전쟁에 호소하였다. 제차 및 2차 세계대전의 경우 도전자의 위치에 있었던 독일, 이탈리아, 일본 등 신흥 강대국이 당시의 중심국가들보다 힘이 더 강해지기 직전, 대전쟁을 시작했던 것이다.

국력을 국제정치분석의 초점으로 맞추고 있다는 점 등 여러 측면에서 힘의 전이이론은 세력균형이론과 국제정치적인 가정들을 공유한다. 그러나 힘의 전이이론은 국제 정치 체제내의 힘의 분포상황과 전쟁 발발 가능성에 대해서는 세력균형이론과는 완전히 다른 분석을 제시하고 있다. 세력균형론은 국가들은 잠재적 침략국에 대항하여 연합 동맹 형성 등의 수단으로 힘의 균형 상황을 유지하고자 노력하며, 힘의 균등적 배분 상황은 전쟁억지 및 평화의 조건이 된다고 주장했다. 그러나 힘의 전이이론은 국가 간의 힘이 균형에 가까워지는 경우 오히려 전쟁 발발 가능성이 높아진다고 주장한다. 보다 구체적으로 힘의 전이 이론은: 첫째 정치, 경제, 군사적 능력이 두 국가 및 진영에 균등하게 배분되어 있는 경우 전쟁의 발발 가능성은 더욱 높아진다; 둘째 기존의 국제체제에서 이득을 보고 있는 국가(advantaged state)와 이득을 보지 못하는 국가(disadvantaged state)들 사이에 힘의 불균형 상태는 오히려 평화를 보장한다; 셋째 체제에 도전하는 공격 국가는 현실 국제정치 질서를 불만족스러워하는 소수의 신흥 강대국 중에서 나온다; 넷째 그러므로 전쟁을 야기하는 국가는 국제체제의 기존 강대국과 비교할 경우 아직 상대적으로 힘이 열세인 국가이다.

이처럼 힘의 전이 이론은 국제체제에서의 만족 불만족이라는 개념을 국가들의 전쟁 발생 원인에 포함시키고 있다는 점에서 힘의 균형 상태 그 자체에만 신경을 쓰는 세력 균형 이론보다 한 단계 진전된 이론이라고 보여진다. 힘의 전이이론에 의하면 국제정치 체제가 평화를 유지하기 위해서는 현재의 현상 만족 강대국의 국력과 신흥 강대국의 국력 격차가 아직도 상당히 클 경우에 평화와 안정이 유지된다. 그러나 현실에 불만하는 신흥 강대국의 국력이 점차 커져서 기왕의 패권국의 국력규모에 근접하게 되는 경우, 전쟁이 발발할 가능성은 높아진다. 즉 힘의 전이이론은 현실 만족과 현실 불만이라는 요인을 추가시킨 것과 함께, 국력 변동의 동태(다이나믹스)를 고려하고 있다. 힘의 전이 이론이 세력 균형 이론과 결정적으로 다른 부분은 힘의 불균형 상황이 점차 힘의 균형상황으로 바뀌어지면 질수록 전쟁이 발발할 가능성이 더욱 높아진다고 보는 점이다. 그리고 오건스키와 쿠글러 교수는 현상에 불만족하는 신흥 강대국이 자신의 힘이 기왕의 패권국의 힘을 능가하기 이전에 선제적으로 전쟁을 일으킨다고 주장함으로써 힘이 강한 나라가 먼저 전쟁을 개시할 것이라는 세력균형 이론의 주장을 거부하고 있다. 오간스키와 쿠글러 교수의 힘의 전이이론은 결국 한 국가에 의한 압도적인 힘의 우위 체제, 즉 1극 체제(unipolar)가 평화와 안정에 보다 유리한 국제 체제라는 주장과 기본적인 입장을 같이하고 있다.

그렇다면 힘의 전이이론은 논리적, 경험적인 측면에서 어떻게 평가될 수 있을까? 국제정치에서 힘의 변동과정이라는 동태적 요소를 추가했다는 의미에서 힘의 전이 이론은 강대국들의 권력투쟁 양식에 관한 중요한 부분을 설명하고 있다는 점에서 훌륭한 이론이다. 그러나 힘의 전이이론은 초강대국 급에 이른 국가들 사이에서 야기되는 극소수의 대전쟁(General War)만을 분석의 대상으로 삼았다는 한계가 있다. 오간스키와 쿠글러 교수는 힘의 전이이론을 검증하기 위한 사례들로 단지 4개의 전쟁만을 제시하였다. 보불전쟁(1870), 러일전쟁(1904~1905), 1차 대전(19141~918), 2차 대전(1938~1945)들이 그것인데 이들 중 앞의 두 전쟁을 과연 힘의 전이 과정에서 나타난 전쟁이라고 말할 수 있을지 의문이다.

그 결과 힘의 전이이론은 국제정치의 변방에서 일어나는 지역 분쟁 등을 설명하기에는 세력균형이론에 비해 그 공간적 적용 범위가 아주 제한적인 이론일 수밖에 없다. 이러한 한계를 인정할 경우라도 힘의 전이 이론이 주장하는 논리는 타당한 것인가? 힘의 전이이론은 국력이 급속히 증강되기 시작하기는 했지만, 일반적으로 아직 최강의 국가가 되지 못한 신흥 강대국이 전쟁을 시작한다고 주장하고 있는데 그렇다면 과거에는 힘이 없어서 할 수 없이 참았지만, 이제는 한번 해볼만하다는 마음을 가진 나라가 있을 때 전쟁이 발발될 수 있다는 논리일 것이다. 정말로 현실에 불만족인 나라가 국력이 최강이 되기 이전에 섣불리 전쟁을 개시하게 되는 것일까? 논리적인 측면에서 본다면 이 주장은 완벽하지는 못하다. 왜냐하면 힘이 급성장하고 있는 국가라면 당분간 평화를 계속 유지한 채 경제발전에 더욱 매진함으로써 곧 최강의 국력을 가진 나라를 앞지르는 것이 보다 더 합리적인 일이 아닐까? 즉, 경제력이 급속도로 증강되고 있는 신흥 강대국이라면 조금 더 기다렸다가 전반적인 국력에서 패권국을 앞지른 후에 싸우는 편이 더 낫지 않겠는가?

힘의 전이이론이 상대적으로 강조해서 말하지 않고 있는 바가 기왕의 패권국의 행동인데 기왕의 패권국은 급격히 성장하는 신흥 강대국이 더 이상 다루기 곤란한 상대가 되기 이전에 미리 잠재적 위협을 제거하고자 노력할 수도 있을 것이다. 즉 신흥강대국의 힘이 더 이상 커지기 이전에 선제공격을 가함으로써 미래에 닥쳐올 위험을 미리 해결할 수 있지 않겠냐는 것이다. 힘의 전이이론가들은 이 부분에 대해 많은 말을 하지 않는 편이다. 패권국이 신흥강대국의 힘이 더 커지기 전에 미리 전쟁을 해버릴 것이라는 논리가 바로 예방전쟁론(Preventive War)의 기본이다.

예방전쟁론이 말해 주는 국제정치와 힘의 전이이론이 말해주는 국제정치 현상은 판이하게 다르다. 이 두 가지 중 어느 이론이 더욱 타당한 것인지를 말할 수는 없지만 예방 전쟁론은 힘의 전이이론이 간과하고 있는 부분을 보완해 주고 있음이 분명하다. 투키디데스는 2,400년 전 저술한 『펠로폰네소스 전쟁사』에서 아테네의 급속한 국력증가는 스파르타로 하여금 이 같은 상황을 그대로 방관할 수 없게 하였고 그것이 곧 펠로폰네소스 전쟁의 기원이 되었다고 주장했다.[Thucydides, *The Landmark Thucydides: A Comprehensive Guide to the Peloponnesian War* (Touchstone; New York: Free Press, 1998); 천병희 (역)『펠로폰네소스 전쟁사』(서울: 도서출판 숲, 2011)]

투키디데스의 책은 오늘날 미국의 패권에 대한 중국의 도전 그리고 이에 대한 미국의 반응을 설명하는데 좋은 통찰력을 제공하고 있다는 점에서 다시 독자들의 관심을 끄는 책이 되었다. 하버드 대학의 앨리슨 교수는 미국이 중국의 도전에 무력으로 대응함으로써 발생할지도 모를 전쟁의 위협을 '투키디데스의 함정'이라는 용어를 사용해서 설명하고 있다.

(4) 전쟁에 관한 구조적 역사적 접근 방법

1) 패권안정이론(Hegemonic Stability Theory): 하나의 막강한 강대국이 있으면 세계는 안정과 평화를 누릴 수 있다

최근 국제분쟁을 설명하기 위해 국제체제에 초점을 맞추는 여러 가지 국제정치 이론 중 '장주기 이론', '대전쟁론,' '패권적 안정이론 (Theories of Long Cycle, Global War and Hegemonic Stability)' 등은 국제 정치를 국제정치의 구조가 변하는 원리에 따라 설명하고자 하는 큰 관심을 불러일으킨 이론들이었다. 이들 이론들은 분석의 방법과 대상

에 있어서 약간의 상이점이 있기는 하나 모두 국제정치의 체제적 속성과 전쟁 발발의 관계를 다루고 있다는 점에서 공통성을 가진다. 또한 이 이론들은 과거 전통적인 국제정치이론에서 강조되었던 군사력 중심의 '힘(power)'뿐만 아니라 지구 전체를 하나의 경제단위로 가정하고 패권국이 가지는 경제적 능력에도 보다 큰 관심을 쏟음으로써 국력 연구의 지평을 넓히는데 기여했다.

이 이론들은 세력 균형 이론이 주장하는 국제정치의 안정과 평화의 조건들을 모두 싸잡아 거부한다는 특징도 가지고 있다. 이들 이론들은 국제체제가 하나의 특정한 강대국(hegemonic power)에 의해 지배될 때, 그 국제체제는 안정과 평화를 유지할 수 있었다고 주장한다. 세력균형이론 또는 과거의 국제정치학 이론들이 국제정치를 무정부 상태로 가정하고 무정부 상태 아래에서 전쟁이란 일상적으로 발발하는 국가들의 자연스러운 행위라고 간주했는데 반해 패권 안정 이론 및 이와 관련된 장주기 이론, 대전쟁론 등은 국제정치체제의 기본적 속성에 관해 세력 균형 이론과는 다른 가정에 기초하고 있다.

국가의 흥망성쇠라는 역사적 필연에 초점을 맞추는 패권안정이론은 패권을 차지한 국가는 결국 성장 속도의 둔화를 경험하게 되고, 신흥강대국에 의해 지위가 도전받게 되며 결국 자신의 패권적 지위를 잃게 되고 새로운 패권국은 새로운 국제체제의 주기를 이끌어간다고 보는 것이다. 패권적 안정이론은 막강한 패권국(hegemon)이 존재하는 경우, 국제체제에 속한 모든 국가들이 이득을 취할 수 있다고 주장하였다. 새로이 패권국으로 등장한 국가는 국제체제에 헌법

(Constitution)적 질서를 수립하고 그 체제를 통치(govern)한다고 비유되었다. 이 같은 이론을 빌려서 설명한다면 오늘날, 특히 소련이 몰락한 1990년대 이후 세계를 지배하는 나라는 미국인데 미국이 설정한 규칙에 의해 세계가 작동한다는 것이다. 미국이 설정한 규칙은 자유주의, 민주주의, 시장경제 등으로 정리될 수 있을 것이다. 미국의 패권이 오래 갈 것이라는 것이 최근의 압도적 다수설이지만 만약 미국이 아닌 다른 나라가 패권을 장악하게 된다면 그 나라는 당연히 자신이 추구하는 정치 및 경제 이데올로기를 가지고 세상을 이끌어가려할 것이다.

이 이론들이 하나의 패권국에 의해 지배되는 국제 정치질서를 묘사하기 위하여 '통치' 또는 '헌법'이란 용어를 사용하고 있다는 사실은 국제체제를 무정부상태로 보는 과거의 전통적 국제정치학과 세상을 보는 눈을 달리하는 징표다. 물론 이들 이론이 국제체제를 국내정치 수준의 중앙집권적 정치체제로 간주하지는 않지만 하나의 패권국은 지구 전역에 다다를 수 있는 군사력을 독점하고, 세계의 무역을 장악하며, 또한 세계인의 삶의 방식을 장악하기 때문에 자신이 원하는 새로운 정치, 경제 질서를 세계적 차원에 적용시키고 자신이 주도하는 세상을 만들어 갈 수 있다고 주장하였다.

소련이 붕괴된 이후 유일 패권국으로 남아 있게 된 미국은 자신이 원하는 세상을 만들어 갔다. 미국은 자유주의 자본주의를 전 지구로 확산시키려 노력했고 1990년대의 세계는 적어도 경제적인 측면에서는 국가 간의 국경이 사실상 와해 된 세상이 되었다. 재화와 물자의 이동에 국경은 별 장애물이 되지 않는 세상이 되었다. 우리들은 언제라도 인터넷을 통해 외국의 상품들을 직접 구매할 수 있게 되었다. 이런 세계를 전문가들은 '세계화의 시대'라고 명명했고 미국이 만든 세상이라는 의미에서 세계화는 미국화(Americanization)라는 말과 동의어라고 말해졌다.

패권안정 이론이 제시하는 국제정치 상황은 오랫동안 말해졌던 '로마에 의한 평화(Pax Romana)', '영국에 의한 평화(Pax Britannica)'라는 개념들에서 잘 표현된다. 로마와 영국이 세계의 패권국일 당시 세계는 평화롭고 안정적이었다는 말이다. 이 두 나라에 덤벼들 만큼 강한 나라가 없었다. 영국과 로마는 세상을 자기 방식대로 지배했다. 그리고 그 세상에는 로마식 평화, 영국식 평화가 존재했었다. 로마식, 영국식 평화가 당대 지구인들 모두의 행복을 의미하지는 않았을지라도, 평화를 전쟁이 없는 상태라고 넓게 정의한다면 그 시대는 평화가 있었음이 확실하다. 패권안정 이론은 국제정치 체제에는 어떤 특정한 구조, 질서, 규칙이 존재하며 각국의 외교형태에 영향을 주는 규제능력도 가지고 있다고 보는 것이다.[William R. Thompson, *On Global War: Historical-Structural Approach to World Politics* (Columbia: University of South Carolina Press, 1989)]

2) 패권국은 주기적으로 바뀐다: 장주기 이론 (Long Cycle Theory)

하나의 패권국이 자신이 원하는 규칙과 질서로서 세상을 지배하는 국제정치 체제는 영원히, 무한정 지속되는 것은 아니다. 역사를 살펴 보았을 때 로마도 멸망했고 대영 제국도 쇠망하고 말았다. 국제정치 에서 패권국은 주기적으로 변화하고 있으며, 변화가 이루어지는 시기 는 국제정치 구조가 혼란과 대전쟁에 휩싸여 들어갔다. 이 시기 동안 대규모의 패권전쟁이 야기되었고 그 전쟁의 결과에 따라 새로운 패권 시대가 시작되었다. 이런 과정을 거쳐 강대국 패권은 주기적으로 변 하고 있었던 것이다. 16세기 즉 서기 1500년 이후의 세계체제를 살 펴보았을 때 하나의 주기는 약 100년 정도씩 지속되었다. 영국의 패 권은 1815년 프랑스의 나폴레옹을 격파한 후부터 1914년 독일이 도 발한 세계 제1차 대전으로 도전받을 때까지 정확하게 100년을 지속 했고, 그 앞 시대의 패권 주기도 대략 100년이었다. 이러한 상황을 설 명하기 위해 1980년대 이래 크게 유행했던 국제정치 이론이 장주기 (長週期, Long Cycle) 이론이다.

하나의 주기가 끝나고 다른 주기를 시작하게 되는 사이에 패권전 쟁이라는 대전쟁이 존재하기 마련이다. 이 같은 대전쟁을 집중적으로 연구하는 이론을 패권전쟁론(Theory of Hegemonic War)이라 말한다. 이 대전쟁, 혹은 패권 전쟁에서 승리한 강대국이 다음 주기의 패권을 차지하게 되는데 패권적 지위를 차지한 국가는 자신이 규정한 질서를 가지고 새로운 국제정치체제를 형성하고 이끌어 가게 된다. 패권국의 국력이 도전받지 않을 정도로 막강한 한도 내에서 각각의 국제정치체 제는 소위 패권 안정(hegemonic stability) 상태를 누릴 수 있게 되는 것 이다. 이 부류의 이론들은 국제정치의 구조적 특징이 한 나라가 패권적 세력을 장악하는 불균형체제일 경우 세계는 평화롭다고 주장한다.

여러 학자들은 세력균형 및 세력 불균형과 전쟁의 관계에 관해 그 타당성 여부를 확인하기 위한 경험적 연구를 시도했다. 그러나 여러 경험적 연구들은 상호 갈등적인 연구결과를 산출해 놓았다. 어떤 연구에 의하면 세력 균형이 평화와 관련이 있고 또 다른 연구에 의하면 세력 불균형 체제가 보다 더 많은 안정과 평화를 누린 것으로 분석되었다.

이러한 갈등적인 연구결과를 전쟁에 관한 체제차원 연구의 결론으로 소개하기로 하자. 국제정치체제의 구조와 전쟁에 관한 최초의 연구 중 하나는 마이클 하스(Michael Haas)에 의한 연구다. 하스 교수는 양극체제는 전쟁의 숫자는 적지만 대전쟁의 발발 가능성이 높았고 다극체제의 경우 전쟁의 규모는 작았지만 전쟁의 횟수가 많았다는 사실을 발견하여 앞에서 논한 바 있었던 로즈크란스 교수의 주장을 확인했다. 그러나 하스 교수는 일극체제(패권체제)는 분명히 가장 평화로운 체제였다는 사실을 발견했다.

싱거와 그의 동료들에 의한 경험적 연구는 1820년에서부터 1965년에 이르는 기간을 분석해 본 결과 국제체제의 구조와 안정성에 관한 일관적 패턴을 발견하지 못하였다. 단지 19세기는 세력의 균형이 평화와 관련되었고 20세기의 경우 힘의 불균형이 평화와 더 관련되었다는 사실이 발견되었다. 미드랄 스키는 국제정치체제의 극(極)의 숫자와 전쟁의 빈도 사이에는 로가리즘(Logarithm)적 관계가 있음을 발견했다.

오스트롬과 앨드리치는 양극체제의 경우 전쟁발발 가능성이 약간 높고, 3극 체제의 경우 전쟁 발발 가능성이 가장 낮으며 3국 이상의 강국이 존재할 경우 전쟁 발발 가능성은 계속 증가하나 강대국이 6국 이상이면 다시 감소한다는 사실을 발견하였다. 부르스 부에노 드 메스키타 교수는 국제체제의 극의 숫자와 전쟁의 발발 사이에 뚜렷한 상관관계는 발견되지 않는다고 주장하였다.[Michael Haas, "International Subsystems: Stability and Polarity," *American Political Science Review* Vol. 64 (March 1970); J. David Singer et. al., "Capability Distribution, Uncertainty and Major Power War, 1820~1965," in J. D. Singer (ed.), *Correlates of War 1* (New York: Free Press, 1979)]

이상에서 소개한 경험적, 과학적 연구들은 국제체제의 힘의 분포 상황과 전쟁 발발 가능성에 관한 뚜렷한 특정 패턴을 발견하지 못하였다. 이처럼 특별한 패턴을 발견하지 못한 이유를 명확히 밝힐 수는 없지만 아마도 위에서 소개한 경험적, 과학적 연구에서 사용된 자료에 문제가 있지 않은가 의심해 볼 수 있을 것 같다. 대부분의 전쟁 연구자들도 마찬가지 자료를 사용했지만, 위에서 소개한 연구의 기본자료는 대개 미시간대학의 전쟁 연구 계획에서 수집된 전쟁자료였다. 이 전쟁자료는 1816년 이후에 일어난 전쟁을 수집, 정리한 자료이며 국제정치체제의 구조와 전쟁의 발발에 관한 관계를 연구하기에는 너무나 짧은 기간의 자료라고 생각된다.

특히 나폴레옹 전쟁이 끝난 후 1차 대전이 발발하기까지의 100년간은 유럽 역사에서 가장 평화로운 기간이라고 일컬어지는데 가장 평화로운 기간에 야기된 전쟁에 관한 자료를 가지고 국제체제와 전쟁의 관계를 연구한다는 사실이 약간은 모순적인 일 같기도 하다.

이미 앞에서 설명한 바와 같이 15세기 이후 20세기에 이르는 기간 발생했던 전쟁에 관한 데이타가 리비(Jack S. Levy) 교수에 의해 수집되었고 리비 교수는 자신의 자료를 활용해서 국제체제의 구조적 특징과 전쟁과의 관계를 분석하였다. 리비는 1495년부터 1975년에 이르는 기간을 8개의 시기로 나누었는데 그중 두 시기는(1495~1556, 1945~1975) 양극체제, 세 시기는(1556~1588, 1659~1713, 1797~1815) 일극체제, 그리고 나머지 세 시기(1588~1659, 1713~1797, 1815~1945)는 다극체제였다. 리비는 각 시기에 발생한 전쟁의 빈도를 비교·검토한 결과 양극체제가 다극 체제보다는 전쟁의 빈도라는 측면에서 보았을 때 더 평화스러운 국제체제였다는 사실을 발견했다. 리비의 주장은 도이치와 싱거 등에 의해 주장되었던 다극체제의 평화 논리를 부정한 반면, 월츠에 의한 양극 체제 안정론을 보강해 주는 경험적 근거를 제시하였다.

그러나 장주기 이론, 패권적 안정 이론 등에서 기대되었던 패권체제의 평화 및 안정성에 관한 논리는 리비의 데이터에 의해 정면으로 거부되었다. 리비에 의하면 힘의 불균형체제가 가장 전쟁의 빈도가 높게 나타난 것이다. 물론 리비의 연구결과도 결정적인 것으로 받아들일 수는 없을 것이다. 분석자들에 따라 특정한 역사적 시기의 국제체제의 모습이 무엇인가에 대해 견해를 달리하기 때문이다. 예로서 리비는 1789~1815년에 이르기까지의 프랑스를 유럽의 최강국으로 규정하고 일극체제의 극(極)국가로 분류했는데 과연 프랑스는 타국들의 국력을 불균형하게 만들 정도로 강력했는가? 육군력에서는 프랑스가 최강이었음에 의심이 없으나 영국의 해군력은 프랑스의 육군력을 상쇄할 수 없는 것이었는가? 이 시기는 나폴레옹에 의한 대전쟁 시대였는데 프랑스를 일극 체제의 주역으로 간주했기 때문에 일극체제와 전쟁과의 관계 연구에 큰 편견(bias)을 미치는 사례가 되지는 않았는지 의심스럽다.

이상에서 제시한 바처럼 유럽 국제정치사의 경험은 세력균형론 또는 세력 불균형 안정론 어느 이론도 결정적인 우위를 점할 수 없게 만든다. 결국 서유럽 국제정치사의 경험에 의하면 전쟁 발발 가능성과 국제정치체제의 구조적 특징, 즉 초강대국이 몇 나라인가 사이에는 별 관계가 없었다고 결론 내려도 될 것이다.

필자는 미국 텍사스 대학 정치학과의 박사학위 논문으로 리비 교수의 서유럽 전쟁사의 접근방법을 차용해서 동양의 국제정치와 전쟁을 조사 연구했었다. 동양의 국제정치체제는 대부분의 기간 동안 중국 또는 다른 초강대국에 의한 패권체제를 유지해 왔다. 서기 589년 수(隋)나라 성립 이후 1842년 아편전쟁으로 인해 동양 특유의 국제정치질서가 유럽식 국제정치 질서로 대체되는 시점까지를 조사한 결과, 동양 국제체제에서 3국 이상의 강대국이 경합하였던 소위 다극체제의 시대는 전체 연구기간의 불과 4%에 이르며 중국과 다른 강대국 하나가 경합을 이루었던 시기, 즉 양극 체제의 시기는 전체 기간의 30.9%였고 나머지 65.1%의 기간은 한 국가가 동양의 국제질서를 지배했던 패권체제였다고 분석했다. 즉 34.9%의 기간은 세력균형체제 나머지 65.1%의 기간은 세력 불균형체제로 분류될 수 있었다. 각각의 시대별로 발생한 전쟁의 빈도 및 전쟁의 규모, 지속 시간에 관한 자료가 수집되었고 각각의 체제가 평균 얼마 정도 지속되었는가(durability)에 관한 자료도 수집되었다. 필자의 연구에 의하면 3가지 유형의 국제정치체제 중 일극체제(unipolar system)가 가장 전쟁이 적었던 체제임을 알 수 있었다. 다극체제하에서 약 5년마다 새로운 전쟁이 한 건씩 발발했었는데 비해 양극체제에서는 매 7년마다 그리고 패권체제에서는 매 12.4년마다 1회씩의 새로운 전쟁이 발발하고 있다. 전쟁이 있었던 회수에서도 역시 패권체제가 양극 또는 다극 체제보다 비교적 평화스러웠다는 사실이 발견되었다. 그러나 일단 전쟁이 발발할 경우 그 전쟁의 지속기간은 패권체제의 경우가 상당히 긴 것으로 나타났다. 결정적인 판단을 위해서는 더 깊고 폭 넓은 연구가 필요하겠지만 일단 일국에 의한 패권적 국제체제가 양극체제 또는 다극체제 등의 세력균형체제보다 전쟁의 빈도 및 전쟁 회수 등의 지표를 보았을 때보다 더 평화스러운 체제였다고 결론 내릴 수 있었다. 그러나 서양의 세력균형체제에 비교할 때 동양의 패권적 국제정치체제는 하나의 특이한 차이점을 보이고 있었는데 그것은 바로 동양의 강대국은 전쟁에 패할 경우 소멸되어 버리고 마는 경우가 허다했다는 사실이다. 유럽 국제체제의 경우 강대국이 전쟁에 패배하는 경우라도 그 지위를 잃을 뿐이지 국가 자체의 존속이 끝나는 일은 거의 없었다. 그러나 동양의 패권적 국제정치체제에서 패권유지에 실패했거나 패권 도전에 실패한 국가들 예로서 금(金), 요(遼), 티벳, 서하(西夏) 등 당대의 강국들은 전쟁에 패한 즉시 역사 속에서 사라지게 되었다. 세계를 재패했던 몽골제국의 쇠망 모습은 동양적 강대국의 흥망성쇠가 훨씬 더 잔인한 결과로 귀결되었음을 보여주는 사례다. 주로 세력 균형체제였던 유럽의 국제정치체제는 전쟁의 빈도는 높았지만 '체제의 안정도'는 높았다. 체제의 안정도란 체제를 구성하는 강대국이 쉽게 죽느냐 혹은 오래 지속될 수 있는냐의 여부를 말한다. 강대국들이 전쟁에 지더라도 소멸되지 않고 국제체제에서 존재할 수 있는 경우 그 체제의 안정성은 높다고 말할 수 있을 것이다. 주로 세력 불균형으로 특정 지워진 동양의 국제정치체제는 전쟁빈도의 측면에서는 보다 평화적인 체제이었지만 '체제의 안정'이라는 점에서는 동양의 국제체제가 서양의 국제체제보다 압도적으로 불안정(unstable)한 국제정치체제였었다.[Lee, Choon Kun, "War in the Confucian International Order," Ph.D Dissertation, The University of Texas at Austin, 1988: 이춘근 "유교적 국제정치 질서 하에서의 전쟁에 관한 연구" 미국 텍사스 주립대학 정치학 박사학위 논문, 1988]

전쟁과 전략

전쟁과 전략(戰略)

(1) 전략의 연구

1) 전략(戰略)의 정의(定意)

　최근에 이르러 전략이라는 용어가 너무나도 광범하게 사용되고 있다는 생각이 든다. 거의 모든 사회생활 영역에 전략이라는 말이 사용된다. 고등학생이 좋은 대학을 입학하기 위해 준비하는 대학 시험 전략, 운동선수가 경기를 이기기 위한 필승전략, 회사를 경영하는 사람들이 보다 많은 이익을 내기 위한 경영전략 등, 전략이란 말은 정말 다양하게 쓰이고 있다. 그리고 이들 비(非)군사적인 영역을 위해 손자병법과 같은 진짜 군사전략의 책이 교재로 쓰이고 있다. 이제 군사전략은 경영전략은 물론 일상생활의 거의 모든 영역에 널리 적용되고 있다.

그러나 전략론이란 우선 전쟁(warfare)에서 승리하기 위한 방안으로 연구되었던 것이다. 전쟁이란 본질적으로 '군사전략'을 말하는 것이다. 전쟁을 위한 책략 혹은 계략이기 때문에 전략(戰略)이라는 이름이 붙은 것이다.

Strategy라는 전략을 의미하는 영어 단어는 그리스어 strategos에서 유래하며 이는 '장군(將軍)의 용병술(用兵術)'을 의미하는 것이었다. Strategy란 주로 군인들이 전쟁을 위해 수행하는 종합적인 준비, 계획, 운용의 방책이라는 의미로 쓰인 용어인 것이다. 전략이란 무엇보다도 전쟁에서 이기기 위한 기술(arts of winning wars)이다. 그래서 전략이란 간단명료해야 한다. 전쟁에서 승리하기 위한 방안은 오랜 경험을 통해 축적된 진실에서 나오는 것이며 몇 가지 기본적인 개념들로 요약될 수 있을 것이다.

오랜 경험을 통해 축적된 진실은 상식(常識)이 된다. 상식은 우리들 모두가 다 잘 알고 있는 것이지만 진실 혹은 진리와 전혀 별개인 경우도 많다. 이 책의 맨 앞부분에서도 강조했던 바처럼, 국제정치 혹은 전략의 영역에서 상식적인 일이란 아마 존재하지 않는다고 보아야 할지도 모른다. 전략에서 상식적인 생각은 오히려 잘못 알거나 거꾸로 알고 있는 경우를 의미하는 경우가 더 많다. 전략이란 인간의 능력이 최대한으로 시험받는 전쟁이라는 어려운 상황을 다루는 일이다. 전략은 국가 및 사회의 삶과 죽음에 관한 영역을 다루는 일이다. 인간은 평시에 죽음을 심각하게 고려하면서 살지 않는다. 자동차를 운전할 때, 여행을 할 때, 일하러 먼 곳을 가야 할 때 언제라도 죽음을 고려하지는 않는다. 그러나 전쟁의 영역은 항상 삶과 죽음을 고려해야만 하는 곳이다. 총알이 억수로 쏟아지는 절체절명의 현장에 적용하기 위해 만든 전략과 인간의 일반적인 행동 원칙에 적용되는 상식적인 지식이 같을 수는 없는 것이다. 전략은 상식의 영역이 아니라는 사실을 다시 이해해야 한다.

2) 전략과 전술(戰略과 戰術, Strategy and Tactics): 개념적 차이점

전략의 연구는 오랜 역사를 가지고 있다. 그러나 초기의 전략가들은 전략(戰略, strategy)과 전술(戰術, tactics)을 구분하지 않았다. 전술이란 전투에서 병력을 운용하는 기술을 말한다. 반면 전략(戰略)이란 일반적으로 대규모의 군사작전을 계획한다거나 수행하는 것과 관련된다. 2017년 이른 여름 외교부 장관 임명 청문회에서 한 국회의원이 외교부 장관 지명자에게 전술핵과 전략핵을 구별할 수 있느냐를 물은 후 장관 지명자가 대답을 못하는 것을 보고 망신을 주는 것을 보았던 기억이 난다. 질문에 대답을 못한 것도 황당한 일이지만 사실 그 질문도 학술적으로 정확한 질문은 아니었다. 어떤 특정 무기가 전술핵이냐 전략핵이냐 하는 기준은 그 무기가 어떻게 사용되느냐에 여부에 따라 달라지는 것이지 어떤 핵폭탄은 전술핵무기, 또 다른 핵폭탄은 전략핵무기라고 명확하게 규정되어 있는 것은 아니라는 말이다.

파괴력이 어느 정도 되어야 전략핵무기라고 말할 수 있느냐의 기준도 없다. 히로시마 폭탄은 도시를 공격했기 때문에 전략적인 의미로 쓰인 핵폭탄이었다. 그러나 그 핵폭탄이 일본의 군사기지 하나를 폭파하기 위해 사용되었다면 그 사용은 전술적인 의미로 사용되었다고 말해 질 수 있는 것이다.

클라우제비츠의 말을 빌린다면 전술이란 전투에서 병력을 운용하는 기술이며, 전략이란 전쟁에 승리하기 위해 전투를 유용하게 사용하는 방법이다. 좀 더 포괄적으로 말한다면 '전략이란 어느 국가가 군사력을 사용한다거나, 군사력을 사용하겠다고 위협하거나 혹은 군사력을 사용해서 적을 자신의 의지대로 행동하지 못하게 함으로서 국가이익을 지키기 위해 국가가 자신의 가용한 군사력을 사용(또는 운용)하는 기술 혹은 과학'을 말하는 것이다.[Carl Von Clauzewitz, *Vom Krieg* Translated by Peter Paret and Michael Howard, *On War* (Princeton: Princeton University Press, 1976): 이 책도 여러 종류의 한국어 번역판이 있다]

전쟁을 억지하기 위해서는 가지고 있는 군사력을 언제라도 쓸 수 있다는 강력한 의지를 적에게 보여야만 한다. 즉 군사력을 사용할 수 있는 기술과 능력이 확실할 경우에만 적의 군사도발을 막을 수 있고 결국 전쟁 억지(즉 평화)를 달성할 수 있는 것이다. 그렇기 때문에 전략은 국가의 외교 정책까지도 포함하는 넓은 의미로 사용되는 개념인 것이다.

보다 쉬운 사례를 예로 들어서 전략과 전술을 구분해 보기로 하자. 어느 나라가 전쟁을 하고 있는 상대방 국가의 군수산업 능력을 마비시키기 위한 목적으로 적국의 탱크 공장을 폭격 했다고 하자. 이 경우 폭격을 '전략 폭격(strategic bombing)'이라고 말할 수 있을 것이다. 만약 폭격기가 전선에 배치되어 있는 적국의 탱크 부대를 폭격했다면 이 경우 폭격은 '전술 폭격'이라고 말할 수 있겠다. 물론 이처럼 전략과 전술을 구분하는 것은 편의적이며 주관적인 측면도 있다. 전략적 행동과 전술적 행동이 마치 무 자르듯 분명하게 구분되거나 분리되는 것은 아니다.

3) 국가전략(National Strategy)과 군사전략(Military Strategy)

그러나 군사전략은 독립적으로 존재하는 것은 아니다. 군사전략은 반드시 국가전략(national strategy)의 일환으로 통합되어야 한다. 국가전략이란 '국가의 현재의 존재 및 미래의 존속을 보장하기 위한, 즉 국가안보를 위한 국가의 희망, 염원, 계획, 정책 등을 달성하기 위한 제 방안들'을 총괄하는 것이다. 국가의 존재 및 번영에 관한 종합적인 처방 혹은 계획을 다 합쳐서 국가전략이라고 말하는 것이다. 국가전략은 국가의 군사적인 힘은 물론이거니와 국가의 정치, 경제, 과학적 능력을 통합하는 것이다. 더 나아가 국가전략이란 국가의 존재를 확실하게 하기 위해 국가의 지정학적인 측면, 정신적인 측면, 지적인 측면, 이념적인 측면, 지도자의 능력 등을 모두 다룬다. 결국 국가전략이란 '국가안보라는 목표를 충족시키기 위해 국력을 어떻게 적용시킬 것인가'에 관한 것이며 이는 대전략(grand strategy)이란 말로도 표시된다.[John M. Collins, *Grand Strategy: Principles and Practices* (Annapolis: Naval Institute Press, 1973)]

군사전략과 군사력은 국가안보를 위해 가장 중요한 요인임에는 틀림없지만 이는 반드시 국가전략에 종속되어야 한다. 군사적인 목적만을 위해 군사적 수단을 사용해서는 안 된다는 것이다. 군사적 수단은 국가전략이라는 더 큰 '정치적 목적'에 기여하는 것이어야만 한다. 이는 동서를 막론하고 위대한 전략 사상의 근간을 이루는 기초적인 사고(思考)이다.

손자는 兵者國之大事라 하여 '군사(전쟁)는 나라의 큰 일'이라는 사실을 강조하였고, 클라우제비츠는 '전쟁은 다른 수단에 의한 정치의 연속(War is a continuation of politics by other means)'이라고 주장, 군사의 정치에 대한 종속성을 재차 강조하였다. 손자와 클라우제비츠 두 사람 모두 전쟁(혹은 군사)이란 정치의 수단이며 정치의 하부구조라는 사실을 강조한 것이다.

전쟁은 사활적(vital)인 국가목표를 달성하기 위한 궁극적(ultimate)인 방법이다. 사활적 국가목표란 문자 그대로 사느냐 죽느냐의 문제, 즉 국가의 생명에 관한 것, 즉 국가가 망하지 않고 독립국으로서 존속하는 문제를 의미한다. 궁극적 수단이란 최후의 수단임을 의미한다. 전쟁이란 가능한 한 회피하는 것이 좋고, 평화적인 방법으로도 가능할 경우라면 결코 사용하지 않아야 하는 수단이다. 전쟁이란 다른 수단으로는 도저히 국가 최고의 목표를 이룩할 수 없을 때 궁극적으로 사용하는 마지막 수단(means)이어야 한다. 전쟁이란 언제라도 목적을 달성하기 위한 '수단'일 뿐이며 그 자체가 목적이 되어서는 안 된다. 그래서 전쟁이란 다른 수단에 의한 정치(혹은 정책)의 연속일 뿐이라는 점을 잊으면 안 된다. 여기서 정책이란 물론 국가의 목표를 달성하는 일이며 국가의 가장 중요한 목표는 '자신을 보존함' 즉 '국가안보'인 것이다.

전쟁 그 자체는 목적 달성의 수단일 뿐 그 자체가 독립적인 목표가 되면 안 된다. 정책이란 국가가 행동하도록 방향을 제시하는 안내 정보인 것이며 전쟁은 그 수단인 것이다. 이 같은 지향점이 분명히 정립되지 않을 경우 전쟁이란 정말로 무의미하고 방향성 없는 무모하고 위험한 일이 될 뿐이다.

대한민국의 국가목표는 평화적으로 조국을 통일하는 일이며 통일을 이룩할 때까지 북한의 위협은 물론 잠재적국으로부터 오는 위협에 대처하는 일이다. 이 같은 목표를 효과적으로 달성하기 위한 방안이 바로 국가전략이다. 군사전략은 이 같은 국가전략의 달성을 효과적으로 하기 위해 존재하는 것이다. 군사전략에 의해 뒷받침되지 않는 국가전략은 상대방이 무시하는 공허한 목표가 될 뿐이다.

국가전략과 군사전략의 기본 원칙은 '결정적인 순간, 적보다 더 강력해야 한다(Be stronger at the decisive point!)'는 것이다. 적에게 굴종함으로써 유지될 수 있는 평화는 평화일 수도 없고 국가 목표를 달성하는데 오히려 결정적인 장애 요인이 될 뿐이다. 1990년대와 2000년대 초반, 그리고 2017년 이후 주로 북한에 대해 유화적이거나 굴종적인 좌파 정권이 존재했을 당시 남북한 사이의 평화는 남한이 북한에게 굴종함으로 이루어진 가짜 평화였다고 말할 수 있을 것이다.

4) 전략적 사고(戰略的 思考, Strategic Thinking)

　지구상의 모든 국가들은 저마다 약간씩 상이한 국가 목표를 가지고 있다. 그러나 국가들이라면 어느 나라든지 예외 없이 기본적으로 가지고 있는 공통의 목표가 있다. 국가들이 가진 공통의 목표 중에서 무엇보다도 중요한 목표는 생존(生存, survival) 즉 살아남아야 한다는 목표다. 생존이 가장 중요한 목표라는 점은 어느 생명체, 또는 조직의 경우에도 중요하지만 국가의 경우 특히 중요하다. 생명체를 가진 모든 동물은 물론, 인간들이 만든 회사와 같은 생물이 아닌 조직체도 모두 생존이라는 목표 아래 움직이고 있다. 학교도 살아남기 원하며 회사도 살아남기 원한다. 개인이 건강하게 수명을 다하길 원하는 것은 본능이라고 말할 수 있는 최고의 가치다.

　우리 주변의 일상생활에서 흔히 볼 수 있는 일이지만 특히 경제난의 시대를 거치면서 많이 경험한 일이지만 회사가 망하는 것도 마치 생명 있는 물체가 죽는 일처럼 처량하고 애통하다. 모든 조직은 살기 위해 노력한다. 회사도, 동창회도, 국가도 모두 마찬가지다. 이처럼 살아있는 유기체, 혹은 인간이 구성한 조직체들은 모두 체제를 유지하려는 속성을 가지고 있다. 탈콧 파슨스(Talcott Parsons)같은 위대한 사회학자는 사회, 정치적인 조직들도 유기체처럼 생존의 본능을 가지고 있다는 사실을 잘 밝혀내었다. 탈콧 파슨스는 이 같은 삶을 향한 체제의 기능을 체제 유지 기능(System Maintenance Function)이라고 불렀다.[Talcott Parsons, Neil J. Smelser (Introduction) *The Social System* (New

York: Quid Pro, LLC 2012)] 1960년대에 발간되었던 그의 책들이 2000년대 이후에도 재판이 나오고 있다는 사실은 그의 이론이 지속적인 설득력을 가지고 있음을 증명한다.

우리는 누구라도 넘어져 다리를 다친 적이 있을 것이며 칼로 손을 베어 상처가 나고 피를 줄줄 흘렸던 경험을 한 적이 있을 것이다. 그러나 피는 끊임없이 흐르지 않고 어느 정도 흐르다간 결국 멈춘다는 사실을 우리는 경험을 통해 알고 있다. 우리 몸의 생명 유지체계가 작동함으로써 피가 끊임없이 흐르지 않고 적당한 수준에서 피 흐름을 멈추게 하고 상처를 회복시키는 것이다. 우리들은 이러한 몸의 생존 기능을 더욱 강화하기 위해 운동도 하고 보약도 먹는다. 건강하게 몸을 유지하려는 목표 때문이다.

생명이 있는 물체뿐 아니라 무생물적인 조직의 경우에도 체제 보존 기능이 있다. 가정이라는 작은 조직도 그 조직이 유지되기 위해 어른들은 직장에 나가서 돈을 벌고 아이들은 건강하게 열심히 공부하며 성장하고자 노력한다. 회사의 경우도 마찬가지다. 회사 구성원들은 자기가 속한 회사가 더욱 이익을 많이 남겨 큰 회사로 성장하기 바라며 열심히 일하는 것이다.

그렇지만 모든 인간, 회사 등의 조직 등이 모두 생존하고 성장하는 데 성공하는 것은 아니다. 이들은 생존과 성장을 목표로 하고 이를 위해 여러 가지 노력을 하는데 그 노력이 반드시 성공하지 못하는 경우도 흔히 볼 수 있는 것이다.

이러한 사실은 국가라는 인간이 만든 최강, 최대의 조직체인 국민

국가(國民國家, Nation State)들에도 그대로 적용된다. 그래서 모겐소 교수의 분석처럼 국가들의 행동은 결국 힘을 유지하고(to keep power), 힘을 증대시키고(to increase power), 그 힘을 과시하기 위해서(to demonstrate power) 노력하는 것이라고 요약해도 될 정도다.

힘을 유지하고, 힘을 증강시키고, 힘을 과시하는 일의 궁극적 이유는 국가가 생존하기 위해서다. 최고의 국가목표는 살아남는 일이다. 국가들이 모여 사는 국제사회라는 조직은 다른 종류의 인간사회의 조직들과는 본질적으로 다른 요소가 하나 더 있다. 본질적으로 다른 요소란 국가들이 모여 살고 있는 국제사회에는 국가들을 규율할 수 있는 강제적인 법규가 존재하지 않으며, 국제사회를 효율적으로 통치할 수 있는 상부의 막강한 권위(higher authority)도 존재하지 않는다는 점이다.

이미 이 책의 앞부분에서 설명했던 바처럼 국제사회는 무정부 상태(anarchy)다. 모든 나라는 마지막, 궁극적 수단인 자국의 힘의 증가를 위해 노력한다. 국가 간 견해 차이의 궁극적 해결수단은 전쟁이며 타니샤 파잘의 연구처럼 국가들은 전쟁에 의해 너무나 쉽게 그리고 많이 죽었다.

국가들은 최악의 사태를 당하지 않기 위해 저마다 군사력을 건설하는데 최대의 노력을 기울이고 있다. 국가들의 탄생 과정을 보면 새로운 정부가 채 수립되기도 전에 이미 군사력이 존재하는 경우가 많음을 알 수 있다. 군사력이 있기 때문에 나라를 만들 수 있다고 보아도 될 정도다. 국가란 물리적 폭력의 사용을 공식적으로 인정받은 유일한 조직이다. 국가란 폭력을 합법적으로 사용할 수 있다는 허가를 받은 유일한 조직이다. 폭력 사용을 합법적으로 승인받은 국가들이 모여 사는 국제정치체제와 국가 간의 관계는 군사력이 언제라도 사용될 수 있는, 인간 생활 영역에서 가장 폭력성이 높은 영역이라 말할 수 있다.

그러나 군사력이란 대단히 위험한 것이기 때문에 무계획적으로 방만하게 사용될 수는 없는 일이다. 군사력은 적국을 공격하고, 적국의 침략을 방어하는 수단이기도 하지만 그 지향점이 확고하지 않을 경우 '정치' 그 자체를 부인하고 정치를 무너뜨릴 수도 있기 때문이다. 군사력은 국가안보를 위한 최후의 궁극적인 보장 장치이지만 군사력은 언제라도 국가의 적들을 향해, 최후의 수단으로만 사용되어야 한다는 최소한의 원칙을 견지해야만 한다.

군사력을 사려 깊게, 목표에 합당하게 사용하는 방안에 관한 연구가 바로 전략연구(Strategic Studies)라고 말할 수 있다. 훌륭한 전략을 가지기 위해서는 훌륭한 전략적 사고가 전제되어야 한다. 훌륭한 전략적 사고는 단순히 합리적이고 경영학적인 사고와는 다를 수 있다. 왜냐하면 전략이란 전쟁과 평화, 국가의 삶과 죽음이라는 극한의 영역을 다루고 있는 것이기 때문이다.

오늘날 전략론 및 전략연구에 대한 오해로 인해 이 분야를 연구하는데 대한 거부감이 팽배하고 있다. 국가들이 전쟁 준비를 잘하다 보니 오히려 전쟁에 빠져들어 갈 확률이 더 높아지게 되었다는 것이 비판론의 근거다. 전쟁을 준비하면 전쟁을 하게 된다는 논리다. 그래서 일부 학자들은 '전쟁연구' 또는 '전략연구'란 말 대신에 '평화연구(Peace Study)'라는 말을 사용하고 있으며 그럼으로써 자신들의 연구를 정당화시킨다. 그러나 사실 연구의 내용을 살펴보면 '전쟁연구'나 '평화연구'나 그다지 다를 바 없다. 의사들이 질병을 연구하는 것은 질병을 발생시키기 위함이 아니라 질병을 막기 위해서인 것이다. 전쟁을 연구하는 것도 마찬가지다. 전략연구의 1차적 목적은 전쟁을 억지하고 평화를 유지하는 데 있다. 다만 전쟁을 억지하지 못했을 때 우리는 전쟁에서 이겨야 하며, 전쟁에서 이기기 위한 기술을 연구하는 것 역시 전략론(전략연구)의 중요한 연구대상이라고 말할 수 있다.

군사 전략론이란 국가의 대전략을 위해 군사력을 어떻게 적용시킬 것이냐에 관한 탐구를 말한다. 고대와 현대를 막론하고 국가들은 자국의 국가이익을 지키고 확대하기 위하여 군사적인 수단을 사용하는 데 주저한 적이 없다. 대부분 국가들이 자신의 정부를 수립하기도 전에 군대를 먼저 만들었을 정도로 군사력은 근대 국가를 건설하는데 가장 기본적인 조건이었다. 즉 군대 없이 국가를 건설한다는 것이 현실적으로 가능하지 못한 일이었다는 것이다. '전쟁은 국가를 만들고 국가는 전쟁을 만든다'는 찰스 틸리 교수의 논지는 역사적 경험에서 추론되는 진리 중 하나다.

이 책의 맨 앞부분에서 일반 상식적으로 생각해서는 현실 국제정치 및 전쟁을 이해하기 대단히 어렵다는 점을 지적했다. 전략론 역시 일반 시민들에게 대단히 생소한 분야이며 전문가들에게 있어서도 상식만으로는 제대로 분석할 수 없는 영역이다. 주로 전쟁의 영역을 다루는 것이 전략론인데 전쟁의 영역은 주로 국가의 삶과 죽음에 관한 영역이기 때문에 인간 행동의 일반 이론만 가지고는 설명이 안 되는 분야다. 전략론 역시 국제정치 및 전쟁과 마찬가지로 '역설의 논리(Logic of Paradox)'가 지배하는 영역인 것이다.

5) 군사의 영역과 일상생활 영역의 본질적인 차이점

최근 '전략'이라는 용어가 대단히 광범하게 사용되고 있다. 군사 전략의 문제는 물론이거니와 회사를 경영하는 방법, 운동경기에서 승리하는 방법, 개인들이 어떻게 주식투자를 잘해서 돈을 벌 수 있을까에 관한 방법, 심지어 어떻게 하면 마음에 드는 여자를 자기의 애인으로 만들 수 있을까의 방법까지 거의 모든 삶의 영역에 전략이란 용어가 쓰이고 있다는 점을 이미 지적했었다. 손자의 병법이 군사전략으로서 보다는 경영전략으로서 더 많이 읽히고 인용되는 것이 오늘날의 상황이다. 그러나 전략이란 용어는 본래 군사전략을 의미했던 것이며, 경영의 영역과는 완전히 상치되는 부분도 많은 영역이다. 군사전략의 영역은 우리 일상생활과는 달리 역설(逆說) 즉 패러독스에 의해 지배받을 수도 있는 논리의 영역이지 합리적 사고만이 지배하는 영역은 아니라는 것이다. 즉 경영학을 설명하기 위해 손자병법 혹은 다른 군사전략 이론을 동원하는 것은 무리라는 말이다.

우리는 인생을 살아가는 동안 삶과 죽음의 기로에 당면하는 경우가 그다지 많지 않다. 입학시험에 불합격한 경우에도, 취직시험에 불합격한 경우라도, 승진에서 탈락한 경우라도, 심지어는 다니던 회사에서 쫓겨났다고 해도 그 상황이 삶과 죽음의 기로에 서는 상황은 아니다. 물론 그 정도의 스트레스를 참지 못하고 목숨을 포기하는 사람들이 없는 것은 아니지만 그것은 정상적인 경우는 아니다.

그러나 전쟁이라는 상황, 그리고 전쟁터에 던져진 인간들의 상황은 입학시험에 임하는 학생들, 승진을 앞두고 초조해하는 회사원들의 상황도 아니며, 물건을 사고팔아 이익을 남기기 위해서 분주한 그런 상황도 아니다. 자기 팀 선수들을 응원하다가 역전의 기회가 왔을 때 숨죽이며 손에 땀이 나는 그런 경기의 상황은 더욱 아니다. 전쟁의 상황은 문자 그대로 '죽느냐 사느냐'의 상황인 것이다. 그리고 적을 죽이지 않으면 내가 죽을지 모르는 상황이며, 적을 많이 죽이면 죽일수록, 즉 살인을 많이 하면 할수록, 오히려 훈장을 타고 영광을 얻을 수 있는 상황인 것이다. 사람을 많이 죽임으로써 상과 훈장을 받을 수 있는 상황이 전쟁의 상황이며 이는 일상적인 삶과는 논리 그 자체가 완전히 다른 영역인 것이다.

모든 군가의 가사들은 병사의 목숨을 이야기 한다. '전우의 시체를 넘고 넘어' '우리는 젊음을 함께 나누는 깨끗이 피고 질 무궁화 꽃이다.(전우)' 등 우리가 잘 아는 군가의 가사에는 목숨, 죽음에 관한 언급이 반드시 포함되어 있다. 군대란 목숨을 걸고 일을 하는 조직이기 때문이다.

경영전략과 군사전략이 같은 차원에서 적용될 수 없다는 하나의 사례를 제시해 보기로 하자. 군대를 다녀온 사람들은 대부분 잘 아는,

경험을 해 본 일이겠지만 군인들이 부대 이동을 할 때는 그것이 실제 상황이든 혹은 실전에 대비한 연습이든 대낮에 대규모의 부대가 이동하는 일은 별로 없다. 국군의 날 시가행진과 같은 의식의 경우는 예외라고 말할 수 있지만 실제로 병력이동은 대개 밤에 이루어진다. 낮에 군대가 대규모로 행진한다는 것은 평상시 적에게 힘을 과시한다는 의미가 있다.

그러나 군대는 진짜 전쟁 상황일 경우 전투의 목적을 달성하기 위해서 대개는 깜깜한 야간에 이동을 한다. 일반 상식적으로 보면 정말 이해하기 힘든 바보 같은 일이 아닐 수 없다. 병사들은 깜깜한 밤중에 그것도 잘 닦여진 포장도로가 아닌 험한 산길을 걷는 경우가 허다한데 장애물에 부닥칠 위험도 높고, 군장을 꾸리기도 나쁘고, 졸리고, 배가 고파도 무엇을 먹기도 어렵다. 군인들이 이처럼 가장 이동하기 어려운 시간에 움직이는 이유가 있다.

군인들이 이동하는 것은 등산이 아니고 오락이 아니고 관광도 아니다. 군인의 이동은 전투를 하기 위한 것이고, 군인이 이동할 때 가장 신경을 써야 하는 것은 적에게 들키지 않아야 하고, 그럼으로써 적으로부터 기습 공격을 당하지 않아야 하는 일이다. 경영학, 경제학에서 말하는 가장 비효율적인 방식이 군사전략에서는 가장 유용한 방식일 수 있는 것이다.

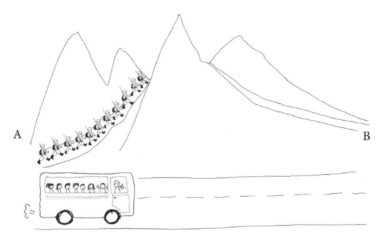

　위의 그림은 A와 B 두 지역을 간단한 지도로 표시한 것이다. A에서 B로 이동하기 위해 잘 포장된 자동차용 도로가 있고, 산과 강을 건너서 가야만 하는 구불구불한 험한 산길이 있다. A지역에 있는 물건과 인원을 B로 옮기기 위해 어느 방법을 택해야 하느냐의 문제를 낸다는 것 자체가 바보 같은 일이다. 해답이 자명하기 때문이다. 잘 포장된 도로를 통해 트럭 또는 버스를 타고 인원과 물자를 옮기는 것이 가장 합리적인 일이다. 시간과 비용과 안정성 면에서 보아 그렇다. 가급적이면 맑은 날 낮에 이동하면 더욱 좋을 것이다.

　그러나 100명의 병력과 장비를 A에서 B지역으로 이동시켜야 할 중대장이 이와 똑같이 인원과 물자를 이동하려다간 아마도 그의 병사들은 B지점에 도착하기 전 적군의 기습 공격을 받아 다 전사하거나 지리멸렬되어 도망쳐 버려야 할지도 모른다. 중대장은 두 가지 길을 놓고 고민해야 한다. 피곤한 병사들을 트럭에 태워서 큰길로 이동시켜야 할 것인가? 야음을 틈타 밤에 산악 행군을 통해 걸어서 이동을 시켜야 할 것인가? 이처럼 군사전략의 영역은 가장 효율적인 방안을 선택하는데도 고민이 많은 영역이다. 또한 말이 되지 않는 방안이 오히려 더 좋은 방법이 될 수 있는 예외적인 영역이다.

군인들은 평시에 자신들이 밥이나 축내고 있다며 스스로 자조한다. 군인들이 놀면서 밥이나 축내고 있는 것이야말로 군인들이 존재하는 1차적인 이유다. 그들이 침략 전쟁을 하러 나가든지, 적군이 일으킨 전쟁에 나라를 지키기 위해 뛰어 나가든지 혹은 할 일이 없어 정치를 하러 나간다든지, 총과 칼을 직접 쓰러 가는 일은 사실은 그들이 하지 않아야 할 일인 것이다. 군인들이 존재하는 이유는 전쟁을 하기 위해서가 아니라 전쟁을 하지 않기 위해서인 것이다. 군대는 100년에 한번 써야 할 일이 발생할지도 모르기 때문에 존재하는 것이다.

(2) 국가의 대전략(Grand Strategy)

1) 지정학(地政學, Geopolitics)

국제정치의 연구에 있어서 지리적 요인은 항상 중요한 요소가 되어왔다. 우선 지리란 국력의 가장 중요한 요소로 간주되었고 한나라의 지리적 특성은 그 나라의 대외 전략과 직접 혹은 간접적으로 연계되는 것으로 이해되었다. 지리적 속성 그 자체가 전쟁의 직접적 원인이 된다거나, 지리적 요인 때문에 전쟁이 발발한다거나 하지는 않았지만 산악으로 둘러싸인 나라, 이웃의 강대국들과 대평원으로 이어진 나라, 섬나라, 넓은 나라, 좁은 나라, 반도국가 등 한 나라의 지리적인 특성에 따라 국가들이 자국의 국가안보를 위해 취하는 대외 전략이 달라질 수밖에 없을 것이다. 그래서 지리적 환경은 한 나라의 대외정책에 영향을 미치는 상수(常數)가 아닐 수 없는 것이다.

학자들은 역사적으로 보아 어떤 지역에서 전쟁이 더 많이 발생했는가? 어떤 기후, 어떤 지형에 거주하는 사람들이 전쟁에 더 자주 빠져 들어갔는가의 질문에 대해 많은 연구를 수행 했다는 사실을 이 책 제9장 국가 및 사회적 차원의 전쟁 원인에서 간략히 소개한 바 있었다. 라이트의 연구는 아메리카 대륙의 원주민들은 호전적이었고 반면 고대 아시아인들은 덜 호전적이었으며 사막이나 해안에 사는 사람들이 산악이나 숲속에 거주하는 사람들보다 더욱 호전적이라는 사실을 발견하였다. 특히 초원지대에 거주하던 원시인들이 가장 호전적이라는 사실도 발견되었다.

이러한 발견에서 유추할 수 있는 사실은 전쟁이란 경제적으로 어려운 지역에서 보다는 방어를 위한 특정한 경계선이 없는 지역에서 더 자주 발생했다는 점이다. 경제적인 이유보다도 지리적인 이유가 전쟁의 원인으로 더 큰 비중을 차지하고 있다는 의미다. 그러나 지리학자들은 지리와 전쟁의 관계에 관한 일반이론을 제기하는 데에는 상당한 조심성을 보이고 있었다. 지리와 전쟁에 관한 결정적인 이론을 만들 수는 없었기 때문이다.

그럼에도 불구하고 일반적으로 지리적 요인이 전쟁과 깊은 관계가 있는 것으로 알려진 이유는 2차 대전을 일으킨 독일과 일본이 그들의 전쟁 개시 사유로서 지리적 원인을 노골적으로 거론했기 때문이다. 소위 지정학(Geopolitik)이라고 알려진 독일의 정치 지리학은 2차 대전을 야기한 거의 직접적인 원인이 되었다. 차후 독일과 영국 및 미국에서 발전된 지정학 이론은 주요 강대국의 대전략을 설정하기 위한 기본적인 시각을 제공하기도 했다. 전략과 전쟁의 관계를 다루는 본 편에서는 지정학 이론이 강대국의 국가 대전략의 근본이 되었던 전략 이론으로서 소개하고자 한다. 지정학이 제일 먼저 발달했던 독일과 영국, 그리고 제2차 대전 이후 미국의 세계 대전략을 형성했던 기반이 된 미국의 지정학을 국가 대전략(National Grand Strategy) 이론의 맥락에서 소개할 것이다.

2) 독일의 지정학

지정학 또는 정치 지리학이란 문자 그대로 지리학과 정치학이 혼합된 개념이며 세계정치 속에서 국가의 정치적인 지위를 지리적인 기반에서 보는 학문 분야이다. 지정학은 또한 국가 간의 관계를 과학적으로 이해한다는 목표로 출발한 철학이기도 하다. 이 세상 어느 나라도 똑같은 지리적 위치에 있지 않기 때문에 어느 나라도 똑같은 지정학을 가지고 있지는 않다. 지정학은 독일에서 시작되었고 독일의 민족주의를 촉진하는 수단으로 사용되었다. 지정학은 독일 영토의 팽창을 정당화시키는 학문적인 근거로써 발전되었으며 이 학문을 개발한 학자는 프리드리히 라첼(Friedrich Ratzel)이었다. 물론 라첼은 독일어로 지정학을 의미하는 Geopolitik란 용어는 사용하지 않았다. 라첼은 Politische Geographie라 하여 정치 지리학이란 용어를 사용하였다.

물론 라첼의 지정학은 라첼의 후배들에 의해 왜곡되었고 '지정학'이라는 학문은 나치스 정권에 복무했다는 이유 때문에 심각한 비난을 받는 사이비 학문이라고 매도당했지만 라첼 그 자신은 진지한 학자요 저술가였다. 라첼은 특히 '국가의 성장'에 대해 관심을 가졌다. 그는 국가는 하나의 조직체로서 건강하게 존속하기 위해 지속적으로 성장해야 한다는 생물학적 요구를 가지고 있다고 보았다.[Robert E. Norris and L. Lloyd Haring, *Political Geography* (Columbus: Charles E. Merrill Publishing Co., 1980)]

즉 라첼은 국가를 하나의 생명을 가진 유기체와 같은 것으로 본 것이다. 그래서 모든 국가는 공간을 획득하기 위하여 끊임없이 투쟁해야 한다고 주장했고 살아있는 모든 조직들은 공간의 확보를 위해 투쟁한다고 보았으며 가장 힘이 강한 자가 가장 넓은 공간을 차지할 것이라고 믿었다. 라첼은 전방(前方, frontier)이란 확정된 선(線)으로 인식되면 안 되고, 누군가에 의해 합병되어지게 될 변동 가능한 지역으로 간주되어야 한다고 보았다. 국경은 영원한 것이 아니며, 국가의 요구에 의해 변동되어 질 수 있는 것이라고 간주했다. 이 같은 라첼의 견해는 '제국주의를 위한 매뉴얼'이라고 비판당하기도 했지만 라첼은 자신의 정치 지리학을 독일의 팽창정책을 두둔하기 위한 학문이 아니라 일반적인 지리학적인 국가이론을 이야기하고자 했으며 특히 라첼이 염두에 두고 분석한 나라는 미국이었다고 한다. 라첼은 다음과 같은 몇 가지 지정학적인 법칙(Law)을 제시하였다.

법칙 1. 국가의 크기는 문화와 더불어 성장한다.

법칙 2. 국가 규모의 성장에 앞서 인구의 증가 등이 선행한다.

법칙 3. 국가의 성장은 소국의 합병을 통해서 이루어진다.

법칙 4. 국경이란 국가의 주변적 조직으로 국가의 성장 강화의 기능을 하며 국가 유기체의 변형에 참여한다.

법칙 5. 국가는 성장함에 따라 정치적으로 가치 있는 합당한 지위를 추구하게 된다.

법칙 6. 국가의 성장에 관한 첫 번째 자극은 외부로부터 오는 것이다.

법칙 7. 영토병합 또는 합병이라는 일반적인 경향은 다른 국가에게로 전이 되는 것이며 그 강도(强度)는 점차 증가된다.[Roger E. Kasperson and Julian V. Minghi (eds) *The Structure of Political Geography* (Chicago: Aldine Publishing Co., 1969); 李熙演『地理學史』(서울: 法文社, 1991)]

라첼의 지정학은 루돌프 옐렌(Rudolf Kjellen, 1864~1922))과 칼 하우스호퍼(Karl Haushofer, 1869~1946) 등에 의해 계승되었다. 그러나 이들이 라첼의 수제자들은 아니었다. 옐렌은 스웨덴의 지리학자로서 라첼의 이론을 원용해서 세계정치를 설명하고자 하였고 지정학(Geopolitics)이란 단어를 최초로 만든 학자였다. 옐렌 역시 당시의 많은 학자들처럼 자기 조국 스웨덴의 운명에 대해 깊이 고뇌하였고, 스웨덴은 점차 힘이 줄어들어 스칸디나비아 반도에 한정된 작은 나라가 되고 말았다고 생각하였다. 반면 러시아는 점차 힘을 증강시키고 있으며 따뜻한 항구를 찾아 끊임없이 팽창하고 있다고 보았다. 이런 상황에서 옐렌은 스웨덴은 공간이란 개념에 유념해야 하며 독일과 연합해야 할 것이라고 주장했다.

옐렌 역시 라첼의 국가 유기체론을 이어받아 생동하는 국가들은 지신의 공간을 확대해야만 하는데 공간획득의 방법에는 식민지 획득(Colonization), 영토의 병합(amalgamation) 또는 정복(conquest) 등이 있다고 하였다. 옐렌은 당시 독일과 일본의 행동이 생동하는 국가들의 행동의 표상이며, 두 나라의 행동은 권력에의 탐욕 때문이 아니라 성장의 자연적인 결과라고 미화하였다. 옐렌의 저서는 독일어로 번역되었고 독일의 지정학에 더욱 큰 영향을 미쳤다. 옐렌은 의도했든 아니든 독일의 팽창주의적 논리개발에 큰 영향을 미치게 되었다. 이러한 학문적인 영향력에 관해 슈트라우스 휴페 교수는 '비독일인들에게 가장 큰 손해를 끼친 아이디어가 독일인이 아닌 외국의 학자에 의해 주창되었다'고 말하고 있는 것이다.[Robert Strausz-Hupe, *Geopolitics: The Struggle for Space and Power* (New York: G.P. Putnam's Sons, 1942)]

옐렌은 세계적인 강대국이 되기 위해서는 다음과 같은 세 가지의 조건을 갖추어야 한다고 하였다. 첫째는 상당한 공간이다. 강대국은 대규모의 영토를 보유해야만 한다는 것이다. 둘째, 강대국은 반드시 내적으로 결속력을 가지고 단합되어 있어야 한다. 강대국이 되려면 그 나라 모든 국민들을 효과적으로 통치할 수 있어야 한다는 것이다. 옐렌은 영국은 세계적 강대국이 되기는 곤란하다고 생각했다. 왜냐하면 영국은 우선 영토가 협소하고, 아이리시, 웰시(Welshmen) 등 인종적인 갈등이 존재하고 있었기 때문이다. 반면 독일은 세계의 강대국이 될 수 있는 조건을 갖추고 있다고 보았다. 셋째, 강대국은 이동의 자유가 있어야 한다.

옐렌은 러시아는 앞의 두 가지 요건은 갖추었으나 부동항(不凍港, 겨울에 바다가 얼지 않는 항구)에로의 접근이 어렵기 때문에 세계적 강대국(world power)이 되기는 어렵다고 보았다. 옐렌은 독일인은 도덕적, 지적, 문화적 유산 때문에 세계적 강대국으로 성장할 권리가 있다고 생각하였다. 그는 자기가 살았던 시절까지 독일이 세계적 강대국이 되지 못하고 있는 사실을 오히려 꾸짖었던 것이다. 아마도 독일이 1차 세계대전의 전쟁 도발국이 된 것은 옐렌의 아이디어에 큰 영향을 받은 결과라고 말할 수도 있을 것이다. 물론 옐렌은 자신은 전쟁을 원치 않았다고 말하며 독일이 승리할 경우 스웨덴의 운명이 어떻게 될지에 대해 우려했다. 하지만 그는 독일 대제국을 건설하기 위한 아이디어를 제공하였고, 게르만 인종에 대한 열렬한 지지자였다. 옐렌이 죽은 (1922년) 이후 지정학은 독일에서 붐을 이루기 시작 했다. 이 무렵 독일 지정학을 대표하는 학자는 하우스호퍼였다.

하우스호퍼는 육군 소장이며, 박사이며, 교수였던 독일 지정학의 대학자였다. 슈트라우스 휴페는 그를 Major General Professor Doktor Karl Haushofer라고 그의 이름 앞에 모든 타이틀을 다 붙여서 불러주고 있다. 하우스호퍼는 1909년 일본에 독일군 교관으로 파견되어 일본 육군에 포병 전술을 강의해 주었다. 당시 한국을 방문하기도 했으며 독일과 일본의 우호 관계 설립을 주장하였다. 일본에서의 하우스호퍼가 담당했던 비밀스런 임무는 일본의 국력을 측정하는 것이었다.

그는 일본인들의 단결심에 감명을 받았고 일본인들의 지정학적 사고로부터도 깊은 영향을 받았다. 당시 일본의 지도자들은 일본의 영토는 일본 인구에 비해 너무 비좁고 그 결과 더 많은 땅을 얻어야만 한다고 생각했었다. '더 많은 땅'을 확보하는 것이 바로 일본 외교정책의 목표였던 것이다. 일본은 이미 이러한 팽창정책을 국제적인 선전을 통해 정당화시키고 있었고 세계는 일본에 의한 조선의 합병에 대해 그다지 놀랍게 받아들이지 않았다. 일본에서 귀국한 후 하우스호퍼의 첫 번째 저술은 일본의 지정학과 외교정책에 관한 것이었다.

1차 대전 초기 중위의 계급으로 초급 장교였던 하우스호퍼는 1차 대전 끝 무렵 준장까지 초고속 승진을 했지만 독일의 전쟁 패배에 대해 깊이 고뇌하고 비통해했다. 하우스호퍼는 사방이 잠재적국으로 둘러싸인 독일 사람들이 지도를 읽을 줄 몰랐으며 지리와 정치의 상호의존관계를 몰랐다고 한탄했으며, 차후 지정학 연구에 몰두하게 되었다. 독일 국민을 교육시키기 위한 목표에서였다. 그는 50세의 나이에 정치지리학 박사학위를 받았으며 뮌헨 대학의 지리 및 군사학 교수가 되어 지정학 연구에 더욱 몰두하였다.

하우스호퍼는 클라우제비츠의 전쟁론을 즐겨 읽었으며 해양력에 관한 마한의 개념을 연구하였다. 그는 영국수상 디즈레일리가 했던 말인 '가장 훌륭한 정보를 가진 자가 궁극적인 승자가 된다'라는 말을 즐겨 인용했다. 매킨더를 해설하면서 하우스호퍼는 '이 지정학 학도가 이미 1904년에 깨달은 사실을 독일의 정치가들은 왜 아직도 깨닫지 못하고 있는가?'라며 탄식하였다. 하우스호퍼는 다른 이들과는 달리 지정학과 정치지리학을 구분하고 있다. 정치 지리학이란 '국가를 지리적인 관점에서 보는 학문'이며 지정학이란 '공간을 국가라는 관점에서 보는 학문'이라고 정의했다. 하우스호퍼는 독일인들에게 생활공간(Lebensraum)이라는 개념을 인식시켰고 결국 2차 세계대전으로 빠져들어가는 과정에서 독일 국민들에게 철학적, 정신적 기반을 제공하였다. 하우스호퍼는 체코슬로바키아를 말하며 마치 일본사람들이 한국을 '일본의 심장을 겨누고 있는 단도'라고 말한 것처럼 '독일의 심장을 겨누고 있는 단도'라고 표현하였다. 하우스호퍼의 지정학은 나치스의 전쟁 정책을 정당화시켜주는 학문이 되어버렸다.

1923년 11월 뮌헨의 맥주홀에서 나치스 당원 여러 명이 체포되었는데 체포된 사람들 중에는 히틀러와 차후 나치스의 제2인자가 된 루돌프 헤스(Rudolf Hess)도 포함되어 있었다. 히틀러는 1년간 옥살이를 하게 되었다. 여기서 하우스호퍼의 지정학은 나치스와 운명적인 만남을 하게 된다. 헤스는 1차 세계대전 당시 하우스호퍼의 부관이었다. 헤스는 하우스호퍼와 함께 학문을 연마했지만 나치스에 가담하였고 헤스를 면회하러 갔던 하우스호퍼는 헤스를 통해 히틀러와 만나게 된 것이다. 이렇게 지정학의 학문체계가 나치즘과 연계되는 계기가 되었던 것이다. 히틀러의 『나의 투쟁』 마지막 장은 히틀러가 하우스호퍼를 만나 감명을 받은 후 저술된 장이라고 한다. 히틀러는 이곳에서 나치스 외교정책의 목표와 자신이 이해하고 있었던 생활 공간론을 기술하였다. 1924년 히틀러와 헤스는 감옥에서 출옥했고 같은 해 하우스호퍼는 월간잡지 지정학을 간행하기 시작했다. 같은 해 하우스 호퍼는 『태평양의 지정학』이라는 책을 출간했는데 이 책에서 독일은 일본과 동맹관계를 체결해야 한다고 주장했다. 하우스호퍼는 일본과 미국이 태평양에서 전쟁을 벌일 것인데 일본이 승리할 것이라고 예측했다. 1927년 하우스호퍼는 『국경선의 독일에 대한 지리적, 정치적 의미』라는 책을 출간했는데 독일 국민들에 의해 널리 읽혀졌다. 이 책에서 하우스호퍼는 국가는 두 개의 국경선을 가져야만 한다고 주장했다. 즉 정치적 국경선과 군사적 국경선이다. 그는 군사적 국경선은 정치적 국경선보다 훨씬 더 밖에 있어야 하며 정치적인 국경선을 보호할 수 있어야 한다고 주장했다. 팽창하는 국가는 정치적 국경선과 군사적 국경선 사이의 지역에 이주민을 진입시켜야 하며 궁극적으로 이 지역을 국가의 일부로 만들어야 하며, 그리고 나서 군사적 국경선은 더 넓은 외연으로 확대되어야 한다고 주장했다. 독일의 정치 및 군사 지도자들은 그들의 전쟁계획 속에 하우스호퍼의 주장을 채택하였다. 하인츠 구데리안 장군은 전격전의 교리를 받아들였고 히틀러는 이주민 진입 후 합병이라는 방식을 통해 체코슬로바키아를 점령하였다.

히틀러는 1933년 독일의 권력을 장악했고 1934년 하우스호퍼를 독일 학술원 원장에 임명하였다. 지정학은 독일의 '국가 학문(national science)'이 되어 고등학교에서도 가르치는 과목이 되었다. 대학에서는 군사지리학이 강의되었으며 '조국론(祖國論)'이라는 과목도 생겨났다. 헤스를 매개로 삼아 하우스호퍼는 히틀러와 권력의 철학, 권력의 획득에 관해 의사 교환을 하였다. 하우스호퍼는 전격전의 교리를 주창하였고 독일은 이를 받아들였다. 벨기에와 네덜란드가 3일 만에 함락되었고, 덴마크는 4시간밖에 버티지 못했으며 프랑스는 개전 한 달 만에 붕괴되었다. 그러나 나치스의 참모본부는 하우스호퍼가 제안했던 매킨더의 지정학적 세계전략을 받아들이지는 않았다.

하우스호퍼의 제안대로 롬멜 장군(독일군 육군 원수)이 수에즈 운하를 점령한 후 중동으로 파고들었다면 독일군은 곧 버마의 일본군과 연결되어 남방으로부터 소련을 포위할 수 있었을 것이며 독일군이 동유럽과 소련을 잇는 심장 지역에서 처절한 전투를 벌이지 않아도 되었을지도 모를 일이었다. 이렇게 되었다면 독일은 영국과 미국에 대해 전략적으로 유리한 공격력을 보유할 수 있었을 것이다. 하우스호퍼는 2차 대전 중, 부인이 유태인의 피가 반이 섞여 있는 여인이라는 사실 때문에 고통을 당했다.

하우스호퍼의 아들도 베를린 대학의 지정학 교수였었는데 히틀러 암살 음모에 연루되어 투옥되었다가 석방된 후 비밀경찰에 의해 암살되었다. 전쟁이 끝난 후 하우스호퍼는 뉘른베르크 전범 재판 법정에 서게 되었지만 군법회의의 미국 측 법관들은 하우스호퍼를 처벌하지는 않았다. 사람이 그 자신의 아이디어, 신념, 그리고 저술 때문에 감옥에 갈 수 없다는 논거에 의해서였다. 그러나 하우스호퍼의 아들은

'아버지가 권력에 눈이 멀었었다'고 기록하고 있었다. 무덤에 아무런 표식이나 추도문 등을 만들지 말라는 유언을 남긴 채 하우스호퍼는 1946년 부인과 함께 독약을 마신 후 목을 매달아 자살하였다.

독일의 지정학은 독일이 2차 대전을 일으키도록 하는 이론적 정당성을 제공한 학문적인 전범 역할을 담당했다. 그렇다고 지리적인 요인이 전쟁의 원인이 된 것은 아니다. 지정학의 학문적인 연구가 물리적 공격과 권력정치에 악용되었던 것이다.

학자로서 하우스호퍼는 대학에서만 강의하지는 않았다. 그는 독일 국민을 직접 교육시키기 위해 독일 전역을 다니며 국민에게 강의했고 가장 유명한 강의 주제는 '생활공간론'이었다.[이상의 논의는 Robert E. Norris, L. Lloyd Haring, *Political Geography* (Columbus, OH.: Charles E. Merrill Publishing Co., 1980)에서 인용]

3) 영국·미국의 지정학

영국과 미국의 지정학 역시 두 나라의 세계전략 및 전쟁 수행에 깊은 영향을 미친 학문이다. 학문적 발달의 속도도 독일 지정학과 거의 동시대에 이루어졌다. 그러나 독일의 지정학이 독일의 팽창주의적 정책과 직결되었던데 반해 영국과 미국의 지정학은 세계정치에 관한 전략적 견해(Strategic View)로서 더 큰 역할을 담당하였다. 영·미의 지정학은 매킨더 경의 심장지역이론(Heartland Theory), 마한 제독의 해양세력이론(Sea Power Theory), 스페크만의 주변지역이론(Rimland

Theory)으로 대표된다. 이 세 사람의 이론은 제2차 세계대전 당시 그리고 그 후 영국과 미국의 세계정책의 근간이 되었다. 지정학 이론은 2020년대인 오늘날의 현대 국제정치를 설명하는데 있어서도 그 적실성을 잃지 않고 있다. 각 각의 지정학 이론이 개발되어 진 연대순으로 설명하기로 하자.

A. 마한의 해양 세력 우위론(Seapower Theory)

마한(Alfred T. Mahan)의 해양세력 이론은 1890년 출판된 『역사에서의 해양력의 영향력 1660~1783』이라는 저서에서 개진되었다.[Alfred T. Mahan, *The Influences of Sea Power upon History* 1660-1783 (Boston: Little Brown and Co., 1890)] 이 책의 기본적인 주장은 해양을 통제하는 국가가 결국 세계를 지배하는 국가가 될 것이라는 논지다. 마한은 강력한 해군이 있을 경우 적국의 공격을 바다에서 격퇴할 수 있으며, 그럼으로써 적국의 침입을 사전에 방지할 수 있다고 주장했다. 또한 마한은 해양을 장악하기 위해서는 전략적으로 중요한 해협들을 우선 장악해야 한다고 주장했다.

마한은 해양력을 증강시키는 데 중요한 요인 여섯 가지를 제시하였다. 첫째, 지리적 위치이다. 러시아는 대륙에 의해 둘러싸인 나라(land locked)이지만 영국, 일본, 미국은 해양에의 접근이 용이한 국가다.; 둘째, 육지의 물리적 형상이다. 중국의 경우 양자강은 대륙 깊숙이 흐르며 큰 배가 다닐 수 있기 때문에 해양으로 접근하는데 유리하다.; 셋째, 영토의 범위이다. 소련처럼 광대한 나라는 결코 그 핵심 부분이 점령될 수 없다.; 넷째, 인구의 규모이다. 마한은 인구가 많은 나라는 해양국가가 되기에 더 좋다고 말한다; 다섯째, 국민의 성격, 여섯째, 국가의 성격이다. 공군력이 태동하기 이전에 전개된 마한의 이론은 오늘날 일부 보완되어야 할 필요가 있을 것이지만 그의 이론의 본질은 지금도 유효하다. 지리는 세월이 지나도 거의 변하지 않는 요인이기 때문이다.

마한 이전, 세계 대부분 국가들은 클라우제비츠의 영향을 받아 대륙 군사력을 중요시하고 있었으나 마한의 책이 출간된 이후 세계의 주요 강대국들은 해군력의 확장을 위해 노력하였다. 특히 독일의 빌헬름 황제는 마한을 읽고 감동했으며, 독일 해군의 증강을 위해 매진했다. 세계 각국의 해군 장교들과 전략가들이 마한의 책을 읽었고 마한의 책은 그의 조국인 미국이 고립주의적 전통에서 벗어나 세계적인 감각을 가지도록 하는데 기여하였다. 마한은 특히 시어도어 루스벨트 (Theodore Roosvelt, 재임기간 1901~1909) 대통령과 친했으며 해군장관을 역임했던 T. 루스벨트 대통령은 마한의 영향을 받아 미국 해군력의 발전에 크게 기여하였다. 마한이 생존했을 시 미국은 아직도 서부를 개척하고 있는 중이었다. 그러나 마한은 러시아의 국력에 유념했으며 특히 러시아의 국력이 아시아를 향해 확산되는 것을 염려하였다. 마한은 미국뿐 아니라 영국, 독일, 일본 등 모두는 러시아를 봉쇄 (contain)하고 중국을 통제(control)하는데 공통의 이익을 가지고 있다고 보았다. 마한이 이미 1900년도 되기 이전에 러시아의 힘을 봉쇄하고 중국의 힘을 통제해야 한다는 주장은 냉전 시대는 물론 미국 패권 시대인 오늘날에도 미국 외교정책의 기본적인 가이드라인 역할을 담당하고 있다.

B. 매킨더의 심장 지역 이론(Heartland Theory)

마한은 미국의 해군제독으로 해양력의 중요성을 강조한데 반해 영국의 지리학자인 핼포드 매킨더 경(Sir Halford J. Mackinder)은 대륙의 중요성을 강조하였다. 학자로서 정치가로서 그리고 기업의 사장으로서 명예를 날린 매킨더는 1922년 작위를 수여받기도 하였다. 그의 가장 유명한 책은 『민주적 이념과 현실』이라는 책으로 1919년 간행되었다.[Sir Halford J. MacKinder, *Democratic Ideals and Reality* (New York: Holt, Reinhart, and Winston, 1942).] 그는 이 책 외에도 수많은 논문을 발표했는데 가장 잘 알려진 논문은 "역사에 있어서의 지리적 축" 그리고 "둥근 세계와 평화의 획득" 등이다.[Halford J. MacKinder, "The Geographical Pivot of History." *Geographical Journal* 23 (1904).; "The Round World and the Winning of Peace." *Foreign Affairs* 21 (July 1943)] 1904년에 발표된 "역사에 있어서의 지리적 축"이라는 논문에서 그의 유명한 심장지역이론(Heartland Theory)이 제시되었다.

지리적 개념과 역사적 개념은 연결되어야 하며, 철학적 탐구의 기반은 지리여야 한다는 학문적 믿음을 가진 매킨더는 대륙으로 둘러싸인 중앙아시아 사람들에 의해 역사가 이루어져 왔고 앞으로도 이루어질 것이라고 믿었다. 인간의 역사를 보았을 때 유목민족들이 거주하던 목초지를 황폐화시킬 정도의 기후 변동이 있었을 적마다 중앙아시아로부터 인구의 이동이 시작되었고 그들은 주변의 정착민들을 괴롭혔다. 훈족, 아바르, 불가리안, 마갸르, 카자르, 몽골족들이 그들이며 역사는 이들의 공격에 의해 씌여졌다는 것이다. 매킨더는 중앙아시아 사람들이 앞으로도 계속 서구에 대해 압박을 가해 올 것이며, 그렇기 때문에 중앙아시아는 세계 역사의 축(Pivot)이 된다고 생각했다.

이곳에 사는 사람들은 바다에로의 접근이 봉쇄되어있다. 다른 나라들에 의해서 바다에의 접근이 막혀져 있기 때문이다. 해군력이 없는 그들은 육군을 발전시켜 그 힘을 행사하고 있는 것이다. 축지역(pivot area)을 둘러싸고 있는 국가들은 축지역에 있는 사람들을 공격할 수 없다. 해군력으로 이들을 공격할 수 없기 때문이다. 그러나 육군력을 가지고 공격하기에도 축 지역은 너무 깊숙한 곳에 있다. 나폴레옹도 궁극적으로 축지역에 대한 공격에서 실패했다.

매킨더가 생각하는 축지역을 장악하고 있는 국가는 러시아였다. 그러나 매킨더가 심장지역 이론을 발표했던 당시 러시아는 세계적 강대국이 되기 이전이었다. 오히려 독일이 세계적 강대국의 지위에 더 가까이 근접했던 나라였다. 독일은 육군력과 해군력이 어느 정도 균형을 이루고 있었고 농업과 공업 간에도 균형이 유지되었던 나라였다. 매킨더는 이러한 독일을 매우 두려워했다. 독일의 군사력, 공업력 그 자체보다 독일이 혹시 러시아와 영합하거나 혹은 러시아를 정복함으로서 축지역을 장악하게 될지도 모른다는 우려 때문이었다. 매킨더는 아시아와 유럽대륙을 분리된 별개의 대륙으로 보아서는 안 되며 아프리카까지 포함된 육지를 하나의 섬, 즉 세계도서(World Island)라고 보았다. 세계도서의 축 지역은 내부 혹은 주변적 초생달 지역(inner or marginal crescent)으로 둘러싸여 있는데 이 지역이 세계에서 인구가 제일 집중되어 있는 곳이며 서부 유럽, 인도, 중국, 동남아시아를 포함하는 영역이다. 그 밖의 세계는 외부 혹은 내부의 초생달 지역(Outer or insular crescent)이며 영국, 미국, 일본 호주 등이 여기에 속한다.

매킨더는 1919년 그의 *Democratic Ideals and Reality*가 출간 된 때부터 '축지역(Pivot Area)'이라는 개념을 '심장지역(Heartland)'이라는 개념으로 대체하였다. 1919년은 독일이 1차 대전에서 패했던 해임에도 불구하고 매킨더는 독일과 소련이 연합할 것을 우려하였고 독일과 러시아 사이에 완충지대를 두어야 한다고 주장하였다. 매킨더는 위의 책에서 다음과 같은 유명한 그의 지정학적 세계전략의 견해를 발표하였다.

동부 유럽을 통치하는 자 심장지역을 장악할 수 있고,
심장 지역을 통치하는 자 세계도서를 장악할 수 있으며,
세계도서를 통치하는 자 세계를 장악할 수 있다.

Who rules East Europe commands the Heartland,
Who rules the Heartland commands the World Island,
Who rules the World Island commands the World.

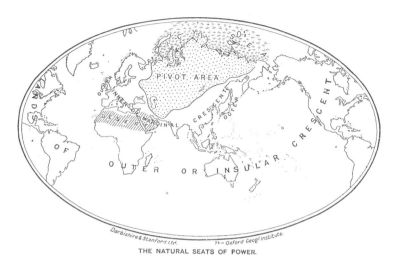

THE NATURAL SEATS OF POWER.

Mackinder's The Geographical Pivot of History(1904) 에서 인용 Pivot Area가 바로 하트 랜드 (Heartland)다.

매킨더가 의도했던 바대로 1차 대전 이후 독일과 러시아 사이에는 여러 개의 완충국이 생겨났다. 체코슬로바키아, 폴란드, 루마니아, 헝가리 등이다. 그러나 이들 완충국들은 결국 독일이 2차 대전을 일으키고 소련으로 진격해 들어가는데 별로 큰 장애물이 되지 못했다. 2차 대전 이후 미국은 매킨더가 말하는 주변 초생달 지역에 방어망을 쳐놓고 심장 지역을 장악하고 있는 소련과 대치하였다는 점에서, 그리고 상당수의 유럽 대전쟁은 심장지역을 장악하기 위한 전쟁이었다는 점에서 매킨더의 이론은 역사적 현상을 거시적인 측면에서 비교적 정확하게 설명하고 있다고 보인다.

그러나 오늘날 소련이 붕괴된 이후 심장 지역이 가지는 국제전략적 중요성은 많이 줄어들게 되었다. 미국이 차지하고 있는 지역이 오히려 세계정치의 심장 지역이며 축이라고 보아야 한다는 견해도 있으며, 세계 초일류 강대국의 조건은 심장지역을 보유한 나라가 아니라 해상 수송로를 장악한 나라라는 이론이 다시 대두되고 있다. 심장지역을 강조한 이론은 육군이 강조되었던 시대의 사고라는 것이다.

게다가 심장지역 그 자체가 국제전략적 요충지로서 별 볼일이 없다는 주장마저 제기되는 것이다. 심장지역은 못 쓰는 땅이 대부분이며, 툰드라, 사막 등으로 구성되어 있다는 것이다. 이 지역을 장악한 소련이 곡물, 특히 밀을 수입해야만 하는 현상을 보면 이러한 비판은 일리가 있다. 매킨더의 이론은 이미 1940년대 초반 미국의 이론가 니콜라스 스페크만에 의해 체계적으로 비판되기 시작하였다.

C. 스페크만(Nicholas Spykman)의 주변지역이론(Rimland Theory)

대부분 지정학자들이 그러했듯이 스페크만도 자기 나라인 미국의 입장에 서서, 미국을 위한 지정학 이론을 전개하였다. 그는 매킨더의 이론을 원용, 미국을 방어하기 위한 이론을 개발했던 것이다. 1893년 네덜란드의 암스테르담에서 태어난 그는 일찍이 신문기자로서 전 세계를 돌아다니며 국제적인 감각을 키웠고, 1920년 27세의 늦은 나이에 미국의 캘리포니아 주립 버클리대학에 입학하였다. 1921년에 학사학위, 1922년에는 석사학위, 그리고 1923년에는 박사학위를 초고속을 따낸 그는 2년간 버클리대학에서 정치학과 사회학을 강의하였다. 1925년부터 1928년에 이르는 동안 그는 예일대학의 국제관계론 교수로 재직했으며 1928년 미국으로 귀화 미국 시민이 되었다. 1935년 예일대학교 국제관계학과의 과장으로 임명된 그는 1942년 『세계 정치에서 미국의 전략(America's Strategy in World Politics)』을 저술하였다. 그러나 그는 1943년 49세의 젊은 나이에 사망하였다.

그의 사후 1944년 『평화의 지리학(The Geography of the Peace)』이 동료에 의해 스페크만의 이름으로 간행되었다.

스페크만은 서반구(Western Hemisphere)가 동반구(Eastern Hemisphere)에 의해 포위 되어진 형상임을 설득하였고 미국이 전략적으로 위험한 처지에 놓여질 수 있다는 사실을 설명 하였다. 사실 동반구는 당시 병력 및 인구의 숫자 또는 산업능력 측면에서 서반구를 훨씬 압도하는 상황이었다. 스페크만은 매킨더와 마찬가지로 유라시아 대륙이 하나의 강대국에 의해 통일되면 안 될 것이라고 생각하였다. 스페크만은 미국 대외정책의 기조는 심장지역이 주변지역(Rimland)과 통합되지 못하도록 하는 데 있어야 한다고 주장하였다. 심장지역과 주변 지역의 통합이란 유라시아 대륙이 하나의 정체체제에 의해 지배당하게 되는 상황을 의미하는 것이었다.

스페크만은 세계의 진짜 힘은 심장지역이 아니라 주변지역(매킨더가 말하는 내부 초생달 지역)에 놓여있다고 생각했다. 영어단어 Rimland 중 Rim의 말뜻이 주변이라는 것이며 스페크만의 Rimland란 유라시아 대륙의 해변지역을 지칭하는 것이었다. 스페크만은 세계의 역사를 되돌아보았을 경우 주변지역은 대륙세력과 해양세력이 갈등을 벌일 때마다 완충의 역할을 담당했다고 보았다. 주변 지역은 다양한 국가와 인종으로 구성되어 있으며 결코 통일을 이룩하지 못했다.

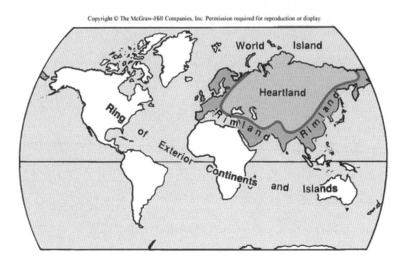

"Who controls the Rimland rules Eurasia, who rules Eurasia controls the destinies of the world."
"Rimland를 통제 하는 자 유라시아를 지배하고 유라시아를 통제하는 자 세계의 운명을 지배한다."

　미국과 소련은 주변지역에 영향을 미치려고 오랫동안 지속적으로 노력했지만 두 나라 모두 실질적인 영향력을 행사할 수는 없었다. 제2차 대전 당시 독일과 일본은 서로 연합함으로써 주변 지역의 장악이라는 목표에 근접했었지만 이들의 주변 지역 장악은 겨우 3~4년 정도밖에 지속되지 못했다. 스페크만은 '지난 세기 동안 발발한 세 차례의 대전쟁, 즉 나폴레옹 전쟁, 1차 대전, 2차 대전은 모두 대영제국과 러시아 제국이 주변 지역에서 출현한 국가인 나폴레옹의 프랑스, 빌헬름의 독일, 그리고 히틀러의 독일을 향해 연합해서 대항했던 전쟁이었다'고 보았다.[Nicholas J. Spykman, *The Geography of Peace* (New

York: Harcourt Brace and World, 1944)]

스페크만은 공군력의 중요성도 인정했지만 주변지역의 국제관계를 장악하기 위해서는 해양력이 더욱 지속적으로 중요성을 가질 것이라는 점을 강조하였다. 스페크만의 이론 또한 현상을 너무 단순화시킨 것이며 특히 핵미사일 시대에 그 정당성이 많이 줄어들게 되었다고 평가할 수 있을 것이다. 그러나 스페크만의 이론은 미국이 2차 대전 이후 소련의 팽창을 봉쇄하기 위해 채택한 봉쇄정책의 이론적 기반이 되었고 냉전 당시 미국이 개입했던 거의 모든 국제분쟁이 주변지역에서 야기되었던 이유를 설명할 수 있는 근거를 제시하고 있다. 미국의 냉전 정책의 바탕에 스페크만의 주변지역 이론이 깔려 있었다는 사실을 부인할 수는 없다. 스페크만의 주변지역 이론은 다음과 같은 명제로 미국의 대전략에 기여하였다. '주변지역을 통제하는 자 유라시아를 지배할 것이며; 유라시아를 지배하는 자 세계의 운명을 통제할 것이다(Who Controls the Rimland rules Eurasia; Who rules Eurasia controls the destinies of the World).'

(3) 군사전략(Military Strategy)

위에서는 국가의 대전략을 지정학 이론을 중심으로 소개했다. 그러나 오랜 세월 전쟁을 지휘한 장군들은 나름대로 어떻게 싸워야 전쟁에서 승리할 수 있는가에 대해 연구해 왔고, 연구결과를 실제로 전쟁에 적용하기도 했다. 사실 전략(戰略, Strategy)이란 용어는 장군의 기예 또는 장군의 기술을 의미하는 단어였다. 동양의 손자병법, 서양의 클라우제비츠, 나폴레옹, 조미니(Jomini), 리델하트(B. H. Liddell Hart) 등의 전쟁 서적은 어떻게 하면 전쟁에서 이길 수 있는가를 잘 정리해 놓은 책들이라고 말할 수 있을 것이다.[Baron Antoine-Henri De Jomini, *The Art of War* (New York: Wilder Publications, 2018); B.H. Liddell Hart, Strategy (Second Revised Edition; New York: Plume, 1999)]

전략연구를 국가의 철학 혹은 전쟁의 철학 레벨로 올려놓은 책은 동양의 책으로는 손자가 지은 『손자병법』과 서양의 책으로는 클라우제비츠가 지은 『전쟁론』일 것이다. 필자는 미국 유학 시 박사학위 논문을 쓰기 이전에 지도교수에게 박사 학위 준비 논문을 한편 제출했었는데 당시 논문 제목이 '손자와 클라우제비츠 전략사상의 비교연구'였었다. 아래의 글은 이 논문에 기초해서 작성된 것이다.

손자와 클라우제비츠의 병법과 전쟁론은 동·서양의 전쟁 사상을 대표하는 명저라는 측면 외에도 전쟁이란 국가 전략을 달성하는 '수단'에 불과하다는 사실을 지속적으로 강조했다는 점에서 전쟁 철학서로서도 영구적인 가치를 지니고 있는 저술들이다. 2,500년이 다 되어가는 『손자병법』과 200년이 다 되어가는 클라우제비츠의 『전쟁론』은 인류사의 보배가 아닐 수 없다.

전쟁은 그 자체만으로서는 무의미한 일이다. 전쟁은 그 자체가 목적이 되면 결코 안 된다. 전쟁이란 국가전략을 수행하기 위한 하나의 '수단'이다. 그래서 어떤 전쟁일지라도 정당한 정치적 목적이 없는 전쟁이라면 그 전쟁은 반드시 회피되어야 하고 부정되어야 한다.

1) 손자병법의 재발견

손자와 클라우제비츠는 각각 동서양의 전략사상을 대표하는 인물이다. 그리고 우리들 대부분은 전략론에 대한 공부를 별로 많이 한 사람이 아닐지라도, 이 위대한 두 전략 사상가가 말했던 중요한 금언 한두 구절씩은 알고 있다. 손자의 경우 '兵者國之大事 不可不察也' 즉 '전쟁은 국가의 대사이니 결코 가벼이 다루면 안 될 것'이라는 말과 '知彼知己 百戰不殆' 즉 '나를 알고 적을 알면 백번을 싸워도 위태롭지 않다' '不戰以屈人之兵 善之善者也' 즉 '싸우지 않고 이기는 것이 가장 훌륭한 전략'이라는 말 등 전략론의 주옥같은 금언들을 남기고 있다. 손자병법을 읽지 않은 사람들도 이들 구절을 다 외우고 있을 정도다.

클라우제비츠의 언급 중 가장 유명한 말은 '전쟁은 다른 수단에 의한 정치의 연속(War is a continuation of Politics by other means)'이라는 말일 것이다. 두 사람은 서로 2,300년 이상의 시간적 격차를 두고 살았다. 한 사람은 19세기의 독일, 또 다른 사람은 전국시대의 중국(BC 400~BC 320년경에 손자병법이 저술된 것으로 추정)이라는 지리적으로도 완전히 판이한 곳에 거주했으니 두 사람은 시간적 공간적으로 사상의 공통점이라고는 전혀 있을 수 없는 사람들이다. 그러나 이 두 역사적 인물은 동·서양에서 각각 가장 존경받는 전략사상가로 추앙받고 있으며, 이 두 사람의 전략에 관한 저술은 오늘날의 군사 및 정치 전략의 연구에서 필독서의 지위를 전혀 잃어버리지 않고 있다.

특히 서양 사람들은 오랫동안 클라우제비츠를 군신(軍神)으로 여길 정도로 존경하고 따랐지만, 오늘날 특히 베트남 전쟁에서 미국이 패배한 이후, 손자병법을 더욱 중요하고 가치 있는 전략론의 지침서로 연구하고 읽고 있다. 이처럼 서양의 전략 이론가와 군인들이 손자를 다시 읽고 있다는 사실은 손자병법의 시공을 초월하는 적실성을 나타내 주는 증거가 되기도 한다. 세계 최대의 강국 미국은 베트남에서 정규군도 아닌 게릴라들과의 전쟁에서 패배한 후, 미국의 군사전략에 대해 심각하게 고민하기 시작했다. 도대체 어떤 전략을 가지고 있었기에 미국과 같은 강대국이 베트남과 같은 약소국의 지원을 받는 게릴라들과의 싸움에서 패배할 수 있다는 말인가? 우선 미국은 그동안 미국이 추종했던 서양의 전략사상에 대해 심각하게 고뇌하기 시작하였고, 동양의 병서, 베트콩들의 병서인 손자병법을 열심히 읽기 시작하였다.

손자병법이 미국 사람들에게 다시 인식된 것은 그러니까 1970년대 말엽 이후의 일이다. 손자병법을 번역한 유명한 소설가인 제임스 클라벨(쇼군 등의 저자)조차 자기가 손자병법을 처음 접한 것이 그다지 오랜 일이 아님을 고백하고 있었다. 미국인들은 손자의 병법에서 새로운 전략의 진수를 찾아내었고, 손자병법의 적용은 1991년 걸프 전쟁에서의 대승리를 가져다주었다.

그러나 손자병법이 서양 사람들에게 완전히 무시되었던 전략사상은 아니었다. 비록 일부이긴 하지만 서양의 전략가, 장군 중에서는 손자의 탁월성을 인정하고, 클라우제비츠를 내다버리고 손자병법을 추종해야 한다고 주장한 인물조차 있었다. 방대한 독서가로 이름이 알려진 나폴레옹은 이미 손자병법의 불어 번역판을 읽은 것이 확실했고, 20세기 세계적 전략이론가인 리델 하트 경(卿)은 서양의 군인과 정치가들이 클라우제비츠의 전략론을 읽고 추종하는 대신에 손자병법을 공부하고 따랐더라면 1차 및 2차 세계대전과 같은 처절한 전쟁을 회피할 수 있었을 것이라고까지 말했다. 그는 클라우제비츠의 절대전쟁론을 강력히 비판하며 클라우제비츠의 전략사상은 손자와는 상대가 될 수 없는 열등한 것이라고 비하하며 손자의 전략사상의 위대성을 추켜세웠다.

리델 하트 경이 중국의 국민당과 공산당 사이의 내란이 일어나기 얼마 전 장개석 장군이 교장으로 있었던 중국의 황포군관학교(黃埔軍官學校)를 방문했을 때의 일이다. 황포군관학교는 1911년 공화혁명을 일으킨 이후 중국의 현대적인 군사제도를 구축하기 위해 설립된 신식 사관학교였다. 리델 하트 경은 황포군관학교의 교관들에게 전략론 교육에 관해 물어보던 중, 중국에서는 손자병법을 어떻게 가르치고 있는지에 대해 질문했다. 당시 황포군관학교 교관은 손자는 고전적인 전략사상으로 추앙하고 있기는 하지만 오늘날은 현대적인 서양의 전략론을 위주로 교육을 실시한다고 대답했다. 그 교관은 리델하트 경이 저술한 전략론도 자신들이 생도 교육을 위해 연구하고 가르치고 있다고 자랑스럽게 말했다.

이 말을 들은 리델 하트는 '이 책(손자병법)은 내가 전략과 전술에 대해 저술한 20권 이상의 책보다도 훨씬 더 많은 것을 말하고 있다'고 응답하였다. 손자병법은 사실 작은 한문으로 쓸 경우 A-4 용지 10페이지 정도에 불과한 아주 짧은 책이다. 한문 글자 수로 약 6,000자에 불과한 책이다. 그러나 이 짧은 책은 동서고금 제1의 병법서란 명예로운 자리를 확고부동하게 지키고 있다. 앞으로도 손자병법을 능가할 수 있는 병법(군사전략사상)이 나오기는 어려울 것이다.

2) 손자병법의 요체

이미 앞에서 지적했듯이 손자병법의 요체는 '전쟁'을 '국가 최대의 일'로 파악했다는 점에 있다. 전쟁은 국가의 큰일(大事)이지 왕(王)이라던가 장군(將軍)들의 개인적인 일이 아니다. 백성들이 피해를 입고, 군역의 고통을 당할 뿐 아니라 목숨을 잃게 되는, 그야말로 가능한 한 피해야 할 국가의 가장 큰 일이 바로 전쟁인 것이다. 손자병법은 지금으로부터 2,500년 전에 쓰여진 고전(古典)이지만 현대의 전쟁과 평화에 관한 철학적 원리가 이미 모두 포함되어 있는 불멸의 책인 것이다.

손자는 당시 중국의 평화사상가 묵자(墨子)처럼 전쟁을 전면적으로 부인하지는 않았다. 전쟁은 국가목표를 이루는 '수단'이라고 보았기 때문이다. 다만 전쟁이란 가능한 한 회피되어야 할 일이라는 사실을 누차 강조했던 것이다. 손자는 만약 전쟁이 야기될 경우라 하더라도 최선의 전략은 가능한 한 피를 적게 흘리는 전쟁을 치르라는 것이었다. 그는 '전쟁에서의 최선책은 상대방의 군사력을 손상시키지 않는 것이다. 차선책은 상대방의 군사력을 파괴하는 것이다. 적의 군을 생포하는 것이 그들을 살상하는 것보다 나을 것이고,…백번의 전투에서 승리하는 것이 최선의 능력이 아니고 전투 없이 적을 제압할 수 있는 것이 최선이다'라고 가르친다. 전쟁에서 피를 덜 흘리는 전략을 제시하는 손자의 기준으로 볼 때 최선의 전략은 적의 '전략' 그 자체를 공격하는 일이다. 적의 전략을 공격한다는 것은 적보다 우리의 전략이 훌륭한 전략이어야 한다는 말이며, 적의 마음을 사로잡을 수 있는 전략이 최고의 전략이 되는 것이다. 적이 마음을 바꾸면 전쟁을 하지 않고서도 원하는 목표를 이룩할 수 있는 것이다.

적과 맞붙어 싸워야 할 경우, 적의 군사력을 공격하기 이전, 적의 전략을 공격하여, 적들이 우리를 공격하겠다는 의도(마음)를 버리게 하는 일이 최선의 전략이라는 말이다. 차선은 적의 동맹국을 분열시키는 것이며, 그 다음은 적의 군대를 공격하는 일이며, 가장 서투른 전략은 적의 성(城)을 공격하는 일이라 했다.

적의 동맹국을 분열시킴으로서 적의 능력을 약화시키는 것 역시 고도의 전략이다. 이러한 고급의 전략을 상략(上略)이라 부른다. 적의 군사력을 공격하는 일은 중략(中略) 즉 중간 수준의 전략이며, 적의 성을 공격하는 일, 즉 적의 민간인을 공격의 대상으로 삼는 일은 가장 아래의 전략, 즉 하략(下略)인 것이다.

이처럼 적의 정책의 변화를 유도하고, 피를 많이 흘리는 전쟁보다는 피를 흘리지 않는 전쟁이 최선의 싸움 방법임을 강조한 손자는 이 같은 전략을 사용하기 위해서는 '적을 아는 일과 나를 아는 일'이 대단히 중요하다는 사실을 강조하였다. 손자는 '속임수(기만)' 역시 군사전략에서 대단히 중요한 수단이라는 사실을 강조하였다. 손자병법은 속임수와 간첩의 사용에 관해 아예 1개 장을 할애하고 있을 정도다. 오늘날 국가의 정책, 전략에서 이 부분이 소홀히 다루어지고 있는 듯하다.

손자병법은 베트남 전쟁에 패배한 이후 미국의 전략가, 군인, 군사 학교에서 더욱 열심히 읽혀지기 시작했다. 미국의 서점들에 가보면 손자병법의 영어 번역본이 수십 가지 종류가 있을 정도로 독서가들의 폭넓은 사랑을 받고 있는 책이 되었다. 트럼프 대통령도 국민들이 읽어야 할 추천도서 목록 제1의 책으로 손자병법을 권하고 있을 정도다.

미국 사람들은 베트남 전쟁에서 패배한 이후 패배한 원인을 찾기 위해 베트콩과 공산 월남(월맹) 지도자들이 즐겨 읽었던 손자병법을 분석하기 시작했다. 베트남 전쟁 당시 미국 국방 장관은 걸어 다니는 컴퓨터라는 별명을 가진 천재 통계학자 로버트 맥나마라(Robert McNamara)였고 그는 전쟁을 효율적으로 치르기 위해 통계학적 기법을 전쟁에 적용시켰다. 소위 투입산출 분석(Cost-Benefit Analysis)이라고 알려진 이 전쟁방식은 전쟁의 현장에 투입 된 돈만큼 전쟁의 효과가 나와야 하는 것이었다. 예로서 100만 달러를 투입해서 베트콩을 10명 사살했다면 1,000만 달러를 투입할 경우 적어도 10배인 100명의 베트콩을 제거해야 하는 것이었다. 맥나마라의 베트남 전쟁 전략의 효과는 시체의 숫자세기(Body Counting)로 측정될 수 있었다.

전투의 현장에 나와 있는 미군은 가급적 많은 숫자의 베트콩을 죽이는 것이 전쟁을 얼마나 잘하고 있느냐의 기준을 충족시키는 일이라고 생각하게 되었다. 정식 군인도 아닌 베트콩을 많이 죽이려면 의심이 가는 마을을 공격하면 된다. 그다음은 베트콩들이 모여 있는 부대를 공격하는 일이다. 차후 손자병법을 읽어 본 미국인들은 베트남 전쟁에서 자신들의 전략이 손자병법을 정반대로 적용한 것이라는 사실을 알게 되었다.

맥나라마는 가급적 많은 베트콩의 시체를 세기 원했지만 손자는 적의 인원을 많이 죽이는 전략을 가장 못난 책략(하책)으로 보았던 것이다.

각 국가의 정보부(예로서 미국의 CIA, 이스라엘의 모사드)가 담당하는 역할이 바로 손자가 말하는 싸움하지 않고 적을 굴복시키는 바로 그 역할이다. 최근 대한민국의 역사를 보면 손자병법의 중요한 교훈을 모두 무시한 전략을 사용했다고 말해도 과언이 아니다. 반면 북한은 한국과 미국의 동맹 관계를 훼손시킴으로써 손자가 말한 전략을 대남전략에 착실히 적용했다. 한국 사람들에게 북한은 더 이상 적이 아닌 것처럼 인식하게 함으로써 북한은 손자병법이 가르쳐 주는 최대의 교훈을 충실하게 따르고 있었다. 싸움도 하지 않은 채 대한민국을 흡수하고자 했던 것이다.

전쟁과 국민 생활의 깊은 연관성을 이해하고 있던 손자는 전쟁을 오래할 경우 국가의 경제가 파탄날 것이라는 사실을 누구보다도 잘 이해하고 있었으며 불필요하게 오래 질질 끄는 전쟁의 무모성을 지적하였다. 특히 손자는 전쟁에서 승리하기 위해 원활한 보급, 병참의 문제를 이미 2,500년 전에도 정확히 인식하고 있었다.

3) 클라우제비츠의 전쟁론

가장 많이 인용되어지기는 하지만, 가장 읽혀지지 않은 책 중 하나가 클라우제비츠의 전쟁론(*Vom Krieg*)이라고 말하는 사람들이 있다. 전략에 대해 조금이라도 관심이 있는 사람이라면 누구라도 클라우제비츠가 '전쟁은 정치의 연속이다'라고 말한 사실을 알고 있다. 그렇지만 클라우제비츠의 전쟁론을 완전히 독파한 사람은 과연 몇이나 될까? 전문가들 중에도 클라우제비츠의 전쟁론을 완전히 다 읽은 사람은 몇 안 된다고 말해진다. 길기도 하고 이해하기 대단히 난해한 책이라는 의미일 것이다.

클라우제비츠는 전쟁론을 오랜 기간 집필하고 있었지만 책을 완성하지 못한 채 콜레라에 걸려 갑자기 생을 마쳤다. 그래서 부인인 마리아 폰 클라우제비츠가 남편의 사후, 남편이 남긴 유고들을 정리해서 출간한 책이 불멸의 명저가 된 전쟁론이다. 이 두꺼운 책 중에서 제1권 제1장만이 클라우제비츠에 의해 출판이 가능한 수준으로 원고가 다시 다듬어졌던 부분이다. 그래서 이 책은 클라우제비츠 자신이 보기에 전혀 완성된 책이 아니며, 그래서인지 몰라도 이 책은 대단히 어렵고, 또한 독자들에 따라 완전히 다른 해석을 내릴 수 있는 언급들이 너무나 많다. 사람들이 이 책을 잘 읽지 않는 이유가 바로 이해하기 어렵고 완성되지 못한 책이라는데 있을 것이다.

클라우제비츠는 평소 한두 번 읽고 버리는 그런 책이 아니라 두고 두고 세월이 몇 번씩 지나도 계속 읽혀지는 책을 쓰고 싶다고 말했다.

그런데 『전쟁론』이야 말로 클라우제비츠 자신의 예상을 훨씬 뛰어넘어, 책이 출간된 후 거의 200년이 다 되어가지만 아직도 그 진가를 잃지 않고 있는 책이다. 클라우제비츠의 전쟁론은 1831년 독일에서 초판이 출간되었고 전 세계 수많은 언어로 번역되었다.

클라우제비츠의 『전쟁론』은 현대의 유명한 전쟁 연구자들인 마이클 하워드와 피터 파렛에 의해 다시 번역되고, 해설이 추가되어 1976년 미국 프린스턴대학 출판부에서 다시 출간되었다. 프린스턴판 전쟁론이 출간됨으로써 훨씬 더 많은 독자들이 전쟁론을 읽을 수 있게 되었다. 하워드와 파렛이 번역한 프린스턴대학의 『전쟁론』은 지금까지 간행된 수많은 영어 번역 중 가장 권위 있고 잘 된 번역으로 정평이 나 있으며, 한 평자는 프린스턴대학교 출판부에서 전쟁론이 출간됨으로서 이제 더 이상 어렵다는 핑계로 클라우제비츠를 읽지 않을 수 없게 되었다고 말했다.

클라우제비츠의 전쟁론은 정말로 대단히 현학적이고 읽기 어려운 책이지만 저자가 주장하려는 바는 상대적으로 단순하다. 클라우제비츠 역시 전쟁을 '정치 행위'로 보았고 인간의 행위로 보았다. 그에 의하면 전쟁은 심리학으로 분석될 수 있는 대상인 것이다. 주로 나폴레옹 전쟁의 경험을 통해 대작을 저술한 클라우제비츠에게 있어서 사기(士氣)와 심리적인 요인의 상호작용은 전쟁을 연구하는 기초가 되었다. 클라우제비츠의 금언, '전쟁은 다른 수단에 의한 정치의 연속일 뿐'이라는 말은 전쟁은 결코 목적 그 자체가 될 수 없고 다만 수단에 불과하다는 사실을 강조한 것이다. 클라우제비츠는 많은 독자들이 자기의 주관에 따라 다르게 해석할 수 있는 여지를 남겼지만, 전쟁을 절대적(absolute)인 측면에서 정의하고 있다. 즉 '전쟁이란 궁극적인 폭력의 행사이며, 대규모의 전투이며, 적을 완전히 파괴함으로써 우리의 의지를 강요하는 행위'라고 정의 내렸다. 그는 '적에게 우리의 의지를 강요하기 위해서는 적의 군사력을 '완전히 파괴'하는 것이 전제가 되어야 한다. 그리고 적을 완전히 파괴하기 위해서는 '폭력의 무제한적 사용이 필요하다'고 말한다. 그는 폭력 없는 싸움과 싸움 없는 승리라는 이념을 거부하였다. 클라우제비츠의 이 같은 언급들은 바로 후세의 학자들이나 장군들이 클라우제비츠를 '군국주의'와 '전면 전쟁의 화신'이라고 해석하도록 만든 근거가 되었다.

그러나 클라우제비츠를 폭력과 절대 전쟁을 찬양한 사람으로 보는 것은 올바른 해석이 아니다. 그는 당시 나폴레옹 전쟁의 폭력성에 깊은 충격을 받은 상태로서 예나(Jena), 보로디노, 워털루 등의 대전투들을 경험하면서 전쟁이란 결국은 '대학살(Schlact, Slaughter)'이라는 사실을 마음속 깊이 느꼈던 것이다. 그는 전쟁에서 폭력의 사용이 절제된다거나 혹은 폭력의 사용에 한계를 설정한다는 일이 무의미하다는 사실을 체험으로 느꼈다. 나폴레옹 전쟁의 수많은 대규모 전투들에서 클라우제비츠는 '폭력의 절대적인 측면'을 볼 수 있었던 것이다. 바로 여기서 우리들은 클라우제비츠 금언들의 모순적인 내용을 이해할 수 있는 것이다. 즉 전쟁이란 정치의 연속이지만, 동시에 전쟁이란 폭력의 극한(極限)인 것이다.

클라우제비츠의 전쟁은 일단 정의상의 절대적인 전쟁이지만 클라우제비츠가 분석하는 실제의 전쟁에는 한계가 있다. 클라우제비츠는 전쟁이란 절대적 폭력이지만, 현실 세계에서는 반드시 그런 것은 아니라고 했다. 전쟁의 정의와 현실은 같을 수 없는 것이다. 왜냐하면 전쟁이라는 처절한 현실적 상황에서 인간의 행동은 원리, 원칙대로 작동되는 것은 아니기 때문이다. 이론과 실제의 차이를 클라우제비츠는 '마찰(摩擦, friction)'이란 용어로 설명한다. 계획과 실제의 차이, 이론적인 전쟁과 현실 세계에서의 전쟁의 차이, 상상의 전쟁과 실제 전쟁의 사이에 나타나는 간극을 그는 마찰이란 용어로 표현한 것이다.

아무리 좋은 무기라 할지라도 고장이 날 수 있으며, 일기예보에 착오가 있어서 비가 올 수도 있으며, 건강하던 병사가 병에 걸릴 수도 있으며, 탱크와 트럭이 고장도 날 수 있고, 훈련을 완벽하게 받은 병사들임에도 불구하고 전쟁의 공포에 압도당해 제대로 작전하지 못하는 경우도 있을 것이다. 전쟁터의 현장에서 나타나는 이 같은 요인, 즉 마찰이 존재하는 상황을 반영한 현실의 전쟁과 이론상의 절대 전쟁은 다르기 마련인 것이다.

클라우제비츠에 있어서 전쟁은 정치의 범위를 떠나서 생각되면 안 되고, 심지어 전쟁 중에도 민간인 정치인들이 군장교들을 통제해야 한다고 주장했다. 전쟁의 정치성, 정치에 의한 전쟁의 지배라는 원칙에 클라우제비츠는 대단히 충실했다. 그럼에도 불구하고 클라우제비츠의 전쟁론은 잘못 해석되어 군사력이 더 많은 편이 항상 전쟁에서 승리하며, 항상 대규모의 군사력을 사용할 채비가 되어있는 나라만이 생존할 수 있다고 가르쳤다는 오해를 받고 있다. 전쟁은 '정치의 연속'

이라는 말이 전쟁이 일어나면 군인들이 정치를 대신 담당해야 한다는 뜻으로 오해되어서도 안 된다. 몰트케가 했던 말, '정치가들은 군대의 동원이 시작되는 순간부터 침묵을 지켜야 한다'는 말은 사실은 클라우제비츠의 가르침을 완전히 거꾸로 적용한 잘못된 것이었다.

4) 클라우제비츠와 손자 전략 사상의 공통점

두 전쟁 사상가는 유사한 전쟁개념을 제시하고 있다. 두 사람의 전쟁론은 전쟁의 본질을 '정치'라는 측면에서 파악한다는 사실에서 대동소이하다. 그리고 두 사람은 전쟁을 국제정치의 상수(常數)로서 인식하였다. 전쟁은 국가의 일이다. 국민의 지지를 받지 못하는 전쟁은 승리할 수 없고, 국가의 전략은 적을 무찔러 승리하는 일이기 이전에 전쟁에 동원되는 국민의 지지를 받아야 할 일이다. 그래서 '전쟁은 정치의 연속'이요 바로 국가의 큰일(兵者國之大事)인 것이다. 두 사람 다 전쟁은 국민에 의한 것, 국가에 의한 것이라는 사실을 강조한다.

특히 손자는 전쟁의 5대 요소로서 도, 하늘, 지혜, 장수, 법(道, 天, 智, 將, 法)을 말하고 있는데 맨 앞에 나오는 도(道)란 바로 국민이 왕이 생각하는 것과 같은 믿음을 가지고 전쟁에 나가 목숨을 바칠 수 있도록 하는 국력의 근원을 의미하는 것이다. 되먹지 못한 왕은 도가 없는 왕이며 그 경우 전쟁을 수행할 수 없게 된다. 국가를 위해 싸우려는 국민의 의지, 즉 손자가 말하는 도(道)야 말로 전략의 본질인 것이며 이는 손자보다 2,300년 후, 손자가 살았던 곳과 지구의 반대편인 프러시아(독일)에서 태어나 일생을 보낸 클라우제비츠에 의해 재확인되었던 것이다. 전쟁에 승리하려면 전쟁은 반드시 도에 의거한 일이어야만 한다.

두 전략 사상가는 각각 동양과 서양의 전쟁사에 나타났던 경험을 잘 반영한 전략론을 저술했으며 그들의 책은 다시 동양과 서양의 전쟁사에 영향력을 미치게 되었다. 손자병법과 클라우제비츠의 전쟁론을 읽은 정치가와 장군들은 그들의 가르침에 따라 전쟁을 단행하기도 하고 회피하기도 했기 때문이다. 다음 절에서 이들이 동양과 서양의 전쟁에 어떤 영향을 미쳤는가에 대해 살펴보기로 하자

5) 손자와 클라우제비츠가 동양과 서양의 전쟁에 미친 영향

한 시대의 병법서는 그 이전 시대의 전쟁에서 배운 경험과 교훈을 정리해 놓은 책이며 잘된 병법서는 그 책이 간행된 이후 시대의 전쟁에 영향을 미치기 마련이다. 손자와 클라우제비츠는 동양과 서양전쟁의 특이점을 잘 반영하는 전쟁철학과 병법을 잘 서술했고, 또한 동·서양 전쟁에 큰 영향을 미쳤다. 특히 이들의 책은 '어떻게 싸워야 하느냐?' 즉 군사 전략과 전술의 측면에서 상이한 주장을 제시했고 영향력을 발휘했다.

우선 가장 큰 차이점은 손자는 전쟁에서의 인명 및 경제적인 피해를 대단히 강조한 데 반해 클라우제비츠의 전쟁론은 경제적인 측면, 인명 피해에 관한 부분에 대해 그다지 많은 이야기를 하고 있지 않다.

클라우제비츠의 전쟁론에는 경제학적 측면이 별로 논의되고 있지 않다는 점이다. 나폴레옹 전쟁은 영국의 대륙봉쇄라는 국제 경제적 영향을 크게 받은 전쟁이며 산업 혁명 시대의 전쟁인데 전쟁에 대한 경제적인 설명이 별로 없다는 점이 특이하다. 클라우제비츠의 전쟁론이 지상전에만 치중하고 있다는 사실도, 당시 영국의 해양세력이 전쟁에 미친 영향을 거의 설명하지 않고 있다는 점도 특이하다.

반면 기원전 400년경 살았던 손자는 전쟁의 대가(cost)에 대해 예민한 관점을 가지고 있었다. 손자는 전쟁이 산업(당시 농업)에 미치는 악영향을 잘 알고 있었고 그래서 장기전을 치른다는 것은 어느 경우에도 국가의 이익이 되지 못한다고 말하고 있다.

손자는 전쟁을 시작하기 이전 경제적인 대비를 잘 갖추어야 하며 군사력을 먹이고 입힐 수 있는 물류체계(Logistics)를 완비한 후에 전쟁을 시작해야 한다고 가르치고 있다. 반면 클라우제비츠는 전쟁을 하는 동안 이 문제를 해결할 수 있다고 보았다. 나폴레옹의 병사들은 먹을 것을 잔뜩 짊어지고 다니지 않았다. 점령한 지역에 가서 약탈을 통해 해결하면 될 문제였기 때문이다. 그래서 전쟁을 준비하는 과정에서 물류체계 확립의 문제는 소홀히 다루어 질 수밖에 없었다.

손자는 전쟁은 국가에게 이익이 될 경우에만 단행해야 할 일이라고 말하고 있다. 손자는 또한 성공할 수 없는 전쟁, 국가가 위험에 놓여있지 않을 경우 전쟁을 치르면 안 된다고 주장했다. 손자는 잘 훈련된 부대를 강조했고 클라우제비츠는 대병력을 강조했다. 또한 손자는 한번 전쟁이 발발한 경우 전투의 현장에 있는 장수에게 상당한 자율성을 부여해야 한다고 보았다. 손자는 '왕 혹은 군주에 의해 간섭받지 않는 장수가 승리할 수 있다(將能而君不御者勝 3編 謀攻)'고 주장했는데 반해 클라우제비츠는 전쟁터에서라도 정치는 전쟁을 압도해야 한다고 주장했다. 클라우제비츠는 정치적인 관점을 군사적 관점에 복속시키는 일은 터무니없는 일이다…왜냐하면 '전쟁은 정치라는 자궁에서 나오는 것'이기 때문이라는 것이다.

전술적 측면에서 손자와 클라우제비츠는 유사점도 많고 차이점도 많다. 우선 양자는 모두 방어전이 공격전보다 유리한 형태의 전투라는데 동의한다. 방어전은 병력의 집중 및 선제적 행동에서 공격보다 강한 형태의 전투라는 것이다. 그러나 두 사람은 재미있는 차이점을 보이고 있다.

우선 언제 전쟁을 시작하는 것이 좋을까에 대해 두 사람은 전혀 다른 이야기를 하고 있다. 클라우제비츠는 야간 전투와 겨울 전투를 하면 안 된다고 말하고 있는 반면, 손자는 야간이야 말로 공격을 개시하기 가장 좋은 시점이라고 말하고 있다. 이 두 가지 다른 주장은 각각 심리적인 측면에서 옹호된다. 클라우제비츠는 야간에는 아군 병사들의 사기가 약해지고, 밤이라는 환경은 적군에게 보호장치가 되기 때문에 야간 전투는 불리하다고 말한 것이다.

반면 손자는 '원래 군대는 아침에는 기략이 왕성하고, 낮에는 해이해지기 쉬우며 저녁에는 나태해지는 것이 일반적이다. 전투에 능한 자는 왕성한 때를 피하고 나태해지는 시간에 공격한다'라고 말함으로써 야간 공격을 권유하고 있는 것이다. 두 사람의 논리는 각각 정당화될 수 있지만 정반대의 언급을 하고 있는 것이다. 클라우제비츠는 '아군의 사기가 약한 시간인 밤에는 공격작전을 개시하는 것이 나쁘다'라고 말하고 손자는 '적의 사기가 약한 밤중이 공격하기가 좋다'고 말했던 것이다.

이 두 전략사상가의 충고는 동·서양 전쟁에 특징적으로 나타났다. 중국은 유난히 야간전투에 능한 나라가 되었다. 한국전쟁 당시 중공군이 야간에 피리를 불고 북을 치며 공격작전을 개시했고 그럴 때마다 야간 전투에 능숙치 못한 미군과 서방국가의 유엔군들이 고전을 면치 못했다는 이야기를 들은 기억이 있을 것이다. 동양 국가들에서 야간 공격 작전은 능한 일이었다. 반면 서양의 전투는 대부분 낮 동안 이루어졌다.

계절적으로 볼 때도 동양과 서양의 전쟁이 일어나는 시기가 다르다. 중세 이전 서양의 전쟁은 봄이 되어야 시작되고 여름에 주로 싸워지다가 가을이면 끝나는 패턴을 보인다. 영어로 3월을 의미하는 단어가 March인데 March란 군인들이 행군하는 것을 의미하기도 한다. 전쟁터로 행군해 가기 시작하는 달이 3월이라는 의미도 된다.

퀸시 라이트 교수는 일본군이 겨울에 전쟁을 시작하고 야간전투를 감행하는 모습을 보고 놀랐다. 그는 몽고와 중국 역시 겨울에 전쟁을 시작, 이듬해 봄에 전쟁을 마치는 경우가 많았다고 말하며 서양과는 특이하게 다른 모습이라고 분석했다. 이는 앞에서 이미 이야기한 바처럼 전쟁을 준비하는 방식의 차이점, 전쟁이 발발하면 동원되는 사람들이 누가인가의 차이점에서 야기되는 것이다 동양의 전쟁은 추수가 끝난 이후인 가을에 시작된 경우가 많았는데 이는 먹을 것을 준비한 이후 전쟁을 시작해야 한다는 손자의 가르침과 깊은 관계가 있다. 가을 추수가 끝난 이후 먹을 것이 가장 풍부한 시점이 겨울이었을 것이다. 또한 전문 직업군이 존재하지 않았고 전쟁이 발발했을 시 병력을 모집해야 하는 동양의 경우 가을이 되어야 농민을 징집할 수 있었다는 사실도 동양의 전쟁들이 주로 가을 겨울 동안 싸워지고 봄에는 끝난 이유가 될 것이다. 봄에는 징집된 농민군들이 다시 농사를 지으러 돌아가야 했을 것이기 때문이었다.

동양의 군대가 보병 위주인 반면 기마병이 많았던 서양은 말의 먹이가 풍부한 계절에 전쟁을 치러야 했을 것이다. 클라우제비츠와 손자의 병법을 읽은 후 서양과 동양의 전쟁사를 읽어 보면 두 곳의 전쟁은 '두 사람의 전략사상을 충분히 반영하고 있구나!'라는 감탄을 하지 않을 수 없다.

(4) 전쟁(전략)의 기본 원칙: Principles of War

전략을 연구하는 사람들은 전쟁에 승리한 국가들이 전쟁을 준비하고 수행하는 과정에서 반드시 잊지 않고 행한 여러 가지 행동의 준칙을 발견하고자 노력하였다. 전쟁에서 승리하기 위해서는 막강한 군사력을 갖추는 일은 물론이지만 군사력을 효율적으로 적용하는 방법 역시 대단히 중요하기 때문이다. 전략연구는 이처럼 전쟁을 이기는데 반드시 필요한 준비사항들을 전쟁사의 경험을 통해 추출해 내었고 이를 '전쟁의 원칙(Principle of War)'으로 정리하였다. 세계 여러 나라(주로 강대국)의 군사 관련 연구기관들은 자국의 군사력과 국가 전략에 부합하는 전쟁 원칙을 수립하고, 그 원칙들을 자국의 장교들에게 가르치고 있다. 각 나라들이 따르고 있는 전쟁 원칙은 나라들에 따라 차이점들이 크게 나지 않는다.

우선 클라우제비츠와 동시대의 전략 이론가인 조미니(Jomini)를 필두로, 많은 전략 이론가들이 전쟁의 원칙을 자신들의 저술에서 제시하기 시작하였고 그 이후 많은 군인, 학자 또는 군사 전문가들이 나름대로의 전쟁의 원칙을 제공했는데, 이들이 제시한 전쟁의 원칙은 시간 공간을 초월해서 놀라울 정도로 유사하다. 즉 고대로부터 쌓여온 전쟁으로부터 도출된 전쟁 원칙이나 현대의 전쟁으로부터 도출된 전쟁의 원칙이나 모두 비슷했다는 것이다. 또한 강대국 간의 대규모 전쟁이든, 그렇지 않은 소규모 전쟁이든, 전쟁의 규모와 관계없이 승리를 위해 채택되어진 전쟁 원칙은 대체적으로 비슷한 것이었다. 전쟁의 원칙은 동서고금의 시공을 초월, 거의 보편적으로 적용되는 것이다. 과거 무기의 성능이 오늘처럼 좋지 못했던 시대, 그리고 현대처럼 엄청난 과학무기를 가지고 싸우는 시대, 그리고 미래의 전쟁에도 마찬가지로 적용될 원칙들이다.

여러 전략사상가들 그리고 각국의 국방부는 자국의 군사를 교육, 훈련시키기 위해 약간씩 상이하지만 대동소이한 전쟁 원칙을 종합하고 있다. 이곳에서의 설명은 풀러(J. F. C. Fuller) 장군이 종합한 전쟁 원칙의 설명에 의거한 것이다.

1) 목표의 원칙(Objectives)

군사전략의 목표는 전쟁에서 결정적인 승리를 거두는데 있다. 목표의 원칙은 가장 중요한 것으로, 목표가 불분명할 경우 다른 전쟁 원칙은 아예 적용되기조차 힘들어진다. 일단 전쟁이 시작되었다면 국가전략의 목표는 그 전쟁에서 승리하는 것, 그리고 승리한 후 정의로운 평화를 확보하는 것이어야 한다. 이 같은 두 가지 목표를 달성키 위해 선행되어야 하는 것은 적국의 군사력을 파괴하는 일이다. 적국의 군사력을 파괴함으로서 자국의 의지를 강요할 수 있고 평화도 보장받을 수 있다. 물론 적 군사력의 파괴(destruction)가 반드시 적군의 전멸(annihilation)을 통해서만 가능한 것은 아니다. 적국의 항복을 받아 내거나 또는 더 이상 적국이 전쟁을 수행할 수 없도록 적의 의지를 상실시키면 되는 것이다.

군사력의 목표는 국가전략 목표와 같아야 하며 전장에서의 목표는 군사력의 목표와 같아야 한다. 2차 대전 당시 연합국은 독일군을 먼저 격파한 후 일본을 격파한다는 목표를 수립했다. 당시 연합국 총사령관 아이젠하워 장군에게 부여된 임무는 목표의 원칙이 잘 적용된 사례였다. 아이젠하워 장군이 부여받은 명령은 '귀하는 지금 유럽대륙으로 들어가고 있다. 귀하는 다른 연합국의 군대와 함께 독일의 심장을 겨누고, 독일의 군사력을 파괴한다는 목표를 가진 군사작전의 임무를 부여받았다.'[Chester Wilmot, *The Struggle for Europe* (New York: Harper and Brothers, 1952)]

이러한 전쟁 목표는 아이젠하워 사령부 휘하의 최말단 부대에 이르기까지 전 부대에 전달되었다. 결정적인 승리를 위한 구체적인 목표가 없을 경우 군사작전은 결코 효율적으로 적용될 수 없다. 노력이 분산되기 때문이다.

히틀러의 전쟁목표도 초기에는 목표의 원칙에 부합하는 것이었다. 세계 공산주의의 중심, 소련 철도의 중심, 그리고 동시에 소련 군수산업의 중심인 모스크바를 공격목표로 설정했고 모스크바 바로 앞까지 성공적으로 진격했었다. 그러나 히틀러는 곰(소련)을 죽이는 것을 목표로 삼아 전쟁을 수행해야 함에도 불구하고 곰의 껍질까지 차지하려 하였다. 즉 히틀러는 군사력의 일부를 북으로 진격하게 하여 레닌그라드까지 점령하고자 했을 뿐 아니라 남쪽의 우크라이나, 도네츠 지역 및 크리미아까지 점령하려 했다. 비록 남·북으로 향한 독일군의 공격이 어느 정도 성공을 거둔 것은 사실이지만 소련은 모스크바를 방어하기 위해 결정적으로 필요했던 6주일이라는 중요한 시간을 벌게 되었고, 독일의 기갑부대는 점차 소진되기 시작했다. 독일군은 모스크바 점령을 재차 시도했으나 가을비가 내리기 시작하여 길은 모두 진흙탕이 되어 버렸고 러시아의 동장군(冬將軍, 러시아의 혹독한 겨울 추위)도 서서히 다가오고 있었다. 목표를 정확하게 설정하지 않았기 때문에 독일군은 소련에서 패퇴 당할 수밖에 없었다.

2) 공격의 원칙(Offensive)

전쟁에서 적의 기습공격을 당한 경우 방어선을 강력하게 지키면서 그 동안 아군 병력을 강화시킬 수 있다. 그럼으로써 성공적인 방어 작전을 전개할 수 있다. 방어전의 승리를 통해 패배를 막을 수 있다. 그러나 승리하기 위해 반드시 필요한 것은 공격작전이다. 방어 작전만 가지고는 전쟁에서 승리할 수 없다.

공격작전이란 본질적으로 전쟁을 적국의 영토에 확대시키는 일을 의미한다. 즉 적의 영토에서 적과 싸우는 것이 공격작전이다. 공격을 단행하는 편은 행동의 자유를 확보할 수 있다. 자신이 싸울 자리, 공격할 표적을 스스로 선택할 수 있으니 말이다. 이때 적국은 공격자가 어디를 공격할지를 알아내기 위해, 그리고 공격받은 지점을 방어하기 위해 정신을 차릴 수 없을 지경일 것이다. 공격하는 병사들이 방어하는 병사들과 비교할 때 사기도 높고, 더욱 공세적인 정신력을 보유할 수 있다.

적국의 주요한 목표를 향해 공격작전을 전개하는 국가는, 자신을 방위하기 위한 방어 작전을 동시에 병행할 수 있다. 그렇게 함으로써 공격작전을 위해 군사력을 집중시킬 수 있을 것이다. 이는 병력 집중의 원칙 혹은 병력의 효율적 사용 원칙과도 부합하는 것이다.

훌륭한 장군은 만약 불의의 공격을 받아 방어 작전을 전개하게 될 경우 수동적인 방어 작전만 전개할 것이 아니라 가능한 한 공격작전을 취할 수 있는 기회를 포착하고자 노력해야 한다. 조지 패튼 장군은

'전쟁에서 가장 확실한 방어는 공격이며 공격의 효율성은 공격전을 수행하는 군인의 정신에 의거하는 것이다'라고 말했다.

3) 지휘의 통일(Unity of Command)

나폴레옹은 '전쟁터에서는 능력이 좀 모자란 장군 한 사람을 가지고 있는 것이 유능한 장군 둘이 있는 것보다 낫다'고 언급한 적이 있었다. 그랜트 장군도 '같은 전장에 장군이 두 명 있으면 안 된다'고 말했다. 전쟁사를 보면 지휘권이 나눠짐으로서 전쟁에 실패한 사례를 흔히 볼 수 있다. 상륙 작전의 경우 그런 문제가 자주 나타나는데 제독(해군 지휘자)과 장군(육군, 해병대 지휘자)들 사이에서 야기되는 갈등 때문이다.

2차 대전 당시 태평양 전역에서 맥아더 장군과 해군 제독 어니스트 킹 사이에 야기되었던 갈등은 대단한 것이었다. 맥아더는 호주로부터 북상하는 공격작전을 감행하여 필리핀을 탈환하고 남태평양을 장악해야 한다고 주장했고, 킹 제독은 하와이로부터 서쪽으로 공격작전을 전개해야 하리라고 주장했었다. 일본의 경우도 태평양 전쟁을 어떻게 치룰 것이냐에 대해 지휘부의 견해가 일치하지 않았다.

1979년 늦가을 이란 대사관에 억류되어있던 미국 외교관들을 구출하기 위한 특공작전의 실패는 지휘의 통일 원칙을 어긴 대표적인 사례였다. 미국 대사관 직원들을 구하기 위한 작전에서 모두 혁혁한 공을 세우고 싶어 하는 미국의 해군, 공군, 육군, 해병대의 이해를 반영, 특공대가 하나의 지휘 통제를 받는 부대가 아니라 종합, 짬뽕군처럼 만들어졌던 것이다. 미국의 경우 흔히 발생하는 일이다. 예로서 어느 중요지역을 정찰하는데 CIA와 미국 공군이 서로 자신의 조직이 공을 세우기 위해서 각축을 벌인다. CIA는 정찰은 자신의 영역이라고 주장하고 공군도 정찰은 자신의 영역이라고 말한다. 결국 타협을 보게 되는데 비행기는 CIA가 제공하고 조종사는 공군이 제공한다. 혹은 그 반대로 타협이 이뤄지는 것이다. 이 같은 상황에서 정찰 임무가 효과적으로 달성될 수 있을까?

4) 집중의 원칙(Mass)

결정적인 공격작전을 치르기 위해 병력을 집중시켜야 한다. 병력의 숫자가 적은 경우라 하더라도 중요한 전역(또는 전투)에 더 많은 병력을 집중적으로 배치시킬 수 있다. 병력의 집중을 가능케 하는 방법은 기동과 기습의 원칙이다. 병력의 집중이라는 원칙 때문에 전체 병력의 숫자가 더 많은 나라라 할지라도 병력 숫자가 적은 나라와의 싸움에서 승리하지 못할 경우가 생긴다. 이미 지적했듯이 '결정적인 순간과 장소에 더 많은 병력을 배치하여 적보다 더 강해지면' 승리할 수 있는 것이다.

5) 경제의 원칙(Economy of Force)

중요한 곳에 더 많은 병력을 배치하고 덜 중요한 곳에는 소수의 병력을 배치해야 한다는 원칙이다. 사실 전투에서 이 원칙을 적용하기는 쉽지 않다. 어떤 장군들일지라도 자신들이 보유한 병력을 결코 여유 있는 충분한 병력이라고 생각하지 않기 때문이다. 어떤 장군이라도 자기 휘하의 병력이 부족하다고 생각하기 마련이다. 이와 관련된 패튼 장군의 일화가 있다. 패튼 장군은 자기 휘하에 있는 2개 사단을 다른 군으로 전출시키라는 명령을 받은 적이 있었다. 그때 패튼 장군은 '나는 아주(적진) 깊숙이 들어와 있다. 그들을 빼가려면 3개 사단을 더 보내 달라!'고 주장했던 것이다.

6) 기동의 원칙(Maneuver)

기동이란 병력을 육지, 바다, 항공의 수단을 통해 운송하는 기예를 의미한다. 기동 그 자체로서 결정적인 결과를 산출하지는 못한다. 그러나 기동은 병력의 집중, 공격, 기습, 병력의 경제적 사용 원칙 등 제반 원칙을 달성하기 위한 필수적인 수단이다.

7) 기습의 원칙(Surprise)

적이 기대하지 않은 시간과 장소에서 적을 공격하여 궤멸시키는 것을 말한다. 기습의 목표는 적이 제대로 대항하기 이전에 아군의 목표를 달성하기 위함을 목표로 한다. 기습은 재빠른 기동을 통해 달성 가능하다.

8) 안전의 원칙(Security)

안전의 원칙이란 기습을 보완하는 전쟁 원칙이다. 공격작전은 일반적으로 아군 병력의 안전성(security)을 상승시킨다. 왜냐하면 공격작전은 적의 병사들로 하여금 자신을 방위하는데 급급하도록 묶어 둘 수 있는 효과를 내기 때문이다.

9) 단순성의 원칙(Simplicity)

전장(戰場, battlefield)은 대단히 복잡한 곳이다. 그래서 전투를 수행하는 병사들에게 있어 명령은 가장 단순한 것이어야만 한다. 병사들이 완벽하게 이해할 수 있는 것이어야 하며 직접적인 언어로 전달되어야 한다. 전장에서는 어떤 계획안도 계획한 대로 이행되지 않을 가능성이 대단히 높다. 상관의 명령이 잘못 전달될 수도 있고, 오인될 수도 있다. 클라우제비츠는 실제의 전장이 이론상의 전장과 다른 이유를 '마찰'이라는 개념으로 설명했다. 아무리 열심히 훈련을 해도 실제 전투상황에서 배운 대로 하지 못하는 경우가 많다. 단순성의 원칙은 훈련과 실전 사이의 차이를 줄이는 방안이다. 단순성의 원칙은 오늘날 첨단 무기체계가 복잡한 시대에서도 반드시 적용되어야 하는 원칙이다.

세계 대부분 나라들은 이상 설명한 9가지 거의 보편적인 전쟁 원칙에 각자 몇 가지씩을 더 첨부하든가 삭제함으로서 자신들의 고유한 전쟁 원칙을 만들어 놓았다. 영국은 사기의 유지, 행정(maintenance of morale, administration) 등 두 가지 원칙을 더 포함시키고 있으며, 러시아는 전멸(annihilation)의 원칙을 위의 9가지 원칙에 추가하고 있다. 그러나 전멸의 원칙이란 문자 그대로 상대의 군사력을 완전히 없애는 것을 의미함은 아니다. 중요한 지역에서 철저한 파괴를 성취할 경우 이 원칙을 달성했다고 말할 수 있다. 예로서 미국이 히로시마, 나가사키에 원폭을 투하함으로써 21만 명의 인명을 살상했는데 이 정도를 '전멸'의 원칙이 적용된 사례라 말할 수 있을 것이다.

동양의 전쟁에는 이 같은 전멸의 원칙이 적용된 전쟁사례가 더욱 흔히 발견된다. 칭기즈칸, 타메레인은 정복 전쟁을 수행하는 과정에서 전멸의 원칙을 심심치 않게 적용했었다. 그들은 인구 전체에 대한 대학살을 흔히 감행하였다. 고대 및 중세 중국의 전략원칙에서도 이러한 측면이 강조되고 있다.

전쟁의 원칙은 나폴레옹, 클라우제비츠, 매킨더, 마한, 레닌, 포흐, 두헤 등 거의 모든 전략가들이 자신들의 저서에서 제시하고 있다. 전쟁 원칙은 시간과 장소에 따라 약간씩 변하고 있다. 무기체계의 속성 변화는 전쟁의 원칙에도 약간의 수정을 가하게 했다. 예로서 미국은 공군력이 발달한 이후 육군이 강조했던 '협력의 원칙(Principle of Coordination)'보다 '지휘 통일의 원칙(Unity of Command)'을 더욱 강조하고 있다.

물론 전쟁이란 변화무쌍한 상황에 어떤 원칙도 영구불변의 절대적인 원칙이 될 수는 없다. 그럼에도 불구하고 전쟁에 승리한 편이 따르고 지켰던 원칙들을 잘 익히고 적용하는 노력은 1차적으로는 잠재적인 적국이 넘볼 수 없는 군사력을 보유함으로서 적국의 도발을 사전에 억지하고, 평화를 유지하기 위해서, 그리고 다음으로는 만약 전쟁이 회피되어지지 못하고 불가피하게 싸우게 되었을 경우 그 전쟁에서 승리하기 위해, 반드시 숙지해야 할 원칙들인 것이다.

민간인 독자들이 전쟁의 원칙을 외우기 위해 고생할 필요는 없을 것이겠지만 만약의 경우 전쟁이 발발한다면 부하들을 지휘하고 전쟁을 승리로 이끌어야 할 장교들은 이 원칙을 숙지하고 있을 필요가 있다. 미국 육사 출신 학자로서 『승리를 위하여(Quest for Victory)』라는 전략론 서적을 저술한 존 알저(John Alger)는 사관생도 시절 동료들이 전쟁의 원칙을 외우기 위해, 당시 미국 육군사관학교에서 강의된 9가지 전쟁 원칙의 앞 글자를 조합해서 '모스무쓰(MOS-MOUSSE)' 혹은 '우섬메스(O-O-SUM-MESS)'라고 외웠다는 일화를 소개하고 있다. 9가지 전쟁 원칙을 '모스무스'와 '우섬메스' 두 가지 방식으로 표시하면 다음과 같겠다.

MOS-MOUSSE	O-O-SUM-MESS
Principle of Mass,	Objective
Objective,	Offensive
Security	Security
Maneuver,	Unity of Command
Offensive,	Manuever
Unity of Command,	Mass
Surprise,	Economy of Force
Simplicity,	Surprise
Economy of Force,	Simplicity

무기와 전쟁

무기(武器)와 전쟁

전쟁과 국제정치를 논하는데 있어서 결코 빼놓으면 안 되는 것이 무기에 관한 언급일 것이다. 전쟁이란 정치적인 목적을 위해 폭력을 사용하는 것인데 폭력의 수단은 인류의 역사 이래 끊임없이 지속적으로 발전해 왔다. 무기는 수단이지만 너무 발전하다 보니 그 수단이 오히려 정치와 전략에 영향을 미치는 정도에 이르렀다는 역설조차 나타나고 있다.

20세기가 끝나는 무렵 걸프 전쟁을 거의 운동경기의 중계방송처럼 TV를 통해 생방송으로 시청했던 세계의 시민들은 현대무기의 엄청난 위력에 경악하였고 학자, 군인 등 전문가들은 초현대식 무기와 전략의 관계가 무엇인가에 관해 서둘러 연구하기 시작하였다. 무기가 전략에 영향을 미치게 되는 상황이 최고점에 도달한 것이다.

그러나 무기와 전쟁의 관계는 우리들이 일반 상식적으로 생각하듯이 그렇게 간단한 관계는 아니다. 그리고 무기는 그 자체가 독립 변수라기보다는 언제라도 종속변수로서 이해되어야 한다. 전쟁을 일으키는 것은 인간이지 무기가 아니기 때문이다. 최근의 일반적인 논조, 그리고 심지어 전문가들의 논조가 이런 원칙을 무시하고 있는 데서 혼란이 야기된다. 전쟁은 언제라도 정치적인 것이며, 전쟁은 인간의 일인 것이다.

전쟁은 폭력이며 가능한 한 회피되어야 한다. 전쟁 없이 이기는 것이 신속하게 이기는 것보다 백배는 더 좋은 일인 것이다. 바로 이 같은 기본 원칙을 다시 강조하려는 것이 본장에서 논하고자 하는 주제다.

필자는 우선 국제정치와 전쟁에 관련되는 중요한 현상인 군비경쟁과 전쟁의 관계를 알아보고자 했다. 세계 모든 나라들이 군사력을 보유하고 있으며 그 군사력을 증강시키려고 노력하는 현상, 그리고 그러한 현상이 전쟁과 어떤 관계가 있는지에 관해 객관적으로 밝히고자 한다. 많은 이들이 무기는 나쁜 것, 무기를 많이 가지게 되면 전쟁의 가능성이 높아지게 되고 훌륭한 무기를 많이 가지고 있는 나라들 사이의 전쟁은 그렇지 못할 경우보다 더욱 잔인하게 된다고 생각하고 있다. 그러나 이는 사실과 전혀 다르다는 점을 설명하려 한다.

또 잘못된 생각 중의 하나가 최고의 무기를 가지고 있으면 국가안보가 보장된다고 믿는 순진한 생각들이다. 필자는 몇 가지 중요한 무기들이 전쟁에서 어떻게 작동되는가의 문제를 다뤄봄으로써 우리가 믿고 있는 최고 병기의 신화들도 걷어내고자 한다. 혹자는 핵전쟁마저도 싸울 수 있는 전쟁이며, 그렇기 때문에 대비해야만 한다고 주장한다. 핵전쟁이 나면 모두 다 죽을 테니까 핵무기를 막을 수단을 강구하는 것조차 부도덕한 일이며 그래서 핵무기를 방어하는 방법을 강구하는 것에 반대하는 것이 보다 책임 있는 지식인들의 태도인 것처럼 생각되기도 했다. 최근 미국의 미사일방어체제계획(MD)에 대한 한국의 지식인들의 태도는 바로 그런 점을 반영한다.

(1) 무기가 많은 곳에서 전쟁은 더 자주 발생하는가?

1) 군비증강을 전쟁의 원인으로 간주하는 도덕적 다수

인간이 다른 동물들과 구분되는 기본적 특징은 바로 인간들은 도구를 만들 줄 알고 사용할 줄 안다는 사실이다. 인간들은 인간 생활을 위해 보탬이 되는 수많은 도구를 발명하고 사용함으로써 다른 동물을 지배하게 되었고 이제 자연마저도 지배하겠다고 우쭐해 할 정도가 되었다. 인간은 특히 서로를 살상하기 위한 목적의 도구를 만들어서 사용하고 있으며 오늘날 상호 살상을 위한 도구, 즉 무기체계(weapon system)는 인류의 지속 그 자체마저 위협할 수 있을 정도로 발달했다.

키신저 박사가 비유하듯이 인간이 핵 및 핵무기를 개발했다는 사실은 마치 신의 불을 훔친 죄 때문에 영원히 지속되는 처절한 고통의 벌을 받는 그리스 신화에 나오는 프로메테우스의 이야기와 같다. 신의 불을 훔친 프로메테우스는 낮에는 바위산에 철끈으로 묶인 채 그 심장을 독수리들에게 쪼아 먹히는 고통을 당한다. 그러나 밤 동안 프로메테우스의 몸은 완전히 회복되고 그 다음날 그는 다시 철끈으로 묶인 채 독수리에게 심장을 다시 쪼아 먹히는 똑같은 고통을 반복해서 당한다는 이야기다. 핵을 발명한 인간이 당하는 고통을 프로메테우스의 고통에 비유한 것은 핵의 발명은 인류의 역사 그 자체의 종지부를 찍을 수 있는 신의 불을 훔친 일로 비유할 수 있기 때문이다. 동물 행동학자 콘라드 로렌츠(Konrad Lorenz)는 인간이 저지른 여덟 가지 대 죄악 중의 하나가 바로 인간이 핵무기를 발명한 사실이라고 말하고 있다.[콘라드 로젠츠, 『현대의 대죄』(삼성문화문고 45)]

이처럼 무기는 인간의 고통을 상징한다. 무기가 많기 때문에 전쟁이 발생할 가능성이 높아지고, 국가들의 군비경쟁은 전쟁의 가능성을 높이게 된다. 군비를 많이 비축한 나라들이 전쟁을 하게 되면 피해의 정도가 더욱 처절해 질 것이며, 비록 전쟁이 나지 않는다 해도 무기를 많이 비축한다는 일은 수많은 돈이 불필요한 곳에 쓰여짐을 의미한다.

고대 중국인들은 무기를 불길한 도구(不祥之器)라고 인식했으며, 무기와 전쟁 사이에는 직접적인 관계가 있다고 생각했다. 즉 군비의 증강은 전쟁의 가능성을 높일 것이라고 인식하였다. 인간이 만든 여러 가지 도구 중에서 무기란 아무튼 나쁜 도구이며 그런 나쁜 물건들이 많이 만들어지고 비축된다는 것은 바람직하지 못한 일이라고 인식되었다. 이렇게 생각하는 것이 무기와 전쟁에 관한 보편적인 생각이었다. 그러나 이 같은 생각은 '도덕적인 다수설'이었음은 틀림없는 일이지만 과학적으로 증명된 설명은 아니었다.

사람들은 이 같은 보편적 상식을 받아들이지 않았다. 그리고 무기를 가능하면 많이 만들려 했다. 우리가 풀어야 할 수수께끼는 '그렇다면 무기를 많이 만들어서 배치하고 있었기 때문에 더 많은 전쟁이 발발했을까?'라는 문제다. 역사에 나타난 사실들을 과학적으로 분석했을 때 우리가 상식적으로 알고 있던 바와는 전혀 다른 결과들이 많이 발견되었다.

더욱 더 본질적인 질문은 '국가는 왜 무장(武裝)하는 것일까?(Why Nations Arm?)'인데 과학적인 연구는 국가가 무장하는 이유가 우리가 생각하던 것과는 딴판이었다는 사실을 보여준다. 많은 국제정치 학자들이 군비와 전쟁에 관한 체계적, 과학적인 연구를 진행했고 훌륭한 연구 결과들이 많이 나왔다. 이곳이 바로 그런 연구 결과를 소개하려는 것이다.

도덕군자들이 말하는 것처럼 군비가 없는 세상이 오게 되어 전쟁도 함께 없어지게 된다면 그 세상은 정말로 좋은, 그리고 바람직한 세상일 것이다. 군비에 투자될 돈이 교육, 복지, 산업, 문화 발전 등을 위해 투자된다면 더욱 좋은 일일 것이다. 무기를 잔뜩 쌓아놓고 있는 것보다는 조금 있는 편이 도덕적으로 좋은 일일 것이다. 가장 좋은 일은 무기를 모두 없애 버림으로써 완전한 군비 철폐를 이룩하는 것이다. 무기란 사람을 죽이고, 중요한 산업 시설을 파괴하기 위한 목적으로 만들어진 물건이니까 무기는 적을수록 좋을 것이며 하나도 없다면 최고로 좋을 것이다.

현재 우리나라에도 남·북한 간에 전쟁을 방지하기 위해서 군비축소를 이룩해야 한다고 주장하는 사람들이 많다. 국방부 속에도 남·북한 간 군비 통제 및 축소를 전담하는 부서가 있을 정도다. 남·북한 간 무기가 증강되고 있다는 사실이 남·북한 간 긴장의 주요 원인이라는 가정이 이 같은 조직이 존재하는 이유가 될 것이다. 남·북한이 서로 무기를 줄이게 되면 긴장도 줄어들게 되고 궁극적으로 한반도에 평화가 올 것이라고 생각한다. 무기와 전쟁에 관한 도덕주의자들의 전형적 생각이다.

칸트가 『영구평화론』에서 군비경쟁의 본질적인 위험성을 강조한 이래 수많은 학자와 시민들은 군비통제 및 군비축소야말로 국가 간의 평화를 위한 가장 중요한 방법이라는 사실을 의심 없이 받아들이고 있다. 군축 및 군비 통제를 위한 수많은 논리가 제공되었으며 수많은 방안이 제시되었다. 탱크를 만들기보다는 승용차를 만드는 것이, 그리고 군사시설을 건축하는 것보다는 학교를 만드는 것이 보다 더 좋은 일 같아 보인다. 그러나 이 같은 도덕적, 상식적 주장들은 과연 현실적으로 타당한 주장들인가? '그렇지 않다'가 과학적 연구 결과가 알려주는 정답이다.

2) 군비경쟁은 전쟁의 원인이다: 과학적 연구 결과

군비경쟁과 전쟁이 깊은 긍정적 관계에 있다는 주장은 감정적 도덕적인 측면이 있기는 하지만 상당 수준의 과학적 연구 결과에 뒷받침되고 있는 주장이기도 하다. 칸트가 『영구평화론』을 저술한 이래 다수의 학자들이 군비는 전쟁의 원인이라는 사실을 밝히기 위해 연구를 진행했다. 그중에서도 특히 마이클 왈라스(Michael Wallace)는 가장 체계적인 분석으로서 전쟁과 군비경쟁의 긍정적 상관관계를 밝혀낸 유명한 학자다.

왈라스는 전쟁과 군비경쟁의 관계를 경험적으로 분석하기 위하여 우선 군비경쟁을 체계적으로 정의하였다. 물론 군비경쟁이 무엇을 의미하느냐에 대해 서로 다른 견해들이 존재하고 있지만 왈라스 교수는 군비경쟁에 관한 여러 가지 정의에 공통적으로 나타나는 사항들을 종합 '군비경쟁이란 둘 또는 그 이상의 국가들의 군사력(Military Outlay)이 동시적, 그리고 비정상적으로 급격하게 증대하고 있는 현상'이라고 정의하였다. 그는 군비경쟁이란 국력이 비슷한 나라들 사이에서만 가능한 현상이라고 보고, 특히 군비경쟁이란 군사적 경쟁 관계에 있는 나라들 사이의 일이라고 정의하였다. 즉 멕시코와 미국, 중국과 버마 사이에서 군비경쟁이란 개념은 존재할 수 없다는 말이다.

왈라스 교수는 19세기와 20세기 국제정치 역사를 보았을 때 국가들은 연평균 약 4~5% 정도씩 군사비 지출을 증액시켰고, 각국의 지도자들은 상대국이 그 정도 수준으로 군사비를 증강시키는 것에 대해서는 별다른 신경을 쓰지 않았다는 사실을 발견했다. 그래서 군비경쟁(Arms Race)이라고 불릴 수 있는 비정상적인 급격한 군비증가는 매년 약 10% 정도의 군비 증강이 있을 경우로 한정해야 한다고 생각하였다. 물론 이러한 기준은 왈라스 교수의 주관적인 생각이다. 군비경쟁과 전쟁을 연구한 또 다른 학자인 딜(Paul Diehl)은 국제 분규

(international disputes)가 일어나기 3년 전부터 지속적으로 8% 또는 그 이상의 군사비 증가가 있었다면 그것을 군비경쟁이라고 간주할 수 있다고 말했다.

왈라스 교수는 자신이 제시한 기준에 의거, 실제 역사에 나타난 군비경쟁의 사례들과 그 군비경쟁이 전쟁으로 확전(擴戰)되었는지의 관계를 살펴보았다.

전쟁과 군비경쟁

	군비경쟁이 선행된 경우	군비경쟁이 없었던 경우
전쟁으로 비화된경우	23	3
전쟁으로 비화되지 않은 경우	5	68

위의 표는 99회의 심각한 국제 분규(國際紛糾; International Disputes) 중에서 군비경쟁이 선행된 28회 중 23회는 전쟁으로 확대되었고 군비경쟁이 선행되지 않았던 국제 분규 중 68회는 전쟁으로 확전되지 않았으며 단 3회만이 전쟁으로 확전되었음을 보여주고 있다. 왈라스 자신은 이 연구 결과를 해석하는데 있어서 모든 군비경쟁이 모두 전쟁으로 비화한다는 것은 아니며, 군비경쟁이 전쟁의 발발 '원인'이 된다고 주장할 수 있는 것은 아니라며 주의를 환기시키고 있다. 즉 군비경쟁은 전쟁의 발발과 깊은 관계가 있지만 군비경쟁 그 자체가 전쟁의 원인이라고 말할 수 있는 것은 아니라는 것이다. 그러나 왈라스의 연구결과는 군비경쟁은 전쟁의 발발에 상당히 긍정적으로 관련되어

있다는 사실을 알려주기에 충분하며, 왈라스의 연구는 '군비경쟁은 전쟁의 발발 가능성을 높인다'는 주장의 가장 강력한 과학적인 근거로서 이용되고 있다. 왈라스는 군비경쟁은 국제 분규가 전쟁으로 비화될 가능성을 대단히 높인다는 사실을 알려주는 조기경보 신호와 마찬가지이며, 군비경쟁은 국제분규가 전쟁으로 비화하는 과정에서 중요한 역할을 하는 매개변수라고 결론 내렸다.

왈라스 이외에도 군비경쟁과 전쟁의 발발 사이에는 긍정적인 관계가 있다고 주장하는 학자들의 연구 결과가 많이 있다. 고대 이래의 전쟁을 역사적, 체계적으로 연구한 내롤(Naroll)은 비록 뚜렷하게 나타나는 바는 아니지만 장기적인 측면에서 보았을 때 '전쟁에 대비하려는 노력'은 평화의 가능성을 높이기보다는 오히려 전쟁의 발발 가능성을 높이는 방향으로 작용했다고 주장했다. 왈라스와 내롤 같은 학자들의 연구 결과를 신봉하는 많은 평화주의자들은 군비경쟁은 전쟁의 원인이며 그렇기 때문에 평화를 위해서는 당연히 군비축소가 이루어져야 한다고 주장한다.

위에서 소개한 왈라스의 논문은 즉각 비판의 대상이 되었으나 왈라스는 다시 자신의 주장을 재확인하는 연구 결과를 발표하였다. 1982년에 발표한 논문에서 왈라스는 더욱 구체적으로 '평화를 원하면 전쟁을 준비하라'라는 베제티우스(Vegetius)의 금언을 비판적으로 분석하고 있다. 우선 왈라스는 평화를 원하거든 전쟁을 준비하라는 금언을 '준비모델(Preparedness Model)'이라고 명명한 후 준비모델에서 도출되는 가설들을 다음과 같이 정리하고, 그 가설들을 통계적 방법에 의해 검증하였다.

준비모델에 따르면 '상대적인 군사능력 배분 상황이 현상타파를 원하는 나라에게 유리하게 전개되어지는 경우, 그렇지 않은 경우보다 국제분쟁의 가능성은 높아질 것'이라는 가설이 성립된다. 즉 현상타파를 원하는 나라의 군사력이 더욱 강해지는 것을 허용하는 경우 전쟁의 발발 가능성은 높아진다는 말이다.

왈라스는 앞의 논문에서 사용된 것과 같은 자료를 사용하여 현상타파를 원하는 나라(revisionist power)의 군사력이 훨씬 강한 경우, 현상타파를 원하는 나라의 힘이 현상 유지를 원하는 나라의 힘에 비해 상대적으로 강할 경우, 그리고 양자 모두의 군사력이 강화되는 경우, 국제 분쟁은 어떻게 전쟁으로 확대되는지를 분석하였다. 그는 현상타파를 원하는 나라의 군사비가 현상 유지를 원하는 나라의 군사비의 1.5배에 이르는 경우를 결정적 우위로 간주하였는데 99회의 국제 분규 사례 중 28회의 경우에서 현상타파를 원하는 나라들이 군사력의 우위를 점유하고 있었다는 사실을 찾아내었다.

그러나 왈라스는 현상타파를 원하는 나라의 군사력이 압도적으로 강한 경우, 상대적으로 강한 경우, 두 가지 중 어느 경우에 있어서도 국제 분규가 전쟁으로 비화할 가능성은 거의 비슷했다는 사실을 발견했다. 이러한 사실로부터 왈라스는 '전쟁에 대비한다는 사실은 다른 국가목표를 달성하는 데는 유익할 수 있을지 모르나, 심각한 국제 분규가 전쟁으로 비화함을 방지하는 데는 거의 효용이 없었다'고 주장했다. 베제티우스의 평화를 원하거든 전쟁에 대비하라는 주장을 정면 비판했다. 즉 전쟁에 잘 대비한 경우라도 전쟁을 방지하고 평화를 얻는데 별로 성공적이지 못했다는 것이다.

다음으로 왈라스는 '준비모델'에 대비되는 것으로 '군비경쟁 모델(Arms Race Model)'을 제시하고 군비경쟁 모델로부터 도출될 수 있는 가설을 수립하고 검증하였다. 군비경쟁모델에서 도출되는 가정은 '군비경쟁을 수반하는 국제분쟁이나 국제 분규는 그렇지 않은 경우보다 전쟁으로 발전할 확률이 높다'라는 것이다. 왈라스는 앞서 발표한 논문의 비판을 고려하여 데이터를 약간 수정하여 위의 가정을 테스트하였다. 새로운 데이터에서는 국제 분규의 사례가 80회로 수정되었고 그 중 군비경쟁이 동반된 경우가 15회, 그렇지 않은 경우가 65회였다. 왈라스의 연구결과는 아래의 표와 같다.

군비경쟁, 국제 분규, 전쟁의 관계

	군비경쟁이 선행된 경우	군비경쟁이 없는 경우
전쟁으로 비화된 경우	11	2
전쟁으로 비화되지 않은 경우	4	63

위의 표도 역시 군비 경쟁이 동반된 국제 분규가 전쟁으로 귀결될 가능성이 높다는 사례를 다시 확인시켜주고 있다. 군비경쟁이 수반된 국제 분규 15회중 11회가 전쟁으로 귀결되었고 군비경쟁이 수반되지 않은 국제 분규 65회중 전쟁으로 비화한 사례는 단 두건밖에 없었던 것이다. 이처럼 왈라스 교수는 동맹과 관련된 국제 상황을 고려할 경우에도, 군비경쟁은 전쟁을 유발한다고 생각하는 '군비경쟁 모델'

은 타당한 것으로 판명되었다고 주장하였다.

이 연구도 역시 군비경쟁과 전쟁의 상관관계를 나타내는 것이지 인과관계 그 자체를 설명하는 것은 아니었다. 전쟁과 군비경쟁이 관련이 있다는 사실을 명백하게 밝혀냈지만 인과관계(因果關係) 여부 즉 '군비경쟁 때문에 전쟁이 발발하게 되었는가?'의 문제는 왈라스의 연구 결과만으로는 분명하게 밝혀지지 않았다. 그럼에도 불구하고 왈라스의 연구는 적어도 군비경쟁이란 어떤 국제 분규가 전쟁으로 비화할 가능성이 상당히 높다는 사실을 알려주는 조기경보장치(early warning indicator)는 될 수 있을 것이라는 점을 알려 주었다.

왈라스 이외에도 군비경쟁은 전쟁의 부분적인 원인이 된다고 주장한 연구 결과들이 많이 있다. 예로서 리차드슨(Lewis F. Richardson)은 전쟁을 할지도 모르는 두 나라의 군비가 '지속적인 균형 상태(Constant Equilibrium Values)'에 도달할 경우 전쟁은 발발하지 않는다고 보았다. 그러나 '무기가 무한정 증가하게 될 경우 결국 군비경쟁 국가들 사이에서의 전쟁은 불가피하다'고 보았다.

사무엘 헌팅톤(Samuel Huntington) 교수는 군비경쟁의 '초기단계'에서 전쟁이 발발할 가능성이 높으며 무기의 양적 경쟁이 질적 경쟁보다 더욱 위험했다고 지적함으로서 군비경쟁은 전쟁의 부분적 원인이라는 사실을 밝혔다. 그러나 헌팅턴 교수는 군비경쟁이 장기간 지속될 경우 전쟁 발발 가능성은 오히려 감소하게 된다고 분석하였다. 즉 군비경쟁이 벌어지는 상황이 불안정(unstable)할 경우에는 전쟁 발발 가능성이 높지만 군비경쟁 상황 그 자체가 안정적인 상황으로 고정되게 되는 경우 군비경쟁은 오히려 전쟁 발발 가능성을 감소시킨다는 것이다.

이상에서 소개한 연구 이외에도 군비의 확산은 결국 전쟁을 야기한다는 주장은 많이 존재하고 있으며 학계의 정설(定說)처럼 취급되었다. 이 같은 이론을 추종하는 사람들은 평화를 위해서는 무엇보다도 군축 및 군비통제가 선행되어야 한다고 믿는다.

3) 군비경쟁은 전쟁의 원인이 아니다: 또 다른 과학적 연구 결과

보다 체계적, 과학적 전쟁 연구들은 슈만과 모겐소 같은 초기 현실주의 국제정치학자들이 말하는 군비와 전쟁의 관계에 대한 논리가 더욱 타당한 것임을 알려주고 있으며 앞에서 소개한 왈러스의 연구 결과를 반박하고 있다.

왈러스의 논문에 대한 정면 공격은 에리히 뷔데(Erich Weede)에 의해서 행해졌다. 그는 우선 왈러스의 데이터 사용에 의문을 표시하여 1852~1871, 1919~1938, 그리고 1945 이후 오늘날에 이르기까지 군비경쟁의 존재 여부와 관계없이 어떤 국제 분규도 전쟁으로 비화하지 않았다고 주장하였다. 또한 많은 경우 확전이 이루어진 경우는 기왕에 진행 중이던 전쟁이 확산된 결과이지 군비경쟁의 결과 새로운 전쟁이 시작된 것으로 볼 수 없다고 주장하였다. 마지막으로 그는 가장 위태로운 상황은 격렬한 군비경쟁이 아니라 '현상유지를 원하는 국가가 군비경쟁에서 뒤지게 되는 것'이라는 현실주의자들의 주장을 반복하였다.

왈라스 교수와는 약간 다르게 전쟁 발발 3년 전부터 년 평균 8% 군비증가를 군비경쟁으로 간주하는 딜(Paul Diehl)은 자신의 데이터와 분석 결과에 의하면 19세기의 경우 어떤 군비경쟁도 전쟁으로 확전되지 않았으며, 발발되었던 어떤 전쟁을 보아도 사전에 군비경쟁이 선행(先行)된 적이 없었다고 주장함으로써 왈라스의 견해를 전면 부정하였다. 그는 킹스턴(Kingston)과 공저한 보다 최근의 논문에서도 대규모의 군비증강은 국가 또는 경쟁 상대자들로 하여금 분규에 말려들 가능성을 더 높이지 않았으며 전쟁과 군비경쟁의 관계는 간접적인 것이라고 주장하였다.

알트펠드(Altfeld)도 왈라스의 연구 결과를 비판하면서 군비경쟁이란 전쟁을 위한 충분조건이 될 수 있지만 필요조건은 되지 못한다고 주장하였다. 퀸시 라이트(Quincy Wright)는 오래전 양적인 군비축소(Quantitative Disarmament)의 경우 오히려 전쟁의 발생빈도는 높아졌다고 주장했다.

이처럼 군비와 전쟁의 관계에 대해서 정반대의 논리가 존재하고 있고 군비·전쟁의 관계가 없다는 과학적 연구 결과들이 오히려 다수설인 상황에서 상당히 이상주의적인 '군축=평화'의 사상이 팽배하는 현 상황을 페인(Paine) 교수는 '이 같은 원초적인 지식이 오늘날의 군축을 위한 캠페인에서는 잊혀지고 있는 것 같다'고 비판하고 있다.

군비를 전쟁의 직접적 원인이라고 간주하지 않는 학자들은 전쟁과 긴장 그리고 군비 중 후자를 종속변수로 간주하고 있기 때문에 군비 그 자체가 전쟁의 원인이 되는 독립변수로 작용한다는 가설들을 거부하는 것이다. 이들에 의하면 군비가 증강되고 있다는 사실은 국제관계가 나쁘다는 사실을 나타내주는 징후(徵候, symptom)일 뿐이며 군비 그 자체가 문젯거리가 되지는 않는다고 주장하는 것이다. 이들 현실주의 학자들은 이상적인 평화주의자들과 군축의 열렬한 주창자들은 군비와 전쟁의 관계를 거꾸로 이해하고 있다고 비판하는 것이다.

이처럼 상반된 두 가지 주장은 사실상 어느 한 가지가 맞는 설명이라고 명백하게 말하기는 곤란하다. 각각의 주장은 일면의 타당성을 공유하고 있기 때문이다. 특히 이 문제를 경험적으로 다룬다는 것도 방법론상으로 매우 어려운 문제이다. 만약 군비경쟁이 선행된 국제분규가 전쟁으로 비화했다고 하더라도, 혹시 군비경쟁 이외의 다른 더욱 중요한 요인 때문에 전쟁이 발발한 것인지도 알 수 없는 일이다.

딜과 시버슨(Diehl and Siverson)의 말대로 어떤 학자들은 군사분쟁의 맥락 속에서 군비경쟁을 관찰하고 있으며 반면에 다른 학자들은 군비경쟁이라는 맥락 속에서 군사분쟁을 관찰하고 있는지도 모른다.

4) 군비와 전쟁 관련 두 가지 정반대 견해를 판단하는 기준: 현실주의

우리나라나 외국이냐를 막론하고 군비증강은 전쟁의 원인이라고 주장하는 환상적인 평화주의자들의 목소리가 도처에서 들려온다. 전쟁에 대비하느라 군비를 증강시키면 오히려 전쟁이 일어난다고 주장하며 그러니까 군비축소 및 군비 통제를 이룩해야 평화가 온다고 주장한다. 군비증가가 아니라 군비를 제한, 통제, 삭감함으로서 평화를 이룰 수 있다는 주장은 대개 다음과 같은 3가지 논리에 근거한다.

첫째, 무기를 많이 가지고 있는 경우 전쟁의 발발 가능성은 높아진 다는 것이다. 이들은 무기가 없어지면 전쟁을 할 수 없을 것 아니냐고 주장한다. 둘째, 군비경쟁을 하다 보면 전쟁이 발발할 경우 그렇지 않은 경우보다 인명 피해가 훨씬 심각할 것이라고 주장한다. 전문가가 아닌 이상 각각 탱크 3,000대 대포 5,000문을 가지고 있는 나라들끼리의 전쟁이, 각각 탱크 100대, 대포 500문을 가지고 있는 나라들끼리의 전쟁보다 훨씬 더 잔인할 것이라 생각하는 것은 당연하다. 셋째로 군비 통제, 축소를 주장하는 이들은 군비는 너무 비싸기 때문에 국가 경제를 파탄시키는 요인이 된다고 주장하며 그래서 당연히 군축이 이루어져야 한다고 주장하는 것이다.

그렇다면 이들 환상적 평화주의자들의 견해는 타당한 것일까? 평화를 원하거든 전쟁에 대비하라는 논리는 수구 꼴통의 주장이란 말인가? 이들 중 어떤 주장이 더욱 타당한 것이냐를 판단하기 위해 몇 가지 전제되어야 할 사안들이 있다.

이 문제를 분석할 때에는 우선 군비와 전쟁은 국제정치학, 군사 전략론의 주제라는 사실을 반드시 염두에 두어야 한다. 즉 군비를 갖추고 군사력을 보유하는 문제를 경제적 측면을 강조해서 분석하기보다는 전략적 측면을 강조해서 분석해야 한다는 것이다. 군비, 군사력을 어느 측면에서 분석하느냐에 따라 정 반대의 입장이 나올 수 있기 때문이다.

예로서 우리는 대부분 자동차 보험에 들고 있다. 사고가 나지 않으면 그 해에 낸 보험료는 그냥 없어져 버리고 마는 돈이라고 말할 수 있다. 필자는 지난 20년 정도 무사고 운전자였는데 매년마다 꼬박꼬박 자동차 보험료를 다 내고 있었으니 보험료만으로도 새 자동차를 한 대 살 수 있을 정도가 되었을 것이다. 그렇다면 우리들의 이러한 행동은 바보 같은 행동이라고 보아야 하는가? 앞으로도 사고를 낼 확률은 그다지 높지 않아 보이니 보험 들지 않는 것이 더 나은 일인가? (사실은 법적으로는 자동차 보험에 들지 않을 수 없다)

군사력, 군비는 바로 국가가 보험을 드는 일이라고 생각해야 하는 것이다. 그리고 군사력을 유지하기 위해 수백억 달러를 투자했는데 전쟁이 나지 않았다면 그것은 억울해야 할 일이 아니고 기뻐해야 할 일이다. 10년 동안 자동차 보험료를 꼬박 물었는데 사고가 한 번도 나지 않아 보험료를 한 푼도 못 타 먹었다고 억울해하면 안 되는 일이나 마찬가지다. 그동안 안심하고 운전하고 다녔다는 사실을 감사해야 하는 것이다. 이처럼 군비, 군사력에 대한 투자를 평가하는 논리는 일상생활 영역에서의 경제 논리만으로는 안 된다는 것이다.

둘째로 군비, 전쟁의 관계에 대한 검증 또는 분석은 현실주의적 입장에서 행해져야 한다. 이상주의적, 도덕주의적 관점이 개입되면 냉정한 전략을 만들 수 없다. 국제정치란 전쟁이 일어날 수 있는 가능성이 항상 존재하는 영역이다. 전쟁이 지난 수십 년 동안 없었다는 사실이 곧 앞으로 다가올 수십 년 동안에도 전쟁이 없을 것이라는 사실을 보증해 줄 수 있는 아무런 근거가 될 수 없는 것이다. 국가들은 언제라도 전쟁을 벌일 수 있다는 사실, 그리고 국가들의 행동을 규제할 수 있는 법적, 제도적 장치가 불완전하다는 사실, 그리고 적대국에 대응하는 궁극적인 수단은 자국의 군사력이라는 현실주의적 관점을 포기하면 안 된다. 바로 이 같은 현실주의적 입장을 취할 경우 국제정치에서 군비와 전쟁의 관계에 관한 보다 정확한 분석이 가능해진다.

고르바초프가 소련 대통령으로 취임한 1985년 3월 이후 미국과 소련의 관계에 급격한 변화가 있었다. 2차 대전 이후 40여 년간 지속되어 왔던 소위 이데올로기의 갈등을 배경으로 하던 냉전적 양극체제가 종식되었고 이러한 변화에 부응하여 지금까지 적대관계에 있던 국가들 사이에서 군비 통제의 문제가 활발하게 논의되었고 상당 부분 결실을 맺었다.

1987년 미·소간 중거리 핵무기 폐지협정(INF)이 체결되었고, 1973년 출범이래 별다른 돌파구가 없이 표류하고 있었던 상호균형 감군회담(Mutual and Balanced Force Reduction)은 유럽 재래식 무기 감축 회담(Conventional Forces in Europe: CFE)으로 확대·발전되었고, 1989년 3월 비엔나에서 시작된 CFE 회담은 1990년 1월 19일 역사적 협정이 체결되기에 이르렀다. 냉전이 끝나는 무렵 미국과 소련 사이에 성공적인 군비축소가 이루어졌다.

이상 일련의 군축 성공사례를 도덕주의적 군축론자들은 '성공적인 군축의 결과 지구는 평화의 시대를 맞이하게 되었다고 주장'했다. 유럽에서 군비축소가 이루어지고, 미국과 소련 간에 대폭적인 핵 군비축소가 이루어진 결과 세계는 더욱 평화스럽게 되었다고 주장했다.

그러나 현실주의 국제정치학 이론에 의하면 1980년대 후반에 이루어진 군축의 성공사례는 전혀 다르게 해석된다. 소련이 미국과의 싸움을 포기했기 때문에 군축이 가능했다는 것이다. 즉 1980년대 후반 미국과 소련 사이에 이루어진 군축은 '평화의 결과'였지 '평화의 원인'은 아니라는 것이다. 소련이 미국과 더 이상 경쟁하기를 포기한 이유는 미국의 대대적인 군비증강 정책을 소련이 더 이상 감당할 수 없었기 때문이며, 그 결과 소련은 미국과의 경쟁을 완전히 포기하게 되었다. 소련이 미국과의 경쟁을 포기했으니 미국도 더 이상 군사력을 증강시킬 이유가 없게 되었다. 그래서 고르바초프와 레이건, 그리고 부시 대통령은 사상 최고의 성공이라고 말해도 좋은 군비감축협정을 성공적으로 이룩한 것이다.

여기서 우리가 간과할 수 없는 사실은 미국의 레이건, 부시 두 대통령은 어느 측면에서 보아도 이상주의적 도덕론자가 아니라는 사실이다. 군비경쟁에 아무런 거리낌이 없었던 이들 두 미국 대통령은 동시에 사상 최고의 성공적인 군비축소를 이룩한 대통령들이 되었다.

군비축소를 평화의 관건이라고 보는 도덕주의자들이 간과하고 있는 또 다른 사실은 그들은 군비 그 자체를 국제정치의 독립변수로 인식하고 있다는 것이다. 즉 무기가 많은 곳에서는 전쟁 발발의 가능성도 높다는 논리는 무기의 존재 그 자체를 독립변수로 간주해야만 성립될 수 있는 주장이다.

불에 잘 타는 물건이 많이 있는 곳이 그렇지 않은 곳보다 불이 더 잘 나는가? 이 질문을 하는 이유는 장작은 비록 불에 잘 타는 물건이기는 하지만 스스로 불을 내는 요인은 아니라는 것이다. 무기도 마찬가지다. 무기가 많다고 전쟁이 더 자주 발발하지는 않는 것이다. 군축을 평화와 일치시키는 사람들의 논리를 따른다면 전쟁의 빈도는 현대에 가까울수록 높아져야 한다. 우리는 현재 그 옛날 어떤 시대보다 훨씬 많은 양의 대포, 탱크, 총, 폭탄을 가지고 있지만 그렇다고 과거보다 더욱 전쟁이 많은 시대를 살고 있는 것은 아니다.

미국에서는 총기의 개인 소지에 관한 시민들의 격렬한 찬·반 논쟁이 항상 벌어진다. 총기의 개인 소지를 반대하는 사람들은 총기 때문에 미국 내의 총기사용 범죄가 높고 그 결과 너무 많은 사람들이 총기범죄의 희생물이 된다고 주장한다. 반면에 총기의 개인소유를 지지하는 사람들은 '사람이 사람을 죽이는 것이지 총이 사람을 죽이는 것은 아니다'라고 응수한다. 군비가 과연 국가 간의 전쟁 발발 가능성을 높이느냐의 논쟁도 논리적인 구조면에서 위의 논쟁과 마찬가지다.

군비와 전쟁의 관계를 학술적으로 탐구한 결과들도 대부분은 군비경쟁은 전쟁과 별 관계가 없다고 결론을 내린다. 팔츠그라프(Robert L. Pfaltzgraff, Jr)와 도허티(James E. Doaghuty) 교수는 국제관계이론을 종합하는 유명한 저서의 최근 판에서 군비통제 및 군축에 관해서는 겨우 5페이지만을 할애하고 있는데, 군비와 전쟁에 관해서는 슈만(Frederick L. Schuman), 모겐소(Hans J.Morgenthau), 하워드(Michael Howard) 등 현실주의 정치이론가들의 주장을 중심으로 소개하고 있다.[Robert L. Pfaltzgraff and James E. Dougherty, *Contending Theories of International Relations: Comprehensive Survey* (5th ed.; New York:

Longman, 2001)]

 슈만은 '평화주의자(Pacifist)들은 오랫동안 군비는 전쟁을 불러일으키는 요인이라고 믿고 있었지만 실제는 오히려 그것과는 반대의 주장이 더 진리에 가깝다: 무기란 평화가 가능하다고 느껴지는 곳에서만 감축될 수 있는 것이며 갈등이 있을지 모른다고 기대되는 곳에서 군비경쟁이 야기되는 것이다. 군비는 전쟁 또는 전쟁을 하리라는 기대 때문에 갖추어지게 되는 것이다'고 말하고 있다.

 전통적인 외교사학자인 까리에(Rene Albrecht Carrie) 교수도 1차 대전이 군비경쟁 때문에 발발했다는 주장을 반박하면서 다음과 같이 말하였다. '1914년 이전의 군비 경쟁론은 무기자체를 전쟁 발발의 중요한 원인으로 간주하였다. 이 견해가 부분적으로 옳다는 사실은 인과관계(因果關係)의 순서가 뒤바뀐 것 같은 더 큰 허구를 감추고 있다. 무기의 축적은 본질적으로 더 근본적인 상황인 불안정의 결과이지 원인이 아닌 것이다.'

 한스 모겐소 교수 역시 '인간은 무기를 가지고 있기 때문에 싸움을 하는 것이 아니다. 인간들은 싸울 필요가 있다고 생각하기 때문에 무기를 가지고 있는 것이다'라고 언급하였다. 즉 군축이론가들이 말하듯이 군비란 것이 국제정치에 영향을 미치는 요인이 아니라 국제정치가 군비의 보유 및 증강 여부에 영향을 미친다는 의미인 것이다.

 제2차 세계대전의 원인을 연구한 테일러 교수도 2차 대전의 원인을 현상 유지를 원하는 국가들이 군비경쟁하기를 꺼려했고 현상 타파국의 군비경쟁에 제대로 대응하여 전쟁을 억지하지 못한 결과라고 주장하였다.

이처럼 현실주의 국제정치 이론가들은 군비가 증강되고 있다는 사실은 국제정세가 불안함을 나타내 주는 징후(symptom)일 뿐이며 군비 그 자체가 문젯거리가 되는 것은 아니라는 입장을 견지하고 있다. 즉 평화주의자들은 군비, 또는 군비경쟁을 국제정세에 영향을 미치는 독립변수로 파악하고 있는데 반해 현실주의 이론가들은 군비경쟁, 군비란 국제정세의 변화에 따라 변화되는 종속변수로 인식하고 있는 것이다.

5) 군비가 별로 없는 곳에서도 전쟁은 발발한다

군비 축소가 이루어지면 평화가 이룩될 수 있다는 거의 모든 사람들이 믿고 있는 상식이 반드시 타당한 것은 아니라는 사실은 앞에서 충분히 논의했다. 그러나 군비 축소론자들이 군축을 이룩하면 평화가 실현된다는 주장들은 사실은 심오한 논리에 근거한 것이 아니라는 사실을 지적해 두어야 할 것 같다.

우선 군축론자들의 첫 번째 논리인 '군축이 이루어진 경우 전쟁의 가능성이 줄어든다'는 가설은 오히려 '전쟁의 가능성이 줄어들 경우 군축의 가능성이 높아진다'라고 말해야 할 것이다. 군비는 국제 상황을 반영하는 종속변수다. 독립변수인 국제상황이 좋아지면 군비가 축소되고 국제 상황이 악화되면 군비는 증강되는 것이다.

환상적 평화주의자들이 두 번째로 주장하는 '군축이 이루어진 이후에는 만약 전쟁이 발발한다 해도 그 전쟁은 그 피해의 정도가 그렇지 않은 경우보다 훨씬 미약할 것이라고 주장한다. 정말 그럴까? 논리적인 면에서 본다면 이 주장은 일단 긍정적으로 평가될 수 있을 것 같다. 대규모로 군사 장비를 갖춘 상대끼리의 싸움이 더욱 처절하리라는 사실은 상식적인 추론에 의해 맞는 말이라고 인식될 수 있을 것이다.

그러나 군축이 전쟁의 피해를 경감시킨다는 논리는 일면 대단히 허접한 논리다. 페인(Payne) 교수는 이 엉성한 논리를 '전쟁 파괴력에 관한 오류(War Destructiveness Fallacy)'라고 말하며 그 논리성을 정면 비판하고 있다. 과거의 전통적인 논리에 의하면 더 큰 군사력과 더욱 현대화된 무기는 전쟁이 일어날 경우 더 큰 파괴, 더욱 많은 인명피해를 야기할 것이라고 생각되었다. 이 견해에 따르면 어떤 종류의 군사력 증강이라도 비난받아야 할 일일 것이다. 대규모의 군사력은 더 많은 시민을 죽이는 것이며 더욱 세련된 현대 무기는 파괴를 더욱 완벽하게, 더욱 철저하게 수행할 수 있는 나쁜 인간 행동 중 하나일 것이기 때문이다.[James L. Payne, *Why Nations Arm* (Oxford: Blackwell, 1989)]

페인 교수는 바로 이 같은 논리는 오해에서 비롯되는 것이라고 주장한다. 첫째의 오해는 군사력의 목표에 관한 오해이다. 군사력이란 반드시 파괴와 살상을 위해서 존재하는 것이 아니다. 현대의 정교한 무기는 군인들이 살상과 파괴를 더욱 효율적으로 할 수 있도록 만든 것임은 틀림없다. 그러나 역사상 가장 많은 인명피해가 난 전쟁은 요즘 싸워지는 전쟁이 아니라 16세기 오늘날의 독일이 있는 지역에서 싸워졌던 30년 전쟁이었다. 당시 중부유럽 인구의 1/3이 이 전쟁으로 인해서 죽음을 당했다. 초현대 과학무기로 싸우는 현대의 어떤 전쟁에서도 어떤 특정 지역 인구의 1/3이 죽어 나간 전쟁은 없었다. 전쟁에서의 인명피해는 사용된 무기에 의해서가 아니라 사용된 전략 및 전술에 의해 달라지는 것이다.

사실 인명의 대량학살(Genocide)이라는 정치 행위는 전쟁과는 무관하게 발생했던 일이다. 인명의 대량학살을 위해서는 전혀 근대적인 무기가 필요한 것도 아니다. 세계의 역사를 보면 대량학살의 발발은 전쟁이라기보다는 국내 정치적인 결과 때문에 발생한 경우가 훨씬 많았다. 게다가 대량 살륙에 사용된 무기는 오히려 가장 원시적인 구식 무기들이었다. 현대판 대량 살륙에 있어서도 무기의 발달이 기여한 바는 없다. 히틀러, 스탈린, 캄보디아의 크메르 루즈가 행한 대량 살육 중 고도로 발달된 현대적 군사기술이 개입된 경우는 하나도 없다.

전쟁이란 사람을 대량으로 죽이기 위한 것이라기보다 적에게 자기의 의지를 강요하기 위한 정치적 행위인 것이다. 전쟁에서 얼마나 많은 사람이 죽을 것이냐 하는 문제는 무기의 파괴력에 의해서 결정되는 문제가 아니다. 오히려 어떠한 전략(Strategy)을 채택하는가에 의해 결정되는 것이다. 페인 교수는 현대식 무기는 오히려 전쟁에서의 인명피해를 감소시키고 있다고 주장한다. 물론 현대 무기의 경우 파괴력 그 자체가 엄청나게 높아졌지만 동시에 현대무기는 전쟁의 지속시간을 짧게 만들었기 때문에 지연전을 하게 되는 구식 무기에 비해 오히려 인명피해를 감소시키게 되었다는 것이다.

이러한 주장은 많은 경험적 연구에 의해서도 증명되고 있다. 미국의 경우 1860년의 남북전쟁보다 더욱 처참한 전쟁은 아직 없었는데 남북전쟁 중 북군의 16.5%가 전사하였고, 훨씬 발달된 무기로 싸운 2차 대전 중 미군 병사의 사망 비율은 2.5%였다. 영국의 경우도 유럽에만 전역이 제한되었던 1차 대전에서의 인명 피해가 세계 전체가 전역이 되었던 2차 대전의 인명피해보다 3배에 이르고 있으며(이 수치는 민간인 피해까지도 포함해서 계산된 것임), 17세기 초반 유럽대륙을 황폐화시킨 30년 전쟁(1618~1648)의 피해는 비율로 따져볼 때 양 차 세계대전을 훨씬 능가하는 것이다.

전쟁에서 인명피해를 높이는 요인은 현대식 무기의 존재 그 자체가 아니라 전쟁이 빨리 끝나지 못하고 지연(inconclusiveness)되느냐의 여부에 있다. 또한 강력한 군사력의 존재는 적의 군사력이 자국의 비무장 시민에게 사용되는 일을 막는 효과를 가지기 때문에 오히려 전쟁에서의 인명피해를 줄이게 된다.

군축이 이루어진 이후에는 전쟁의 피해가 줄어들 것이라는 기대는 결국 논리성이 완벽하지 못할 뿐 아니라 전쟁사의 교훈 또한 무시하고 있는 엉성한 주장이다. 이 가설은 또한 국가들은 자신들이 사전에 준비한 무기만 가지고 전쟁을 수행하는 것이라고 간주하는데, 전쟁사를 보면 대부분의 국가가 전쟁을 수행하는 도중에 더욱 많은 무기를 생산하고 전쟁을 수행하는 도중에 병력도 대규모로 증강되는 것이 일반적인 일이다. 즉 전쟁 발발 이전의 군사력은 전쟁 진행 과정에 그다지 큰 영향을 미치지 않았다는 것이 전쟁사의 진실인 것이다. 전쟁이 일단 시작된 이후 동원할 수 있는 군사력이 더욱 중요한 요인이었던 것이다. 즉 전쟁 이전에 무기가 얼마나 많이 쌓여 있었느냐의 문제는 무기와 전쟁의 관계를 설명하는데 좋은 자료가 되지 못한다는 것이다.

이제까지 논한 바처럼 군사력의 증강, 군비경쟁, 현대식 무기의 개발이 전쟁의 피해를 더욱 처참한 것으로 만들 것이라는 가설은 여러 가지 경험적 연구 결과에 의거할 때, 그리고 논리적인 측면에서 분석해 보았을 때 타당한 것이 아니라는 사실이 증명되었다. 결국 군비축소 이론가들이 주장하는 상당 부분의 내용들은 사려 깊은 논리에 의거하지 않은 것임은 물론 구체적인 역사적 경험에 의거한 것도 아니며 대단히 환상주의적인 견해라는 사실이 밝혀지고 있다. 이 책의 맨 앞부분에서 강조했지만 상식적인 진리라고 생각되는 군축의 논리들 역시 구체적인 사실에 의해서 그리고 논리적인 측면에서도 쉽게 부정되고 말았다.

(2) 무기와 현대 전쟁

1) 폭격 이야기

비행기가 발명된 이후 전쟁에서 폭격이 차지하는 비중은 점차 증대되어 왔다. 제공권을 장악한 국가는 항상 전쟁에 이길 수 있다고 인식되기도 했고, 두헤[Giulio Douhet, *Command of the Air*, 1942; 이명환(역) 『제공권』 (서울 책세상, 2000)]와 시비어스키(Seversky) 같은 공군전략 이론가들은 현대의 전쟁에서 공군력이 결정적인 요인이라는 사실을 강조하였다. 공군이 처음으로 비중 있는 역할을 담당한 전쟁은 1차 세계대전이었고 그 이후 공군력은 한국전쟁, 걸프 전쟁에서 지속적으로 그 진가를 발휘하였다.

공군력이 전쟁에서 차지하는 비중은 계속 높아지기 시작했다. 한국전쟁의 경우 미국 및 유엔의 공군력은 공산국의 주간 작전을 거의 마비시킬 정도였다. 그럼에도 불구하고 공군력이 전쟁의 승패를 '결정'하는 요인이라고 까지는 생각되지 않았다. 그러던 것이 1991년 걸프 전쟁 이후 공군력이야말로 전쟁을 수행하고, 그 전쟁을 승리로 종결시킬 수 있는 절대적 군사력이라는 인식이 나타나기 시작했다. 걸프 전쟁(1990~1991)은 폭격 전쟁이었고 지상군은 불과 100시간 밖에 싸우지 않는 희귀한 전쟁이었다. 이미 공군기에 의해 다 파괴된 지역을 육군 부대들이 그냥 밀고 들어간 셈이었다.

걸프 전쟁은 미국의 전략 이론가들로 하여금 오로지 공군만 가지고도 전쟁에 승리할 수 있다는 생각까지 갖도록 했다. 스마트 폭탄이라 불리는 초정밀 폭탄이 목표에 명중하는 모습이 TV를 통해 전 세계에 방영되었다. 심지어 표적이 된 건물의 창문을 통해 들어가서 목표물을 파괴하는 초정밀 폭탄은 이제 공군력만 있으면 어떤 전쟁에서도 승리할 수 있을 것 같은 생각을 하게 만들었다.

그러나 폭격의 위력, 그리고 공군력의 위력은 사실 전략이론가들 사이에서 오랫동안 격론을 불러일으킨 주제였다. 공군력을 신봉하는 사람들은 공군력만 가지고도 전쟁에 승리할 수 있다고 믿어 왔지만 공군력만으로는 결코 전쟁에 승리할 수 없다는 것이 아직은 보다 다수설의 지위를 점하고 있다. 사실 월남전에서 공중을 완전히 장악한 미국은 전쟁에서 승리하기는커녕 비참한 패배를 맛보았다. 걸프 전쟁은 빛나는 승리로 기록되고 있지만 그 전쟁을 끝내기 위해서는 비록 100시간의 짧은 전투였지만 육군이 개입되어야만 했다. 현재까지 공군력과 폭격만을 통해 적의 항복을 받아낸 전쟁은 한 번도 없었다.

폭격의 효과가 물리적으로는 엄청난 것일지 모르지만 폭격의 '심리적 효과'는 우리가 기대하는 것만큼 크지 못하다는 것이 정설이다. 한국전쟁 당시 평양에 대해 유엔군의 전투기들이 퍼부은 폭탄은 48만 발이나 되었다. 당시 평양에 살았던 평양시민의 숫자보다 적지 않은 숫자의 폭탄이 떨어진 것이다. 폭탄 한 발의 위력이 얼마나 큰가를 생각해 볼 때, 그런 폭격을 당하고도 평양에 사람이 살아남았다는 것이 오히려 놀라운 일이다. 그러나 실제의 데이터들을 살펴보면 폭격의 위력이 산술적인 것만큼 엄청난 것은 아니라는 사실을 곧 알 수 있다.

가장 최신의 전투 폭격기, 가장 최신의 폭탄을 총동원해서 행해진 1999년 봄의 코소보 전쟁은 순수하게 공군력만 가지고 싸운 희한한 전쟁이었다. 미국을 위시한 나토의 각종 공군기들은 전쟁이 개시된 1999년 3월 이래 약 50일이 지난 5월 15일까지 무려 20,000회의 출격을 기록하고 있었다. 하루 평균 400회씩 출격했던 것이다. 이중 4,800회는 직접 폭격을 위한(정찰, 수송 등 다른 임무가 아니라) 출격이었다. 4,800회 폭격의 결과는 유고 측 항공기 80대 파괴, 275개 지역에 대한 폭격, 대공 레이더 시설 50% 파괴, 병영 20% 파괴, 탄약고 20%

파괴, 비행장 9곳 파괴, 교량 35개 파괴 또는 손상, 정유공장 2곳 기능 상실, 유고 측이 주장하는 인명 피해 4,000여 명 등이다.

이 폭격이 목표로 한 것은 코소보 난민 보호와 코소보인 학살을 방지하기 위한 것이었다. 그러나 폭격개시 이후 50일 동안 난민 75만 명이 발생했고, 코소보 청년 10만 명이 행방불명되었으며, 주민 4,600명 이상 피살, 그리고 코소보인 마을 500곳이 파괴되었다. 나토의 공습 작전은 전쟁의 정치적인 목표를 전혀 달성하지 못했다.

NATO측 피해는 경미한 수준이었다. 20,000회의 전투기 출격을 위해 퍼부은 돈은 월 평균 15억 달러나 들었지만 말이다. NATO측의 피해는 F-117 스텔스 폭격기 1대, 아파치 헬기 2대가 추락하여 미군 조종사 2명이 사망하는데 불과했다. 유고 측은 F16기를 한대 격추시켰다고 주장했으나 확인되지 않았다.

영국의 BBC방송은 폭격 개시 후 약 50일이 지난 1999년 5월 12일 'NATO는 유고의 사회기반 시설과 군에 엄청난 타격을 주었으나 슬로보단 밀로셰비치 대통령은 꿈쩍도 하지 않고 있다'며 실질적이고 정치적인 효과를 끌어내지 못하고 있다고 비판했다. 그러나 아마도 그 정도의 대규모 폭격에도 불구하고 밀로셰비치 대통령의 마음뿐만 아니라 유고슬라비아 시민의 마음도 바꾸지 못했을 것이다. 오히려 유고슬라비아 시민들의 밀로셰비치에 대한 적개심을 나토에 대한 적개심으로 바꾸어 놓는데 기여했는지도 모른다. 베트남전 등 폭격의 효과에 관한 연구들은 피폭 지역의 주민들이 공포에 질려 좌절하기보다는 오히려 더욱 적개심을 북돋아 전의(戰意)에 불탔다는 사실을 밝혀주고 있다.

여기서 말하려는 바는 공군력과 폭격이 무용하다는 것이 아니다. 전쟁에 이기기 위해 공군력은 거의 결정적인 것이라 해도 과언이 아니다. 그러나 공군력 그 자체만 가지고는 전쟁을 승리로 종결시킬 수 없다는 점을 지적하려는 것이다. 공군력은 다른 종류의 군사력 특히 육군 군사력과 효율적으로 결부될 경우 진가를 발휘할 수 있는 것이다. 그래서 미국 육군사관학교를 졸업하고, 공군 장교로 근무한 후 국제정치학 교수가 되어 평생을 시키고 대학에서 근무하고 있는 미어샤이머 교수는 현대의 전쟁에서도 결정적인 군사력은 육군이라는 사실을 힘주어 말하고 있는 것이다.

2) 항공모함 이야기

항공모함이란 기본적으로 전투기를 싣고 바다를 떠다니는 움직이는 비행장이다. 오늘날 미국이 보유하고 있는 항공모함 한 척의 공중화력은 웬만한 중급국가의 공군력을 훨씬 능가한다. 그러나 항공모함을 보유한 나라는 몇 나라에 불과하다. 오로지 미국, 영국, 프랑스, 러시아, 중국, 스페인, 태국, 인디아만이 현재 항공모함을 보유하고 있을 뿐이다. 물론 이들이 보유하고 있는 항공모함의 모습은 천차만별이다. 미국의 경우 10만 톤급의 항모가 있는가 하면 태국의 항공모함은 불과 2만 톤에도 미달한다.

중국은 1998년 7월 구소련이 만들다 버린 배리약(Varyag)항모의 선체를 2,000만 달러 주고 구입을 한 후 이를 전략화시켜 항모 보유국이 되었지만 중국의 항공모함을 미국의 항공모함과 동급으로 생각하면 안 된다. 향후 일본이 항공모함을 가질 가능성도 높아 보인다. 현재 일본은 이즈모라는 이름의 항모 스타일로 되어 있는 군함을 보유하고 있으며 이즈모함에는 수직 이착륙기들이 탑재되어 있어 막강한 화력을 자랑하고 있지만 전통적 의미, 즉 활주로를 통해 이착륙하는 비행기를 갖춘 항모는 아직 아니다.

일본의 항공모함 보유에 대해 한국의 기자들이 놀라고 있지만 놀랄 일은 아니다. 일본은 1942년 진주만을 기습공격할 당시 세계 최고 수준의 항모 전단을 보유했던 나라이며 지금 마음만 먹으면 미국 다음 수준의 항모 건설이 가능한 나라다.

그러데 과연 항공모함은 우리가 TV 또는 영화에서 보는 것처럼 어마어마하고 무적의 군함인가? 결론부터 말하면 미국의 항공모함의 경우는 '그렇다'이고 다른 나라의 항공모함들은 '글쎄요'라고 대답하면 될 것 같다.

항공모함의 대표인 미국의 핵 항공모함의 위력을 분석해 보자. 항공모함하면 우리는 우선 탑건(Top Gun)이라는 영화를 통해서 본, 그리고 세계 도처의 긴장 지역의 한복판을 향해 항진하는 미국의 핵 항공모함의 웅장한 모습을 연상하게 된다. 세계 최강 미국의 국력을 단적으로 상징하는 항공모함은 비행기를 몇 대나 싣고 다닐까? 미국 항공모함에 탑재되는 비행기의 숫자는 항상 동일하지는 않고 상황에 따라 약간씩 변동이 있다. 특히 냉전이 끝난 오늘날 미국은 항모 탑재기의 숫자를 점차 줄이고 있었다.

우선 미국은 과도기적 배치(transitional configuration)의 유형으로 78대의 각종 전투기를 항공모함에 탑재하고 있다. 주종을 이루는 공격기(Attacker) F/A-18기가 탑재기의 대부분을 구성하며 그 외 조기경보기, 대잠함전용 헬리콥터 및 수송기 역할을 하는 C-2 등이 항공모함에 탑재된다. 항공모함이 국제분쟁 지역에 급파되는 경우 탑재 항공기수는 약간 증강된다. 이를 힘의 투사배치(Power Projection Configuration)라고 하는데 이 경우 탑재 항공기의 총수는 82대로 늘어난다.

최신형 전투기를 80대씩이나 싣고 다니는 항공모함의 위력은 대단한 것이라고 말하지 않을 수 없다. 양적인 측면으로 비교해도 미국 항공모함 한척은 웬만한 나라의 공군력을 능가하는 수준이다. 질적인 측면까지 고려하면 도대체 세계의 몇 나라가 미국 항공모함 한 척의 전투력을 능가하는 군사력을 가지고 있을까?

항모의 숫자는 조금씩 변해 왔으며 감소되는 추세에 있었다. 그러나 트럼프 대통령 취임 이후 미국이 보유한 항공모함은 니미츠급 10척과 최신형인 포드급 1척으로, 두 개의 급으로 나뉘어진다. 미국의 항공모함은 대체로 대통령의 이름을 붙이고 있는데 현재 취역 중인 11척 모두 핵 추진 항공모함들이다. 다음은 2020년 현재 취역 중인 미국의 항공모함들이다.

갑판의 길이가 333m, 폭이 대략 77m, 갑판의 넓이는 우리나라 식으로 8,000평 정도에 이른다. 톤수는 모두 10만톤 이상이다. 이들 항공모함에는 3,184명의 해군(이중 203명이 장교), 2,800명의 항공요원(이중 366명이 장교) 외 70명 등 약 6,000명의 병력이 근무하며 자체 무장으로 지대공 미사일 3기, 20밀리 발칸포 4문, 어뢰 6문이 장착되어 있다.

이름	번호	길이	톤수	취역일
제럴드 포드	CVN-78	337	100,000	2017.07.22
니미츠	CVN-68	333	100,020	1975.05.03
D. 아이젠하워	CVN-69	333	103,200	1977.10.18
칼 빈슨	CVN-70	333	102,900	1982.03.13
T. 루스벨트	CVN-71	333	106,300	1986.10.25
A. 링컨	CVN-72	333	105,783	1989.11.11
G. 워싱턴	CVN-73	333	105,900	1992.07.04
존 스테니스	CVN-74	333	105,000	1995.12.09
해리 투르먼	CVN-75	333	105,600	1998.07.25
로널드 레이건	CVN-76	333	103,000	2003.07.12
조지 부시	CVN-77	333	104,000	2009.01.10

미국 해군의 상징이 항공모함이지만 항공모함의 전략적 유용성에 대해서는 논란이 끊임이 없다. 많은 사람들은 항공모함은 이제 상대방의 공격 앞에 대단히 취약하게 되어 자체 방어에 급급한 무기에 불과하다고 말한다. 이는 미사일의 발달, 잠수함의 발달, 그리고 세계 대부분의 국가들이 어느 정도 수준에 이른 전투기와 미사일을 보유하고 있다는 사실에서 연유하는 것이다. 특히 중국은 동풍 21(DF-21)이라는 이름의 항모 전용 공격 미사일을 개발, 미국 항공모함이 중국 근해에 진입하는 것을 거부할 수 있게 되었다고 보는 사람들도 많

다. DF-21 동풍 미사일은 사정거리가 1,770km(1,100mi)에 이르니 미국 항모가 중국 근해에 접근하여 작전을 벌이기 어렵게 되었다는 것이다. 현 미국의 주력 항모 탑재기인 F/A18 호네트기의 작전 반경이 500마일 정도니 이 같은 주장은 타당하다.

결국 항공모함은 동풍 21 미사일 한방 혹은 잠수함의 미사일 한 방에 침몰할지도 모르는 수 십억불짜리 돈덩이에 불과하다고 혹독한 비판을 당할 수 있게 된 것이다. 물론 이런 비판이 타당성이 전혀 결여된 것은 아니지만 '항공모함은 격침되지는 않는다'고 말해도 될 정도로 막강한 군함임은 분명하다. 미국의 어떤 전쟁 연습(War game)에도 항공모함이 격침당하는 상황을 가정한 적이 없다. 그래서 전쟁 연습의 현실성 여부를 혹독하게 비판하는 이들도 있지만 사실 현재 미국의 대형 항공모함은 거의 격침시키는 일이 불가능하다고 보아도 된다. 항공모함이 불침(不沈), 즉 가라앉지 않는 배라는 의미는 두 가지 사실에서 연유한다.

우선 이 세상 어느 나라라도 비록 미국의 항공모함을 격침시킬 수 있는 기회가 왔더라도 감히 그럴 수 있을까?라는 질문을 해 보자. 앞에서 열거한 11척 중 한 척이 침몰당하는 경우, 미국은 그 항모를 침몰시킨 국가에 대해 어떤 응징을 가할지를 생각해 보자. 천안함이 침몰당했을 때를 생각해보자. 천안함이 미국 군함이었어도 북한 잠수함은 과감하게 그 군함을 격침 시킬 수 있었을까? 미국의 군함이 무서운 이유는 상징적인 힘이다. 미국 배가 다른 나라 군함들보다 더 튼튼해서가 아니라 미국이라는 뒷심이 튼튼하기 때문이다. 미국의 대형 군함을 격침시키겠다는 각오를 하는 어떤 나라라도 그 일을 행하기 위해서는 보통 큰 결단을 내리지 않으면 안 되는 것이다.

두 번째 이유는 항공모함은 자체 방어력이 진정 막강한 군함이라는 사실에서 나온다. 우선 니미츠 클래스 항모 탑재기 78대 중 36대, 즉 46%만이 주 임무를 적을 공격하는데 두고 있다. 나머지 42대 즉 54%의 항공기는 항공모함을 보호하는 방어적 기능을 담당한다. 아마 비행장에 배치된 전투기의 절반 이상이 비행장을 보호하는 것이라면 그 비행장(기지)은 전략적, 전술적으로 가치가 없는 것이며 즉각 폐쇄 조치 당해야 할지도 모를 일이다. 항공모함의 문제는 격침당할 위험성이 높다가 아니라 너무나도 비싼 비행장이라는 데 있다. 겨우 공격용 전투기 36대를 위해 그 비싼 군함을 운용하는 것이 과연 합리적인 일인가에 대해 의문을 제기하는 것이다. 항공모함의 본래 사명은 '힘의 투사(Power Projection)'인데 오늘날 항공모함 전투단이 보유하고 있는 막강한 군사력의 상당 부분은 항공모함 그 자체를 보호하기 위한 사명을 담당할 수밖에 없는 처지에 놓였다는 것이 문제다.

더욱이 항공모함을 보호하기 위해 2~3척의 구축함이 항공모함 주위를 항상 따라 다닌다. 적의 공격 잠수함을 색출하기 위해서다. 항공모함의 뒤에는 미국의 공격잠수함(Attack Submarine)이 따라 붙어 항모를 보호한다. 항모에 탑재한 헬리콥터의 대부분은 적의 잠수함을 추적 공격함을 사명으로 한다. 탑재 항공기 중의 일부는 역시 적의 잠수함을 추적 공격하기 위한 사명을 갖는다. 이토록 막강한 방어 장치를 가지고 있기 때문에 항공모함은 쉽게 격침되지 않지만 그러기 위해 너무나 많은 노력과 자원이 항모 그 자체를 방어하는데 투입되고 있다는 점이 문제라고 말하는 것이다.

필자는 그럼에도 불구하고 항공모함은 그 효용성이 막강한 군함이라고 판단한다. 미국의 항공모함은 미국의 국력을 상징하는 군함이며 현실주의 국제정책의 가장 중요한 항목 중 하나인 힘의 과시(Demonstration of Power)를 위한 가장 효과적인 수단이기 때문이다. 2020년 현재 세계의 웬만한 미국의 적국들은 미국의 항공모함 전단이 출현할 경우 자신의 의도를 포기하지 않을 수 없을 것이다. 이 정도라도 미국의 항모 전단은 비싼 돈값을 하고 있다고 말할 수 있을 것이다.

미국 항공모함 전단 하나가 출현해도 웬만한 나라는 자신의 야망을 접어야 한다. 그게 바로 항공모함이 가지고 있는 전략적 가치이다. 2019년 2월 말 트럼프와 김정은이 하노이에서 제2차 정상회담을 진행했다. 하노이 외각에 있는 하이퐁 항에는 미국의 항공모함 한 척이 떠 있었다.

이웃 나라, 특히 경쟁 또는 잠재적인 갈등 관계에 있는 이웃 나라가 항공모함을 갖춘다는 것은 상당히 신경 쓰이는 일이다. 항공모함이란 어떤 측면에서 보더라도 방어용 무기체계가 아니라 공격용 무기체계라고 간주할 수밖에 없기 때문이다. 항공모함이란 전투와 폭격이 가능한 막강한 공격력을 탑재하고 적국을 공격할 수 있는 해역에까지 진출해서 작전을 전개하는 본질적으로 공격적인 무기체계인 것이다. 그래서 전 세계의 경찰을 자임하며 전 세계 방방곡곡의 분쟁지대의 현장에 항상 나타나는 미국의 군사력은 항공모함 전투단 중심의 군사력이며 이는 미국 해군뿐 아니라 미국 전체 군사력의 '상징'이기도 한 것이다.

3) 나폴레옹의 군대도 능히 이길 수 있었던 알렉산더 대왕의 군대

인간은 도구를 사용할 줄 알고 자기가 필요한 도구를 만들 줄 아는 유일한 동물이다. 원숭이도 도구를 사용할 수는 있지만 도구를 만들지는 못한다. 우리의 선조들이 처음 사용한 도구는 돌과 몽둥이였을 것이다. 그리고 바로 그 돌과 몽둥이는 동시에 인간이 사용한 최초의 무기가 되었다. 리차드 아머(Richard Armour)가 지은 전쟁의 역사에 관한 재미있는 책의 제목은 모두가 몽둥이와 돌멩이로 시작되었다[Richard Armour, *It all started with stones and clubs* (New York: McGraw Hill, 1967): 박수동(역) 『모두가 몽둥이와 돌멩이로 시작되었다』 (서울: 도서출판 백제, 1978)]라고 되어있다.

돌과 몽둥이는 물론 활, 창, 칼 등을 가지고 사람을 공격할 수도 있지만 동물을 사냥하거나, 이미 죽은 동물의 살점을 잘라내기 위한 목적으로도 쓰였을 것이기 때문에 돌과 몽둥이를 인간이 만든 최초의 '무기(武器, weapon)'라고 말하기는 곤란할 것이다.

부엌칼은 물론 무기가 될 수도 있겠지만 우리는 그것을 무기라고 부르지 않는다. 이런 의미에서 말한다면 아마도 인간이 순수하게 '무기'로서 처음 만든 도구는 '방패'일 것이다. 방패야말로 오로지 다른 사람들과 싸울 때 필요해서 만든 무기인 것이다. 방패를 가지고 달려오는 늑대와 곰을 막을 수는 없을 것이기 때문이다. 사냥의 목적이 아니라 전쟁의 목적으로 만든 최초의 도구는 사실은 공격적인 것이 아니라 상대방 사람의 공격을 방어하기 위한 도구였던 것이다.

전쟁은 엄청난 정도로 과학의 발달을 촉진했고 과학의 발달은 역으로 엄청난 살상력을 가진 무기를 만들 수 있게 되었다. 그러나 이같은 언급은 19세기 이후에나 타당한 언급이다. 인간들은 1만 년 전 문명을 시작한 이래 지난 200년 전까지 사실은 살상력(殺傷力)에서 별로 차이나지 않는 무기를 가지고 전쟁을 할 뿐이었다. 기원전 1000년 전 이미 아시리아 군은 기병대를 운용했는데 이 기병대는 1792년부터 1815년까지 지속된 나폴레옹전쟁, 1860년대 미국의 남북전쟁, 그리고 심지어는 1차 대전 당시까지도 육군력의 가장 중요한 일부분이었다. 기원전 1000년 당시의 말(馬)과, 서기 1900년대의 말은 달리는 속도는 별로 다르지 않았을 것이다. 결국 전장에서 전투부대의 진격 속도는 3,000년 전이나 19세기 초반이나 별로 다를 바가 없었다는 것이다. 기차와 자동차가 발명되기 이전에는 알렉산더 대왕의 군사력이나 나폴레옹 장군의 군사력이나 공격속도가 다를 바 없었다.

무기의 파괴력도 예상보다 그 발달 속도는 빠르지 않았다. 신석기 시대부터 이미 사용되었던 돌팔매(Sling)는 다윗이 골리앗을 죽일 때도 사용되었고, 로마 군에도 돌팔매 부대가 있었다. 성경은 '다윗은 주머니에서 돌을 꺼내 팔매질을 하여 블레셋 장수의 이마를 맞혔다. 돌이 이마에 박히자 그는 땅바닥에 쓰러졌다. 이리하여 다윗은 칼도 없이 팔매질 하나로 블레셋 장수를 누르고 쳐죽였다'[성경; 사무엘 상 17장 49~50절]고 기술하고 있다. 거인 골리앗의 이마에 박혀 그를 단 한 방에 쓰러뜨려 죽게 한 돌팔매의 위력은 어느 정도였을까?

고대 전쟁사학자 아더 훼릴은 돌팔매의 위력은 활보다 훨씬 더 치명적인 무기였다고 기록하고 있다. 치명적일 뿐 아니라 그 정확성도 대단히 높았고 사정거리도 길었다. 돌팔매에 사용된 것은 돌이 아니라 잘 구워진 진흙 덩어리였고 고대 유적지 발굴 작업 중 이런 돌팔매용 탄환을 전문적으로 제조하던 곳도 발견되었다. 돌팔매의 사정거리는 약 200야드(180m 정도)로 웬만한 화살보다 더 멀리 날아갔으며, 20세기 초반 마다가스카르섬의 토인종족의 돌팔매는 50m 이내에 있을 경우 백인들이 들고 있는 총의 위력에 버금갈 정도였다. 돌팔매로 날려진 어른의 주먹만한 돌은 사람의 해골을 부수거나 팔, 갈비뼈, 그리고 다리를 부서뜨릴 수 있는 정도의 위력을 가지고 있었다.

다만 돌팔매 병사들은 돌팔매를 휘두를 공간이 필요했기 때문에 한 병사가 차지하는 면적이 넓어야 했고 궁수들의 경우처럼 밀집 대형을 이루어 공격하기 어렵다는 전술적인 문제점이 있었다. 로마군은 돌팔매의 줄을 아주 짧게 만듦으로써 공간 문제를 해결하고자 했다.

만약 3,000년 전의 군인들과 100년 전의 군인들이 보유했던 무기가 비슷한 것이라고 한다면, 천재적 장군인 나폴레옹이 지휘했던 부대와 또 다른 서양 전쟁사의 천재적 장군인 알렉산더 대왕이 지휘하는 군사력이 서로 전투를 벌인다면 어떤 부대가 승리할까?

나폴레옹 전문가인 챈들러는 나폴레옹의 군사적 천재성을 '나폴레옹은 진정 군사적 현상 그것이었으며, 근세사에서 가장 위대한 군인이었으며, 아마도 세계 역사 전체에서 가장 위대할지도 모른다. 이 같은 타이틀로 나폴레옹에 도전할 수 있는 사람은 마케도니아의 알렉산더 대왕과 몽고 제국의 칭기즈칸뿐일 것이다'라며 칭송하고 있다.

여기서 알렉산더와 나폴레옹이 비교되는 것은, 문자 그대로의 비교를 의미한다. 즉 알렉산더의 군대가 그 모양 그대로 타임머신을 타고 와서 나폴레옹 혹은 나폴레옹을 격파한 웰링턴 장군의 군사력과 워털루에서 전투를 벌일 경우를 가정한다면 어떤 모습의 전투가 이루어 졌을까? 아더 훼릴 교수는 알렉산더 장군의 군대가 결코 나폴레옹의 군대에게 패배 당하지 않을 것으로 분석하고 있다. 19세기 초반에 존재했던 군대와 기원전 5세기의 군대를 어떻게 비교 할 수 있느냐며 놀랄 사람들도 많을 것이다. 물론 나폴레옹 당시의 군대와 알렉산더의 군대는 무기에서 차이가 났다. 그렇지만 그 차이는 질적인 차이는 아니었다. 그래서 아더 훼릴 교수는 단 한 가지 조건만을 해결한다면 알렉산더의 군대와 나폴레옹의 군대가 워털루에서 접전 할 경우 알렉산더 군대가 승리할 가능성이 더 높다고 분석하였다.

한 가지 조건이란 알렉산더 장군 휘하의 군사력이 화약, 대포 등의 폭발에 대해 심리적으로 영향 받지 않아야 한다는 것이다. 사실 알렉산더의 군사력이 화약을 본적도 없고, 대포나 총을 본적도 없으며 특히 화약과 총, 대포의 굉음을 들어본 적이 없기 때문에 이들이 나폴레옹 시대의 무기를 보고 어떤 심리적 위축을 느낄지는 알 수 없는 일이다. 아더 훼릴 교수는 알렉산더 대왕의 병사들이 나폴레옹 시대의 군인들만큼 총, 포, 화약에 대해 익숙하다고 생각하고 전쟁 게임을 벌여 보았다.

워털루 전투 당시 영국군, 프랑스군이 보유하고 있었던 화력은 알렉산더의 화력을 결정적으로 압도할 수 있는 것은 아니었다. 당시 영국군이 가지고 있던 포는 프랑스군이 영국군 20야드(18m) 정면까지 진격하는 것을 막을 수 없었고, 영국군이 사용한 소총도 그다지 위력적인 것은 아니었다. 100야드(90m) 밖에 있는 적에게는 무용지물이었으며 50야드 정도 되는 곳에 있는 적에 대해 약간의 효과가 있을 정도였다. 당시 소총은 바로 눈앞에 가까이 다가온 적이라야 겨우 살상할 수 있을 정도로 위력이 보잘 것 없었다. 사실 영국 소총수들은 프랑스 근위대가 20야드 정도까지 진격했을 때 소총 사격을 가하기 시작했다. 알렉산더 군사력이 보유하고 있던 13피트(약4m) 길이의 긴 창을 장비한 장창대(長槍隊)가 오히려 프랑스군보다 더 무서운 존재일 것이다.

당시 소총은 재장전하는 데 약 20초 정도 걸렸고, 웰링턴군의 소총수는 불과 2열밖에 없었다. 알렉산더의 마케도니아군은 50야드 밖에서는 뜀박질 공격을 가할 수 있도록 훈련되어있었기 때문에 대단한 파괴력으로 영국군의 소총수 대열을 향해 돌격할 수 있었을 것이다. 물론 마케도니아군의 피해도 만만치 않았을 것이지만 살아남은 마케도니아 병사와 영국군은 육박전을 벌여야 했을 것이다. 아마도 육박전에서는 영국군이 마케도니아군을 당할 수 없었을 것이다.

더 나아가 마케도니아군의 활과 돌팔매는 영국 소총보다 사정거리가 길고 더 치명적이었다. 갑옷을 입지 않은 영국군 병사들은 특히 활과 돌팔매의 공격에 취약했을 것이다.

기병대의 경우도 역시 알렉산더의 기병대는 웰링턴의 기병대를 제압할 수 있었을 것이다. 마케도니아의 기병대는 그 기술이 탁월했고 마케도니아 기병대의 긴 창은 그 위력이 대단했다. 물론 영국 기병대도 만만치 않으리라는 주장도 있지만 당시 영국 기병대는 프랑스의 창병 때문에 대단히 고생했고 결국 영국군도 1816년 창병을 조직했다는 사실을 생각할 때, 마케도니아의 창병은 적어도 영국의 기병대를 대단히 괴롭힐 수 있었을 것이다.[Arther Ferrill, *The Origins of War*, 이춘근(역)『전쟁의 기원: 석기시대로부터 알렉산더 대왕의 시대까지』(서울: 북앤피플, 2019)]

이상의 비현실적인 가정은 무기의 발달 속도가 사실은 그렇게 대단한 것이 아니었음을 나타내기 위한 일화일 뿐이다. 전쟁의 역사 10,000년 중 무기가 진정으로 혁명적으로 발전한 시기는 겨우 100 수십 년 전부터 시작되었고 오늘날에 이르러서야 무기 기술의 발달은 '전쟁에서의 혁명'을 가져 왔다고 이야기할 수 있을 정도가 되었다. 토플러(Alvin Toffler)가 말하는 제1물결 전쟁의 시대(농업시대)에는 무기의 혁명적 발달이 수천 년 동안 없었다. 제2물결 시대인 산업혁명의 시대가 전쟁에 미친 혁명적 영향은 그 효과가 나타난 지 겨우 일백 수십 년 정도 되었다. 그리고 지금 현재는 약 이십여 년 전부터(컴퓨터, 인공지능 시대) 시작된 제3의 물결 전쟁의 시대로 급속하게 진입했다.

4) 무기의 발달과 전쟁의 잔인성: 우리는 거꾸로 알고 있었다

전쟁과 전략을 연구하는 학자들이 대단한 호기심을 가지고 연구한 주제 중 하나가 과연 무기의 발달은 전쟁에 어떤 영향을 미쳤을 것인가에 관한 것이다. 무기의 발달로 인해 전략은 어떻게 변화했을까? 공격무기의 발달과 방어 무기의 발달은 어떤 관계가 있는 것일까? 무기가 점차 무서워지고 있는데, 궁극적으로 단 한방으로 지구 위의 모든 것을 파괴할 수 있는 끔찍한 폭탄이 나오게 되지는 않을까?

무기와 전쟁의 관계에 관해서, 역사에 기반을 둔 정확한 분석보다, 도덕적인 입장에서 오로지 평화만을 주장하고 전쟁은 무조건적으로 반대하는 사람들이 일반 시민들의 상식에 호소하는 전쟁 결사반대론, 군축 찬성론, 평화 협정 찬성론 등이 널리 존재한다. 그러나 이들이 주장하는 이야기 중 상식적으로 그럴 듯하지만 현실과는 대단히 다른 이야기 중 하나가 '무기의 발달로 말미암아 전쟁은 점차 무섭고 잔인해지고 있습니다'라는 언급일 것이다.

물론 이 말이 과학적으로는 형편없이 틀리는 말임에도 불구하고 이 말에 대해 거부감을 가지고 있는 시민, 군인, 학자는 아마 거의 없는 것 같다. 이 말에 대해 거부감을 가지는 사람이 있다면 그는 아마도 히틀러 같은 미친놈 취급을 받을지도 모른다. 상식이 가지는 힘이 그만큼 강한 것이다. 이 말을 틀린 말이라고 주장하는 사람은 아마도 전쟁광 취급을 받을지도 모른다.

그러나 이 같은 잘못된 언급이 있기 때문에 학문이 필요한 것이고 진지하게 연구하는 학자들이 필요한 것이다. 나는 전쟁의 역사를 공부하고 무기의 발달사를 연구한 결과 '무기의 발달은 전쟁을 잔인하게 만들지 않았다'고 단언할 수 있을 것 같다. 물론 이렇게 말하는 것이 그러니까 전쟁을 마음대로 하자는 뜻이 아니다. 국가안보가 중요하다고 말하면 '그럼 전쟁을 하자는 소리냐?'고 몰아 부치는 것이 오늘날 한국사회는 물론 전쟁을 공부하는 사람들 사이에서도 일상적인 일들이다. 학문의 연구는 정확한 분석을 위해서 하는 일인데도 불구하고, 전쟁의 연구는 도덕적, 감정적 요소에 의해 지배당할 위험성이 대단히 높다.

무기의 발달이 전쟁을 잔인하게 만들었다는 주장은 전쟁에서의 인명 피해에 관한 단순한 수치를 연상하기 때문에 나온 결과다. 아주 먼 옛날 칼과 창으로 싸우는 것보다 오늘날 대포와 미사일로 싸우는 것이 훨씬 더 처절해 보이기 때문이다. 무기의 발달은 사실 파괴력의 증대라는 측면을 중심으로 이루어졌다. 파괴력의 증대는 당연히 전쟁에서의 인명 피해를 대폭 늘였을 것으로 기대된다.

앞으로 한국 전쟁이 또 다시 발발한다면, 그 전쟁은 진정 무시무시한 전쟁이 될 수밖에 없으리라고 말할 때 인용되는 가장 중요한 근거는 바로 지난 70년 전인 1950년 발발한 한국 전쟁 당시의 무기와 오늘날의 무기는 그 살상력이 비교도 되지 않을 정도로 오늘날의 무기가 살상력이 높아졌다는 사실이다. 초현대 무기로 싸운다는 일은 상상이 가지 않는다고 말하며 두려워한다.

허만 칸 박사는 많은 이들이 현대의 전쟁, 특히 핵전쟁은 아예 생각조차 해서도 안 되는 것이라고 생각하는 경향을 지적하며 『생각할 수 없는 일을 생각한다』라는 핵전쟁 관련 저서를 남긴 바 있다. 핵무기와 핵전략을 다루는 장에서 보다 자세히 다룰 내용이지만, 허만 칸의 주장은 미국과 소련이 전면 핵전쟁을 벌인다 해도 지구 위의 인간이 다 죽지도 않을 뿐더러 문명도 멸망하지 않는다고 주장했다. 허만 칸은 미국과 소련의 전면 핵전쟁 이후 약 십년 정도가 지나면 지구는 핵전쟁 이전의 수준으로 회복될 것이라고 용감하게 주장했다.[Herman Kahn, *Thinking about the Unthinkable in the 1980s* (New York: Simon and Schuster, 1984); Herman Kahn, *On Thermonuclear War* (Prinston: Princeton University Press, 1961)]

핵무기를 제외하고, 오늘날 온갖 종류의 현대무기들은 과연 전쟁을 더욱 잔인하게 만들었는가? 몇 가지 질문을 던져보자. 최근 가장 최신예 무기가 동원된 전쟁은 걸프전쟁(1990~1991)인데 이 전쟁은 '역사상 가장 잔인한 전쟁 중의 하나였는가?' 그리고 1982년 중동에서의 전쟁은 당시까지 싸워진 전쟁 중 가장 최신예 무기들이 동원된 전쟁인데 그 전쟁은 인류 역사에 나타난 전쟁 중 가장 '잔인한 전쟁'이었는가? 1950~1953년 3년간 싸워진 한국전쟁은 그보다 450여 년 전 거의 같은 영토에서 벌어진 임진왜란보다 훨씬 처절한 전쟁이었나? 그리고 임진왜란은 그보다 200여 년 전 당시 고려를 휩쓸었던 몽고의 침략전쟁보다 훨씬 더 처절한 것이었나? 임진왜란은 몽고군은 가지고 있지 못했던 조총과 대포로 무장한 군사력에 의한 침략 전쟁이었다.

위에서 제기한 몇 가지 질문들에 대해 독자들은 솔직히 자신 있는 대답을 할 수 없을 것이다. '무기의 발달은 전쟁을 잔인하게 만들었다'는 언급이 진리라면 위의 질문에 대해 주저할 필요가 없을 것이다. 독자들이 위의 질문들에 대해 자신 있게 대답하지 못한다면 거의 아무런 의문 없이 받아들여지고 있는 '무기의 발달과 전쟁의 잔인성'에 관한 가설은 틀린 가설이 될 수밖에 없을 것이다. 우리나라의 역사를 살펴보면 인명 피해 및 참혹함이라는 점에서 보았을 때 13세기의 몽고 전란이 가장 처절했고, 다음이 임진왜란, 그 다음이 한국전쟁이라고 말할 수 있을 것이다. 인구 비례에 따른 인명 피해를 중심으로 설명하면 그렇다는 것이다. 특히 1950~1953의 한국 전쟁은 인간의 역사상 무기의 혁신적인 발달이 이룩된 이후의 전쟁인데 그 전쟁은 전체 인구 중 피해를 당한 인구의 비율로 따졌을 때 임진왜란, 몽고 전란보다 더욱 처참하지는 않았다. 몽고 전란 당시 고려인구 전체의 1/4이 인명 피해를 당한 것으로 기록되어 있다. 한국 전쟁 당시 인구의 1/10이 인명 피해를 입었다.

물론 잔인성의 기준이 무엇인지에 대해서 이론(異論)이 있을 수 있다. 이런 말을 하기는 참 어렵지만 현대의 무기는 살상력을 높임으로서 전장에서 죽어가는 병사들의 고통을, 그야말로 역설적이지만, 경감시켰다. 전쟁을 처절하게 만드는 것은 전쟁에서 사용되는 무기가 아니라 택해지는 전략·전술에 있는 것이다.

1970년대 후반 캄보디아에서 행해진 사상 최악의 잔인한 인명학살은 최고의 현대식 무기에 의한 인명 살상이 아니었다. 폴 포트 공산

정권은 총알을 아낀다고 사람들을 돌로 쳐 죽이고, 도끼로 쳐 죽였다. 돌과 도끼를 가지고 200만 명 이상을 죽였다. 전쟁에서 사용된 무기가 전쟁을 잔인하게 하는 것이 아니다. 전쟁을 잔인하게 하는 것은 무기를 사용하는 인간들인 것이다.

여기서 또 하나 우리가 잊으면 안 되는 전략의 교훈은 '무기는 전쟁의 참혹함을 결정하는 독립 변수가 아니다'는 것이다. 무기 때문에 전쟁이 잔인해지거나 그렇지 않게 바뀌는 것은 아니다. 무기의 발달은 전쟁의 잔인성 여부에 독립적인 영향을 미치지는 않는다. 그 무기를 사용하는 인간들의 전략, 전술의 변화는 무기의 발달로 인해 전쟁을 더욱 잔인하게 할 수도 있고 그렇지 않게 할 수도 있는 것이다.

5) 현대 무기가 전쟁에서의 인명피해를 늘이지 않은 이유

그럼에도 불구하고 무기의 발달 그 자체는 전쟁의 잔인성에 관한 끊임없는 논란거리를 제공해 왔다. 그리고 앞에서 논의한 것처럼 무기의 발달은 전장에서의 인명 피해 증가여부와 직접적인 관련은 없다. 그렇다면 무기의 살상력(파괴력) 증가와 전쟁의 잔인성 사이에는 어떤 관계가 있는 것일까?

먼저 무기의 파괴력 증가에 대해 살펴보자. 학자들은 무기의 파괴력을 수치로 나타내기도 하는데 듀푸이 대령의 저서를 인용해서 이 문제를 설명해 보기로 하자.[Trevor N. Dupuy, *Understanding War: History of Theory of Combat* (New York: Paragon House, 1987)] 무기의 위력을 측정하는 기준은 사람에게 상해를 입히고 죽음으로 몰아넣는 능력을 계산해서 얻을 수 있다. 즉 무기의 파괴력은 치사도(致死度, Lethality)라는 것으로 계산되어 질 수 있다. 인류의 전쟁사를 한마디로 표현한다면 한 집단이 자신들의 무기를 적의 무기보다 치사도가 더 높게 만들고 그것을 효과적으로 사용함으로써 다른 집단에 대해 자신들의 의지를 강요해 나가는 한 가지 방법에 대한 회고라고 말할 수 있을 것이다. 보다 짧은 시간에 보다 많은 인명을 죽일 수 있는 무기를 치사도가 높은 무기라고 말할 수 있을 것이다. 무기의 치사도는 인류의 역사 이래 대단히 완만한 증가를 이룩했다. 치사도가 급격히 증가한 것은 화약이 도입된 이후, 특히 19세기 이후의 일이라고 말할 수 있다.

치사도가 높은 무기를 개발하기 위한 노력은 전쟁을 하는 방식에서 몇 가지 중요한 변화를 불러일으켰다. 신무기의 성능을 최대한도로 발휘하기 위하여 자신의 전투 방법을 변경시키게 되었다는 점, 그리고 적이 동등한 무기를 사용할 경우 그것의 효과를 제한하기 위한 각종 적극적, 소극적 대응방법이 강구되기 시작했다는 점이다.

자신의 무기의 효율성을 높이고 적의 무기의 효율성을 낮추는 일, 바로 전술과 전략의 발달은 무기의 발전과 밀접한 관계가 있는 것이다. 그리고 이는 다음과 같은 간단한 공식으로 표시된다.

전술=치사도+기동성+병력

기동성이란 적에게 최대한의 상해를 가하는 한편, 자신은 적으로부터의 피해를 최소화 할 수 있는 방안이며, 병력의 배치는 아군 무기의 효율성(혹은 집중성)을 극대화시키는 동시에 적의 무기의 분산성을 극대화시키는 조치다. 바로 이처럼 전술이 발달했기 때문에 무기의 발달 그 자체가 전쟁에서의 인명 피해를 동시에 늘이지는 않게 된 것이다.

쉽게 이야기하면 칼을 가지고 싸울 때 적과 적은 10m 이내에서 접전을 벌였지만 총이 발명된 이후 적과 적은 수백m 밖에, 참호 진지를 파놓고 엎드려 싸우게 되었고 그 결과 전쟁에서의 치사도(인명 피해의 잔인성)는 무기의 파괴력과 같은 비율로 증가하지 않은 것이다. 듀푸이 대령의 계산에 의하면 파괴력에 혁명적 변화가 야기된 것은 20세기에 들어온 이후부터라는 사실을 분명히 알 수 있다. 치명도만을 따져 보았을 때 오늘날 1메가톤급 핵폭탄은 고대 투창의 약 7,000만 배에 이른다. 2차 대전 당시 사용된 중형 탱크의 치명도는 16세기 대포의 약 22,000배, 2차 대전 당시의 기관총은 17세기 소총의 약 260배의 치명상을 입힐 능력을 보유하고 있었다.

현대 무기가 고대 무기보다 평균 치사도가 2,000배나 강하다면 어떻게 전쟁에서의 인명 피해의 정도가 같은 비율로 늘지 않았을까? 몇 가지 설명이 가능하다. 하나는 과거와 오늘의 병력구성 비율의 차이에서 설명된다. 즉 현재의 10만 병력과 과거의 10만 병력은 그 구성 비율이 본질적으로 다르다. 오늘날의 10만 병력 중 상당 부분은 전투요원이 아니다. 전투에 노출되는 비율이 절대적으로 줄어든 것이다.

무기의 치명도 변화: Dupuy, 도표 참조

무기	치명도
칼, 창	23
투창	19
활	21
장궁(Long Bow)	36
장궁(Cross Bow)	33
화승총	10
17세기 머스킷	19
18세기 화승총	43
19세기 초반 라이플	36
19세기 중반 라이플	102
19세기 후 장총	153
Springfield 1903 Rifle	495
1차 대전 당시 기관총	3,463
2차 대전 당시 기관총	4,973
16세기 대포	43
17세기 대포	224
18세기 대포	940
프랑스 75mm 포(현재)	386,530
1차 대전 탱크	6,926
고대-현대무기 평균치사도 비율	1:2000

이와 함께 군의 산개도(散開度, dispersion)는 훨씬 더 크게 늘어났다. 위의 도표 역시 듀푸이 대령이 계산한 것이다. 우리들은 옛날 군인들이 전쟁할 때 어깨와 어깨가 붙어있을 정도로 밀집 대형을 이루고 있는 모습을 영화를 통해서 자주 보아왔다. 미국 남북전쟁 관련 영화를 볼 때도 병사들이 전쟁터에서 완전히 밀집 대형을 이룬 채 총을 발사하고 행군을 하는 모습도 흔히 보았다. 현대 전투를 묘사한 영화 중에

서 병력이 밀집되어서 사격하는 모습을 본 적이 있는가? 오늘날의 병사는 띄엄띄엄 떨어진 채 엎드려서 적을 향해 총을 발사한다. 적의 병사의 얼굴을 보며 총을 사격하는 아군 병사는 망원렌즈로 적병을 사살하는 특수한 임무를 가진 스나이퍼(sniper) 외에는 없을 것이다. 다음은 듀푸이 대령이 계산한 과거와 현대 병력이 차지하는 땅의 넓이를 계산한 표이다.

	고대	나폴레옹 전쟁	남북전쟁	1차 대전	2차 대전	1973년 (중동전쟁)
면적	1.0km	20.12	25.75	248	2,750	4,000
정면	6.67km	8.95	8.58	14	48	57
종심	0.15km	2.5	3.0	17	57	70
인원	10만명	4,970	3,883	404	36	25
일인당	10m	200	257.5	2475	27,500	40,000

위의 표에 의하면 고대 10만 명의 대병력이 방위하던 면적은 폭 6.67km 깊이(종심) 0.15km의 지역에 불과했다. 오늘날 10만 군사력은 폭 57km, 깊이 70km의 넓은 지역을 방어할 수 있다. 그만큼 현대의 병력은 산개(散開)되어 있는 것이다. 병력이 밀집되어 있는 경우, 그리고 분산 혹은 산개되어있는 경우, 한발의 폭탄이 야기하는 인명 피해의 정도는 완전히 다를 것이다. 인구가 밀집된 도시에 떨어진 폭탄과 사막에 떨어진 폭탄이 같은 인명 피해를 유발할 수는 없을 것이다.

이러한 변수들이 복합적으로 고려되어 질 경우 오늘날 무기 살상력의 현저한 발전에도 불구하고 전쟁에서의 인명피해가 늘지 않고 있는 이유를 이해할 수 있을 것이다. 오히려 인명피해의 비율이 감소하고 있다고 말하는 것이 보다 더 진실에 가깝다. 예로서 남북전쟁 당시 무기들은 21.3/1000 전투 사망률을 기록했고 2차 대전 당시의 무기들은 9.0/1000의 전투 사망률을 기록했던 것이다. 즉 남북전쟁 당시 양측 군인들의 전사 비율이 1,000명 중 21.3명인데 비해 그보다 훨씬 좋은 무기로 싸운 2차 대전 당시 병사들의 전투에서의 사망 비율은 1,000명 중 9명으로 오히려 줄어든 것이다.

　전쟁사의 또 다른 진실은 현대에 가까이 올수록 전쟁의 길이가 짧아지는 경향을 보였다는 사실인데 이는 무기의 살상력 증가와 반비례했던 것이다. 즉 무기의 살상력 증가는 전쟁의 결정력(decisiveness)을 높이게 되었고 그 결과 전쟁의 길이를 단축시키게 되었다. 전쟁의 길이가 단축된 결과 전쟁에서의 인명 피해도 줄어들게 된 것이다. 우리의 예상과는 달리 무기의 발달은 전쟁을 오히려 덜 비참하게 만들었다고 말해도 될 것이다. 요즈음 전쟁들은 빨리 신속하게 승패가 결정된다. 그래서 무기의 인명 살상력은 높아졌지만 인명 피해도 함께 높아진 것은 아니다.

　이상의 분석에서 또 다시 확인할 수 있는 사항은 '무기'란 전쟁과 평화를 논하는 곳에서 결코 '독립 변수'로 치부될 수 없다는 점이다. 무기가 있던, 없던, 많던, 적던, 잔인한 것이던 덜 잔인한 것이던 전쟁을 하기로 결정하고 그 전쟁이 어떻게 진행될 것이냐의 모습을 결정하는 것은 인간들이 선택한 싸움의 방식에 따라 달라지는 것이다.

6) 군사기술의 혁신(Revolution in Military Affairs)과 현대 무기체계:
그 전략적 의미

전쟁의 역사가 시작된 이래 무기의 발달이 급격히 이루어지기 시작한 것은 비교적 최근의 일이라는 사실을 설명하였다. 그러나 전쟁의 역사를 살펴보면 과학과 기술의 결합으로 인해 새로운 무기가 발명되고 그 무기가 전쟁의 양상에 현격한 변화를 초래하곤 한 적이 여러 차례 있었다. 비록 그 속도는 완만할지라도 무기의 발달은 꾸준히 이루어졌고 각 시대별로 새로운 무기, 혹은 전술 전략의 발전은 전쟁의 양상을 크게 바꾸어 놓았다.

철(鐵, iron)이 발명됨으로써 인류는 석기시대를 끝내고 농경시대, 즉 문명의 시대를 열게 되었다. 철은 무기를 만드는데도 사용되어 전쟁의 역사도 함께 바꾸어 놓았다. 활의 발명은 인명 살상의 범위와 속도를 대폭 넓힌 군사상의 혁명이었다.

말의 사용 역시 군사상의 혁명이었다. 알렉산더 대왕의 원정, 칭기즈칸의 원정은 말이 있었기에 가능했다. 그러나 한때 세계 최강의 군사력이었던 몽고 기병대는 대포와 화약으로 무장한 명나라 군대를 당할 수 없었다. 화약과 대포의 발명 역시 군사상의 혁명이었다. 1차 대전 당시 비행기가 전쟁에서 사용된 것, 탱크의 발명, 그리고 2차 대전 종전 무렵 핵폭탄의 발명은 모두 군사상의 혁명을 야기했던 무기들이었다.

그런데 요즘, 특히 미국이 걸프 전쟁(1991~1992) 및 이라크 전쟁

(2003)에서 신속한 군사적 승리를 이룩한 이후 다시 군사상의 혁명 (Revolution in Military Affairs: RMA)이라는 용어가 군사 전문가들에 의해 자주 사용되기 시작했다. 지금 이 순간 군사상의 혁명이 진행 중에 있다는 말이며 이는 과거의 군사상의 혁명과는 그 본질과 차원이 다르다고 말해 진다. 무기 체제의 정밀화, 고도화는 전쟁의 본질 그 자체에도 변화를 야기시키고 있다고 주장하는 사람들조차 있다.

우리나라에서도 RMA에 관한 논의가 한창 진행 중이다. 한국 해군이 북한의 해군과 상대도 되지 않는 해전을 연평도 앞바다에서 벌인 후, 역시 '전자장치를 갖춘 현대 무기의 위력은 대단하구나!'하고 감탄하며, 우리도 혁신적인 새로운 무기체계를 도입해야 한다고 생각하고 있다. 컴퓨터 화면으로 포착한 표적을 놓치지 않고, 자동으로 포를 발사해서 격침시켜버리는 한국 해군 함정에 장착된 포는 손으로 작동하는 포를 가진 북한 해군과 비교할 수 없었던 것이다. 연평해전(1999년 6월 15일, 제1차 연평해전) 당시 한국 해군은 경상 9명인데 반해 북한 해군은 최소 30명이 사망, 70명 이상이 부상당했고 물에 빠진 병사를 구할 수도 없었던 그야말로 처절한 패배를 당했다. 당시 한국 해군은 현장의 북한 해군을 전멸시킬 수도 있었지만 인도적인 차원에서 전투를 중지했다고 말해진다.

혁명적인 신무기의 위력이 세계의 시민들은 물론 한국 국민들에게 적나라하게 알려진 계기는 역시 걸프 전쟁이었다. 걸프 전쟁은 전쟁 그 자체가 TV로 생중계되는 사상 첫 번째의 전쟁이기도 했다. 수백km 밖에 있는 표적을 향해, 낮게 떠서, 지형을 읽으며, 비교적 여유 있는 속도로 천천히 날아가서 목표물의 창문을 뚫고 들어가서 폭발하는 초정밀 유도미사일, 그리고 이라크군의 이동 상황을 손금 보듯이 빤히 알고 있는 미국 및 연합군 사령부 지휘관들, 이라크의 미사일들을 족집게처럼 잡아내어 사전에 초토화시킨 미국 공군의 놀라운 위력은 많은 사람들을 경탄케 하였다. 무기의 위력에 '탄식'과 '찬사'가 어우러지는 상황이었다. 이제 초정밀 현대 무기를 갖춘 나라들은 언제 어디서건 상대방을 정확히 공격하여 파멸시킬 수 있는 시대가 된 것 같은 느낌이었다.

걸프 전쟁은 우수한 무기체계를 가진 나라와 그렇지 않은 나라 사이의 전쟁이 어떻게 끝장나는지를 정말로 잘 보여준 전쟁이었다. 전쟁이란 이긴 나라도 상당 정도 피해를 감수하지 않으면 안 되는 일이었다. 전쟁에 이길 수 있더라도 희생을 감당하기가 어렵다는 사실이 국가들로 하여금 전쟁을 쉽게 결정할 수 없게 한 큰 이유 중 하나였다. 걸프 전쟁은 승자와 패자의 인명 피해 비율이 1:1,000의 비율도 될 수 있다는 사실을 보여준 인류 역사상 첫 번째의 전쟁이었다.(미국군 100여 명 전사, 이라크군 10만 이상 전사) 어떤 나라가 전쟁을 개시하여 1,000:1의 인명 피해로 전쟁에서 승리할 수 있다면, 1000:1로 이길 수 있는 국가들에게 대한 전쟁의 자제력은 아마 없어지게 될 것이다.

우리가 어떤 나라를 1,000:1의 비율로 혼내줄 수 있다면, 거꾸로 어떤 나라가 우리를 1,000:1의 비율로 혼내 줄 수 있다면, 우리나라와 주변국들의 어떤 사소한 분쟁도 쉽게 전쟁으로 확산될 것이다. 압도적인 승리가 보장되는데 무얼 주저하겠는가? 중국이 대만을 침공하여 1,000:1 비율로 승리할 수 있다면 아마 내일 당장 대만을 공격할 것이다. 이처럼 RMA는 전쟁에 대한 기왕의 자제력을 바꾸어 놓게 될지도 모른다. 사실 걸프 전쟁 이후 미국이 허약한 나라들을 두들겨 패는 모습은 RMA가 전쟁을 쉽게 만들었다는 의구심을 더욱 북돋우는 사례다. 미국은 걸프 전쟁 이후 지금까지 6개의 전쟁을 더 치렀다. 미국의 군사력이 어떤 상대방도 압도할 수 있는 과학 군사력으로 발전되었다는 사실은 전쟁에 대한 미국의 자제심을 약화시켰을 것임이 분명하다.

걸프 전쟁에서 일방적 승리를 이룬 미국은 스스로도 놀랐고, 이후 무기체계의 혁신에 더욱 박차를 가했다. 1999년 간행된 4년간 방위계획서(Quadrennial Defense Review)에서 미국은 RMA에 박차를 가할 것이라고 공식 선언했으며, 당시 미국 공군 참모총장 포글만(Ronald Fogleman, 1994~1997 미국 공군 참모총장 재직) 대장은 '21세기 초반 25년 이내에 지구 위의 어느 지점에 있는 목표라 할지라도 발견, 추적, 표적화가 가능하고 즉각적으로 파괴할 수 있게 될 것이다'고 예측했다.

사실 과거 무기체계의 발달 과정을 보면 우선 파괴력(destructive capability)이 강조되었다. 각국의 과학자와 기술자들은 자기 나라의 국군을 위해 파괴력이 큰 무기를 만드느라 열심이었다. 폭발력이 막강한 무기로 표적을 공격하여 확실하게 파괴하는 일이 중요했다. 그러나 오늘날의 전쟁에서는 탐색(Search)이 더욱 중요하게 되었다. 표적이 정확하게 탐색되는 한 그 표적을 부수는 일은 문제도 아닌 상황이 되었기 때문이다.

공격무기의 정밀 유도 무기화(precision guided munition, 약칭하여 PGM이라고 칭한다)는 어떤 표적이라도 발견되는 한 폭파될 수밖에 없는 운명에 빠지게 했다. 탐색과 파괴(Search and Destroy)가 거의 동시적으로 이루어질 수 있는 상황이 된 것이다. 영국의 이코노미스트(The Economist)지가 적절히 표현했듯이 미래의 전쟁은 우리가 흔히 컴퓨터를 사용할 때 쓰는 언어들로 표시될 수 있을지도 모른다. 즉 컴퓨터 명령어 두 개로 전쟁이 시작되고 끝나는 상황이 가능하다는 것이다. 즉 표적을 선택한 후 지우기를 명령하면 된다. 컴퓨터 작업에 능숙한 사람들은 누구나 다 알고 있는 'Select (Enemy) Delete' 하면 되는 것이다. 무시무시한 일이다. 컴퓨터가 전쟁을 대신 할 수 있는 상황이 다가온 것이다. 요즘 많이 이야기되는 인공지능 시대[이지성, 『인공지능에게 대체되지 않는 나를 만드는 법: 에이트』 (서울: 차이 정원, 2019)]가 다른 어떤 영역보다 앞서 도래한 곳이 '전쟁터'라고 말할 수 있다. 사실 현대 과학의 압도적인 부분이 군사기술의 발전으로부터 파생되어 나온 것이다. 우리들이 일상생활에서 너무나도 편하게 사용하고 있는 이메일(e-mail)은 미국 국방성이 처음 개발하고 운용했던 것 아닌가.

그리고 이 같은 RMA, 즉 군사기술의 혁신으로 인한 전쟁의 혁명적 변화는 기존의 국제정치, 외교 정책에도 심각한 영향을 미치지 않을 수 없다. RMA의 효과를 아주 긍정적으로 파악하는 미국의 분석자들은 앞으로 미국은 미국 본토에서 세계 방방곡곡 어느 곳에 있는 적이라도 신속하게 공격할 수 있게 되었기 때문에 해외의 미군 기지들의 중요성은 대폭 감축될 것이라고 말한다. 랜드 연구소의 크리스토퍼 보위(Christopher Bowie)는 B-2 폭격기는 정밀무기를 탑재하고 안전한 미국 본토 내의 기지를 출발하여 세계 어느 곳이라도 폭격할 수 있다고 했다. 정말로 그렇게 된다면 미국은 해외의 공군기지를 대폭 줄여도 될 것이다.

이 주장은 1999년 여름 코소보에 대한 폭격에서 현실로 증명되었다. 미국의 B-2 폭격기 조종사들은 아침에 집에서 부대로 출근한 후, 폭격기를 몰고 대서양을 건너 지중해를 지나 코소보의 목표지점까지 날아가 폭탄과 미사일을 퍼붓고 다시 부대로 귀환하였다. 조종사의 가족들은 남편 혹은 아빠가 전쟁터에서 전쟁을 치르고 왔는지에 대해 감을 잡을 수 없을 것이다. 전쟁이 무감각하게 되었다는 사실은 인류의 미래를 위해 대단히 불행한 일이 아닐 수 없다. 미국의 국방성은 아직 물론 해외 주둔 미군 기지의 감축을 언급하지 않지만, 2020년 무렵이면 미국 본토로부터 수 시간 혹은 수일 이내 세계 어느 곳의 목표도 강타할 수 있는 무기체계가 나올 것임을 확신하고 있다.

만약 이런 상황이 도래한다면 미국은 전통적인 외교 정책의 하나인 동맹 정책에 연연하지 않아도 될 것이다. 2차 대전 이후 미국의 입장에서 보면 동맹이란 주로 기지(基地, military base)를 빌려 쓰는 혜택을 얻는 대가로 동맹국의 안보를 보장해 주는 일이었다. 그래서 미국은 동맹국들과의 조약을 기지 조약이라고도 부른다. 그동안 미국은 미군이 주둔하는 지역에서 민족주의의 부상으로 인해 미국의 보호를 받는 나라들에서 양키 고 홈!(Yankee Go Home!)이라고 소리 높이 외치는 수모를 당했는데 진정 RMA가 이룩된다면 미국은 구박받으며 기지를 빌려 쓰지 않아도 될 것이다. 이처럼 군사 과학 기술의 발달은 외교 정책에 큰 변화를 불러올 수 있는 것이다.

군사기술의 혁신은 본질적 변화를 초래하는 계기가 될 것이라고 생각하는 사람들도 많이 있지만 모든 사람들이 그렇게 생각하는 것은 아니다. RMA는 전쟁의 본질을 바꾸어 놓을 것이며, 미래의 전쟁은 공상과학 영화에 나오는 그런 모습의 전쟁일는지에 대해서도 견해가 일치하지는 않는다. 그러나 RMA의 위력을 믿고 미래의 전쟁이 초과학전이 될 것이며 그렇기 때문에 앞으로 그런 무기체계를 충분히 갖출 수 있는 방향으로 국방정책을 수립해야 한다는 사람들이 많이 있다. 물론 반대 견해도 만만치 않다.

이 같은 논쟁이 격하게 벌어지고 있는 나라는 역시 미국이다. 미국에는 심지어 모든 무기체제를 RMA화(化) 시켜야 한다는 주장도 있다. 이들 부류의 전략 이론가를 전략적 일원론자(Strategic Monist)라고 부르거나 혹은 기술 만능주의자(Technophiles)라고 부른다. 전략적 일원론자들은 미국은 전략적으로 결정적인 승리를 가져다 줄 수 있는 한 가지 무기체계에 집중 투자를 해야 한다고 주장한다. 현재 미국 공군이 주로 이 견해를 주장하고 있으며 이를 지지하는 민간인 학자도 있다. 미국 공군은 공군력은 전쟁의 승리를 위해 필요조건일 뿐 아니라 충분조건이 되었다고 주장한다. 공군력만 가지고도 전쟁을 끝낼 수 있게 되었다는 견해다.

기술만능주의자들은 RMA는 전쟁의 본질을 바꾸어 놓았으며, 전쟁에 관한 과거의 진실들은 더 이상 유용하지 않다고 주장한다. 이들은 미국은 군사 기술상의 우위를 유지하기 위해 더욱 노력해야 하며 군사기술의 우위 덕택에 지금보다 훨씬 적은 규모의 병력만 유지해도 국가안보를 보장받을 수 있다고 주장하고 미국의 국방정책과 전략은 바뀌어져야 한다고 주장하는 사람들이다.

7) RMA의 한계: 현대 신식 무기체계의 위력과 한계

앞의 논의에서 현대의 초정밀 무기체계의 위력에 대해 설명했다. 미국은 걸프전에서 이라크를 완전히 제압하면서 거의 1000:1의 인명 피해밖에 당하지 않았다. 한국의 해군이 제1차 연평 해전 당시 북한 해군을 격파했을 때에도 비슷한 모습이 나타났다. 그래서 많은 군사전문가들이 정보화시대의 첨단 무기를 가지지 않으면 안 된다고 말한다. 그렇다면 혁신적인 무기체계를 가지지 못한 나라들은 그런 초현대 무기체계를 가진 나라들과 도저히 싸움을 하지 못할 것인가? 그리고 RMA는 만능인가? 이제 우리나라도 그 값이 터무니없을 정도로 비싼 RMA 무기를 개발하고 구입해야만 할 것인가?

미국 해군이 보유한 최고의 해군기 중 F-14 Tomcat(Top Gun이란 영화에서 Tom Cruise가 조종하던 비행기)이라는 유명한 전투기가 있었다. 그 전투기는 1998년 당시 1시간 유지비가 12,000달러가 들어가는 비행기였다. 미국 해군이 F-14 다음 세대 해군 주력기로 삼은 FA18 E/F기는 한 대 가격이 2017년 당시 가격으로 7,000만 달러였다.

우리나라도 이런 엄청난 무기를 다수 구매할 능력이 있을까? 바다의 전자군단이라 불리며 자신을 중심으로 180마일(288km) 이내에 있는 250개 이상의 표적을 순식간에 포착, 동시에 18개의 미사일을 발사, 표적을 그야말로 지워버릴 수 있는 해군의 이지스(AEGIS) 구축함은 대당 가격이 현재 시가 10억 달러가 넘는다. 레이더 스크린에 나타났던 표적을, 미사일로 발사해서 파괴하면 레이더 화면에서 없어져 버리니 문자 그대로 SELECT and DELETE인 것이다. 이런 종류의 군함 한 척 값은 우리 돈으로 약 1조 2,000억원! 이지스함은 현재 미국 해군 순양함의 주축을 이루며 일본도 이 배를 이미 현재 6척 가지고 있고 앞으로도 계속 증강시킬 예정이다. 미국은 스텔스 기능을 갖춘 구축함 줌월트 클래스(Zumwalt Class) 군함을 개발, 실전 배치한 상황인데 그 중 1번 함인 DDG 1000호는 1척 가격이 14억 달러에 이른다. 2020년 현재 우리나라도 이지스함을 3척 보유하고 있다.

　　중국의 침공 위협을 받고 있는 대만은 2000년 4척의 이지스함을 미국으로부터 구입하겠다고 요청하였다. 4척의 가격은 당시 가격으로 무려 60억 달러나 되었다. 미국은 이 엄청난 경제적인 이득을 무시할 수도 없고 대만에 이 무기를 팔게 됨으로써 중국과의 관계를 망칠 걱정에 이러지도 저러지도 못하는 형편이었다. 단 네 척의 신형 군함이 이처럼 큰 위력을 발휘할 수 있다는 것이 현대 무기의 특징이라는 사실에 의문의 여지가 없다. 당시 조지 부시 미국 대통령은 대만에 여러 종류의 무기 판매를 승인했었지만 RMA급 무기인 이지스함의 수출은 보류할 수밖에 없었다. 2017년 대만 정부는 대만판 이지스 구축함을 건설하겠다는 계획을 발표했다. 아마도 대만이 이지스함을 4척 혹은 6척 등 원했던 만큼 보유했다면 중국은 당분간 대만 침공 계획을 보류하지 않을 수 없을 것이다.

8) 신식 최첨단 무기는 만능인가?

그렇다면 정말 가난한 나라, 과학기술이 발전하지 못한 나라는 이제 영원히, 강한 나라들과의 전쟁을 엄두도 내지 못할 것인가? 아니다. 약한 국가들도 RMA의 군사력을 가진 나라와 충분히 싸울 수 있고, 그리고 전쟁의 궁극적 목표인 '정치적인 승리'의 달성도 가능하다. 그리고 실제로 약한 나라들이 최강, 최신의 무기와 대등한 싸움을 벌이고 있기도 하다. 이 같은 일이 일어나는 이유는 바로 RMA 군사력이 가지는 한계 때문이다.

우선 걸프 전쟁의 효과에 대한 분석에서 RMA 군사력은 과장된 측면이 많았다. 이라크 군은 걸프전쟁 전 기간을 통해 사실상 한 번도 제대로 된 저항을 하지 못한 군사력이었다. 즉 한편만이 공격하고 다른 편은 거의 싸우려는 의지를 보이지 않은 전쟁이었다. 이라크는 미국군 및 연합군이 사우디아라비아에 꾸역꾸역 집결하고 있는 몇 개월 동안 멀뚱멀뚱 쳐다만 보고 있었던 그야말로 황당무계한 형편없는 전략을 가지고 있었다.

이라크가 쿠웨이트를 점령한 직후인 1990년 8월, 경무장만을 갖춘 채 사우디아라비아에 최초로 투입되었던 미 82공수 여단은 만약

이라크 군사력의 선제공격을 받았다면 싸워서 이기기 어려웠을 것이다. 그리고 만약 82공수 여단이 이라크 공화국 수비대의 선제공격에 패퇴당했다면 걸프 전쟁의 전체 모습은 달라졌을 것이다. 이렇게 말함은 미국의 무기체계가 우수했다는 사실과 더불어 이라크의 군사전략이 형편없었다는 요인이 걸프 전쟁의 승리에 결정적인 영향을 미쳤음을 강조하기 위해서다.

미국이 걸프전에서 얻은 승리는 '군사적'인 승리였음은 확실하다. 그러나 미국은 이라크의 위험, 후세인의 위험을 완전히 제거한다는 궁극적인 '정치적인 목표'를 달성하지는 못했다. 역설적으로 걸프 전쟁의 영웅, 미국의 자존심을 되찾아 준 부시 대통령(41대)은 전쟁 승리 바로 1년 후 치러진 선거에서 재선되는데 실패했다. 걸프 전쟁이 끝나고 10년이 지난 2003년 아들 부시(43대) 대통령이 이라크 전쟁을 개시할 때까지, 후세인은 건재하고 있었으며 이라크 주민들에 대한 학정(虐政)을 계속하고 있었다.

미국은 걸프전쟁의 전쟁터(戰場, battlefield)에서 '군사적인 승리(military victory)'는 거두었지만 정치적 목적은 달성하지 못했다. U.S. News and World Report지가 간행한 걸프 전쟁 보고서의 역설적인 제목처럼 그 전쟁은 단지 『이기지 못한 승리(Triumph without Victory)』에 불과했다.[U.S. News & World Report, *Triumph Without Victory: The Unreported History of the Persian Gulf War* (New York: US News and World Report Press, 1992)] 미국은 이라크와의 전투에서는 이긴 것 같은데 전쟁에서 승리하지는 못한 것이다.

많은 분석가들이 미국 무기체계의 우수성을 논하는데 일부 논자들은 미국이 승리한 궁극적 원인은 무기체계의 우월성이 아니라 미국이 채택한 전략, 전술, 그리고 미국 군인들의 우월성에서 찾아야 한다고 주장한다. 군사전문가 스티븐 비들(Stephen Biddle)은 미국 최고, 최신예의 탱크인 M-1 Abrams 탱크를 보유한 미국 육군과 그보다 훨씬 구식 모델인 M-60 탱크로 작전한 미국 해병대 사이에 아무런 전과의 차이가 나타나지 않았다는 사실을 발견했다. 더구나 이라크군이 가지고 있던 소련제 T-72 탱크와 미국의 M-1 탱크는 기술적 차이도 그렇게 큰 것은 아니었다. 무기의 질적 차이가 아니라 무기를 사용한 병력의 질적 차이 때문에 미국이 승리했다는 분석이 나오는 것이다.[Stephen Biddle, *Military Power: Explaining Victory and Defeat in Modern Battle* (New York: Manas Publication, 2005)]

미국군은 걸프 전쟁을 치른 지 2년만인 1992년 12월 걸프전 당시 사용했던 것과 같은 종류의, 혹은 더 훌륭한 군사력을 가지고 소말리아에 개입했지만 정치적인 승리는커녕 군사적 승리도 이끌어 내지 못했다. 전사한 미군의 시체가 소말리아 군인들에 의해 처참하게 끌려다니는 모습이 방영된 후 클린턴 미국 대통령은 소말리아에 대한 개입 작전 그 자체를 중단시키고 말았다.

걸프 전쟁은 한쪽 편의 군사력이 거의 인명 피해를 입지 않는 전쟁이 가능할 수 있다는 놀라운 전쟁사의 사례를 만들었지만 이 전쟁이 준 또 다른 교훈의 하나는 '앞으로 미국은 아마도 수백 명 또는 그 이상 미군이 인명피해를 당할 수 있는 전쟁은 치를 수 없는 나라가 되었다'는 점이다. 원래 과학과 기술, 그리고 우월한 무기체계의 성능을 무엇보다도 강조했던 미국의 군사전통은 이제 그 극한에 달하게 되었다. 그러나 RMA의 한계도 곧 드러났다. 1994년 미국은 북한의 핵을 저지하기 위해 군사적 방안을 고려하기만 할 수 있을 뿐이었지 실행할 수는 없었다. 북핵을 제거하는 과정에서 야기될 피해가 두려웠던 것이다. 이는 미국 대북 정책 조정관이었던 페리(William Perry) 장관의 언급에서도 분명히 나타났다. 북한과 전쟁 시 예상되는 인명피해가 두려웠다는 것이다. 2017~2018년 북핵 위기가 계속되는 동안 트럼프 대통령 역시 한반도에 전쟁이 발생할 경우 기대될 수 있는 최악의 인명피해에 대해 말하곤 했다.

그래서 대단한 무기를 가지고 신속하게 전쟁을 종료시킨 경험이 있고 또 앞으로도 그러리라고 믿는 나라는 긴 전쟁 혹은 인명피해가 클 것이라 예상되는 전쟁을 시작하기 곤란하게 되었는지도 모른다. 무기체계의 발달은 인명피해에 대한 인내의 한계를 대폭 낮추어 버렸다. 역설적으로 미국의 적국들은 전쟁 초기에 집중적으로 미군의 인명피해를 수백 명~수천 명 발생시킨다면 미군은 더 이상의 전쟁을 포기하고 손을 뗄 것이라고 생각하게 되었다.

RMA가 정말로 확실한 것이 되었다면 이상의 걱정도 다 해결된 이후여야 할 것이다. 다만 2020년 1월 3일 미국은 이라크에서 활동 중이던 이란 장군 솔레이마니(Quasem Soleimani)를 드론 공격으로 제거함으로써 미국의 전쟁 수행 방식이 달라졌다는 사실과 달라진 전쟁 수행 방식을 가능케 한 새로운 무기들을 가지고 있다는 사실을 증명해 보였다.

달라진 전쟁 수행 방식이란 미국이 좀처럼 행하지 않았던 적의 장수를 직접 표적으로 공격하는 일이다. 이는 진정 정밀 공격 능력이 필요한 일인데 이제 미국은 정밀 공격을 가할 수 있는 무기를 가지고 있음을 세상에 보여 주었다. 미국이 보유하고 있는 소위 닌자 폭탄(Ninja Bomb)이라는 작은 미사일은 승용차에 동승한 운전기사는 살려둔 채, 뒷좌석에 탑승한 요인만을 골라 죽일 수 있을 정도로 정밀 공격을 가할 수 있게 되었다.

그러나 RMA 군사력을 갖추지 못한 나라가 RMA 군사력을 보유한 국가에 대해 사용하는 전략이 전혀 없는 것은 아니다. 소말리아사람들이 죽은 미군의 시체를 끌고 다닌 것 그 자체가 바로 일거에 RMA의 엄청난 군사력을 가진 미국인의 마음을 소말리아에서 손을 떼는 것으로 바꾸어 놓는 결정적인 계기가 되었다.

정치적 문제와 더불어 RMA 군사력은 또 다른 한계도 극복해야 한다. 솔직히 말해서 미국은 후세인 수준의 전략론에 무지(無知)한 지도자와 다시 싸우는 행운을 가질 수 있을지는 불확실하다. 오늘 보통 나라들이 미국의 군사력에 '정규 군사력'으로 도전한다는 것은 자살 행위다. 군사 작전에는 정규전만 있는 것은 아니다. 게릴라전도 있고 테러도 있다. 미국에 대항하려는 똑똑한 지도자들은 탱크와 비행기, 미사일과 대포, 전투기와 군함을 동원한 정규 군사력으로 미국에 덤비지 않을 것이다. 체첸 반군이 자신보다 훨씬 훌륭한 무기를 장비한 러시아군을 골탕 먹일 수 있는 것은 그들이 택한 전술, 전략이 우수했기 때문이다. 미국의 최신예 무기가 맥을 추지 못하는 분야는 얼마든지 있다. 앞으로 미국에 도전하게 될 많은 나라의 지도자들은 바로 이 사실을 잘 알고 있을 것이다.

또 하나 RMA 군사력은 언제라도 마음 놓고 사용할 수 없다는 한계가 있다. 사실 걸프전쟁 당시 바그다드 시내에 있는 이라크의 비밀경찰 시설을 공격했는데 그때 약 200여 명의 민간인들이 살상당했다는 보도가 나왔고, 곧바로 미국은 공습을 중지하였다. 1999년 여름 코소보에 대한 집중 폭격은 무엇을 이룩했는가? 거의 아무런 정치적 목적도 이룩하지 못했다. RMA 군사력이지만 지나가는 기차를 폭격하여 민간인 수백 명을 살상한 적도 있었고 민간시설물인 교량, 도로 시설물이 파괴되어 코소보에 개입한 이유보다 더 심각한 인권유린이 지속된 바도 있었다. 아마 약한 나라들의 간교한 지도자들은 중요한 군사 시설을 초등학교 건물 혹은 요양 병원에 숨겨둘 수도 있을 것이다. 결국 RMA 군사력은 무소불위, 만능의 황금보도만은 아닌 것이다.

다음으로 RMA 군사력이 내포하고 있는 보다 심각한 문제는 만약 다른 나라들도 미국과 같은 수준의 군사력을 가지게 된다면 어찌될 것이냐의 문제다. 일본, 러시아 그리고 중국 등이 RMA 수준의 군사력을 보유하게 된다면(현재 상황으로는 아직 좀 더 시간이 소요되어야 할 일이지만) 미국은 이라크에 이겼듯이 그렇게 간단한 싸움을 할 수는 없을 것이다.

세계 여러 나라들이 미국의 국방성 컴퓨터를 공격하는 팀을 조직하고 있다는 보도가 있었다. 적어도 13개 국가가 이런 팀을 양성하고 있으며 이스라엘, 프랑스, 러시아, 중국 등이 이에 포함된다고 보도되었다. 미국의 정보전 능력은 의외로 쉽게 마비될 수 있을지도 모른다.

또 하나 RMA가 야기하는 RMA 군사력의 한계를 말해주는 사례는 걸프전에서 전사한 미군 병사의 절반 이상이 아군인 미군의 사격에 의한 것이었다는 놀라운 진실이다. 미군 차량의 77%가 미국과 동맹군의 공격에 의해 파손되었다는 사실은 어떻게 설명되어야 할까? 수백km를 날아가 적의 빌딩 창문을 뚫고 들어가서 터지는 그토록 정교한 무기체계가 어찌 아군의 병사들과 차량을 파괴할 수 있는가?

걸프 전쟁 중 미국의 마베릭(Maverick) 미사일의 공격을 받아 영국군 APC 두 대가 파괴되었고 병사 9명이 죽는 사건이 발생했었다. 당시 영국은 이 전쟁을 하느냐 마느냐에 대해 심각한 회의심을 가지지 않을 수 없었다. 이처럼 어처구니없는 일은 전쟁사에 대단히 자주 나타나는 사건이지만 걸프전에서 나타난 모습은 마치 '인간보다 기계가 앞서고 있는 상황'이었다. 초현대적인 무기가 동원되었지만 아군 사망자 중 절반 이상이 아군 무기에 의해 죽는 상황을 방지하지는 못했다.

역시 전쟁터는 병사들의 스트레스가 극한에 이르는 상황이다. 아무리 자기편이 우세한 경우라 해도, 전쟁터는 수많은 목숨이 죽음을 당하는, 정상적인 인간이라면 심리적으로 버티기 대단히 어려운 상황일 수밖에 없다. 사람이 수도 없이 죽어가는 전쟁터는 아무리 용감한 사람이라도 곧 미쳐버릴 것 같은 상황일 것이다. 바로 이것이 전쟁의 본질이며 남북전쟁 당시 북군의 윌리엄 T. 셔먼(William Tecumshe Sherman) 장군이 말했던 것처럼 '전쟁은 지옥'인 것이다.

물론 무기의 발달은 전쟁터의 모습을 바꾸어 놓는다. 그러나 무기가 아무리 발달해도 인명이 대량 살상당한다는 전쟁의 본질은 바뀌지 않을 것이다. 황당무계할지 모르지만 하나의 예를 들어보자. 앞으로 수십 년 후 혹은 그보다 더 오랜 세월이 지난 후, 우리나라와 이웃 어떤 나라가 전쟁을 하게 되었다고 가정하자. 우리는 로봇이 3만 대 이웃 나라는 로봇이 5만 대라고 가정하자. 두 나라의 로봇 군대가 격전을 치른 뒤 우리나라의 로봇은 다 부수어졌고 이웃 나라는 로봇이 10,000대 남아 있다고 가정하자. 그때 우리나라는 이웃 나라에게 항복해야 할 것인가? 어림없는 일일 것이다. 그때 우리의 인간 병사(human soldiers)들은 총을 들고 전선으로 달려 나가 피 흘리며 이웃 나라의 로봇 병사들을 다 부숴버려야 할 것이다. 로봇 병사를 다 잃게 된 이웃 나라 역시 인간병사들이 나와 우리와의 전쟁을 지속하게 될 것 아닌가?!

전쟁이 결코 전자 게임이 될 수 없는 이유가 여기 있는 것이다. 전쟁은 정치이며, 전쟁은 인간의 행위다. 전쟁은 인명이 피해를 입는 일인 것이다. 사람들의 목숨은 그대로 있고 재산만 손해를 보는 일이라면 그것은 더 이상 전쟁이라고 말할 수 없다. 아무리 좋은 무기가 발명되어도 그 무기를 가지고 전쟁터에 나가는 병사들은 무섭고 고통스러울 것이다. 자신이 죽을까 봐 두렵다. 또한 적군을 죽이는 일은 기쁜 일인가?

9) RMA에 관한 전략 논쟁

필자는 RMA의 효과가 과장되어있는 것 아닌가 하는 견해를 가지고 있다. 상당히 오래 전일이었지만 필자는 군 교육기관에서 열린 세미나에서 RMA가 우리나라의 군사력 형성에 적합한 것인가의 여부에 비판적인 입장의 논문을 발표한 바 있었다. 세미나를 듣고 있던 장교들의 상당 부분이 놀라는 표정이었다. 자기들은 RMA야말로 만병 통치약인줄 알고 있었다는 것이다. 유명한 전략 이론가인 그곳 교수 한 분이 필자에게 '정말 잘하셨습니다. 요즈음 한국에서 RMA는 신(神)입니다.' 군에 몸담고 있는 자신들이 감히 건드릴 수 없는 주장을 대신해서 공개적으로 해 주었다는데 대한 감사의 말이었다.

RMA를 신처럼 모시는 곳에서 제대로 된 전략논의가 이루어질 수 없다. 사실 기술적인 측면, 경제적인 측면에서 엄밀한 의미의 RMA가 불가능한 우리나라의 전략 논쟁에서 RMA가 신이 되고 있다면 그것은 바람직한 일은 아니다. 물론 많은 경우 RMA를 넓게 해석하여 군사력의 과학화 및 개량을 의미하기도 하는데 그것은 RMA의 진정한 의미를 희석하는 것이다. RMA란 군사에서의 혁명을 말한다. 무기체계의 발전이 군사, 즉 전쟁에 혁명적 변화를 몰고 왔다는 점을 의미하는 것이다. 이 세상에서 넓은 의미의 RMA 즉 무기의 개선, 과학화, 현대화에 반대하는 사람은 아무도 없을 것이다.

RMA를 거의 성취한 미국의 경우에도 RMA에 대한 논쟁은 치열하다. 미국의 경우 RMA의 논란은 그 위력을 신봉하는 사람들과 그렇지 않다고 보는 사람들로 나누어진다. RMA의 위력에 대해 부정적이거나 회의를 표시하는 전략이론가들을 미국의 전략 논쟁에서는 '전통주의자(Traditionalist)' 또는 '전략적 다원론자(Strategic Pluralist)'라고 부른다. 필자는 무기와 전쟁에 관한 전략적 다원론자에 속한다. 전략적 다원론자들은 다양한 종류의 위협에 대처하기 위해 다양한 종류의 군사력을 갖추고 있지 않으면 안 된다고 주장한다. 이 견해는 주로 미국의 해군과 육군이 견지하고 있는 입장이다. 앞에서 이미 언급한 바처럼 미국의 전략 논쟁에서 공군은 RMA를 전적으로 믿는 편으로 미국 공군 중에서 전략적 일원론자(Strategic Monist) 또는 기술 만능론자(Technophiles)가 많이 발견된다.

한국의 경우 전략 논쟁이 활성화되어 있지는 않지만 다원론적인 입장에서 접근해야 한다고 본다. 우리가 대적해야할 적이 다양하기 때문이다. 북한은 게릴라와 테러를 통해 한국을 공격할지 모르며 때로는 화학무기, 미사일, 혹은 핵무기를 가지고 우리에게 대적할지도 모른다. 그리고 중국, 일본 등 이웃의 강대국들은 우리가 다원주의적 차원에서 고려해야 할 대상이다.

1950년대의 미국의 아이젠하워 행정부는 New Look Policy라는 새로운 전략을 택하려 했다. 미국은 더 이상 한국전쟁과 같은 곳에서 미국에 비해 형편없이 열등한 적에게 끌려다니는 그런 전쟁을 하기보다, 미국의 장점인 막강한 핵전력을 사용, 미국이 원하는 시간과 장소에서 미국에 대항하는 적들에 대해 대량보복을 가하는 전쟁을 치르겠다는 전략이었다. 한국전쟁 당시 미국이 3류 군사력으로 낮게 평가했던 북한군과 중국군에게 쩔쩔맸다는 사실에서 반동적으로 나온 미국의 전략이었다.

그러나 이 전략은 1960년대 월남전쟁에서 도무지 먹혀들지 않았다. 베트콩들은 미국의 전략이 핵무기를 통한 대량 보복 전략으로 바뀌었는데도 불구하고 눈 하나 깜빡하지 않고 미국에 대든 것이다. 결국 케네디 대통령은 베트콩들에 대항하기 위해 핵폭탄을 사용하는 대신 그린베레(Green Beret)라는 특수전 부대를 창설했다. 유연 반응 전략(Flexible Response Strategy)을 택한 것이다. 그린베레는 RMA와는 거리가 먼 병력인 것이며, 유연 반응 전략은 물론 전략적 다원주의를 적극 지지하는 전략이론이다.

전쟁사를 보면 더욱 놀랄 일도 있다. 좋은 무기를 가진 편이 진 전쟁도 자주 나타나기 때문이다. 네덜란드-인도네시아, 프랑스-베트남, 프랑스-알제리, 미국-월남, 소련-아프가니스탄 등은 보다 우수한 무기를 사용한 서양의 강대국들이 전쟁에서 패한 사례들이다. 기술적 우위가 전쟁 승리의 자동적 조건은 아니라는 사실을 웅변으로 보여주는 사례들이다.

실제 전쟁터는 모든 것이 불확실한 상황이며, 전쟁의 궁극적 목적은 적의 의지를 꺾는 일이다. 탁월한 군사기술은 적의 의지를 꺾기 위한 여러 가지 수단 중 하나일 뿐이다. 전쟁이 본질적으로 불확실한 영역이기 때문에 전쟁에서 어느 한 부분의 능력에만 전적으로 의존할 수 없다. 다양성이 중요하다. 전쟁의 본질에 관한 파악이 중요하다. 어느 경우에라도 궁극적인 승리는 영토, 시민, 자원을 직접적으로 통제할 수 있을 때 가능하다.

특히 제3세계의 국가들과 전쟁하는 경우 전쟁의 승패는 그 나라 영토에 살고 있는 주민들의 마음을 어떻게 설득하느냐의 문제와 직결된다. 게릴라, 테러리스트들에 대항하기 위해서 현지 주민들의 정치적, 심리적, 물질적 지지가 필요하다. 이런 요소들은 전쟁을 벌이는 나라의 표적들을 무인 폭격기를 가지고 피괴히는(distant punishment) 작업만으로는 도저히 성취할 수 없는 일이다.

먼 곳에서 적을 파괴하는 능력만 가지고는 승리를 달성할 수 없다. 물리적인 우위만을 달성하고 심리적인 우위를 달성할 수 없는 무기체계는 낭비일 것이다. 막강한 공군을 보유한 미국과 연합국은 이라크에 대한 한 달 이상의 대규모 공습에도 불구하고 이라크군을 쿠웨이트에서 완전히 몰아내기 위해서는 마지막 100시간 동안의 육군 작전이 필요했던 것이다.

전쟁이란 궁극적으로 의지의 싸움이지 기계의 싸움이 아니다. 결과가 희생을 정당화시킬 수 있기 위해서 수단은 목표에 종속되어야 한다. 그래서 전쟁과 무기체계의 발달을 단선적으로 파악하는 견해는 위험하다. 이스라엘 헤브류 대학의 유명한 역사학자인 밴 크리벨드 교수는 『전쟁의 변화(The Transformation of War)』라는 책에서 앞으로의 전쟁은 과학전, 정보전이라기보다는 오히려 기왕의 재래식 정규전쟁보다도 낮은 수준의 전쟁인 비정규전, 테러전이 될 것이라고 주장하고 있다.

이 세상 모든 나라가 미국과 동등한 수준의 과학기술을 가지고 있지 못했고, 앞으로도 가질 수 없는 상황이기 때문에 미국의 최첨단 무기체계에 대항하기 위해서 미국의 적들은 역설적인 전략과 전술을 사용할 수밖에 없을 것이다. 즉 미국의 적들은 미국의 최첨단 무기가 적용되기 아주 곤란한 방식으로 전쟁을 수행하게 될 것인 바 이것이 테러리즘, 게릴라 전쟁이라는 것이고 앞으로의 세상에는 이런 전쟁이 더욱 만연하리라고 예상되는 것이다.[Martin Van Creveld, *The Transformation of War: The Most Radical Reinterpretation of Armed Conflict Since Clausewitz* (New York: Free Press, 1991)]

한반도의 경우를 생각해 보자. 만약 북한이 한국을 향해 다시 도발한다면 어떤 방식을 취할까? 최신식 과학기술의 지원을 받는 한국군의 현대식 무기와 싸우기 위해 북한은 연식이 수십 년도 넘은 구식 탱크, 대포, 전투기가 동원되는 전쟁을 벌이지 않을 것이다. 미국군과 한국군의 초현대식 장비가 작동하기 곤란한 방식의 전쟁을 시도할 것이다. 즉 게릴라, 테러 방식의 도발을 할 것이다. 이에 대처하기 위해서 우리는 전략적 일원론자들이 주장하는 RMA군사력이 아니라 전략적 다원주의자들이 말하는 다양한 군사력으로 대비해야 옳을 것이다.

(3) 핵무기와 핵전략

1) 핵무기의 파괴력

핵무기의 발명은 전쟁의 본질에 극적인 변화를 불러일으켰다. 클라우제비츠의 금언 '전쟁은 다른 수단에 의한 정치의 연속'이라는 개념이 과연 핵전쟁의 경우에도 적용될 수 있느냐의 논란이 야기되었다. 핵전쟁에서 승자와 패자가 구분될 수 있느냐의 문제에 대해 어떻게 대답하느냐에 따라 클라우제비츠식 전쟁관은 더 이상 적용되지 못할 수도 있다. 물론 구소련의 전략사상은 '핵전쟁에서도 승리는 가능하나'고 전제하니까 구소련 사람들은 핵시대에 있어서도 전쟁의 정치적 효용성은 변하지 않았다고 믿고 있었는지도 모르겠다.

그러나 핵무기 출현 이후 전쟁의 관점에 관한 다수설은 핵무기는 정치 수단으로서의 전쟁의 본질을 바꾸었다는 주장이다. 핵무기는 그 파괴력이 너무나 엄청나기 때문에 고전적인 승리, 패배의 개념을 없애버리게 되었다는 것이다. 어떤 일이 있어도 핵전쟁을 하게 된다면 그것은 '정치의 연속'이 아니라 '정치의 실패'를 의미하며 궁극적으로 국가와 문명의 파멸을 의미하는 것으로 인식되는 것이다.

사실 핵무기는 그 파괴력이 정말로 무시무시한 무기다. 핵무기를 만들었던 과학자들 스스로 핵무기 실험 후 그 파괴력이 예상보다 훨씬 강력하다는 사실에 놀랐다. 어떤 학자는 핵실험 당시 번쩍이는 섬광을 비유해 그날은 '두 개의 태양이 뜬 날'이라고 말했다. 핵무기는 그 파괴력이 기왕의 폭탄들과 비교가 되지 않는다. 핵폭탄은 그 폭발력이 너무 크기 때문에 기존의 측정 단위로는 표시하기조차 어려워 새로운 측정 단위를 만들어야 했을 지경이었다.

핵폭탄 발명 이전 인간이 만든 가장 폭발력이 큰 폭탄은 미국 최대의 전함 뉴저지호의 16인치 포에서 발사하는 포탄이었고 그 파괴력은 약 1톤이었다. 즉 1톤짜리 트럭에 TNT를 가득 싣고 그것을 순간적으로 폭발시킬 때 나오는 폭발력이다. 1톤의 TNT 파괴력은 3~4

층 정도의 튼튼한 철근 콘크리트 건물을 완전히 파괴할 수 있는 위력이다. 1톤짜리 폭탄은 지금도 현존하는 재래식 폭탄 중 가장 파괴력이 강한 것이다. 2차 대전 당시 중간규모의 비행기는 총량 1~2톤의 폭탄을 싣고 비행할 수 있었다.

그런데 오늘날 세계가 보유하고 있는 핵폭탄 중 제일 꼬마에 해당하는, 8인치 곡사포(howitzer)로 발사할 수 있는 원자폭탄조차 그 폭발력이 1,000톤에 이른다. 1,000톤이란 소형 핵폭탄의 파괴력을 측정할 때 쓰는 단위인 킬로톤(Kiloton)이다. 1킬로톤이라면 2차 대전 당시 중간규모의 폭격기 50~100대가 출격해서 투하하는 폭탄 전체의 파괴력이다. 2차 대전 당시, 수천 문의 포를 동원, 쉬지 않고 수일간 포사격을 계속해야 다 쓸 수 있는 양이 1킬로톤이다.

현재 미국과 구소련 및 다른 핵보유국이 가지고 있는 핵폭탄의 위력은 한 발당 파괴력이 최소 10톤에서부터 최대 57메가톤(5,700만톤)에 이르렀을 정도다. 히로시마에 투하되어 80,000명의 목숨을 일시에 앗아간 원자폭탄은 12,000~15,000톤 정도의 파괴력을 가지는 것으로 오늘날의 기준으로 볼 때 그야말로 마이크로, 미니 핵폭탄이라고 말할 수 있겠다. 오늘날의 전술 핵폭탄 규모도 되지 않는 것이었다. 히로시마 원자탄 정도의 폭발력을 가진 전술핵 폭탄들은 오늘날 적군 탱크 10여 대를 한 번에 부수기 위한 용도로 사용된다.

원자폭탄(Atomic Bomb)보다 더 무서운 것으로 수소폭탄(Hydrogen Bomb)이 있다. 이 두 가지를 통칭하여 핵폭탄(Nuclear Bomb)이라고 말한다. 수소폭탄의 파괴력은 주로 메가톤(Mega ton, 백만 톤) 단위로 계산한다. 미국의 소규모 대륙간 탄도미사일 미니트맨 II는 1메가톤급의 탄두를 장착하고 있다. 소련이 보유하고 있던 최대의 대륙간 탄도미사일 SS-18에는 20메가톤의 핵폭탄이 장착되어 있었다. 구소련은 최대 57메가톤짜리 핵폭탄을 실험한 적도 있었다. 다시 말해 SS-18 한 발의 폭발력은 2차 대전 중 일본, 독일에 투하된 총 폭탄 파괴력의 13배에 해당하는 정도다.

수소탄과 원자탄의 파괴력 차이는 마치 재래식 폭탄과 원자탄의 차이만큼이나 큰 것이다. 즉 히로시마 폭탄은 당시 최대의 재래식 폭탄의 1,000배, 그리고 오늘날 SS-18에 장착된 폭탄은 히로시마 원폭의 1,000배에 이르는 폭발력을 가지고 있다.

2) 핵폭발의 위력

우리는 핵폭발에 관한 무서운 사진이나 그림들을 많이 보았고 영화를 또는 다큐멘터리 필름 등을 통해서 핵전쟁의 공포를 잘 알고 있다. 1980년대 초반 미국과 소련 간 냉전이 한참 고조되었을 때 미국의 ABC-TV는 The Day After(우리나라에서는 그날 이후라는 제목으로 번역되었지만 더 정확한 번역은 '그 다음 날'이어야 할 것이다)라는 핵전쟁 영화를 방영하여 미국 국민들뿐 아니라 전 세계 국민들에게 핵전쟁의 무서움을 보여주었다. 이 영화의 무대가 된 미국 캔자스주 로렌스 시의 시민들은 그 영화가 방영된 날 밤, 촛불을 들고 핵전쟁이 일어나지 않을 것을 기원하는 평화의 행진을 벌이기도 했다.

핵폭탄의 폭발은 3단계의 피해를 초래한다. 핵폭탄이 터지는 순간 번쩍하는 섬광은 그야말로 태양보다 더 뜨거운 열을 내어 가까이 있는 모든 것을 녹이거나 태워버린다. 핵폭탄이 터지는 지점을 '그라운드 제로(ground zero)'라고 하는데 요즈음 미국과 구소련이 보유한 일반적인 규모의 핵폭탄인 1메가톤짜리 핵폭탄은 폭발지점에 지름 약 300m, 깊이 약 60m짜리 웅덩이를 만들어 낸다. 이 정도의 웅덩이는 워싱턴의 미국 국회 의사당 건물이 퐁당 빠져들어 갈만큼 큰 것이다.

1메가톤짜리 수소폭탄은 번쩍하며 터지는 순간 그 지름이 1마일(1.6Km)이나 되는 거대한 불덩어리(fireball)를 만들어낸다. 그리고 이 거대한 불덩이는 열 폭풍(blast wave)을 방출하는데 폭풍의 속도는 음속의 두 배정도 된다(초속 680m). 피폭 지점으로부터 바깥을 향해 폭풍이 불어치게 되는데 그 어마어마한 바람의 속도 때문에 웬만한 건물들은 다 무너져 버린다.

핵폭탄이 터진 후 약 1분이 지나면 거대한 불기둥은 이미 피폭 지점에서 6km 이상 치솟아 오른다. 이 거대한 불기둥은 더 이상 올라가지는 않고 옆으로 퍼짐으로서 버섯구름을 형성하게 된다. 이 거대한 불기둥이 공중으로 뻗어 올라가는 동안 주변의 공기를 모두 빨아들이게 되어 불기둥 주위에 거대한 진공이 형성되며, 그 결과 진공을 채우기 위한, 피폭 지점을 향하는 거대한 바람이 몰아치게 된다. 열 폭풍이 불었던 것과 정반대의 방향으로 폭풍이 다시 몰아치게 되는 것이다. 그리고 하늘로 치솟았던 흙더미, 물건 등은 강력한 방사능 먼지가 되어 지상으로 흩날리며 낙하하게 된다. 이미 피폭 지점에 가까이 있는 사람들은 다 죽은 후이겠지만 방사능 낙진은 먼 곳에 있는 사람들에게까지 두고두고 재앙을 미치게 된다.

핵폭발의 위력

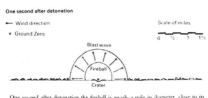

핵폭발 1초 후
← 바람의 방향
피폭 지점(Ground Zero)
Crater: 폭발로 인한 분화구
Fire Ball: 핵 불덩어리
Blast Wave: 폭풍파
핵폭발 1초 후 불덩이의 지름은 거의
1.6 Km로 거의 최대치에 이른다
폭발로 인한 폭풍 파는 음속의 두배
(초속 680m)이다.

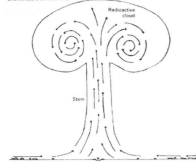

핵폭발 1분 후
Radioactive cloud: 방사능구름
Stem: 핵 불기둥
핵폭발 1분 후 불기둥은 피폭지점
상공 6.4Km 까지 치솟는다. 폭풍파는
도시 끝까지 나갔다가 다시
불기둥을 향해 거꾸로 불어온다.

One second after detonation the fireball is nearly a mile in diameter, close to its maximum size, and has generated a blast wave travelling at twice the speed of sound.

One minute after detonation the fireball has risen more than four miles from Ground Zero and has ceased to glow. The blast wave has passed over the city and been followed by strong winds being drawn in towards the center by the ascending radioactive cloud from the explosion.

Figure 1.1 *A one-megaton nuclear surface burst in a city*

source: Samuel B. Payne, Jr. *The Conduct of War: An Introduction to Modern WArfare*(London: Blackwell, 1989)

핵폭탄이 폭발할 때 생기는 불기둥 내부의 온도는 섭씨 수천만 도까지 올라가니 그야말로 태양의 중심보다도 더 뜨거운 온도. 1메가톤급 핵폭탄이 폭발할 때 생기는 섬광은 80km 밖에 있는 사람들의 눈에 한낮의 태양보다도 훨씬 밝게 비춰진다. 불덩이가 치솟을 때 열 폭풍이 뻗어나가는 속도는 시속 1,200km의 폭풍이며 피폭 지점에서 8~16km 떨어진 지역의 경우, 열 폭풍의 속도는 허리케인 수준이다. 1메가톤짜리 핵폭탄이 터진 곳에서 16km 떨어진 곳의 신문지가 불붙어 타버릴 정도라 하니 그 열로 인한 피해를 가히 짐작할 수 있을 것이다.

즉 1메가톤짜리 핵폭탄 하나면 지름 30km가 넘는 도시 하나를 순식간에 완전히 파멸시킬 수 있는 것이다. 서울 시내의 크기가 동서남북이 각각 40km 정도 되니 요즈음의 보통 규격의 핵폭탄 1발로 서울은 완전히 파멸되는 것이다. 북한이 핵폭탄을 가지면 왜 안 되는지 두말할 필요가 없을 것이다.

핵폭발 지점에서 가까운 곳에 있는 사람들은 방공호 속에 들어가 있다 해도 살아남을 수 없다. 소련의 핵폭탄 300~400개의 공격을 받으면 4,500만~7,000만 명의 미국 시민이 사망하게 되며 산업시설의 25~30%가 파괴될 것으로 예측되었다. 소련의 경우도 마찬가지다. 미·소 두 나라는 냉전 당시 각각 50,000발, 30,000발 정도의 원자탄을 가지고 있었다. 수백 발만으로도 상대방을 거의 전멸시킬 수 있는데 미국과 소련은 공히 수만 발의 폭탄을 가지고 있었으니 그야말로 두 나라 모두 과잉살해(過剩殺害, overkill)의 능력을 보유하고 있었던 것이다.

냉전이 끝난 후 미국과 소련은 핵무기를 대폭 감축했다. 그럼에도 불구하고 현재 소련과 미국이 가지고 있는 핵폭탄의 숫자는 서로를 완전히 파멸시키고도 남는 충분한 양이다. 2019년 현재 미국과 소련은 각각 1,600발의 핵폭탄을 배치하고 있으며 보유한 폭탄의 총수는 미국은 6,185발 러시아는 6,500발이었다. 1980년대 보다 대폭 줄어든 양이지만 이 정도 만으로도 세계를 여러 번 파괴하기 충분할 것이다.

3) 핵전쟁과 재래식 전쟁

핵무기의 폭발력이 무서운 것은 사실이지만 이 세상 어떤 전쟁도 무섭지 않은 전쟁이란 없었다. 전쟁사를 보았을 때 수천 년 전이나, 수백 년 전이나, 그리고 혹은 20세기 이후이거나를 불문하고 전쟁터는 언제라도 처절하지 않은 적이 없었다. 사실 무기의 발달과 전쟁에서의 인명 피해 정도는 정비례하는 것은 아니었다는 사실을 이미 지적한 바 있었다. 현대식 전쟁은 무기의 파괴력 증가 때문에 극심한 인명 피해를 내게 될 것이다라는 상식적인 생각은 틀린 것이다. 파괴력이 강한 무기는 새로운 전략 전술을 만들어 내었고 전쟁의 지속기간을 짧게 만든 결과 현대에 가까워질수록 전쟁에서의 인명 피해는 인구 비례로 따졌을 경우 오히려 줄어든 상황이다.

중세 및 근세의 경우 참전 인원의 약 1/3이 전사했고 20세기의 경우 약 10% 전사, 걸프 전쟁의 경우 연합국 측 총 전사자는 참전 병력의 0.02% 정도로 줄어들었다. 그리고 2차 대전 당시 독일의 도시들에 대한 재래식 폭탄의 공습은 히로시마, 나가사키에 투하되었던 핵폭탄으로 인한 피해의 약 2배에 해당하는 인명 피해를 발생했다. 일본이 패망하던 1945년 3월 동경에 대한 미국 폭격기들의 소이탄 공격은 동경 시내의 거의 전체를 불바다로 만들었고 인명 피해도 몇 달 후에 있었던 원자탄의 피해를 오히려 능가한 것이었다.

핵폭탄이 가지는 최대의 문제점은 이 폭탄은 군사력과 민간인을 구분할 줄 모른다는 것이다. 그렇지만 이미 인간들은 전쟁이 일단 발발하면 민간인과 군인을 구분하지 않고 살상을 저지르는 고약한 습관을 오랫동안 가지고 있었다. 17세기 초반 중부유럽을 휩쓴 30년 전쟁 (1618~1648)은 당시 중부유럽 지역에서 거주하던 인구의 1/3을 죽게 하였다. 2차 대전 당시 독일이 당했던 인명 피해를 훨씬 능가하는 처절한 전쟁이 300년 전 같은 장소에서 일어났던 일이다.

그러나 핵전쟁의 경우는 2차 대전의 경우와 본질이 다를 것이다. 무기 그 자체가 군사력을 대상으로 하는 것이 아니라 민간인, 산업시설을 공격하는 것으로 목표가 바뀌었기 때문이다. 핵무기는 기존의 무기와는 그 전략적 성질이 다른 것이다. 핵무기는 전쟁을 하기 위한 목적으로서는 애초에 그 적실성이 문제가 되는 무기였다. 특히 전쟁을 하려는 두 편이 모두 핵을 보유할 경우 핵무기는 쓸 수 있는 무기가 아니다.

모겐소 교수가 말하는 것처럼 핵무기는 쓰여 지지 않는다는 사실에서(Unusuable weapons) 그 존재 이유를 찾아야 하는 역설적인 무기체계다. 즉 핵무기는 전쟁을 하기 위해서가 아니라 전쟁을 억제하기 위해서 존재하는 무기로서만 그 존재의 정당성을 말할 수 있는 무기라는 것이다.

4) 생각할 수 없는 일을 생각해 보자(Thinking about the Unthinkable): 핵전쟁이 일어나면 지구는 정말 멸망할까?

앞에서 핵무기의 위력에 대해 언급하였다. 핵무기는 그 파괴력이 너무나 엄청나기 때문에 이제껏 이루어진 전쟁과 정치에 관한 논쟁에 종지부를 찍을 정도라고 언급했다. 핵전쟁을 하면 다 죽고 말 터이니 전쟁과 정치의 관계를 논하는 것 자체가 우스운 이야기라는 것이다. 한국의 유명한 국제정치학자 한 분이 일반 시민들을 대상으로 한 강의에서 제3차 대전에 관해 언급하면서 '제3차 세계대전은 일어나지 않을 것'이라고 말하며 혹시 일어난다 하더라도 본인이 틀리게 말한 데 대해 비판당할 일은 없을 것이라 했다. 왜냐하면 3차 대전이 터지면 지구의 인간은 멸망할 터이니 '당신의 예측이 틀렸소'라고 항의할 수 있는 사람은 살아있을 가능성이 없을 것이기 때문이라는 것이다.

핵전쟁의 결과는 상상할 수도 없는 것이다. 2차 대전 당시 6,000만 명이 죽었는데 핵전쟁이 일어나면 최소한 수억 명이 죽을 것이며, 핵전쟁이 끝난 이후 세상의 모습은 살아있는 사람들이 오히려 죽은 사람을 부러워하게 될 처참한 환경일 것이라고 예측되었다. 그러나 핵전쟁이 일어나면 정말로 지구의 문명은 끝나는 것일까? 핵전쟁 이후의 지구는 『지구의 운명(The Fate of the Earth)』의 저자 조나단 쉘(Jonathan Schell)이 묘사한 대로 정말로 벌레와 잡초들만이 살아남은 공화국이 될 것인가? 방사능에 가장 강한 동물이 바퀴벌레라고 하는데 그래서 핵전쟁이 끝난 지구는 바퀴벌레의 왕국이 될 것이라는 말도 있으며, 핵전쟁 이후 바퀴벌레가 창궐하는 지구의 비참한 모습을 그린 영화도 있었다.

핵전쟁 이후의 지구, 아니 핵전쟁이 일어난다는 사실 그 자체는 정말 생각조차 하기 싫은 일이다. 이 문제에 대해 심각하게 생각하는 일은 사실은 타부(禁忌)가 되었다는 점을 부정할 수 없다. 핵전쟁을 싸우는 방법, 그리고 핵전쟁 이후의 세계에서 인간이 살아남아 다시 문명을 건설하게 될지도 모른다는 생각을 하는 일 그 자체가 위험하고 불경스러운 일로 간주되었다. 그래서 핵전쟁 문제에 대해 학자들은 오랫동안 침묵을 지켜왔다. 그런데 이 침묵을 가장 먼저 깬 학자가 바로 미래학으로 유명한 천재 박사 허만 칸(Herman Kahn)이었다.

허만 칸 박사는 물리학 박사로서, 미국 육군이 입대하는 전 장병을 향해 실시하는 지능 검사에서 사상 최고 점수인 198점을 맞은 천재다. 그는 유명한 미래학자인 동시에 저명한 핵전략 이론가이기도 했다. 그는 이미 1960년대 초반 누구도 그럴 리가 없다고 생각했던 일본의 경제적인 초강대국으로의 부상을 예언한 바 있었다. 일본의 미래에 대한 그의 예측은 놀랍도록 정확한 것이었고 그의 미래학은 낙관론에 기반을 둔 것이라는 특징을 가진다.

허만 칸 박사는 핵전쟁과 핵전쟁 이후의 미래를 생각하지 말라는 타부에도 정면 도전장을 냈다. 그는 1960년대 초반 핵전략 및 핵전쟁에 관한 유명한 저술들을 통해 핵전쟁에 관한 타부를 깨고자 노력했다. 물론 허만 칸 박사는 터부를 깨려는 그의 노력보다 훨씬 혹독할 정도로 다른 학자들로부터 비난당했다. 허만 칸 박사가 주장했던 핵전쟁 준비론, 핵전쟁 이후 인간 문명의 생존 가능론, 핵전쟁 승리 가능론 등은 다른 학사들의 격한 비판과 논쟁거리가 되었다. 그런 생각을 했다는 사실 자체가 잘못일 정도였다.

1960년대 초반 허만 칸 박사는 미국의 저명한 전략 연구소인 랜드 연구소(Rand Corporation)에서 연구원으로 근무하였다. 그는 물리학자였지만 핵전략 이론에 깊은 관심을 가졌고 일찍부터 미국의 핵전략은 잘못된 가정에 기초하고 있다고 생각하고 있었다. 그는 학자들 모두가 핵전쟁이 나면 모두가 다 죽는다고 가정하고, 다 죽으니까 전쟁은 하면 안 된다, 그리고 다 죽으니까 핵전쟁은 결코 일어나지 말아야 할 것이다라는 이론, 즉 오로지 핵전쟁의 억지만을 기대하고 있다는 현실에 불만을 가졌다. 그는 핵전쟁은 발발할 가능성이 있기 때문에 현실적인 전쟁 억지의 방법을 강구해야 하며, 특히 전쟁 억지가 실패한 경우 살아남을 수 있는 방안을 구체적으로 강구해 보아야 한다고 주장했다.

그는 핵전쟁의 효과에 관해 체계적인 연구를 시도했고 핵전쟁이 일어날 경우 지구 전체가 멸망하지는 않을 것이라는 점, 특히 민방위 시설을 확충함으로써 미국은 소련과의 전면 핵전쟁에서 살아남을 수 있을 뿐 아니라, 핵전쟁에서 생존이 가능할 경우 미국은 오히려 더욱 강력한 입장을 취할 수 있으며, 그 결과 소련의 핵공격을 오히려 성공적으로 억지할 수 있을 것이라고 주장하였다.

허만 칸은 강연, 저술 등을 통해 이러한 주장을 일반 대중들에게도 알리려고 노력했으며, 기존의 핵전략 이론과 자신의 핵전쟁에 관한 이론들을 망라한 『열핵 전쟁론(On Thermonuclear War)』이라는 무려 668페이지에 달하는 두꺼운 책을 출판하였다. 프린스턴대학 출판부에서 1961년 간행된 이 책은 당시로는 경이적인 부수인 30,000부가 팔렸으며 미국의 핵전략에 일대 논쟁을 야기했다.

많은 사람들이 핵전쟁 이후 미국이 살아남을 수 있을 뿐 아니라 핵전쟁에서 승리할 수도 있다는 허만 칸의 주장에 놀라움과 경악을 표시하였다. 살아남는다는 것은 좋지만 어떻게 수백만, 수천만이 죽는 상황을 냉정한 마음을 가지고 계산하고 분석할 수 있느냐는 것이었다.

뉴만(Newman)은 Scientific American이라는 유명한 과학잡지에 허만 칸의 책에 대한 서평을 실었는데 그 내용은 '수백만의 죽음을 장난하듯이 분석하고 있는, 냉정하고 비인간적인 책으로 핵전쟁을 준비하고, 핵전쟁을 도발하기 위한 몹쓸 책'이라고 비판했다. 이에 허만 칸 박사는 자신의 의도를 잘못 해석한 내용이라 생각하고 Scientific American지의 편집장에게 반박문의 게재를 요청했으나 그의 요청은 받아들여지지 않았다. 그가 쓰려던 반박 논문의 제목이 바로 '생각할 수 없는 일을 생각한다'였다.

허만 칸 박사는 자신의 주장을 다시 정리해서 책으로 저술하였다. 그 책이 바로 1962년 간행된 유명한 책 *Thinking about the Unthinkable*이었다. 허만 칸은 죽기 얼마 전에도 그의 생각을 재확인했다. '핵전쟁이 발발하여 미국인 이천만이 죽는다면 그것은 2억이 살아남는다는 사실을 의미한다'고 말했던 것이다.

이 책들에서 허만 칸이 말하려 한 것은 핵전쟁의 발발에 현실주의적으로 대처해야 한다는 것이었다. 핵전쟁은 우리의 희망 여부와 관계없이 능히 발발할 수 있는 전쟁이며, 만약 핵전쟁이 정말로 발발한다면 앉아서 죽기보다는 살아남을 방법을 강구해야 한다는 주장이었다. 허만 칸 박사는 핵전쟁 이후에도 살아날 방법이 강구된다면 오히려 그것은 핵전쟁을 방지하는데 도움이 될 것이라고 주장했던 것이다.

이 같은 주장을 뒷받침하기 위해 허만 칸 박사는 핵전쟁에서 야기될 방사능의 양을 측정한다든가 인명의 피해를 추정해 본다든가 하는 등 핵전쟁에 대해 대단히 냉정한 접근 방법을 취하고 있었으며 허만 칸의 핵전쟁에 대한 이러한 접근 방법은 다른 학자들로부터 냉혈적이고(cold hearted), 비인간적(inhumane)이라는 비판을 감수해야 하였다 .

허만 칸은 핵전쟁의 억지(deterrence)가 성공하려면 미국은 적어도 소련의 선제 핵공격에서 살아남을 방안을 도모해야 한다고 주장했고, 어떻게 핵공격 앞에서 생존할 수 있느냐에 관한 방안을 제시했다. 그가 제시한 가장 중요한 방안은 전국적인 민방위 시설과 핵전쟁 이후 생존에 필요한 물자를 갖추는 일이었다. 그는 미국 전역에 민방공 시설을 만드는데 소요되는 예산까지 계산했고, 미국이 대비만 잘한다면 열 핵전쟁, 즉 수소폭탄이 사용될 핵전쟁에서 살아남을 수 있을 뿐 아니라, 미국은 그 전쟁에서 승리할 수도 있다고 주장했다.

'생각할 수 없는 것을 생각한다' 제2장에서 허만 칸 박사는 열 핵전쟁의 효과에 대해 자세한 논의를 하고 있다. 그는 백만 단위의 죽음 (mega death)이라는 개념이 핵전쟁에 관한 모든 논의를 지배하고 있는데, 더 문제가 되는 것은 미국인이 느끼는 공공의 히스테리(Public hysteria)이며, 수백만 단위의 죽음이 있더라도 미국은 살아남아 삶을 지탱해 나갈 수 있는 방안을 생각해야만 한다고 주장했다.

5) 보복능력(Second Strike Capability)의 확보는 전쟁을 억제한다: 핵전략의 기초이론

허만 칸의 주장은 당시 케네디 대통령에 의해서 일부 받아들여졌다. 미국의 많은 공공 시설물에 핵전쟁이 발발할 경우 피할 수 있는 대피소가 만들어졌다. 케네디에 앞선 아이젠하워 대통령은 핵전쟁이 발발할 경우에 대비, 도시의 시민들을 시골의 방공 대피소로 소개(疏開)할 수 있는 도로망을 건설하기 시작했는데 그것이 바로 오늘날 미국을 동서남북으로 거미줄처럼 연결하는 미국이 자랑하는 주간(州間) 고속도로 망(Inter-State Highway System) 건설의 시발점이었다. 그러므로 미국의 고속도로는 교통법에 의해서가 아니라, 국가보안법에 의거해서 만들어진 시설이다.

1960년대 초반 미국과 소련의 핵전략은 제2격 능력 혹은 보복 공격력(second strike capability)을 중심으로 구성된 것은 아니었다. 허만 칸이 미국 핵전략에 대한 기여는 바로 미국과 소련의 핵전략이 보복력을 위주로 재편성될 수 있도록 했다는 사실에 있는 것이다. 허만 칸은 소련의 선제공격을 막는 방법은 없다고 생각했다. 그렇기 때문에 미국이 할 수 있는 일은 일단 소련의 선제공격을 받게 될 경우라도, 그 공격을 흡수(absorb)하고, 연후 보복할 수 있는 방법을 찾는 일이라고 주장했다.

또 다른 핵전략 이론가였던 알버트 볼슈테터(Albert Wohlstetter) 교수 역시 미국의 핵무기 배치 방식을 비난했다. 그는 핵전쟁의 억지는 신뢰할 수 있는 대량보복의 위협으로 가능한데, 미국의 핵폭탄들은 대부분 폭격기에 실려진 채 활주로에 정렬되어 있고, 이는 소련의 선제공격에 대단히 취약한 것이라고 비판하였다. 그처럼 활주로에 정렬된 폭격기에 핵무기를 잔뜩 싣고 있는 것은 소련에게 먼저 선제공격을 가하라고 유혹하는 것과 마찬가지라는 것이다. 소련이 선제공격을 가함으로써 핵폭탄을 잔뜩 적재한 채로 활주로에 정렬되어있는 미국의 폭격기를 다 파괴할 수 있다면, 소련은 위기 시 먼저 공격해야 한다는 유혹을 받게 될 것이며 소련의 공격으로 핵폭탄을 모두 잃어버린 미국은 소련에 대해 보복 공격을 단행할 수 없게 되리라는 논리다.

만일 먼저 공격하는 나라가 상대방의 핵폭탄을 모두 다 파괴시켜버릴 수 있다면 미국이나 소련 양국은 위기가 닥쳐왔을 때 전쟁을 자제하기 보다는 오히려 먼저 상대방을 공격하는 것이 좋을 것이라는 유혹에 빠지게 될 것이다. 볼슈테터 교수는 이러한 상황을 미연에 방지하기 위해 핵무기를 분산시켜 배치해야 한다고 주장하였다. 이 주장에 따라 미국의 폭격기들은 항상 그 일부가 24시간 내내 공중에 떠있도록 조치되었다. 그리고 미국의 핵폭탄의 일부는 잠수함(SLBM)에

신게 되었고 땅속의 발사대(ICBM)에도 장착되게 되었다.

미국의 핵폭탄이 땅속의 미사일 발사 기지에 배치되고, 잠수함에 배치되고, 핵폭탄을 실은 폭격기의 일부는 항상 공중에 떠 있게 된 결과 소련이 제 아무리 선제공격을 하더라도 미국의 핵무기를 한 번에 다 파괴시킬 수 없게 되었다. 미국은 소련으로부터 선제공격을 당한 후에도 살아남은 핵폭탄으로 소련에 대해 보복 공격을 가할 수 있게 되었다. 이런 능력을 바로 보복력이라고 말하며, 영어로는 Second Strike Capability라고 칭한다. 만약 미국과 소련이 모두 Second Strike Capability를 가지고 있다면 어느 나라도 상대방을 감히 먼저 공격하고자 하지 않을 것이다.

소련의 핵 공격 앞에서도 미국의 핵무기와 미국의 시민이 살아남을 수 있다는 허만 칸의 사고는 보복력이란 개념을 핵전략에 도입하는 계기가 되었다. 이런 생각은 1960년대 초반부터 미국의 국방장관이던 맥나마라 장관에 의해 실천되기 시작했으며 그 이후 오늘에 이르기까지 미국과 소련의 핵전략의 기초이론이 되고 있다.

6) 핵전쟁 이후의 지구

그렇다면 허만 칸이 말한 핵전쟁이 일어나도 지구의 문명은 살아남을 수 있다는 주장은 타당한 것일까? 이 주장에 대해 누구도 그렇다, 아니다를 정확하게 말할 수 없다. 핵전쟁은 한 번도 실제로 싸워진 적이 없었던 전쟁이며 미·소간 전면 핵전쟁에 관한 어떤 논의도

'가설'에 불과한 것이기 때문이다. 어쩌면 핵전쟁에 관련된 어떤 논의도 결국은 실제에 기반을 두지 않은 가설에 불과하다는 것이 우리에게는 오히려 다행스런 일일 것이다.

도덕적인 문제를 일단 접어두고, 과연 미국과 소련의 전면 핵전쟁은 지구의 종말을 의미하는 것인가? 더 구체적으로 인류 문명의 종말을 의미하는 것일까? 압도적 다수설은 '그렇다'이다. 전면 핵전쟁이 발발하면 '지구의 문명은 끝난다'는 것이 정설이요 진리다. 이 주장에 의문을 제기하는 것은 금기 사항이다.

그러나 정반대로 '아니다. 전면 핵전쟁 이후에도 인간은 살아남을 수 있고 인간의 문명도 살아남을 수 있다. 전면 핵전쟁이 발발한 이후, 인간은 전쟁 이전 수준의 문명을, 비교적 짧은 기간 이내에 다시 재건할 수 있다'는 주장도 있다.

핵전쟁이 발발하면 지구의 문명이 끝나게 될 것이라는 압도적인 다수설은 인간이 만들어 놓은 핵폭탄, 폭격기, 미사일, 잠수함 등 모든 것들이 계획된 대로 작동할 것을 전제로 하는 것이다. 즉 미사일은 수천km를 날아가서 목표지점을 정확히 타격할 것이라는 가정, 미사일의 머리 부분에 부착된 핵폭탄(즉 핵탄두, warhead)은 모두 정확하게 폭발할 것이라는 가정, 그리고 미국과 소련이 보유한 수천 발 이상의 핵폭탄이 예정했던 그대로 목표지점에 명중하고 폭발할 것이라는 가정에 의거하는 것이다.

그러나 이러한 가정들은 정말로 가정에 불과하다. 단 한 번도 실제적으로 검증된 바가 없는 것이다. 예로서 미국은 미니트맨 미사일을 1,000기 이상 보유하고 있었는데 과연 이 중에서 몇 발이 목표지점을 정확히 타격할 수 있을지에 대해 정확한 실험을 해 본 적이 없었다. 미국이 보유하고 있는 가장 위력적인 오하이오급 트라이던트 핵잠수함 1척은 24기의 미사일을 장착하고 있고, 각 미사일당 10발의 핵폭탄을 장착하고 있으며, 각 핵탄두의 파괴력은 히로시마 핵폭탄의 수백 배에 이르니, 이론적으로는 한 척의 오하이오 클래스 잠수함은 소련 내 240개 도시를 공격하여 완전 파괴할 수 있을 것이다. 그러나 과연 오하이오급 핵잠수함 한척이 소련의 도시 240개를 날려버릴 수 있느냐의 물음은 단 한 번도 실험을 통해 입증된 적은 없었다. 과연 표적까지 날아가서 정확히 폭발할 수 있는 핵탄두가 몇 발이나 되는지도 전혀 알 방법이 없는 것이었다.

그 이유를 간단히 설명하기로 하자. 예를 들어 미국의 핵폭탄 몇 발이 소련의 도시를 명중시켰다고 가정하자. 이 경우 핵폭발의 효과는 소련 상공의 기류, 전자장(電磁場)에 대규모의 변화를 가져오고 소련의 대기권에 어마어마한 폭풍을 야기할 것이다. 이런 상황에서 소련의 다른 도시를 향해 날아가야 하는 미국의 미사일들은 계획한 대로 대기권에 진입하여 소련 내의 목표물을 공격할 수 없게 된다. 특히 이미 핵공격을 받은 지역과 인접해 있는 곳의 목표를 공격하려는 경우, 나중에 날아가는 미사일들은 먼저 날아가서 폭발된 핵폭탄의 영향 때문에, 스스로 자체 폭발하는 등 원래 계획했던 기능을 할 수 없게 될 것이다. 학자들은 이를 형제 살해 효과(fractricide effect)라고 한다. 즉 먼저 폭발한 핵폭탄의 폭발 효과 때문에 다음에 날아오는(동생) 핵폭탄은 무력화되거나 제 기능을 담당하지 못할 것이라는 이론이다. 이런 효과를 피하기 위해서는 거의 동시적으로 두 번째 폭탄도 목표지점에 도달시켜야 하는데 이는 사실상 불가능한 일이다.

또 다른 문제는 핵폭탄과 미사일의 신뢰성 문제다. 사실 1980년대 초반에 이르기까지 미국의 주력 대륙간 미사일이었던 미니트맨의 경우 실제 격납고가 있는 지하 시설에서의 실험 발사가 성공한 적은 한 번도 없었다. 미국이 한때 1,052기, 소련은 약 1,380기 보유했던 대륙간 탄도 미사일 중 과연 몇 기의 미사일이 목표지점을 향해 제대로 발사될 수 있을 것인지 그 정확한 숫자를 알 수 없었다.

미사일이 성공적으로 발사된 경우라도 그것이 얼마나 정확하게 목표지점에 도달할지에 대해서도 정확한 자료는 없었다. 미사일의 정확성을 측정하는 CEP라는 수치의 추출 방법도 애초부터 정확한 것이 아니었다. 미사일 20발을 발사한 후 이 중 가장 가까이 모여 있는 10발의 탄착점을 포함하는 원의 반경이 그 미사일의 CEP인 것이다. 예로서 어떤 미사일의 CEP가 200m라고 한다면 10발 발사 시 5발 정도가 지름 400m의 원안에 떨어진다는 것이다. 미국은 보유하고 있는 미사일의 CEP를 측정하기 위해 주로 캘리포니아의 반덴버그 기지(Vandenberg Airbase)의 미사일 발사대에서 서남쪽으로 미사일을 발사, 남태평양의 한 지점에 떨어지도록 했고 이 탄착점을 기준으로 미사일의 정확도를 올리려고 노력했다. 소련의 경우 우랄산맥 부근의 미사일 발사대에서 동쪽으로 미사일을 발사, 캄차카 반도를 탄착점으로 삼아 미사일의 정확성을 제고시키고자 노력했다. 즉 미국은 동에서 서쪽을 향해, 소련은 서에서 동쪽을 향해 미사일을 발사함으로 지구 최후의 날에 대비했다.

그러나 지구 최후의 날, 미국과 소련 두 나라의 미사일이 실제로 날아가야 할 방향은 남에서 북이다. 북극을 가로지르는 지구 최후의 날의 고속도로(Doomsday Highway)는 미국과 소련의 미사일이 단 한 번도 시험 비행한 적이 없었던 곳이다. 북극 상공의 폭풍, 북극의 강력한 자기(磁氣) 등이 전혀 고려되지 못한 항로가 바로 미국과 소련의 진짜 미사일들이 진짜 전쟁이 발생하는 날 날아가야 할 진짜 항공로였던 것이다.

솔직히 이런 것들이 전혀 계산되어있지 않았다는 사실, 그런 계산을 정확히 한다는 것은 불가능했다는 사실들을 알고 있었음에도 불구하고 미국과 소련의 핵무기들이 이론대로 작동할 것이라고 믿었던 사실은 지난 수십 년간 핵전쟁이 발발하지 못하도록 한 심리적인 요인이었다.[Bruce Russett, *The prisoners of insecurity: Nuclear deterrence, the arms race, and arms control* (San Francisco, W.H. Freeman, 1983): 이춘근 (역) 『핵전쟁은 가능한가?』 (서울: 청아출판사, 1988)]

러시아가 지금 미국과 경쟁하는 패권국의 지위에서 떨어져 나간 현재 미국과 러시아간 전면 핵전쟁의 가능성은 거의 없게 되었다. 이런 상황에서 냉전 시대에 만약 미국과 소련이 전면 핵전쟁을 벌였다면 두 나라 그리고 지구의 문명은 살아남을 수 있었을까를 생각해 볼 수 있는 여유가 생겼다. 미국의 국제문제 평론가 제임스 팰로우스는 핵전략은 마치 신학과 같은 것이었고 핵전략 이론가들의 논쟁은 마치 신학자들의 논쟁과 같은 것이었다고 말하고 있다.[James Fallows, *National Defense* (New York: Random House, 1981)]

미·소의 전면 핵전쟁이 인류의 종말을 가져온다는 것은 과학적으로 증명된 사실(fact)이라기보다는 우리들이 그럴 것이라고 믿었던 신념이었다. 그 신념은 증명되었건, 증명되지 않았건 핵전쟁이라는 대재앙을, 적어도 지금까지는, 방지하는데 기여했다.

전쟁 연구의 신경향

전쟁 연구의 신경향

(1) 냉전이 끝난 세상

국제정치학의 과학화 열풍으로 1960년대 이후 약 20~30년 동안 미국의 대학을 중심으로 전쟁에 관한 체계적이고 과학적 연구 결과들이 쏟아져 나왔다. 그래서 전쟁 관련하여 거의 웬만한 주제들은 이미 1990년 이전에 다루어지지 않은 것이 별로 없다고 해도 될 정도였다. 전쟁에 관한 좋은 논문 혹은 책들이 벌써 나온 지 수십 년이나 된 이유가 여기 있다. 1990년 소련이 붕괴되고 냉전이 끝난 후에도 국제정치 및 전쟁연구가 멈춰서지는 않았다. 다만 냉전 종식 이후 미국 패권의 시대라고 부를 수 있는 지난 30년 동안 이루어진 국제정치연구는 역시 미국 패권 시대에 적합한 국제정치 이슈들이었다고 말할 수 있다. 미국이 유일 초강대국으로 남게 된 이후 미국 학자들은 민주주의적 평화론을 열심히 공부했다. 이 연구는 세계가 민주주의 국가들로

만 이룩될 경우 세계에는 전쟁이 없을 것이라고 주장했고 미국의 정책 결정자들이 이 이론에 영향을 받아 독재국가들을 민주국가로 만들겠다며 발 벗고 나서기도 했다.

소련과 핵전쟁에 빠져들어갈 걱정을 하지 않아도 되는 미국은 이제는 작은 독재국가들과의 전쟁을 염두에 두었다. 테러리즘 연구가 활발하게 진행되었다. 특히 2001년 9.11 사건은 미국은 물론 세계의 국제정치 학자들이 새로운 전쟁 형태로서의 테러리즘에 관심을 갖고 연구하는 계기가 되었다.

본 장에서는 냉전이 끝난 1990년대부터 오늘에 이르는 기간 동안 학자들이 연구한 전쟁과 국제정치에 관해 논의함으로써 이 책의 결론을 삼고자 한다.

1) 냉전(1945~1990)이 끝난 세계에는 더 많은 전쟁이 발발했다

많은 이들이 자료를 잘 살펴보지도 않은 채, 그리고 국제분쟁의 원인을 논리적으로 생각해 보지도 않은 채 냉전의 소멸은 곧 평화 시대의 도래일 것이라고 가정했었다. 사실 냉전이 끝난 후 평화가 도래한 것은 사실이다. 20세기가 시작된 이후 사상 처음으로 진짜, 진정한 의미의 군비축소가 단행되었다. 물론 1차 대전 이후 또는 2차 대전 이후 독일, 일본 등 패전국의 경우에서처럼 강제적인 군비축소가 이루어진 경우는 있었다. 그러나 평시에 군사력이 실질적으로 감축된 것은 아마 냉전 종식 이후 처음 이루어진, 그야말로 역사 이래 최초의 사례가 될 것이다.

소련(러시아)의 군사비는 냉전이 종식된 이후 거의 80% 이상 감축되었고, 미국의 군사력과 군사비 역시 같은 기간 동안 거의 냉전 종식 이후 1990년대 중반에 이를 때까지 약 1/4 이상 감축되었다. 역사상 유명한 라이벌이었던 영국과 프랑스, 프랑스와 독일, 독일과 영국 등 강대국들이 앞으로 어떤 이유에서건 다시 전쟁에 빠져들 것 같지 않은 상황이 되었다. 진짜 평화가 온 것 같은 기분이 들었었다.

그러나 냉전의 종식을 평화의 도래라고 생각하는 사람들이야말로 강대국 중심적 사고에서 벗어나지 못한 사람들이다. 왜냐하면 냉전이 끝난 후 다가온 평화는 주로 강대국들 사이에서만 특징적으로 나타난 평화였기 때문이다. 냉전이 끝난 후 미국과 소련은 더 이상 핵전쟁의 공포에 떨지 않아도 되었다. 재래식 군비도 대폭 감축되었다. 냉전이 끝난 덕택에 이 나라들은 평화의 배당금을 톡톡히 챙기게 되었다. 그러나 평화의 배당금은 지구촌의 모든 국가들에게 공평하게 배분되지 못했다. 평화의 배당금이 공평하게 배분되기는커녕 지구 방방곡곡에는 오히려 냉전 당시보다 더 많은 숫자의 분쟁이 발발했다

더 많은 국가와 국민들이 냉전 당시와 유형을 달리하는 각종 전쟁 때문에 죽거나 다치고 있다. 전쟁과 평화에 관한 한 세계는 두 개의 지역으로 뚜렷하게 나뉘어졌다. 한 지역은 진실로 평화가 다가온 지역이다. 냉전이 끝난 이후의 미국, 영국, 프랑스, 독일 등을 평화의 지대(Zones of Peace)에 속하는 나라라고 볼 수 있을 것이다.

그러나 다른 한편 전 세계 수많은 지역에서 다양한 종류의 분쟁이

발발하여 수십 개 이상의 전쟁이 발발했었다. 냉전이 끝난 이후 동유럽 국가의 주민들과 군인들 중 전쟁터에서 죽은 사람은 수십 만 명 단위를 훨씬 넘었다. 유고슬라비아, 구소련의 아르메니아, 아제르바이잔, 체첸 등에서 야기된 폭력적인 분쟁은 이들 지역에 사는 사람들로 하여금 오히려 냉전의 시대를 그리워하게 한다.

미국 시카고 대학의 미어샤이머 교수는 냉전이 끝난 직후인 1990년 앞으로 유럽에 각종 전쟁이 발발할 것을 예견하여 곧 냉전의 시대를 그리워하게 될 것이라는 내용의 논문 'Why we will soon miss the Cold War'를 쓴 적이 있었다. 미래에 대한 불길한 예측이지만 대단히 현실적인 주장이었다. 탈냉전의 시대 30년을 돌이켜 보건대 그의 주장이 다른 학자들의 낭만적인 주장보다 훨씬 더 타당한 것으로 판명되었다. 미어샤이머 교수는 냉전 당시 억압되어 잠재되어 있던 국제분쟁의 요인들이 보다 격렬하게 분출될 것이라고 예측했다. 민족문제, 영토문제 등 냉전 당시 미국과 소련의 양극체제와 이데올로기 갈등 아래 통제되고 있던 각종의 잠재적 전쟁 요인들이 분출, 폭발할 것이라는 예측이었다. 탈냉전 시대 초기 세계 방방곡곡에서 인종, 종교, 영토문제로 인한 분쟁이 끊임없이 발생하고 있었다.

이렇게 분쟁이 많이 발생하고 있는 새로운 분쟁 지역을 우리는 '전쟁의 지대(Zones of Conflict)'라고 부를 수 있을 것이다.

냉전의 종식은 평화와 전쟁을 동시에 가져다주었는데, 불행하게도 평화의 지대에 속한 나라와 국민보다는 전쟁의 지대에 속한 나라와 국민이 더 많았던 것이 현실이다. 전쟁의 지대에 살고 있는 사람들은

'탈냉전적 사고방식'으로 생각할 수 있는 평화의 사치와 여유를 부릴 수 없다. 많은 지식인, 정치가들이 '냉전도 끝났는데'라는 조건을 달아 '국가 안보가 아직도 제일 중요하다'고 주장하는 사람들을 핀잔주고 있지만 우리나라는 냉전이 종식된 후 평화의 지대에 속하기보다는 전쟁의 지대에 속한 나라가 되었는지도 모른다는 현실을 직시해야 할 것이다.

미국, 영국, 프랑스, 독일 등이 아닌 세계 대부분의 나라가 속한 지역은 냉전 즉 전쟁 아닌 전쟁인 차가운 전쟁의 시대가 끝나자마자 진짜 전쟁, 즉 뜨거운 전쟁의 시대로 돌입하였다. 냉전 종식 무렵인 1989년 47개의 전쟁이 진행 중에 있었고, 신국제질서의 기원이라고 말할 수 있는 1990년에는 54개의 전쟁, 1991년에는 65개의 전쟁, 1992년에는 66개의 전쟁이 진행 중에 있었다. 1993년에는 전쟁의 숫자가 약간 줄어들어 57개의 전쟁, 1994년에는 다시 60회의 전쟁이 싸워졌고 1995년에는 55회의 전쟁이 진행 중이었다. 냉전이 종료되고 탈냉전시대 또는 신국제질서가 시작된 1990년부터 1995년에 이르는 5년 동안 93회의 전쟁이 발발했고 70개국이 전쟁에 참전하였다. 이 전쟁에서 죽은 사람 숫자만도 550만 명에 이르렀다.

물론 냉전 종식 직후의 전쟁은 국가 간의 전쟁이기보다는 대부분이 내란(Civil War)이었다. 그리고 20세기 초반에 야기된 대부분의 전쟁에서는 사망자의 약 85~90%가 군인이었던데 반해 탈냉전 시대의 약 10년 동안 발생한 전쟁에서는 사망자의 75%가 민간인이며 특히 어린이 사망자만 100만 명에 이르는 더욱 처절하고 잔인한 전쟁이 세계 방방곡곡에서 야기되는 시대가 된 것이다.

다만 2000년대가 시작된 후 전쟁의 양상이 달라졌는데 미국이 주도하는 반테러 전쟁의 시대가 시작되었다는 점이다. 미국의 자유주의적 패권주의(Liberal Hegemony) 혹은 자유주의적 국제개입주의(Liberal International Interventionism)는 미국으로 하여금 끊임없는 전쟁에 말려들게 했고 미국의 국제정치 학자들은 미국의 전쟁 정책에 대해 치열한 찬반 논쟁을 전개했다.[John J. Mearsheimer, *Great Delusion: Liberal Dreams and International Realities* (New Haven: Yale University Press, 2018): 이춘근(역)『미국 외교의 환상과 현실』(서울: 김앤김북스, 2020 발간 예정)], [김충남, 최종호, 『미국의 21세기 전쟁』(서울: 도서출판 오름, 2018)]

2) 냉전시대는 지구 역사상 가장 평화로운 시대 중 하나였다

우리는 냉전의 종식을 기뻐하고 있지만 국제정치의 역사를 거시적으로 살펴보면 냉전의 시대는 지난 500년의 국제정치의 역사 중에서 가장 평화로운 시대였다는 사실을 발견하게 된다. 물론 도덕주의자 이상주의자들은 냉전시대의 평화가 진정한 평화냐고 반문할 것이다. 현실주의자들은 국제정치의 영역에서는 '전쟁이 존재하지 않는 상태 그 자체'를 평화라고 말할 수 있다고 주장한다. 냉전은 분명히 전쟁이 아니며 전쟁이 아니라는 점에서 냉전 시대는 평화의 시대인 것이다.

역사상 전쟁을 잘하는 나라들은 바로 강대국들이다. 어떤 시대가 전쟁이 많았는지 평화스런 시대였는지를 분석하기 위해서는 강대국들이 전쟁에 얼마나 빈번하게 참전했는지를 역사적으로 살펴보면 된다. 이런 기준으로서 평가할 경우 냉전의 시대는 역사상 유례없는 평화의 시대였다고 말할 수 있다. 사실 50년 동안 강대국이 서로 전쟁을 벌이지 않았다는 사실은 국제정치사의 이변(異變)이며 냉전사 최고의 권위자로 자타가 인정하는 역사학자 루이스 개디스 교수는 냉전이 채 완전히 끝나기 직전인 1987년 간행한 저서의 제목을 『장기간의 평화(The Long Peace)』라고 붙였다.[John Louis Gaddis, *The Long Peace: Inquiries into the History of the Cold War* (London: Oxford University Press, 1987)]

냉전의 전 기간인 1945년부터 1990년에 이르는 동안 단 한 명의 미군 병사도 소련군의 정조준 사격에 의해 사망하지 않았고 역시 단 한 명의 소련군 병사도 미국군의 정조준 사격에 의해 사망하지 않았다. 물론 두 나라의 병사들은 우발적인 총격 사건에 의해 다치기도 했다. 한국전쟁 당시 소련군이 조종하는 북한 공군 마크를 단 비행기가 미 공군기에 의해 격추된 적이 있고 소련군의 고사포에 미군기가 추락한 적도 있었다고 알려졌다. 소련은 한국전쟁에의 참전을 은폐하기에 급급했다. 미국도 모르는 척하려 했다. 미국과 소련 두 나라는 의도적으로 직접 전투를 개시한 적이 한 번도 없었다.

그리고 다른 강대국인 영국, 프랑스, 중국, 독일, 일본의 경우는 어떤가? 이 나라들은 40여 년 이상의 장기간 동안 전쟁을 하지 않고 지낸 적이 거의 없었던 나라들이다. 이 나라들은 냉전 기간 거의 전쟁을 하지 않았다. 전쟁이라면 도사라고 말해도 될 정도의 영국군과 프랑스군은 각각 월남전, 한국전, 포클랜드 전쟁 이외에 어느 곳에서도 전투를 벌인 적이 없었다.

강대국의 전쟁이 아닌 일반 전쟁의 경우도 마찬가지다. 비록 냉전 시대 동안 미국과 소련의 지원을 받는 소위 대리전쟁(proxy war)들이 세계 곳곳에서 야기된 것은 사실이지만 전쟁의 규모를 분석하면 이 전쟁들은 다른 어떤 시대의 전쟁과 비교해 보아도 큰 규모의 전쟁은 아니었다. 어떤 전쟁이라 할지라도 막판까지 가지 않았다. 제3세계에서 발발했던 대부분 전쟁의 후견인이었던 미국과 소련은 항상 어느 정도의 선에서 전쟁을 중지시켰다. 월남에서 미국은 끝까지 싸우지 않았고 아프가니스탄에서 소련은 끝까지 싸우지 않았다. 한국전쟁에서도 미국은 있는 무기를 다 쓰지 않았고 전쟁의 범위도 제한했었다. 냉전 시대의 모든 전쟁들은 일정한 범위 내에서 싸워진 제한전쟁(Limited War)이었다.

냉전 시대가 약소국들에게는 대단히 기분 나쁜 시대로 인식되는 경향이 있다. 그러나 다른 측면으로 볼 때 냉전 시대는 약소국들의 전성시대였다고 말할 수 있다. 냉전의 시대는 월남이 미국과의 전쟁에서 이길 수 있었던 시대이며, 아프가니스탄이 소련을 거꾸러트릴 수 있었던 시대였으며 북한과 중국이 초강대국 미국을 쩔쩔매게 할 수 있었던 시대였다. 약소국이 강대국을 이길 수 있는 시대는 '비정상'의 시대라고 보아야 한다. 그 이름도 비정상이고 내용도 비정상이었던 냉전 시대는 끝난 것이다. 냉전이란 차가운 전쟁이란 말이다. 그러나 본시 전쟁은 차가울 수 없는 일이다. 모든 전쟁은 뜨겁다.

냉전이 끝나고 도래한 새로운 시대는 강대국과 약소국이 전쟁하면 강대국이 반드시 이기는 시대다. 미국이 2차 대전 이후 싸움을 한 가장 강력한 적은 사실은 이라크였다. 이라크를 완전히 무장해제 시키는데 까지 미국은 단 몇 달밖에 걸리지 않았다. 이라크보다 훨씬 약한 월맹과 베트콩에게 쩔쩔맨 미국은 냉전의 종식으로 인해 그야말로 마음 놓고 약한 나라를 두들겨 팰 수 있는 세월을 맞이하였다. 다른 강대국들도 마찬가지일 것이다. 체첸 공화국을 무자비하게 날려버리는 러시아를 보라. 러시아는 지금보다 훨씬 강력했던 초강대국 시절 아프가니스탄에서 쩔쩔매며 쫓겨났던 나라였었다.

탈냉전 시대는 국제정치의 정상적인 모습이 다시 작동되기 시작한 시대다. 국제정치는 무정부 상태라는 원칙, 무정부 상태에서는 결국 힘이 제일이다는 원칙이 다시 살아난 시대인 것이다. 미국과 소련이 거의 무제한적으로 뒤를 봐주는 국가는 없게 되었다. 이제 모든 나라는 자신의 힘에 의존해야 한다. 미국과 소련(현 러시아)은 냉전 시대 동안 어떤 나라의 내전에도 개입했으나 이제는 내전이 발생하면 이 두 나라는 그냥 쳐다볼 뿐이다. 코소보, 아르메니아, 보스니아, 헤르체코비나 등에서 힘이 약한 종족은 그냥 앉아서 당하는 시대가 되어버렸다.

이라크가 미국에게 덤볐다가 혼났다. 체첸이 러시아에게 덤볐다가 혼났다. 이제 약소국의 도발(그 이유가 민족 해방이던, 독립이던)이 용이하지 않은 시대가 되었다. 다음으로 탈냉전 시대란 강대국이 전쟁이란 수단을 통하지 않고 국가이익을 획득할 수 있는 시대가 되었음을 의미한다.

냉전의 종식되었다고 무조건 기뻐할 일은 아니다. 물론 냉전은 골치 아픈 일이었지만 국제정치란 골치 아프지 않을 때가 없는 정치의 영역이다. 냉전 당시 약소국들은 미국이든 소련이든 어느 한편에 달라붙어서 생존을 도모해 나갈 수 있었다. 혹은 아무 편에도 붙지 않음으로서 오히려 미국과 소련 양쪽으로부터 지원을 받을 수도 있었다.

이제는 국가들이 과거보다 훨씬 많은 부분을 자기 스스로의 힘으로 충당해야 하는 시대가 되었다. 국제정치의 정상적인 모습은 애초에 평화보다는 전쟁에 가까운 모습이었다. 냉전이 끝난 지 20여 년이 지난 시점에서 트럼프 대통령이 출현했다. 냉전 이후에도 미국은 세계 문제에 깊이 개입해야 한다는 글로벌리스트(globalist)들인 클린턴, 부시, 오마마 대통령의 시대는 끝났다. 냉전이 끝난 후 20여 년 동안 미국은 국제적 개입정책을 고수했다. 그런데 트럼프 대통령은 더 이상 국제개입 정책을 지속하지 않겠다는 정책을 표방했다. 로버트 케이건의 설명처럼 이제 정글이 다시 되돌아오고 있다. 냉전 시대 동안은 미국과 소련, 그리고 탈냉전 20여 년 동안 미국의 적극적인 개입정책으로 유지되었던 질서가 이제는 정말로 무질서로 바뀌고 있는지도 모른다. 그동안 미국이 주도하는 세상은 정글이기보다는 정원 같았다. 미국은 정원사가 되어 정원을 유지했다. 그런데 이제 더 이상 정원을 유지하지 않겠다고 한다. 케이건 박사는 한국전쟁 당시 미국 국무장관이었던 애치슨이 언급한 정글의 비유를 다음과 같이 인용한다.

세계는 규칙도, 심판도 없으며, 착한 아이들에게 상도 주지 않는 국제적인 정글이다. 이 같은 세상에서 허약함, 우유부단함은 치명적인 일이다. 실수에 대한 자연의 판결은 죽음이다. 국가안보는 (정글의 힘)에 대처할 수 있는 더 큰 힘으로 유지될 수 있다…('The world was an international jungle with no rules, no umpire, no prize for good boys. In such a world weakness, indecision were fatal the judgment of nature upon error was death. Security could be preserved only by meeting power with greater power…') [Robert Kagan, *America and Our Imperiled World* (New York: Knopf, 2018)]

미국의 도덕적, 군사적, 경제적 힘은 그동안 인류를 끌어온 기관차 역할을 했다.

(2) 전쟁 연구의 신경향

전쟁은 인간사회에서 완전히 소멸될 수는 없는 현상이다. 개인들끼리라면 몰라도 개인은 국가 혹은 사회 속에서 존재할 수밖에 없으며 인간의 집단이 모여 만든 사회, 특히 국가들이 모여 있는 국제정치는 그 본질상 무정부적 속성을 가지고 있다. 무정부적 속성이 완전히 없어지지 않는 한 전쟁은 빈도와 강도는 줄어들지 모르지만 존재 그 자체가 사멸될 수는 없다. 그래서 학자들은 21세기인 지금도 열심히 전쟁에 대해 공부하고 있으며 좋은 책들을 발간하고 있다. 물론 이들의 주장은 일치하지 않는다. 일관성도 없다. 어떤 저자는 세상은 아주 살기 좋은 곳으로 바뀌어 가고 있다고 주장하고 어떤 저자는 앞으로 다가올 세상은 오히려 더욱 피비린내가 날지도 모른다고 주장한다. 어떤 저자는 전쟁은 이제 그 효용이 다한 낡은 도구 혹은 제도라고 말한다. 그러나 또 다른 저자는 전쟁은 인간사회를 위해 좋은 기능을 담당했다고 주장한다. 이 같은 다양한 주장들이 21세기에도 계속 쏟아져 나오고 있다.

이 책의 마지막 절이 될 이곳에서는 서기 2000년 이후 발간된 수많은 전쟁에 관한 책들 중에서 의미 있는 책들 몇 권과 그 책들의 저자들에 관해 소개하는 절이 될 것이다. 상반되는 주장들을 소개하고 어떤 주장이 현실을 더욱 정확히 묘사하는 것인지에 대해 논해 보기로 하자.

1) 전쟁은 줄어들고 있으며 인류 멸망의 날도 멀어지고 있다

오하이오 주립대학의 존 뮬러(John Mueller) 교수는 1700년대 이후 인간들은 점차 폭력의 사용에 반대하는 입장을 가지기 시작했다고 주장한다. 뮬러는 전쟁을 하나의 이념(idea)으로 보는데 즉 전쟁은 결투 혹은 노예제도와 같은 것으로 오랫동안 인간의 행동 속에 자리 잡고 있었지만 그 정통성과 매력이 점차 사라지고 있는 것이라고 주장하고 있다. 노예 제도와 결투는 인간 사회가 있는 곳에서는 어디서든지 오랫동안 존재해 왔던 것이다. 노예제도는 누구나 다 아는 제도이지만 결투 역시 남자들이 서로 갈등을 해결하는 수단으로 서구 사회에서 널리 용납되었던 개념이었다. 미국 건국의 아버지인 알렉산더 해밀턴

(Alexander Hamilton)은 결투 중 입은 상처 때문에 목숨을 잃었다. 200여 년 밖에 지나지 않는 일이다. 그러나 지금 노예제도와 결투를 행하는 사회는 없다고 말해도 될 것이다.

사람들의 삶의 질은 높아졌고, 민주주의가 확대되었으며, 국제규범과 국제제도가 발달되었다는 사실, 그리고 전쟁의 기술이 발달하여 무기의 질이 대폭 향상되었다는 사실들이 전쟁이란 이념을 더 이상 정통성과 매력을 가진 개념(idea)이 아닌 것으로 만드는데 기여했다는 것이다. 그러나 국가들 사이에서는 전쟁이 줄어들고 있지만 국내에서는 전쟁(내란)이 빈번히 발발하고 있다는 사실에 대해 뮬러 교수는 그것은 정부의 잘못이라고 평가하고 있다. 뮬러가 제시하는 내란의 해결 방안은 국가의 경찰 기능을 더욱 효율적으로 만들어서 자신의 국경내부에서 발생하는 잔존하는 전쟁들에 대처하는 것이라고 했다. 뮬러 외에 다수의 학자들도 국가 간의 전쟁 즉 '국제전쟁'이 대폭 줄어들었다는 현실에는 동의하고 있다.

다만 국제전쟁의 빈도가 줄어들었던 이유가 전쟁이라는 이념이 매력을 잃었다거나 혹은 정통성을 잃었다는 뮬러의 주장은 상황에 대한 완전한 설명이라고 보기는 어렵다. 냉전 시대 동안 전쟁의 빈도가 줄어든 현상이 전쟁에 대한 인간의 마음이 변한 것 때문인지 혹은 국제정치의 구조, 즉 미국과 소련의 첨예한 냉전 구조 때문에 그렇게 된 것인지, 어느 것이 더 큰 영향을 미친 것인지 더 자세히 분석을 해보아야 할 것이다. 뮬러 교수는 전쟁에 대해 상당한 낙관적 견해를 오랫동안 피력해 온 유명한 국제정치학자다. 그는 인종 전쟁의 진부함, 그리고 강대국 사이의 대전쟁 가능성은 거의 없어지고 말았다는 주장으로 유명하다. 그는 핵전쟁의 가능성도 대폭 줄어들 것이라고 주장했다. 지구 멸망의 날이라는 개념은 후퇴하고 있다는 주장이다. 뮐러의 입장은 냉전이 종식될 무렵 대부분 학자들이 가지고 있었던 낙관적 생각과 일치하는 것이었다.[John E. Mueller, *Retreat From Doomsday* (New York: Basic Books, 1989)]

2) 21세기는 또 다른 잔인한 세기가 될 것

뮐러 교수는 냉전 종말기의 낙관론을 대표하고 있지만 이와는 정반대의 견해도 존재한다. 유명한 전략이론가인 콜린 그레이(Colin S. Gray) 교수는 냉전과 20세기가 끝나고 얼마 지나지 않은 2007년 간행된 책에서 21세기 역시 피비린내 나는 세기가 될 것임을 주장하는 책을 출간했다. 영국 출신의 학자로서 영국은 물론이거니와 미국에서도 대단한 영향력을 가지고 미국 정부의 외교 안보전략을 널리 자문하는 그레이 교수는 다가올 세기에도 폭력은 상존할 것이라고 주장했는데 그레이 교수는 다음과 같은 이유들을 제시하고 있다.[Colin S. Gray, *Another Bloody Century: Future Warfare* (London: Weidenfeld & Nicolson, 2007)].

냉전이 끝난 후 많은 전문가들이 국가 간의 전쟁은 이제 쓸모없는 일이 되었다고 말하고 있지만 그레이 교수는 역사가 알려주는 바에 의하면 이 같은 희망적인 기대는 오류일 수밖에 없다고 주장한다. 그레이 교수는 자신의 주장이 인기도 없고 우아하지 않을지도 모르지만 앞으로 다가올 전쟁의 모습은 과거 전쟁의 모습과 거의 같을 것이라고 말한다. 미래의 전쟁도 과거의 전략 역사(strategic history)와 같은 것이 될 것이라고 말한다. 그레이 교수는 전쟁의 맥락은 계속 변하고 있는 것이지만 전쟁의 본질을 규정하는 요인들은 거의 변함이 없는 것이라고 말한다. 우리는 2050년의 전쟁이 어떤 모습을 하고 있을지 모르지만 전쟁의 본질에 대해서는 정확하게 알고 있다. 우리는 무려 3,000년에 이르는 전략의 역사를 알고 있는 것이다. 그리고 3,000년 동안이나 면면히 지속되어 왔던 전쟁의 본질이 갑자기 변할 수는 없는 것이다.

그레이 교수는 다음과 같은 7가지 근거를 제시하면서 미래에도 전쟁 가능성은 그대로 상존한다고 주장한다. 첫째, 전쟁은 언제라도 우리와 함께 있었던 것이며 전쟁은 인간 조건 속에 영원히 함께 있는 모습(feature) 중 하나다. 둘째로 전쟁 속에는 지속적이고 변하지 않는 본질이 있다고 본다. 그리고 그 같은 본질은 역사 속에서 찾아질 수 있으며 미래에도 지속될 것이다. 셋째, 앞으로 당분간은 국가가 아닌 집단들 사이의 비정규전이 유행하겠지만, 국가들 사이의 전쟁, 심지어 강대국 사이의 전쟁도 전혀 그 발발 가능성이 소멸되지 않았다고 본다. 그레이 교수는 전략의 역사에 나타나는 강대국 사이의 갈등 사이클이 이미 시작되고 있다고 말하고 있는데 그는 이미 미국과 중국 사이의 패권 갈등을 예견하고 있었다. 중국과 러시아가 축을 이루어 미국에 저항할 수 있으며 이는 앞으로 다가올 심각한 전쟁 유발 원인이 된다고 본다. 넷째로, 전쟁의 발발과 전쟁의 성격을 규정하는 것은 비록 유일한 것은 아닐지라도 압도적으로 정치적인 맥락(political context)에 의존하는 것이다. 전쟁이란 무엇보다도 정치적인 행위인 것이다. 다섯째, 전쟁은 사회적이고 문화적인 것일 뿐만 아니라 정치적이고 전략적인 행동이다. 전쟁은 전쟁을 수행하는 공동체의 성격을 반영하는 행동이다. 여섯째, 전쟁은 선형적인(linear) 진화의 과정을 거치며 변하는 것이 아니다. 예상하지 않았던 일은 항상 일어날 수 있는 것이다. 일곱째, 국제정치, 국제법, 그리고 규범 및 윤리적인 수단을 통해 전쟁을 규제, 통제, 제한하려는 노력은 추구할 가치가 있다. 그러나 이 같은 노력을 통해 얻어지는 효과는 언제라도 허약하며 위험한 것이다. 싸우려는 나라들은 필요한 경우 언제라도 이 같은 노력을 무산시킬 수 있다.

콜린 그레이가 강조하는 바는 전쟁의 정치적인 성격이다. 국가들은 두려움, 명예, 그리고 생존이라는 국가의 최고 이익 때문에 전쟁을 한다. 그레이는 심지어 폰 몰토케의 언급까지 인용, 인간 사회에서 전쟁의 영속성을 말하고 있다. '영구 평화는 꿈이다. 그러나 그 꿈은 즐거운 꿈만은 아니다. 전쟁은 신이 규정한 세계질서의 한 부분이다 (War is a part of God's world order.)'.

콜린 그레이는 War와 Warfare를 구분하는데 War는 싸움을 벌이는 당사자 사이의 관계를 의미하는 것이고 Warfare는 주로(전적으로는 아닐지라도) 군사적인 수단을 활용하여 War를 수행하는 것을 의미한다. Warfare는 War를 행하는 방식이다(Warfare is a conduct of war).

두 가지는 동의어는 아니다. 그레이 교수는 '슬프기는 하지만 우리가 확실하게 말할 수 있는 것은 미래에도 War는 건강하게 존재할 것이라고 점이다. 우리가 잘 알 수 없는 것은 Warfare가 어떤 모습을 띄게 될 것이냐의 여부뿐이라고 단언한다.

3) 그러나 전 세계적으로 전쟁은 줄어들고 있다

콜린 그레이의 비관적인 언급과 달리 과학적 국제정치학의 거장 중 한 사람인 조슈아 골드스타인(Joshua S. Goldstein) 교수는 우리의 예상과 달리 세계는 전쟁이란 측면에서 점차 좋은 곳으로 바뀌고 있다는 사실을 강조하는 책을 저술했다. 골드스타인은 우리들이 신문을 읽을 때마다 전쟁은 더 잔인해지고 나빠지고 있다고 확신할 것이라고 말한다. 전 세계적으로 더 많은 민간인들이 죽임을 당하고, 강간 사건도 더 많아지고, 무력 분쟁의 숫자도 더 많아지고 있음을 확인하게 될 것이라는 것이다. 그러나 눈에 보이는 현상과는 정반대로 지금 인간은 전쟁과의 전쟁에서 승리(winning the war on war)하고 있다고 말한다.

우리 인간들은 지금 인간의 역사에서 거의 예외적이라고 할 정도로 무력 분쟁의 숫자가 감소하고 있는 시대의 한복판을 지나고 있다고 주장한다. 골드스타인은 『전쟁과의 전쟁에서 승리』라는 제목의 책에서 다음과 같은 재미있는 사실들을 관찰했다.[Joshua S. Goldstein, *Winning the War on War: The Decline of Armed Conflict Worldwide* (New

York: Dutton, 2011)]

　- 2010년은 이제껏 어느 해와 비교해 보아도 인구 비율상으로 본 전쟁에서의 인명 피해가 가장 낮았던 해이다.

　- 2010년은 정식적인 국가의 군대가 서로 싸우지 않은 해였다. 2010년에 진행 중이었던 모든 전쟁은 내란이었다.

　- UN 평화 유지군은 정말로 역할을 훌륭하게 수행하고 있다. 최근 여론조사에 의하면 미국사람들의 79%가 UN을 지지하고 있다.

　이 자료는 현재의 상황을 정확하게 묘사하는 것이며 골드스타인 교수는 역사를 거슬러 올라가며 비교하는 방법을 활용하고 있다. 저자는 작금의 상황이 나빠 보인다고 말하기 위해서는 비교의 대상이 필요하다고 말하며 현재는 과거 어느 시기와 비교해 보아도 낙관적으로 생각할 수 있는 시기임을 강조한다. 작금 역사의 진전은 과거 어느 시기와 비교해 보아도 평화가 훨씬 더 많은 시대라고 말할 수 있다는 것이다. 이 책은 특히 유엔 평화유지군의 공헌에 대해서 대단히 긍정적인 평가를 제시하고 있다.

　라이모 뵈리넨 교수가 편집한 『대전쟁의 감소: 이론과 논점』이라는 책[Raimo Voyrynen (ed.) *The Waning of Major War: Theories and Debates* (London: Routledge, 2005)]도 골드스타인 교수와 유사한 주장을 한다. 역사적으로 강대국들 사이의 전쟁은 중요한 국제정치 제도와 같은 것이었지만 오늘날 그 효용이 대폭 감소하고 있다는 주장이다. 이 책은 국가들 사이의 전쟁이 전반적으로 사라지고 있음을 의미하는 것은 아니라고 말한다. 이 책에 논문을 기고한 학자들은 전쟁이 없어지고 있는가에 대해서는 의견의 일치를 보지 못하고 있지만 '강대국 들 사이의 전쟁이 줄어들고 있다'는 사실에 대해서는 분명히 견해가 일치하고 있다고 말하며 그 이유로서 국제정치의 구조, 핵무기, 국제 법, 다국적인 기구, 주권, 가치의 변화 등을 제시하고 있다.

이상의 견해는 앞에서 냉전 시대의 국제정치를 논할 때 이미 분석 했던 것과 대동소이하다. 강대국들의 전쟁이 무려 70년 이상 없었다 는 사실은 역사상 놀라운 일이 아닐 수 없다. 1945년 이래 한국전쟁, 베트남전쟁, 걸프전쟁, 이라크 전쟁을 제외하면 강대국들이 개입한 전쟁은 없었으며 특히 강대국들이 서로 싸운 전쟁은 없었다고 해도 과언이 아닐 정도다.

그러나 최근 수십 년 동안 전쟁이 없었다는 사실이 앞으로 수십 년 동안에도 전쟁이 없을 것이라고 말할 수 있을지는 더 두고 보아야 할 것이다. 콜린 그레이 교수처럼 전쟁의 정치적 속성을 강조하는 사람 의 입장에서 보았을 때 전쟁을 야기하는 국제관계의 속성에 그다지 큰변화가 야기된 것으로 보여지지는 않는 것이다.

4) 인간 본성의 선한 천사: 스티븐 핑커(Steven Pinker)의 견해

미국에서 2011년 간행되어 전쟁과 인간의 미래에 관한 대단한 낙 관론을 전개, 사람들에게 큰 희망을 불어넣어 준 책이 있다. 『마음은 어떻게 작동하는가(*How the Mind Works*)』(1997), 『빈 서판(*The Blank Slate*)』(2002), 『생각거리(*Stuff of Thought*)』(2007) 등 여러 권의 저술로 유명한 하버드 대학교의 심리학자 스티븐 핑커 교수의 『우리 본성의 선한 천사』가 바로 그 책이다.[Steven Pinker, *The Better Angels of Our Nature: Why Violence Has Declined* (New York: Viking, 2011); 김명남 (역) 『우리 본성의 선한 천사 인간은 폭력성과 어떻게 싸워왔는가』 (서울: 사이언스북스, 2014)]

스티븐 핑커 교수는 시대와 지역, 인종, 문화, 문명을 넘나드는 방대한 양의 자료를 토대로 인간 사회에서 발생한 폭력을 실증적으로 분석한다. 영문 원서는 다른 책들보다 작은 글자로 인쇄된 책이지만 인덱스 포함 무려 802페이지에 이르는 대작이다. 이 책은 위에서 소개한 3권의 책을 통해 저자가 탐구해 온 인간 본성의 과학을 집대성한 책이다. 핑커는 이 책에서 무려 100개가 넘는 그래프와 표들을 가지고 인류 역사에서 폭력이 지속적으로 감소해 왔다는 사실을 증명해 주고 있다. 핑커는 이 같은 결과가 도래된 배경에는 인간 내면의 악마를 끊임없이 다스리고 조련해 온 '우리 본성의 선한 천사(the better angels of our nature)'가 자리해 있다고 주장한다.

포린폴리시(Foreign Policy) 지가 선정한 세계 100대 지식인에 포함된 핑커 교수는 우리 사회를 지배하고 있는 '폭력에 관한 상식적인 입장'에 도전한다. 앞에서 이미 소개한 국제정치학자 조슈아 골드스타인과 마찬가지로 핑커는 오늘날을 역사적으로 가장 잔인하고 두려운 시대라는 관념에 도전한다. 우리들이 매일 접하는 뉴스 매체들이 알려주는 바에 의하면 우리가 사는 이 시대는 역사상 가장 끔찍한 시대이며 폭력은 날로 증가한다. 전쟁이 도처에서 발생하고 학살, 약탈,

강간, 살인, 고문이 널려 있다.

핑커는 바로 이 같은 통념을 바로 잡겠다고 생각했다. 그는 역사의 사료들뿐 아니라 고고학, 민족지학, 인류학, 문학 작품 등 방대한 자료를 분석, 폭력의 역사를 다시 살펴보았다. 기원전 8000년부터 20세기에 이르는 기간 동안 세상에서 벌어졌던 폭력의 역사를 자세히 살펴본 결과 핑커는 인류 역사에서 폭력은 증가하고 있는 것이 아니라 오히려 감소하고 있으며, 우리가 살고 있는 오늘이 과거 어느 때보다 덜 잔인하고 덜 폭력적이며 더 평화로운 시대라는 보고를 내놓은 것이다.

나는 오늘날의 전쟁이 과거의 전쟁보다 덜 잔인하며 좋은 무기가 전쟁을 더욱 처절하게 만들지 않았다는 사실을 연구와 독서 등을 통해 알고 있었는데 핑커의 책은 이 같은 사실을 다시 확인해 주고 있다. 공부를 하는 목적은 진리를 알기 위해서이며 공부를 통해 상식과 통념이 틀렸다는 사실을 깨닫는 즐거움을 느낄 수 있다. 핑커의 책을 읽을 때 특히 그러했다. 마이크로 소프트 창립자인 빌 게이츠가 핑커 교수의 이 책을 '내 평생 읽은 책 중에서 가장 중요한 책' '시간 활용에 매우 엄격한 사람으로서 말하건대 시간을 들여 읽을 만한 가치가 충분한 책'이라고 찬사를 보낼 만한 책이다.

핑커에 의하면 인간은 지금 최악의 시대를 살고 있지 않다. 지난 세기 두 차례의 세계 대전과 유대인 학살 등은 인류의 현대사를 전쟁의 역사로 만들었지만 장구한 역사를 자세히 살펴볼 경우 우리는 어느 시대보다도 평화롭고 비폭력적인 시대를 살고 있음이 분명하다. 그리고 이처럼 평화로운 시대를 살게 된 것은 인간의 마음속에 있는 착한 천사의 역할이 더욱 커졌기 때문이라는 것이 심리학 교수인 핑커의 주장인 것이다. 원서의 표지 그림은 한 인간이 다른 인간을 묶어 놓고 칼로 찌르려 하는데 천사가 나타나 그 인간의 칼을 쥔 손을 잡고 살인하려는 자를 설득하는 모습을 보여 준다. 칼은 살인자의 손에서 떨어져 나가고 있다. 선한 천사가 이기고 있는 모습인 것이다.

이 같은 과정을 통해 인간의 역사 속에 늘 나타났던 전쟁, 노예제도, 영아살해, 아동착취, 암살, 집단학살, 잔인한 처벌, 치명적 싸움 등은 우리가 살고 있는 현재 세상에는 거의 존재하지 않는 현상이 된 것이다. 핑커 교수가 묘사하고 있는 것들은 현상을 정확히 묘사한 것이다. 그리고 그의 주장은 우리가 앞에서 논한 전쟁 원인에 대한 인간적 수준의 분석이라고 말할 수 있다.

인간의 생각과 본능, 생물학적 욕구, 심리적 욕구, 그리고 인생 철학 등이 전쟁의 발발에 영향을 미칠 것이라고 가정하고 진행한 연구와 분석들이 전쟁 연구에 관한 첫 번째 분석수준 (level-one-analysis)이다. 전쟁은 전적으로 인간의 마음에서 유래하는 것이라면 핑커의 주장은 정말로 우리에게 큰 희망을 주는 분석이 아닐 수 없다.

그러나 불행하게도 전쟁은 인간 개인의 행동이기보다는 사회와 정치, 특히 국제정치적인 요소들에 의해 더 큰 영향을 받는 행동이라고 보아야 한다. 우리들 대부분은 같은 나라 사람들에 대해서 가지는 태도와 다른 나라 사람들에 대해 가지는 태도가 전혀 다르다. 우리는 개인적으로는 일본인, 중국인들과도 좋은 친구를 많이 가지고 있지만 국가의 차원에서 일본인과 중국인은 개인 차원에서의 일본 친구, 중국 친구와는 너무나 다르게 생각되어진다.

핑커가 연구했던 개인 차원, 인간 차원에서의 변화, 즉 마음속의 착한 천사가 악마를 압도하게 된 현상이 국가와 사회 차원에도 적용될 수 있다면 인간의 미래는 대단히 밝을 것이다. 애석하지만 인간의 차원은 전쟁을 발발케하는 여러 차원 중 작은 한 부분이라는 사실을 알아야 하겠다.

5) 인간의 역사에 긍정적으로 기여한 전쟁: 이언 모리스(Ian Morris)

스티브 핑커와 동급의 지성인으로 서부의 하버드대학인 스탠포드 대학의 이언 모리스 교수는 2014년 전쟁 연구에 핑커 이상의 충격을 가한 저서를 간행했다. 『전쟁!: 그것은 무엇 때문에 좋은 것인가?』라는 도발적인 제목과 원시인으로부터 로봇 시대에 이르는 동안의 전쟁과 문명의 진보라는 부제를 가진 이 책은 세상을 분석한 시각에서 핑커와 견해를 같이한다.[Ian Morris, *War! What is it good for?: Conflict and the Progress of Civilization from Primates to Robots* (New York: Farrar, Straus and Griroux, 2014): 김필규(역) 『전쟁의 역설: 폭력으로 평화를 일군 1만 년의 역사』 (서울: 지식의 날개, 2015)]

이언 모리스 교수 역시 오늘의 세계는 과거와 비교했을 때 대단히 평화적인 세상이라는 데 핑커 교수와 견해가 거의 같다. 일반상식과 달리 좋은 무기로 싸우는 전쟁은 인명피해를 더 늘이지도 않았고 오늘날의 전쟁은 살상력이 월등한 무기가 사용됨에도 불구하고 전쟁에서의 인명 피해도 오히려 줄어들었다.

이 잘 쓰여진 책에서 이언 모리스가 한 주장을 단순화시키면 다음과 같다. '당신이 석기시대에 살고 있다면 다른 누군가의 폭력으로 사망할 확률은 20퍼센트에 달한다. 그러나 2015년 현재, 그 확률은 1퍼센트 이하로 떨어졌다. 이는 놀랍게도 지난 1만 년 간의 잔혹한 전쟁이 이루어 낸 결실이다.'

이언 모리스는 오늘날 세상에 전쟁이 대폭 줄어든 원인을 바로 전쟁 때문이었다고 말한다. 폭력 때문에 평화가 이루어 졌다는 것이다. 역설적이지만 맞는 말이다. 그는 다음과 같은 논리들을 전개했다.

첫째, 전쟁을 하기 위해 인간은 더 크고, 더욱 조직적이며 내부적으로는 평화적인 사회를 건설했다. 그 결과 같은 사회 속에서 살고 있는 사람들(국민)은 폭력적인 죽음을 당할 위험성이 대폭 줄어들었다.

둘째, 전쟁은 더욱 크고, 안전한 사회를 건설하기 위한 최악의 방법이기는 했었지만 인간들은 그 방법을 찾아내었다.

셋째, 장기적인 관점에서 볼 때 더 크고, 안전한 사회는 전쟁을 통해 성립될 수 있었고 인간을 더욱 부유하게 했다.

넷째, 전쟁은 어떤 일을 위해서는 좋은 것이었다-실제로 너무나 좋은 것이었다. 너무 좋다 보니 그것은 이제 더 이상 사업을 계속하지 않아도 되게 되었다.

재미있는 역설이다. 핵무기는 너무나도 무서운 무기이기 때문에 국가들이 감히 전쟁을 할 수 없게 했다는 전쟁 억제 이론과 모리스의 이론은 생각의 궤가 같다. 외부의 조직과 싸움을 준비하는 조직은 내부의 결속을 이뤄야 한다. 역설적으로 전쟁은 조직의 발달을 가져오게 되며 같은 조직 내에서는 평화와 질서가 생기는 것이다.

6) 아니다, 오직 죽은 자만이 전쟁을 더 이상 경험하지 않을 수 있을 것이다

위에서 전쟁, 폭력 그리고 인간에 대한 뮬러, 골드스타인, 핑커, 모리스 등 낙관론에 관한 최근의 연구 결과들을 소개했다. 물론 콜린 그레이 교수는 정치적, 전략적 사건으로서 전쟁이 소멸될 가능성은 없을 뿐 아니라 21세기는 강대국끼리의 전쟁마저도 가능성이 있다는 사실을 말하고 있지만 유행의 추세는 낙관론이 압도하고 있었다. 수천 년 혹은 인류 역사 1만년 동안 인간과 항상 함께 있었던 전쟁이 역사적으로 사라진 것 같은 낙관론이 다수설인 것은 부정할 수 없을 것 같았다.

이 같은 견해에 정면 도전장을 낸 한 국제정치학자가 있다. 오하이오 주립 대학 정치학과의 베어 브로묄러(Bear F. Braumoeller) 교수는 1차 세계대전이 끝난 후, '오직 죽은 자만이 전쟁의 종식을 볼 수 있을 것이다'라며 탄식한 철학자 조지 산타야나(George Santayana)의 유명한 말을 제목으로 삼은 탁월한 전쟁론 책에서 평화에 대한 낙관론을 과학적인 근거를 제시해가며 조목조목 반박하였다.[Bear F. Braumoeller, *Only the Dead: The Persistence of War in the Modern Age*

(London: Oxford University Press, 2019)]

　'그래서 우리들은 앞으로 과거보다 훨씬 적은 숫자의 전쟁을 볼 것이라는 말인가?'라는 도발적인 질문으로 시작되는 이 책의 부제는 '현대에서도 끊임없이 지속되는 전쟁'으로 되어있다. 브로펠러 교수는 시카고 대학에서 학사, 미시건 대학에서 전쟁 연구로 박사학위를 취득한 후 하버드, 일리노이대학을 거쳐 현재는 오하이오 주립대학에서 교편을 잡고 있는 국제정치학자다. 그의 방법론은 국제정치 자료들을 계량적(수학적) 방법으로 분석하는 미국 현대 국제정치학의 과학적 전통을 충실히 따르고 있다. 그가 2012년에 『강대국과 국제체제』라는 책을 출간했는데 이 책 역시 계량 정치학의 기법으로 분석한 책이며 미국 국제정치학회가 수여하는 최우수 학술상과 J. David Singer 상을 수상한 바 있었다.

　브로펠러 교수는 우선 '국가들은 얼마나 빈번하게 다른 나라와의 분쟁을 시작하는가?'라는 문제를 제기한다. 다가올 세계에서 전쟁은 줄어들 것인가의 문제를 분석하기 위한 좋은 질문이다. 의견의 불일치는 한 나라로 하여금 전쟁으로 빠져들어가게 하는 경우도 있고 그렇지 않게 하는 경우도 있을 것이다. 이 두 가지 경우는 본질적으로 차이가 있다. 브로펠러는 1816년부터 오늘날에 이르는 기간 동안 국가 간의 군사적 분규를 모두 수집해 놓은 MID(Militarized Interstate Dispute) 자료집을 사용하여 이 문제에 대답하고자 했다.

　MID 데이터는 위협, 군사력 전개, 군사력의 사용 등 칼을 휘두르는 일부터 전면 전쟁에 이르는 모든 국제 분규를 수집해 놓은 방대한 국제정치 자료집으로 계량적 방법으로 국제정치학을 분석하려는 많은 연구자들이 사용하는 권위 있는 기초 자료다. 그는 이 자료집을 활용, 매년 야기된 군사화된 국제분규의 숫자를 센 후 이것을 점으로 표시한 그래프를 그렸다.

브로펠러가 그린 그래프는 세상은 더욱 위험하게 변하고 있다는 모습을 보여 주었다.

시대별 군사화 된 분쟁의 횟수

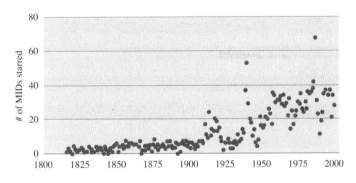

FIGURE 0.1 Militarized interstate disputes over time

위의 표는 국가들이 국제 분규를 군사화하려는 시도는 오히려 크게 늘어나고 있으며 지난 수 세기 동안 무려 10배 정도 혹은 그 이상으로 늘어났다. 왜 이 같은 표를 그릴 수 있었을까? 정답 중 하나는 국가의 숫자가 늘어났다는 것일 것이다. 나라의 숫자가 많아지면 국제 관계의 경우수(pairs 혹은 쌍자)도 많아진다. 두 나라만 있는 곳이라면 국제 관계의 경우 수는 1이지만 3나라일 경우 국제관계의 경우 수는

3개로 늘어나고 4나라의 경우라면 국제관계의 경우수는 6개로 늘어나며, 5나라의 경우 국제 관계의 경우 수는 10개로 늘어난다. n개의 나라가 있을 경우 국제관계의 경우수는 n(n-1)을 2로 나눈 숫자가 된다. 즉 10개국이 있을 경우 국제관계의 숫자는 10×(10-1)을 2로 나눈 45가 될 것이다.

10개의 국가가 존재하는 국제체제에서 하나의 쌍자 사이에서 전쟁이 일어날 확률을 1%라고 가정한다면 이 국제체제에서는 약 2년여마다 전쟁이 1회씩 발발한다고 기대할 수 있을 것이다. 50나라가 있는 국제체제라면 쌍자 혹은 국제관계의 경우수가 1225가 될 것이며 이곳에서도 쌍자 간 전쟁확률이 1년 동안 1%라고 가정한다면 50개의 국가가 있는 국제정치 체제에서는 1년 동안 약 12개의 전쟁이 발발할 것이라고 계산할 수 있을 것이다.

매년 발생한 군사화된 분규의 숫자를 쌍자의 숫자로 나누어서 표를 만들어 보니 표 2와 같은 그림이 나왔다.

표 2에 의하면 1950년대는 군사화된 국제분규의 숫자가 늘어나다가 냉전 후반에는 그 숫자가 줄어드는 것 같았고 2000년에 가까이 왔을 때 약간 상승하는 모습을 보였다. 그런데 이 자료는 어떤 문제가 있는 것인가? 국가의 숫자가 증가함에 따라 쌍자의 숫자가 급격하게 증가 하지만 모든 쌍자가 전쟁할 수 있는 가능성은 결코 동등하지 않을 것이다. 즉 국경이 접해 있는 한국과 북한이 전쟁할 확률과 한국·필리핀이 전쟁할 확률을 결코 동등한 것이라고 가정할 수 없다. 아마도 한국과 중국, 한국과 일본은 전쟁할 확률이 조금은 있을 것이다.

가까우니까. 한국과 중국, 일본의 군사력은 각각 상대방을 공격할 수 있을 것이다. 그러나 한국과 칠레도 전쟁할 확률이 있을까? 한국과 헝가리는?

쌍자(pair) 별 군사화된 분쟁의 횟수

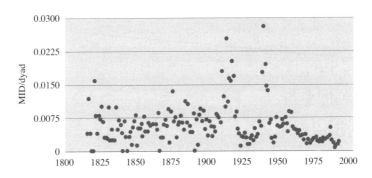

FIGURE 0.2 Militarized interstate disputes per pair of countries.

한국과 칠레 혹은 한국과 헝가리가 싸울 수 없는 이유는 일단 두 나라 사이에 전쟁을 할 만한 갈등이 발생할 리가 거의 없고, 그럴 이유가 생겨 두 나라 모두 싸우고 싶어도 상대방에 군사력을 보낼 능력이 없다. 그래서 한국과 헝가리는 서로 전쟁할 수 없는 관계다. 즉 두 나라는 서로 도달할 능력이 없다. 남미의 콜롬비아와 아프리카의 에티오피아도 서로 도달할 수 없고 그래서 그 두 나라가 전쟁을 할 확률은 원천적으로 0이다.

이런 고려를 할 경우 세계 어느 곳에 있는 나라와도 싸울 수 있는 나라는 아마도 미국 한 나라 뿐일 것이다. 이 같은 사실들이 고려되지 않은 채 만들어진 위의 표 2는 의미가 없다. 새로운 표를 만들어 봐야 국가 간의 전쟁 빈도가 정말로 줄어들었는지를 판단할 수 있을 것이다.

이 같은 문제를 해결하기 위해 국제관계의 쌍자 중에서 서로 도달할 수 있는 쌍자의 숫자를 다시 계산해 보아야 할 필요가 있을 것이다. 즉 매년 야기된 군사화된 국제분규 숫자를 군사력을 보낼 수 있는 능력이 있는 나라들의 쌍자수로 나눠야 전쟁이 줄고 있느냐 그렇지 않느냐를 계산할 수 있는 것이다. 브로펠러 교수는 국경이 인접해 있는 경우를 다시 계산한 후 다음과 같은 표를 구할 수 있었다.

도달 가능한 국가들의 쌍자(pair) 당 전쟁의 횟수

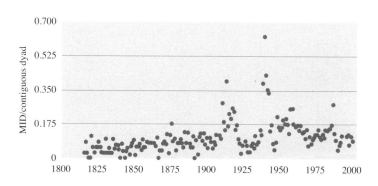

FIGURE 0.3 Militarized interstate disputes per pair of contiguous co tries.

어떤가? 전쟁의 빈도가 과연 줄어들고 있는가? 1800년대보다 1900년대가 전쟁이 훨씬 많은 세계 아닌가? 20세기의 경우 초반은 군사화된 분규가 대단히 많았고, 1950년대 역시 군사화된 분규가 증가되었다. 그 후 군사화된 분규는 약간 감소되는 경향을 보이다가 1975년 이후 다시 늘어나고 있다. 국제분쟁이 대폭 줄어든 평화의 시대라고 일컬어지는 1990년대도 1800년대 대부분의 해보다 국제 분규의 빈도가 오히려 더 높은 것으로 보인다. 국제분쟁이 줄어들었는지를 판단하기 위한 표로서 가장 체계적이고 논리적인 것은 표 3이라고 할 수 있는데 이 표는 전쟁이 줄어들고 있음을 말해 주지 않는다. 브로펠러 교수가 현재에도 전쟁은 지속된다고 주장한 강력한 증거가 아닐 수 없다.

국제정치를 경험적, 수학적 방법론으로 묘사하고 설명하는 브로펠러의 자료와 논리는 현대에 이르러 전쟁이 감소하고 있다고 단언할 만한 증거가 없음을 명확히 밝히고 있다. 브로펠러는 이 책을 통해 전쟁이 줄어드는지 늘어나는지의 경향을 결정하는 것은 인간성, 인간의 가치 등의 확산에 따라 달라지는 것이라기보다는 국제정치의 질서가 어떻게 형성되는가에 따라 달라지는 것이라고 주장한다. 어떤 국제질서는 국가들로 하여금 협력을 도모하게 하며 어떤 국제 질서는 국가들로 하여금 더 자주 갈등에 빠지게 한다. 1815년, 나폴레옹 전쟁이 종전된 후 형성된 유럽의 회의 체제(Concet System)는 평화의 체제였지만 1870년대 이후 형성된 제국주의 체제는 강대국 간 전쟁을 야기할 가능성이 대단히 높아진 국제 체제였다.

브로펠러는 결국 전쟁의 주체는 인간이기보다는 국가 혹은 국제정치 체제라고 본다. 브로펠러는 찰스 틸리의 유명한 언급인 '전쟁은 국가를 만들고 국가는 전쟁을 만든다(war made the state and the state made war)'의 논리가 타당함을 다시 보여 주었다. 브로펠러는 국제질서의 차원에서 보았을 때 국가들은 국경선 내부에서는 높은 수준의 안정과 질서, 평화를 유지했지만 국경 밖의 외부 세력과는 폭력적인 거래가 빈번했다는 사실도 지적한다.

전쟁이 줄어들고 있다는 것이 최근 상식처럼 받아들여지고 있지만, 브로펠러 교수는 이 같은 주장은 확실한 증거에 의해 뒷받침되는 주장이 아님을 밝혀내었다. 브로펠러의 책은 지식계에 막강한 영향을 미친 핑커의 '선한 천사 이론'에 대한 가장 체계적인 반론으로 평가된다. 나는 당연히 브로펠러 교수의 주장이 전쟁의 현상에 대해 더욱 정확한 분석이라고 본다.

불행한 일이기는 하지만 오늘과 같은 국제정치 체제에서 전쟁은 언제라도 발발 가능한 일이며, 특히 세계적으로 가장 불량한 지정학적 환경 아래 놓여 있는 대한민국 국민들은 언제라도 국제정치 및 전쟁 문제에 대해 열심히 공부하고 국가안보를 지키기 위해 노력해야 할 것이다.

참고문헌

Graham T. Allison, *The Essence of Decision: Explaining the Cuban Missile* Crisis (Boston: Little Brown, 1971)
김태현(역) 「결정의 엣센스: 쿠바 미사일 사태와 세계 핵전쟁의 위기」 (서울: 모음북스, 2005)
_____, *Destined for War: Can America and China Escape Thucydides's Trap?* (New York: Houghton Mifflin Harcourt, 2017);
정혜윤(역) 「예정된 전쟁」 (서울: 세종서적, 2018)
Roger Ames, Sun Tzu: The Art of Warfare (New York: Ballantine Books, 1993)
손자병법은 다양한 한국어판이 있다.
Richard Armour, *It all started with stones and clubs* (New York: McGraw Hill, 1967):
박수동(역) 「모두가 몽둥이와 돌멩이로 시작되었다 (서울: 도서출판 백제, 1978)
Francis A. Beer, *Peace Against War: The Ecology of International Violence* (San Francisco: W. H. Freeman and Co, 1981), p. 1.
Stephen Biddle, Military Power: *Explaining Victory and Defeat in Modern Battle* (New York: Manas Publication, 2005)
Barry M. Blechman and Stephen S. Kaplan, *Force Without War* (Washington D.C.: The Brookings Institution, 1978)
Geoffrey Blainey, *Causes of War* (3rd. ed.; New York: Free Press, 1988)
이웅현(역) 「평화와 전쟁」 (서울: 지정, 1999)
Stuart A. Bremer, "Dangerous Dyads: Conditions Affecting the Likelihood of Interstate War, 1816-1965." *Journal of Conflict Resolution* vol. 36. no. 2 (June 1992)
Bear F. Braumoeller, *Only the Dead: The Persistence of War in the Modern Age* (London: Oxford University Press, 2019)
Stuart Bremer, "The Contagiousness of Coercion: The Spread of Serious International Disputes, 1900-1976," *International Interactions* vol. 9. no. 1 (1982)
A.H. Buss, *The Psychology of Aggression* (New York: John Wiley and Sons, 1961)

E. H. Carr, *The Twenty Years Crisis 1919-1939* (New York: Harper, 초판 1939) 김태현(역) 「20년의 위기」 (서울: 녹문당, 2014)

Greg Cashman, *What Causes War?: An Introduction to the Theories of International Conflict* (Second edition; New York: Rowman and Littlefield, 2014)

Nazli Choucri and Robert C. North, Nations in Conflict: *National Growth and International Violence* (San Francisco: Freeman, 1975)

Carl Von Clauzewitz, *Vom Krieg Translated by Peter Paret and Michael Howard, On War* (Princeton: Princeton University Press, 1976) 클라우제비츠의 전쟁론 다양한 한글 번역판이 있음

John M. Collins, *Grand Strategy: Principles and Practices* (Annapolis: Naval Institute Press, 1973)

Martin Van Creveld, *The Transformation of War: The Most Radical Reinterpretation of Armed Conflict Since Clausewitz* (New York: Free Press, 1991)

William Davis, George Duncan, and Randolf Siverson, "The Dynamics of Warfare," *American Journal of Political Science* vol. 22. (1978)

Karl W. Deutsch, *Nationalism and Social Communication: An Inquiry into the Foundation of Nationality* (Cambridge: Mass.: MIT Press, 1953)

Trevor N. Dupuy, *Understanding War: History of Theory of Combat* (New York: Paragon House, 1987)

J. Dollard, L.W. Doob et. al. *Frustration and Aggression* (New Haven: Yale University Press, 1939)

Colin Dueck, *Age of Iron: On Conservative Nationalism* (Oxford: Oxford University Press, 2020)

Carol R. Ember, 1978. "Men's Fear of Sex with Woman." William Eckhardt, *Civilizations, Empires and Wars: A Quantitative History of War* (Jefferson, NC., McFarland & Company, Inc, 1992)

Frederick Engels, *The Origins of the Family, Private Property and the State* (New York: International Publishers, 1981) 김대웅(역) 「가족 사유재산 국가의 기원」 (서울: 두레, 2012)

Stephen Van Evera, *The Causes of War: Power and the Roots of Conflict* (Ithaca: Cornell University press, 2001)

Tanisha M. Fazal, State Death: *The Politics and Geography of Conquest, Occupation,* and *Annexation* (Princeton: Princeton University Press, 2007)

Arther Ferrill, The Origins of War: From the Stone Age to Alexander the Great (2nd. ed.: London, Thames and Hudson, 1985)

이춘근(역) 전쟁의 기원」 (서울: 북앤피플, 2019)

James Fallows, *National Defense* (New York: Random House, 1981)Lawrence Freedman, Strategy: *A History* (Oxford: Oxford University Press, 2013)

이경식(역) 「전략의 역사」 (서울: 비즈니스북스, 2014)

Francis Fukuyama, "Women and the Evolution of World Politics" *Foreign Affairs* (September/October 1998)

John Lews Gaddis, *The Long Peace: Inquiries into the History of the Cold War* (London: Oxford University Press, 1987)

Azar Gat, *War in Human Civilization* (Oxford: Oxford University Press, 2006)

오은숙, 이재만(역) 「문명과 전쟁」 (서울: 교유서가, 2017)

Azar Gat, *The Causes of War and the Spread of Peace: But Will War Rebound* (Oxford: Oxford University Press, 2017)

이재만(역) 「전쟁과 평화: 전쟁의 원인과 평화의 확산」 (서울: 교유서가, 2019)

W. B. Gallie, *Philosophers of Peace and War: Kant, Clausewitz, Marx, Engels and Tolstoy* (Cambridge: Cambridge University Press, 1979)

Robert Gilpin, *War and Change in World Politics* (Cambridge: Cambridge University Press, 1981).

임상순(역) 「국제정치에서 전쟁과 변화」 (서울: 선인, 2015)

Gary Goertz and Paul F. Diehl, *Territorial Changes and International Conflict* (London: Routledge 1992)

Joshua S. Goldstein, *Winning the War on War: The Decline of Armed Conflict Worldwide* (New York: Dutton, 2011)

Colin Gray, *Leverage of Sea Power: The Strategic Advantage of Navies in War* (New York: Free Press, 1992)

임인수, 정호섭 (역) 「역사를 전환시킨 해양력: 전쟁에서 해군의 전략적 이점」 (서울: 한국해양전략연구소, 1998)

Colin S. Gray, Another Bloody Century: *Future Warfare* (London: Weidenfeld & Nicolson, 2005)

Michael Haas, "International Subsystems: Stability and Polarity," *American Political*

Science Review Vol. 64 (March 1970)

Michael Haas, "International Subsystems: Stability and Polarity" in *The American Political Science Review* Vol. 64, No. 1 (Mar., 1970),

David Halberstam, The Best and the Brightest: *Kennedy-Johnson Administration* (New York: Barrie and Jenkins, 1973)

Marvin Harris, *Cannibals and Kings: Origins of Cultures* (New York: Vintage, 1991)

정도영 (역) 「식인과 정치」 (서울: 한길사, 1997)

Yoram Hazony, *The Virtue of Nationalism* (Basic Books, 2018)

John N Herz, *International Politics in the Atomic Age* (New York: Columbia University Press, 1962)

John A. Hobson, Imperialism: *A Study* (3rd. ed.: London: George Allen, 1938)

이 책은 2018년에 재간행되었다. John A. Hobson, Imperialism: *A Study of the History, Politics and Economics of the Colonial Powers in Europe and America* (New York: Lulu.com, 2018)

신홍범 외(역) 「제국주의론」 (서울: 창작과비평사, 1993)

Michael Howard, *Studies in War and Peace,* (New York: Viking, 1970)

_____, *The Invention of Peace,* (New Haven: Yale University, 2001) 안두환(역) 「평화의 발명」 (서울: 전통과 현대, 2000)

Michael Howard, *War in European History,* (Oxford: Oxford University Press, Updated ed., 2009):

안두환(역) 「유럽사 속의 전쟁」 (서울: 글항아리, 2015)

IISS, *The Military Balance 2019* (London: IISS, 2019)

Irving Janis, Groupthink: *Psychological Studies of Policy Decisions and Fiascoes* (2nd. ed.: New York: Houghton Mifflin Company, 1983)

Alastair Ian Johnston, Cultural Realism: *Strategic Culture and Grand Strategy in Chinese History* (Princeton: Princeton Studies in International History and Politics, 1995)

Dominic D. P. Johnson, *Overconfidence and War: The Havoc and Glory of Positive Illusions* (Cambridge: Harvard University Press, 2004)

Baron Antoine-Henri De Jomini, *The Art of War* (New York: Wilder Publications, 2018)

이내주(역) 「전쟁술」 (서울: 책세상, 1999)

Robert Kagan, *America and Our Imperiled World* (New York: Knopf, 2018)

Herman Kahn, *Thinking about the Unthinkable in the 1980s* (New York: Simon and Schuster, 1984)

Herman Kahn, *On Thermonuclear War* (Prinston: Princeton University Press, 1961)
Morton A. Kaplan, *System and Process in International Politics* (New York: Wiley, 1957)

Lawrence H. Keeley, War Before Civilization: *The Myth of the Peaceful Savage* (Reprint ed.; New York: Oxford University Press, 1997)

김성남(역) 「원시전쟁 : 평화로움으로 조작된 인간의 원초적인 역사」(서울: 수막새, 2014)

Paul Kennedy, *The Rise and Fall of the Great Powers : Economic Change and Military Conflict from 1500 to 2000* (New York: Random House, 1987)

이일주(역) 「강대국의 흥망」(서울: 한국경제신문사, 1990)

Roger E. Kasperson and Julian V. Minghi (eds), *The Structure of Political Geography* (Chicago: Aldine Publishing Co., 1969):

V. Kubalkova and A. A. Cruickshank, *Marxism and International Relations* (Oxford: Clarendon Press, 1985)

김성주 (역) 「마르크스주의와 국제관계론」(서울: 한길사, 1990).]

John Lamberth, *Social Psychology* (New York: Macmillan, 1980)

Lee, Choon Kun, "War in the Confucian International Order," Ph.D Dissertation, The University of Texas at Austin, 1988

이춘근 "유교적 국제정치 질서하에서의 전쟁에 관한 연구" 미국 텍사스 주립대학 정치학 박사 학위 논문, 1988

이춘근, 「미중패권 전쟁과 한국의 국가전략」(서울: 김앤김북스, 2018)

V.I. Lenin, Imperialism, *The Highest Stages of Capitalism A Popular Outline* (New York: International Publishers, Little Lenin Library, 1977 Third Printing)

남상일(역) 「제국주의론」(서울: 백산서당, 1985)

Jack S. Levy, *War in the Modern Great Power System 1495-1975* (Lexington: The University Press of Kentucky, 1983)

Jack S. Levy and William R. Thompson, *Causes of War* (New York: Wiley Blackwell, 2010).

B.H. Liddell Hart, *Strategy* (Second Revised Edition; New York: Plume, 1999)
강창구(역) 「전략론」(서울: 병학사, 1978)

Konrad Lorenz, *On Aggression* (New York: Harcourt, Brace & World, 1966)
이화여대출판부, 「공격성에 관하여」(서울: 이화여자대학교출판부, 1989)

Karen A. Rasler & William R. Thompson, *The Great Powers and Global Struggle 1490-1990* (Lexington: The University Press of Kentucky, 1994)

Rich Lowry, *The Case for Nationalism: How It made US Powerful, United and Free,* (Broadside Books, 2019)

Edward N. Luttwak, *The Grand Strategy of the Roman Empire: From the First Century AD to the Third* (Baltimore: The Johns Hopkins University Press, 1976)

Sir Halford J. MacKinder, *Democratic Ideals and Reality* (New York: Holt, Reinhart, and Winston, 1942)

Zeev Maoz, *Paradoxes of War: On the Art of National Self-Entrapment* (London: Unwin-Hyman, 1990)

Halford J. MacKinder, "The Geographical Pivot of History." *Geographical Journal* 23 (1904),; "The Round World and the Winning of Peace." Foreign Affairs 21 (July 1943)

Alfred T. Mahan, *The Influences of Sea Power upon History 1660-1783* (Boston: Little Brown and Co., 1890)

김주식(역) 「해양력이 역사에 미치는 영향」(서울: 책세상, 1999).

Sean McFate, *The New Rules of War: Victory in the Age of Double Disorder* (New York: Morrow, 2019)

John J. Mearsheimer, *The Tragedy of Great Power Politics* (Revised ed.: New York: Norton, 2014)

이춘근 역, 「강대국 국제정치의 비극」(나남출판, 2004, 김앤김북스, 2018)

John J. Mearsheimer, *The Great Delusion: Liberal Dreams and International Realities* (New Haven: Yale University Press, 2018)

이춘근(역) 「미국 외교정책의 환상과 현실」(서울: 김앤김북스, 2020

Hans J. Morgenthau, *Politics Among Nations: Struggle for Power and Peace* (5th ed.; New York: Alfred A. Knopf, 1973)

이호재 역, 「현대국제정치론」(법문사, 1987) 이책은 5판(1973) 번역본

이호재, 엄태암(역) 「국가 간의 정치. 1-2권 세계평화의 권력이론적 접근」(서울: 김영사, 2014) 이 책은 모겐소 교수 사후 제자들에 의해 개정된 7판 번역본

Ian Morris, *War! What is it good for?: Conflict and the Progress of Civilization from Primates to Robots* (New York: Farrar, Straus and Griroux, 2014): 김필규(역) 「전쟁의 역설: 폭력으로 평화를 일군 1만 년의 역사」 (서울: 지식의 날개, 2015)

John E. Mueller, *War, President and Public Opinion* (New York: Wiley, 1973)

_____, *Retreat From Doomsday* (New York: Basic Books, 1989)

Reinhold Niebhur, *Moral Man and Immoral Society: A Study in Ethics and Politics* (New York: Scribners, 1932)

이한우(역) 「도덕적 인간과 비도덕적 사회」 (서울: 문예출판사, 2017)

Robert E. Norris and L. Lloyd Haring, *Political Geography* (Columbus, OH: Charles E. Merrill Publishing Co., 1980)

Katherine Organski and A.F.K. Organski, *Population and World Power* (New York: Alfred A. Knopf, 1961)

A.F.K. Organski and Jacek Kugler, *The War Ledger* (Chicago: The University of Chicago Press, 1981)

A.F.K. Organski, *World Politics* (New York: Alfred A. Knopf, 1958) 민병기(역) 「국제정치론」 (서울: 을유문화사, 1965)

Ostrom, C and D. Simon. "Promise and Performance: A Dynamic Model of Presidential Popularity." *American Political Science Review* vol. 79 (1985)

Ostrom, C and B. Job, "The President and the Political Use of Force." *American Political Science Review* vol. 80 (1986)

Keith F. Otterbein, *The Evolution of War: A Cross-cultural Study* (New Haven, Human Relations Area Files Press, 1970)

Talcott Parsons, Neil J. Smelser (Introduction) *The Social System* (New York: Quid Pro, LLC 2012)

T.V. Paul, *Asymmetric Conflicts: War Initiation by Weaker Powers* (Cambridge: Cambridge University Press, 1994)

James L. Payne, *Why Nations Arm* (Oxford: Blackwell, 1989)

_____, *The Conduct of War: An Introduction to Modern Warfare* (London: Basil Blackwell, 1989)

Robert L. Pfaltzgraff and James E. Dougherty, *Contending Theories of International Relations: Comprehensive Survey* (5th ed.; New York: Longman, 2001)

Steven Pinker, *The Better Angels of Our Nature: Why Violence Has Declined* (New

York: Viking, 2011)

김명남 (역) 「우리 본성의 선한 천사 인간은 폭력성과 어떻게 싸워왔는가」 (서울: 사이언스 북스, 2014)

Bruce D. Porter, *War and the Rise of the State: Military Foundation of Modern Politics* (New York: Free Press, 1994)

R. R. Reno, *Return of the Strong Gods: Nationalism, Populism, and the Future of the West* (Regnery, 2019)

David Reynolds, *One World Divisible: A Global History Since 1945* (New York: Norton, 2000)

Lewis F. Richardson, *Statistics of Deadly Quarrels* (Pittsburg: The Boxwood Press, 1960)

Stephen Peter Rosen, *War and Human Nature* (Princeton: Princeton University Press, 2005)

Jean Jacque Rousseau, *Discourse on the Origins of Inequality* (New York: E.P. Dutton, 1941)

주경복, 고봉만(역) 「인간 불평등 기원론」 (서울: 책세상문고, 2018)

Rudolf J. Rummel, *Understanding Conflict and War: Vol 4, War, Power, and Peace* (Los Angeles: Sage Publications, 1979)

_____, *Death by Government* (New York: Transaction, 1994)

Bruce Russett, "Economic Change as a Cause of International Conflict" in F. Blackaby and C. Schmidt,(eds.) *Peace, Defense, and Economic Analysis* (London: Macmillan, 1987)

_____, -, "Economic Decline, Electoral Pressure, and the Initiation of Interstate Conflict" in Charles S. Gochman and Alan Ned Sabrosky (eds.) *Prisoners of War?: Nation-States in the Modern Era* (Lexington: Lexington Books, 1990)

Bruce Russett, *The Prisoners of Insecurity: Nuclear Deterrence, the Arms Race, and Arms Control* (San Francisco, W.H. Freeman, 1983)

이춘근 (역) 「핵전쟁은 가능한가?」 (서울: 청아출판사, 1988)

Bruce Russett, *Grasping the Democratic Peace: Principles for a Post Cold War World* (Princeton: Princeton University Press, 1993)

Arthur M. Schlesinger, *The Imperial Presidency* (New York: Easton Press, 1988)

Joseph A. Schumpeter, *Imperialism and Social Classes* (New York: Kelly, 1951)

Singer and Small, *The Wages of War 1816-1965: A Statistical Handbook* (New York: John Wiley & Sons, 1972)

Singer and Small, *Resort to Arms: International and Civil Wars 1816-1980* (Beverly Hills: Sage Press, 1982)

Max Singer and Aaron Wildavsky, *The Real World Order* (Chatam, N.J.: Chatam House, 1993)

J. David Singer et. al., "Capability Distribution, Uncertainty and Major Power War, 1820-1965," in J.D.Singer (ed.), *Correlates of War 1* (New York: Free Press, 1979)

Adam Smith, *The Wealth of Nations* (New York: The Modern Library, 1965)

김수행(역) 「국부론. 상,하」 (서울: 비봉출판사, 2007)

Hendrik Spruyt, *The Sovereign State and Its Competitors: An Analysis of Systems Change* (Princeton: Princeton University Press, 1996)

Nicholas J. Spykman, *The Geography of Peace* (New York: Harcourt Brace and World, 1944)

Robert Strausz-Hupe, *Geopolitics: The Struggle for Space and Power* (New York: G.P. Putnam's Sons, 1942)

Strobe Talbott, "Social Issues" in Joseph S. Nye (ed) *The Making of American Soviet Policy* (New Haven: Yale University Press, 1984)

William R. Thompson, *On Global War: Historical-Structural Approach to World Politics* (Columbia: University of South Carolina Press, 1989)

Thucydides, *The Landmark Thucydides: A Comprehensive Guide to the Peloponnesian War* (Touchstone: New York: Free Press, 1998)

천병희 (역) 「펠로폰네소스 전쟁사」 (서울: 도서출판 숲, 2011)

Charles Tilly, *Coercion, Capital, and European States AD 990-1992* (London: Blackwell, 1975), p. 42.

이향순(역) 「국민국가의 형성과 계보: 강압, 자본과 유럽국가의 발전」 (서울: 학문과 사상사, 1994)

Donald J. Trump, *Crippled America: How to Make America Great Again* (New York: Threshold Editions, 2015)

김태훈(역) 「불구가 된 미국: 어떻게 미국을 다시 위대하게 만들 것인가」 (서울: 이레미디어,

2015)

Harry H. Turney-High, *Primitive War: Its Practice and Concepts* (2nd ed.; Columbia, University of South Carolina Press, 1971)

Donald Trump, *The Art of the Deal* (New York: Random House, 1987)
이재호(역) 「거래의 기술 : 트럼프는 어떻게 원하는 것을 얻는가」 (서울: 살림, 2016)

U.S. News & World Report, *Triumph Without Victory: The Unreported History of the Persian Gulf War* (New York: US News and World Report Press, 1992)

John A. Vasquez, *The War Puzzle* (Cambridge: Cambridge University Press, 1993)

_____, What Do We Know About War? (Oxford: Rowman & Littlefield Publishers, Inc., 2000)

John A. Vasquez & Marie T. Henethan, *The Scientific Study of Peace and War* (New York: Lexington Books, 1992)

Raimo Voyrynen (ed.) *The Waning of Major War:* Theories and Debates (London: Routledge, 2005)

Arthur Waldron, *The Great Wall of China: From History to Myth* (London: Cambridge Studies in Chinese History, Literature and Institutions, 1990)

Immanuel Wallerstein, *The Politics of World Economy* (Cambridge: Cambridge University Press, 1984), pp. 37-46.

Kenneth N. Waltz, *Theory of International Politics* (Reading: Addison-Wesley Publishing Co., 1979)
박건영 역, 「국제정치이론」 (사회평론, 2000)

Chester Wilmot, *The Struggle for Europe* (New York: Harper and Brothers, 1952)

Edmond O. Wilson, Sociobiology: *The New Synthesis* (Twenty-Fifth Anniversary Edition 2nd Edition, Cambridge: Harvard University, 2000)
이병훈, 박시룡 (역) 「사회생물학-사회적 진화와 메카니즘」 (서울: 민음사, 1975)

Quincy A. Wright, *A Study of War* (2nd ed.; Chicago: The University of Chicago Press, 1965)

전쟁과 국제정치 | Recover Edition

Recover Edition 1쇄 2024년 11월 15일(반양장)
초판 1쇄 발행 2020년 5월 30일(양장본)
    3쇄 발행 2020년 11월 20일(양장본)

지은이 | 이춘근

펴낸곳 | 북앤피플
대 표 | 김진술
펴낸이 | 김혜숙
디자인 | 박원섭
마케팅 | 박광규

등 록 | 제2016-000006호(2012. 4. 13)
주 소 | 서울시 송파구 성내천로37길 37, 112-302
전 화 | 02-2277-0220
팩 스 | 02-2277-0280
이메일 | jujucc@naver.com

© 2020, 이춘근

ISBN 978-89-97871-68-1 03340